江苏省知识产权发展研究中心、知识产权与区域发展协同创新中心资助出版
“中央高校基本科研业务费专项资金” No.30920140122012
“中央高校基本科研业务费专项资金” No.3095012102

江苏省知识产权强省建设研究

钱建平 等◎著

知识产权出版社
全国百佳图书出版单位

图书在版编目（CIP）数据

江苏省知识产权强省建设研究／钱建平等著．—北京：知识产权出版社，2015.12

（南京理工大学知识产权学院文库）

ISBN 978－7－5130－3989－5

Ⅰ．①江…　Ⅱ．①钱…　Ⅲ．①知识产权—研究—江苏省　Ⅳ．①D927.530.34

中国版本图书馆 CIP 数据核字（2015）第 302407 号

责任编辑：刘　睿　刘　江　　**责任校对**：谷　洋

特约编辑：杨艳敏　　**责任出版**：卢运霞

江苏省知识产权强省建设研究

Jiangsusheng Zhishichanquan Qiangsheng Jianshe Yanjiu

钱建平 等　著

出版发行：知识产权出版社 有限责任公司	**网　　址**：http：//www.ipph.cn
社　　址：北京市海淀区西外太平庄 55 号	**邮　　编**：100081
责编电话：010－82000860 转 8344	**责编邮箱**：liujiang@ cnipr.com
发行电话：010－82000860 转 8101/8102	**发行传真**：010－82000893/82005070/82000270
印　　刷：保定市中画美凯印刷有限公司	**经　　销**：各大网上书店、新华书店及相关专业书店
开　　本：720mm×960mm　1/16	**印　　张**：24.25
版　　次：2015 年 12 月第一版	**印　　次**：2015 年 12 月第一次印刷
字　　数：362 千字	**定　　价**：60.00 元

ISBN 978－7－5130－3989－5

前　　言

知识产权制度是实施创新驱动发展战略的基本制度保障。在经济发展新常态的过程中，知识产权战略的实施也进入更高端、更深入的阶段和层次。建设知识产权强国是新形势下知识产权事业发展的新目标。建设知识产权强国，必须首先加快建设知识产权强省。2015 年 10 月，国家知识产权局发布《加快推进知识产权强省建设工作方案（试行）》，为在全国范围内加快推进知识产权强省建设提出了具体、明确的行动路线和任务。江苏省作为全国经济发展的先行区域，肩负着“率先全面建成小康社会、率先基本实现现代化”的光荣使命。依靠知识产权是江苏省获得较快发展的经验所在，江苏省也因此在经济社会快速发展的同时成为知识产权大省。创新驱动是江苏省继续保持经济社会发展领先地位的重要力量源泉，这也对江苏省知识产权事业的发展提出了更高的要求；江苏建设知识产权强省，是推进创新型省份建设的必然要求，也是健全区域创新体系的生动体现，有助于形成激发全社会创新创造活力的动力机制。2015 年 2 月 12 日，江苏省委、省政府召开深入实施创新驱动发展战略暨建设苏南国家自主创新示范区工作会议。会议印发《中共江苏省委、江苏省人民政府关于加快建设知识产权强省的意见》，这是一份全局性、战略性、长期性的纲领性文件，也是落实创新驱动发展战略的重要举措，是“迈上新台阶，建设新江苏”的具体行动。知识产权强省建设的顺利开展，需要理论研究的及时跟进，需要知识产权智库及时为政府及相关主管部门提供高质量的决策咨询报告。

南京理工大学知识产权学院成立于 2005 年 7 月，由南京理工大学与江苏省知识产权局合作建立，是江苏省第一家知识产权学院。2013 年 9 月 6 日，工业和信息化部、国家知识产权局、江苏省人民政府在北京正式签署共建南京理工大学知识产权学院协议，学院的建设发展跨入了一个崭新的阶段。与此同时，“高端智库”建设也成绩斐然：南京理工大学知识产权学院组建的江苏知识产权发展研究中心跻身于江苏省人文社科基地行列，实践教育中心获批江苏省省级实践教育中心建设点，知识产权与区域发展协同创新中心在学界和业界屡获佳评。学院及所属各个智库积极服务江苏知识产权强省建设需要，开展高层次的知识产权理论和实践研究工作，推出了一系列高水平、高层次、应用性强的研究成果，成为江苏省知识产权研究的一支重要力量。

本书是南京理工大学知识产权学院组建攻关协同团队、凝练学术方向的阶段性成果，也是围绕江苏省知识产权强省建设的需求开展系列应用研究的成果汇编，体现了服务地方国民经济“主战场”的经纶济世情怀，彰显了学以致用和学有所用的理念追求。自 2013 年至今，我们承担江苏省政府、江苏省科技厅、江苏省工商行政管理总局以及江苏省知识产权局等行政机关委托课题 10 余项，针对江苏知识产权强省建设的指导思想、重点任务、重大措施等开展了全方位的研究，内容涵涉专利、商标、著作权乃至产学研合作等各个方面。本书正是在应用对策研究基础上，遴选我们提交给上述有关部门的若干研究报告汇集而成，主要内容包括以下四个部分。

第一篇，知识产权强省建设的初步探索，重点探讨知识产权强省目标内涵和评价指标体系。本部分以知识产权强省为分析对象，确立强省指标体系构建的理论基础，梳理知识产权指标构建需要明确界定的关联概念，提出知识产权强省指标体系的构造和各类指标值，并对相关指标的实际应用进行实证分析。

第二篇，知识产权强省建设的整体谋划，重点探讨江苏省知识产权强省建设的规划纲要。本部分重在江苏知识产权强省的整体谋划，从江苏经济社会发展要求与知识产权战略实施现状出发，比较发达国家加快利用知识产权构建竞争新优势的探索，从理论上分析知识产权强国的表征与经验，提出建设知识产权强省的基本思路、发展目标、重点任务和主要措施。

第三篇，知识产权强省建设的宏观思考，重点探讨江苏建设知识产权强省各类配套政策。本部分聚焦于江苏知识产权强省建设所需的专项政策和配套政策，从梳理现有政策入手，分析各类政策法规的优点、不足和缺失；根据知识产权强省建设的需求，提出完善江苏知识产权配套政策的建议，涉及知识产权创造、运用、保护、管理、服务、人才、环境以及知识产权密集型产业培育、知识产权市场发展等九个方面的政策配置。

第四篇，知识产权强省建设的深入分析，重点探讨构建适应创新驱动发展的知识产权保护机制。本部分以江苏省知识产权保护机制为研究中心，在开展调研的基础上理清知识产权保护取得的成绩与存在的问题；以创新驱动发展战略实施下的新形势为观照，结合国内外知识产权保护的经验和启示提出加强知识产权保护工作的若干建议。

目　　录

第一篇　知识产权强省建设的初步探索
——知识产权强省目标内涵与评价指标体系研究

第二篇　知识产权强省建设的整体谋划
——江苏省知识产权强省建设规划纲要研究

第三篇　知识产权强省建设的宏观思考
——江苏省建设知识产权强省的配套政策研究

第四篇　知识产权强省建设的深入分析
——构建适应创新驱动发展的知识产权保护机制研究

第一篇
知识产权强省建设的初步探索
——知识产权强省目标内涵与评价指标体系研究*

* 本部分研究成果的主要贡献者：钱建平、董新凯、吴广海、徐升权、郑伦幸、韩兴、尚苏影等。

引　言

自2009年江苏省颁布《江苏省知识产权战略纲要》以来，江苏省各方面的知识产权工作取得了长足进步，并在多方面确立了在全国领先的地位。为了更好地指引江苏省知识产权事业的发展，需要从理论上对于江苏未来的知识产权发展方向和重点进行探索。江苏省知识产权局基于知识产权强国知识产权发展状况和国内先进省市知识产权工作情况，提出了建设知识产权强省的初步设想，并委托南京理工大学课题组就此开展研究。南京理工大学课题组在对国内外的现实情况进行充分调研的基础上，结合相关的文献资料，对于知识产权强省问题进行了初步探索，特别是研究了知识产权强省的定位问题，对知识产权强省从理论上进行界定，并尝试构建知识产权强省的评价指标体系。在此基础上，课题组完成《知识产权强省建设目标内涵与评价指标体系研究报告》，本篇即该研究报告的内容。

第一章　知识产权强省目标内涵及评价指标概述*

第一节　本课题国内外研究现状述评

一、关于知识产权能力建设的研究

知识产权能力建设问题已是理论界与实践界长期关注的焦点问题之一。纵观各国知识产权战略，无不将增强知识产权能力明确为战略实施的基本目标之一。因此，知识产权能力建设问题在国内外均得到了较多的关注，相关的研究成果已较为丰富。

世界知识产权组织（WIPO）一直以来都十分关注全球范围内的知识产权能力建设问题，不仅对知识产权能力建设的内涵、目标等予以了一些理论关注和研究，更早在2003年就与经济合作与发展组织（OECD）合作开展专利分析方法的研究工作，从专利统计现状、专利族、技术专利、工业专利、专利预测等方面对专利统计与指标问题予以了详细研究，以更好地对知识产权能力建设予以准确解读和评判；目前，WIPO每年均会公开发布“世界知识产权指标”报告，从发明专利、实用新型、外观设计、商标和《专利合作条约》（PCT）申请数量、有效量、技术分类等方面对全球

---

* 本章部分内容已经由本书作者之一董新凯先期以“知识产权强省界定及其评价指标体系构建”为题发表于《科技进步与对策》2015年第7期，特此说明。

以及各国的知识产权能力建设状况等问题予以统计、分析和评价。

除WIPO外，一些学术组织或个人近年来也结合相关知识产权实践工作对国家、区域、企业知识产权能力建设问题予以了探讨和研究。如“创新合作伙伴（TIP）”（2008）曾从专利、版权、商标、地理标志、植物新品种、工业设计、传统知识等的特点和运用要求等方面出发，对国家、区域知识产权能力建设的重要性及具体路径予以专项的研究；劳雷尔·基尔戈（Laurel Kilgour）（2008）结合一些发生于越南的案例对知识产权能力建设的具体内涵及未来发展方向予以分析和探讨；国内学者孙运德博士从知识产权特质、经济作用、政策功能等角度出发，对我国知识产权能力建设问题进行了研究，并从知识产权能力主体、知识产权制度、知识产权文化等方面对加强知识产权能力建设提出一些建议；❶ 李伟明从统计学的角度出发对区域知识产权实力的内涵及评价问题予以研究；❷ 罗斯·姆博亚（Rose Mboya，2010）从肯尼亚知识产权政策的内容及执行的角度出发对知识产权能力建设的要求及效果评判等问题予以研究；亚太经济合作组织（APEC）的知识产权专家小组（IPEG，2011）从知识产权的保护与利用两方面出发对知识产权能力建设予以详细的解读与分析；李伟、谢雪凯等从企业的角度出发，对知识产权能力的内涵与外延等问题做了讨论；❸ 等等。

已有关于知识产权能力建设问题的研究成果较为充分地肯定和强调了知识产权能力建设的重要性，并对知识产权能力的内涵及建设目标、要求、路径等基本问题做出了详细的探讨，得到一些有益于实践的结论。而为了进一步理解知识产权能力建设问题，促进对知识产权能力建设实践的认知和评价，关于知识产权竞争力、知识产权实力的评价与评判标准的研究已

---

❶ 孙运德：《政府知识产权能力研究——基于知识产权制度的公共政策视角》，吉林大学博士学位论文，2008年。

❷ 李伟明：《区域知识产权实力综合评价与差异分析》，暨南大学硕士学位论文，2008年。

❸ 李伟、谢雪凯：“企业知识产权能力的内涵和外延”，载《科技管理研究》2010年第21期。

开始成为相关研究的一个新关注点。

二、关于知识产权竞争力的研究

知识产权竞争力、知识产权实力的评价与评判指标等的设计与研究是当下相关研究的重点问题之一。近年来，对知识产权能力予以全面系统研究的成果逐渐增多，并集中表现为对知识产权竞争力、知识产权实力的指标体系的设计与应用研究成果不断涌现。如在国际上，前文所述的 WIPO“世界知识产权指标”报告就是此方面研究成果的典型代表之一；在国内，王正志律师及其科研团队自 2009 年以来定期发布的“中国知识产权指数报告”是此方面的代表性成果之一；国家统计局 2013 年也首次发布《中国创新指数研究（2005 ~ 2011 年）》，从创新环境、创新投入、创新产出、创新成效等四个领域出发，对知识产权发展成效与实力予以了总结与分析。

目前，除上述相关研究外，国内其他的关于知识产权竞争力、知识产权实力的评价与评判指标的设计与应用的研究可概括、分类如下：第一类为对“区域知识产权综合实力评价指标体系”的设计和应用研究。如早在 2004 年，国家知识产权局的黄庆、曹津燕、刘祥等就从专利数量、质量和价值三个方面出发构建了以数量类指标表征专利关注程度、以质量类指标表征科技创新程度、以价值类指标表征专利在市场经济活动中作用的指标体系，并将之应用于我国区域知识产权状况的评价之中，得出一些有价值的评价结果；[1] 国家知识产权局知识产权发展研究中心（2012）研究设计出包括专利创造、运用、保护、管理与服务等一级指标的全国地区专利综合实力评价指标体系；浙江省科技信息研究院徐进（2013）对国内各省市知识产权发展水平予以梯队分类，并从总量、效益、增速、结构四个方面对各省知识产权“十二五”规划定量指标作了比较分析；等等。第二类为“企业、高校等具体主体或某些具体行业的知识产权综合实力评价指标体

[1] 黄庆等：“专利评价指标体系——专利评价指标体系的设计和构建”，载《知识产权》2004 年第 5 期。

系”的设计和应用研究。例如，樊燕甫针对河北省大中型工业企业构建了包含产出能力、研发能力、外在环境支持力、潜在投入能力四个一级指标在内的企业知识产权竞争力评价指标体系；❶ 马慧明、王鸣涛、叶春明等（2009）从知识产权申请、授权、实施以及受益等方面出发设计了高科技企业知识产权综合实力评价指标体系；复旦大学陆飞设计了包括数量指标体系和管理指标体系两部分内容的我国高校知识产权业绩评估指标体系以及江苏大学财经学院赵喜仓与单兰倩“在深入研究农业知识产权相关理论知识的基础上，依据理论与实践相结合、科学与可操作性相结合的原则，构建了一套”“农业知识产权综合评价指标体系”；❷ 等等。第三类为“其他的知识产权竞争力或实力评价指标体系”的设计和应用研究。例如，中国政法大学冯晓青对企业知识产权考核评价指标以及企业技术创新与知识产权战略融合的考核评价等予以研究；❸ 也有学者对知识产权保护水平评价指标体系予以设计和应用研究；还有学者以发明专利申请受理总量、发明专利申请年平均增长率等为指标，利用 DEA 方法评价我国专利技术发展速度最快的技术行业；等等。

知识产权竞争力、知识产权实力的评价与评判指标的设计与应用研究，有利于对加强知识产权能力建设的认识和促进，日益丰富的相关研究成果不仅具有十分重要的理论价值，而且对于相关知识产权实践活动的开展有着不容忽视的指导意义。当然，由于知识产权工作本身具有较强的复杂性，知识产权竞争力、知识产权实力可以从多种视角多个方面来予以认识和研究，所以，虽然目前已经有了一些知识产权竞争力、知识产权实力的评价与评判指标体系，但是结合日益复杂化的知识产权实践工作，并围绕知识

---

❶ 樊燕甫：《河北省大中型工业企业知识产权竞争力评价研究》，燕山大学硕士学位论文，2010 年。

❷ 陆飞：“高校知识产权工作业绩评估研究”，载《科研管理》2002 年第 5 期；赵喜仓、单兰倩：“我国农业知识产权综合评价指标体系研究”，载《科技管理研究》2013 年第 4 期。

❸ 冯晓青：“基于我国企业技术创新和知识产权战略实施的知识产权考核评价机制研究”，载《当代经济管理》2013 年第 5 期。

产权工作的相关具体目标，继续加强和丰富有关知识产权竞争力、知识产权实力的评价与评判指标的设计和应用研究，仍是当下知识产权研究工作不容忽视的内容之一。

三、关于知识产权强省的直接研究

“知识产权强省”的建设问题开始引发越来越多的关注，但“知识产权强省”的内涵与指标体系研究尚待明确。近年来，江苏、浙江、广东、辽宁、山东、湖北、河北、河南等省份在实施知识产权战略的过程中先后提出了以全面增强知识产权能力为核心的建设“知识产权强省”的目标，这促使有关知识产权能力建设的研究拓展至“知识产权强省”建设这一具体的问题领域之中。通过对中国知网（www.cnki.net）等数据库的检索可以发现：目前，无论是理论界还是实践界都正越来越多地关注对“知识产权强省”建设问题的研究：如顾奇志（2012）、宋海（2011）以及陶凯元、李荣灿等（2010）从促进经济发展方式转变的角度探讨了建设“知识产权强省”的重要性；王笑梅（2006）、金岳平（2007）、符王润（2009）、吕可珂（2011）、彭耀林（2012）等分别对辽宁、浙江、广东、河北、江苏等省份的知识产权强省建设工作予以了关注和解读；等等。[1]

从相关已有研究的具体内容来看，虽然有关“知识产权强省”建设问题的研究成果正呈增多趋势，但仍以对确立“知识产权强省”建设目标的重要性以及“知识产权强省”建设的部分实践活动的解读为主，尚没有针对“知识产权强省”目标内涵等基本问题的系统研究成果出现。

另外，作为对知识产权能力建设问题予以深化研究的选择，有关知识产权竞争力、知识产权实力的评价与评判指标的设计与研究目前也还没有专门针对“知识产权强省”建设问题予以展开，“知识产权强省”建设实践也亟须科学的、可操作的“知识产权强省”指标体系的指导。

---

[1] 这些看法散见于相关报刊对于知识产权强省建设行动的报道。

第二节 本课题研究的重要意义

一、本课题研究的理论价值

通过本课题的研究对于知识产权强省的内涵及其理念依据进行界定，可以为其他学者进一步研究知识产权强省问题奠定基础，也可以对学者们开展类似课题或关联课题的研究提供必要的启示和参考。同时，在本课题的研究过程中，会涉及知识产权战略实施的一些相关理论问题的探讨，对于知识产权战略实施理论的丰富和发展具有一定的价值。

通过本课题的研究，对于包括知识产权强省评价指标在内的一些知识产权评价指标体系的构建会在理论上进行较多的思考，这些理论成果对于其他学者设计相关的评价指标体系无疑会有一定的借鉴意义。同时，课题组在充分理论研究的基础上所构建的一套评价指标体系对于其他学者构建相关的知识产权评价指标体系也有较大的参考价值。

二、本课题研究的现实意义

首先，在结合国内外知识产权发展形势的基础上对“知识产权强省”予以界定，明确知识产权强省的概念和目标，以便于知识产权管理部门、知识产权执法人员及社会公众更好地认识和理解知识产权强省的内涵与外延，从而有助于明确知识产权强省建设工作中的各参与方的主要工作任务。

其次，本研究构建了一套可实践运用的知识产权强省的评价指标体系。为推进国家知识产权战略顺利实施，我国尽快建立知识产权战略实施绩效评价机制尤为重要；❶ 作为国家知识产权战略实施重要组成部分的知识产权强省建设同样需要相应的评价机制和评价标准。我们在知识产权强省的

---

❶ 唐杰、周勇涛：“企业知识产权战略实施绩效评价研究”，载《情报杂志》2009 年第 7 期。

评价指标体系的构建方面进行了大胆尝试和创新，在指标体系构建时从知识产权创造、运用两个主要方面出发，不仅考虑到客观评价知识产权创造与运用的基本情况（数量），而且充分考虑到知识产权创造和运用效率（质量）的评价，确保指标体系能够客观考核知识产权强省建设工作所取得的成绩及尚需努力解决的问题。

最后，包括江苏省在内的各地可以运用课题组所构建的知识产权强省评价指标体系对本地的知识产权发展水平进行测试，借此分析本地知识产权发展现状与知识产权强省的水平之间所存在的差距及主要的不足，从而明确今后一段时间地方知识产权工作的主要目标与任务，并制定一些有针对性的政策，采取一些有效的措施，推动本地知识产权工作跨越式地发展。

第三节　本课题研究的思路

一、本课题研究的创新

本课题研究的主要创新之处在于：明确界定了知识产权强省的内涵，并就知识产权强省建设的远期目标和近期目标提出设想；在知识产权强省指标体系构建过程中形成自己的一套思路和理论依据；在我国率先构建了一套明确可行的知识产权强省评价指标体系，该指标体系有显著的特征，特别是打破人们在传统上按照《国家知识产权战略纲要》的内容来设定和分解指标的习惯，在评价指标体系中突出了知识产权创造与知识产权运用的核心地位，强调了其他知识产权工作的从属性和辅助性；在指标体系的运用方面，我们没有采取给每项指标赋权的方式，而是采取测量完成比例的方式，并根据总体完成的百分比来对一个地方知识产权强省建设工作做一个基本结论或评价。

二、本课题研究的方法

本课题研究综合运用多种研究方法：

1. 实证分析方法

知识产权强省指标体系的构建是在对现实分析的基础上进行的。为此，课题组通过多种方式、多种渠道搜集国内知识产权发展总体状况、一些主要地区知识产权发展状况、一些发达国家知识产权发展状况的数据和资料。通过对这些资料与数据的分析，对知识产权强省的水平进行合理的定位。

2. 比较分析方法

课题组在研究过程中对中外情况进行比较，特别是对于我国所要追赶的中等发达国家知识产权发展的情况进行考察和分析，从而理清知识产权强省的应有目标和建设思路；课题组还对国内不同地方的情况进行比较分析，特别是对于有可能成为知识产权强省的知识产权工作基础较好的省市知识产权发展状况进行分析，这有助于提高评价指标定位的合理性、操作的可行性。

3. 系统分析方法

基于课题研究的性质，本课题将知识产权工作作为一个完整的体系加以研究，充分考虑各个方面的知识产权工作在整个知识产权体系中的地位、作用及各个方面知识产权相互之间的关系。另外，知识产权工作是经济社会发展的一个方面，因此本课题的研究还将知识产权工作置于一个地方经济社会发展的系统中加以考量。

4. 逻辑分析方法

课题组运用逻辑分析方法对于知识产权工作的内部关系进行分析，并在此基础上进行指标体系的架构和指标数量的配置；在相关理论研究及结论的获取上适当运用了一些逻辑推理方法。

5. 文本分析方法

在本课题研究过程中，特别是在知识产权制度环境进行评价或对相关知识产权数据进行分析时，需要研读各种法规、政策、年度报告或分析报告的文本，从中寻找依据或产生启示。

第四节 知识产权强省的内涵与目标界定

一、知识产权强省的内涵界定

何谓知识产权强省？近些年，虽然不少学者、政府部门的领导提及知识产权强省建设，[1] 广东省甚至在2012年1月20日专门印发《关于加快知识产权强省建设的决定》，但他们都未对知识产权强省作一个明确的界定，这无疑会影响知识产权强省建设的正确定位和合理安排。

我们认为，知识产权强省的界定关键在于"强"上，在对"强"进行界定时必须明确以下几点：

第一，这种"强"要建立在一定的绝对实力的基础上。被称为"知识产权强省"的地方在知识产权创造与运用方面必须有较好的基础和成绩，特别是在一些核心的知识产权数量和质量上具有较好的成绩。有些地方的知识产权基础还比较薄弱，现在谈知识产权强省建设未免显得过早。

第二，这种"强"要在国内进行比较。被称为"知识产权强省"的地方在知识产权工作方面必须在全国处于领先水平，特别是一些主要的知识产权指标在全国处于前列。

第三，这种"强"要与我国经济社会发展的目标相契合。我国经济社会发展的第三阶段目标为中等发达国家的水平，知识产权强省首先就应当向这一目标努力，其知识产权发展水平应当达到中等发达国家的水平，至少达到中等发达国家知识产权平均水平，而不能仅仅是在国内"逞强"。

第四，这种"强"是综合实力的比较，而非全面强大。这种精神在广

[1] 彭耀林："江苏省知识产权局局长朱宇：努力实现江苏向知识产权强省跨越"，载《中国发明与专利》2011年第4期；吕可珂："多管齐下力促知识产权强省——访河北省知识产权局局长刘纪雷"，载《中国发明与专利》2011年第7期；文丽、周泽天："全面实施知识产权战略努力建设知识产权强省——访广东省副省长宋海"，载《经济》2010年第4期。

东省和江苏省的知识产权强省建设目标中也得到了体现。[1] 知识产权强省不一定要在知识产权的每个方面都具有很强实力，而是要在一些核心知识产权方面和在知识产权整体发展水平上处于领先或优势地位。

第五，这种"强"在硬实力和软环境方面都要有所体现。知识产权强省首先要在知识产权创造与运用成果上有直接的体现，知识产权创造成果的数量多、质量高，知识产权运用顺利、效果明显。同时，知识产权强省还要具有较强的知识产权发展能力，这些能力主要体现在其知识产权软环境方面，因此知识产权强省应当具有较好的知识产权软环境。

基于以上分析，我们对于知识产权强省作如下界定：知识产权强省是指具有大量高水平的知识产权成果，知识产权运用顺畅、效果明显，知识产权工作基础扎实、环境优良，知识产权综合实力及核心知识产权实力达到中等发达国家的平均发展水平，知识产权整体水平及重要的知识产权指标在全国处于领先地位或位于前列的省、自治区、直辖市。

二、知识产权强省建设的目标

（一）终极目标

任何一个地方的知识产权强省建设的最终目标都是建成知识产权强省，为实现这一目标，需做到：知识产权创造成果大幅度提升，知识产权成果的质量明显提高，知识产权成果得到有效利用，有力促进了地方经济社会的发展，知识产权工作不断充实，知识产权发展获得政府有力的支持和较好的社会环境，知识产权综合实力和核心知识产权指标达到中等发达国家水平，在全国处于领先地位。

（二）近期目标

各地的知识产权工作基础和现有状况不同，因此其在近期（5 年内）进行知识产权强省建设工作的目标会有差异。以江苏省为例，在"十二

[1] 广东省《关于加强知识产权强省建设的决定》第三部分、江苏省《关于深入实施知识产权战略加快建设知识产权强省的意见》第一部分第三点。

五”期间知识产权强省建设的主要目标有三个。

1. 核心知识产权创造水平得到大幅提升

一定数量和质量的知识产权产出是知识产权促进经济社会发展的基础，也是知识产权强省建设的首要目标；与一般省市对知识产权创造的要求不同的是，知识产权强省在知识产权创新的数量和质量方面有更高的要求。就江苏而言，专利、商标、版权、植物新品种权授权量和集成电路布图设计登记量继续保持全国领先地位，并且质量明显提高。基于江苏省已有的知识产权基础、经济社会发展的需要和知识产权工作的潜能，江苏未来五年在知识产权创造方面应当实现以下主要目标：百亿元 GDP 专利授权数达 400 件，万人发明专利拥有量达 10 件，高新园区万名从业人员拥有授权发明专利达 150 件以上，六大战略性新兴产业和高新技术领域的发明专利授权量占全省总授权量之比分别达到 40% 和 50% ，有效专利拥有量、发明专利授权总量在“十一五”基础上“翻两番”。PCT 年度申请量达 1000 件以上，国内商标注册总数达 40 万件以上，通过马德里体系国际注册总数达 1500 件以上，地理标志商标总数达 90 件以上，被认定为驰名商标的商标数量达到 300 件以上。版权登记量年均增长 30% ；计算机软件著作权登记量年均增长 20% 以上。

2. 知识产权运用能力得到明显提高

知识产权必须在运用以后才能转化为现实的生产力，才能对经济社会的发展发挥促进作用。包括江苏企业在内，我国企业驾驭知识产权的能力相对薄弱，知识产权运用水平亟待提升。[1] 因此，江苏省的知识产权强省建设必须将知识产权运用能力的提升作为一个重要目标。主要是：企业、高等院校、科研院所专利技术转化运用能力显著增强，植物新品种转化应用率达 90% ，版权产业和计算机软件产业销售额年均增长 20% 。拥有自主知识产权的产品和知名品牌产值占规模以上工业企业销售额的比重超过

[1] 朱涛：“试析如何提升企业知识产权运用能力”，见《发展知识产权服务业，支撑创新型国家建设——2012 年中华全国专利代理人协会年会第三届知识产权论坛》论文。

60%，知识产权产业产值占GDP的比重达20%；企业自主知识产权和自主品牌产品产值占本土工业比重达到60%。[1]

3. 知识产权环境氛围得到进一步优化

良好的知识产权氛围是知识产权创造与运用的根本保障，知识产权强省建设需要相应的政策法律环境、知识产权管理环境、知识产权保护环境、知识产权服务环境、知识产权人才环境、知识产权文化环境。因此，江苏省在知识产权强省建设中在这些方面还有许多重要工作要做：（1）修订与完善现有的知识产权地方性法规、地方政府规章，根据需要适时制定新的知识产权地方性法规、地方政府规章和政策，知识产权制度较为完善。（2）知识产权行政管理体制进一步理顺，充实知识产权行政管理队伍，提高知识产权行政管理人员的素质，增加知识产权行政执法人员数量。（3）企业知识产权标准化管理的范围进一步扩大，企业知识产权管理能力明显提高。（4）增加知识产权司法人员数量，提高知识产权案件的审判能力，实现知识产权行政执法与司法的有效衔接。（5）加强知识产权社会服务平台的建设，知识产权公共服务平台的数量有明显的增加；大力发展知识产权中介服务队伍，进一步提高知识产权中介服务能力。（6）财政对于研发投入的力度进一步提高，研发的社会性投入大幅增加。（7）加强对现有知识产权专门性培养机构的扶持，提高知识产权人才培养的力度，采取切实有效措施引导省内高校通过学历教育培养知识产权人才。（8）大力推进知识产权文化建设，全社会的知识产权意识得到有效提高。

[1] 各项目标确定的依据将在后文评价指标的构建部分进行说明。

第二章 知识产权强省指标体系构建的理论基础*

第一节 知识产权强省指标体系构建的指导思想

知识产权强省指标体系的构建应当以邓小平理论、“三个代表”重要思想为指导，深入落实科学发展观，追求中国梦的伟大理想；❶ 本着激励创造、有效运用、依法保护、科学管理的根本方针，以促进创新型国家的建设和经济发展方式的转变为主线，以推动国家知识产权战略的实施为重要使命，以引领地方经济社会发展、加速实现现代化步伐为直接价值追求。知识产权强省评价指标体系的构建及其运用应当能够促进地方更加明确其知识产权工作的基础和未来发展目标，制定科学的行动计划，采取切实可行的措施，调动各种有效力量，使本地的知识产权工作取得跨越式的发展。

第二节 知识产权强省指标体系构建的基本原则

基于知识产权工作的形势、特点，考虑到我国经济社会发展的状况及各地的差异性，结合目前知识产权工作的基础及未来的发展目标，我们认

---

* 本章部分内容已经由本书作者之一董新凯以“知识产权强省界定及其评价指标体系构建”为题发表于《科技进步与对策》2015 年第 7 期，特此说明。

❶ 知识产权强省建设是经济社会发展的一个有机组成部分，因此我国经济社会发展的总体指导思想也应当是知识产权强省指标体系构建的指导思想。

为知识产权强省指标体系的构建应当遵循以下基本原则。

一、促进战略实施，落实强省精神

知识产权强省建设是实施国家知识产权战略和地方知识产权战略行动的重要组成部分，因此，我们在进行指标体系架构时要依据《国家知识产权战略纲要》和一些地方知识产权战略纲要的内容，并在对这些内容的内在逻辑关系（见图2－1）进行分析的基础上，设计成“知识产权创造”“知识产权运用”和“知识产权环境”三个一级指标，因为各级知识产权战略纲要的内容基本上可以被这三个方面所涵盖，即使名称可能有差异或者更加多样化。在设计二级指标和三级指标时，我们也努力将各级知识产权战略纲要所规定的核心内容以及各地在落实纲要精神时所关注或要实现的一些工作目标包容进去。

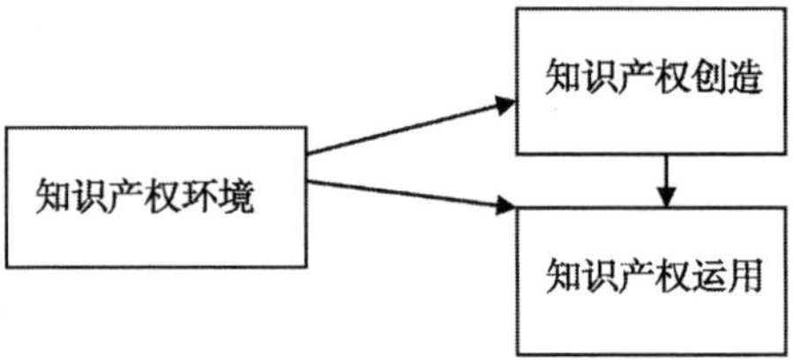

图2－1　知识产权工作的内在逻辑关系

知识产权强省建设有其特殊性，故其评价指标体系及各级指标也不能仅仅是《国家知识产权战略纲要》主要内容或目标、措施的复制，而是要在“强”上做文章，因而我们主要采用了一些能够体现出高水平、体现知识产权强省目标要求的指标；在指标值的设计上更是体现“强”的精神。

二、合理定位，引领发展

在对指标体系的构造及各指标内涵、指标值设计时，需要对知识产权强省的知识产权发展水平有一个基本的定位。这个定位必须合理，否则整个指标体系及各指标值的设定就会出现偏差，知识产权强省评价就无法实现其应有的目标。在实施国家知识产权战略的过程中，一定要处理好“追赶”与“跨越”的关系。[1] 特别是追赶发达国家和跨越自身的常规发展进程的关系。知识产权强省建设是国家知识产权战略实施的重要部分，当然要处理好这一关系。不要过分夸大“跨越”的难度，否则有可能出现“消极悲观”“无所作为”的状态，使我国永远沦为发达国家原料提供国和初级加工国的命运；也不可不切实际地忽视“跨越”的困难性，一味求快、求新，“盲目乐观”“主观冒进”，否则将出现不符合国情的“赶超式”增长方式。[2]

要做到合理定位，就需要将指标体系及指标值的设计建立在对中外情况及中外的差距、我国总体情况及各地的差异、我国经济社会发展的目标及特点等有充分认识和考量的基础之上。考虑到我国知识产权发展水平总体上还比较低，即使是知识产权发展较快的地方，它们与发达国家还有较大的差距，因此，知识产权指标体系及指标值的确定应当使目前知识产权工作较好的地方在经过较大努力后在一定期限内才能达到知识产权强省的水平。基于该指标体系的运用，不能得出目前已经有地方可以称为知识产权强省的结论，而是要得出目前做得较好的地方与知识产权强省的水平还有一定差距的结论。也就是说，这一指标体系及指标值的运用要对各地的知识产权工作产生一种较大的引领作用，让各地看到其知识产权发展状况与知识产权强省水平存在的差距，指出其在一定时期内知识产权工作的主要努力方向。

正是基于上述考虑，我们在设计一些重要的指标值时，以中等发达国家的知识产权平均发展水平为基础，尽管有时这个数值比我国目前现有的平均水平或知识产权工作较好的地方的水平要高得很多，我们也把它作为知识产权强省建设所追求的目标，以保证最终形成的知识产权强省名副其实。

---

[1] 董涛：“‘国家知识产权战略’与中国经济发展”，载《科学学研究》2009 年第 5 期。

[2] 卫兴华、侯为民：“中国经济增长方式的选择与转换途径”，载《经济研究》2007 年第 7 期。

三、注重结果，追求成效

知识产权强省应当具有较多有较强显示度的成果，知识产权工作的实际效果应当比较明显。知识产权强省的评价指标体系应当以考察一个地方的知识产权工作成效为重点，并通过这种考察与评价引导地方注重知识产权工作的效果。

基于以上考虑，我们构建的指标体系在总体上偏重于知识产权创造与运用两个方面，因为它们能够直接体现知识产权工作成效及对经济社会发展的影响力。在各类指标的设计过程中，我们主要考察最终的成果及其质量，而较少关注这些成果取得的过程。比如，在专利方面，考察专利授权量、发明专利授权量、PCT授权量、万人有效发明专利拥有量、亿元研发投入专利授权量、万名研发人员发明专利年度授权量等体现专利产出量和产出效果的指标，而对于专利申请量、在专利申请过程中的各种促进工作等体现专利产出准备或产出过程的指标则未予考虑。对于商标、版权、品种权、集成电路布图设计等知识产权的指标配置也根据这一思路进行。这样处理，主要是考虑到过程是为结果服务的，如果结果不理想，过程再精彩也是没有实质意义的，反而凸显出一个地方知识产权工作效率的低下，这不应是知识产权强省的特征。

四、定量分析为主，定性分析为辅

定量指标的特点是具体、直观，容易制定明确的评价标准，不易产生分歧误解，有利于评估的科学化。[1] 知识产权强省建设与国家知识产权战略实施的其他工作一样，是一个长期的复杂工程，其成效的显示也是一个复合系统，不是所有指标都能量化，所以必须设置一定数量的定性指标来反映某个方面的工作情况。因此只有在指标体系中把定量指标和定性指标

---

[1] 乔永忠、文家春："国家知识产权战略实施绩效评估基本问题研究"，载《科技管理研究》2009年第6期。

有机结合，才能使评价结果更具科学性。

基于定量指标的优点及其在各种评价指标中的广泛采用，我们所设计的知识产权强省评价指标体系当然也以定量指标为主，特别是最能体现一个地方知识产权工作成果的重要指标，均设计定量指标。对于体现一个地方知识产权工作环境或工作力度的指标，由于定量分析不会太准确，或者根本无法搜集可靠的数据，我们便设计了少量的定性分析的指标。

五、切实可行，便于操作

任何评价指标都是为了实际运用，解决现实中的问题，知识产权强省评价指标也不例外。知识产权工作非常复杂，要对一个地方的这项工作进行评价，并确定其是否达到知识产权强省的水平，就必须选择、采用一些在现实中容易操作、简便易行的指标。首先，评价指标体系所包含的指标不能太多，这样会导致评价工作变成一个沉重的负担，耗时费力，而且指标太多会导致指标值之间的重叠或冲突。其次，确定的定量指标所需要的大部分数据能够较容易地搜集到，特别是可以通过一些权威的公共平台或来源（如 WIPO 的年度报告及其网站、国家知识产权局的年度报告及其网站、国家工商行政管理总局的相关年度报告及其网站、国家版权局的年度报告及其网站、农业部的相关统计数据及其网站、一些影响较大的社会组织提供的统计数据或报告、相关省市的政府主管部门的年度报告或统计数据、国家和地方统计部门的年度报告等）能够获得这些直接数据或间接数据，或至少可以通过一些简单的调查便能采集到较可靠的数据。所确定的定性指标能够从一个地方一些具有显著特征的工作或标志性工作成果中体现出来。再次，在指标所涉及的数据搜集到以后，采用较为简单的方法便可对一个地方的各方面知识产权工作情况进行评价，并对该地方的知识产权工作总体情况评价。

六、突出重点，适当兼顾

各个国家和地区的情况不同，其经济与社会发展对知识产权的要求及知识产权工作本身的重点也不一样。即使像美、日这样的知识产权发展水平很高的发达国家，其知识产权战略的着眼点和侧重点也有差异，前者着眼于全球市场的外向型知识产权战略，后者更关注国内知识产权保护和科技创新能力的培养。❶ 基于这种考虑，我们构建的指标体系更多地考虑我国及地方的经济社会发展对于知识产权的主要要求及知识产权工作的重点方面。就工作性质而言，知识产权创造与运用是根本，其他方面的工作（知识产权制度建设、知识产权管理、知识产权保护、知识产权社会服务等）主要是为这两方面工作提供基础与环境，因此，我们的指标体系以知识产权创造与运用方面的指标为主，它们在数量上占全部三级指标的绝大多数。就各种性质的知识产权而言，考虑到专利在经济社会发展中的突出作用及其在全社会受重视的程度，我们在设计指标体系时又将专利方面的指标作为其中最重要的组成部分，三级指标数量相对较多。对于每种性质的知识产权，我们也是根据其各个方面工作的重要性程度来配置三级指标的。

知识产权工作是一个系统性的工作，中心工作的完成及其效果取决于辅助性工作的质量，知识产权强省的评价也不应仅仅是对中心工作的评价，还应适当考察对其他方面的工作。因此，我们对于知识产权制度建设、知识产权管理（含行政执法和企业管理）、知识产权保护（含行政执法和司法保护）、知识产权社会环境（含公众意识、知识产权中介服务等）和物质保障也设置了一些三级指标，但毕竟这些工作处于辅助和从属地位，且其工作效果一般也能通过知识产权中心工作效果间接反映出来，因此我们只设置了少量的指标，主要是一些对于这些方面的工作效果最有显示度的指标。

七、紧盯发达国家，立足本国情况

党的“十三大”确定了我国现代化建设“三步走”发展战略，其中的

---

❶ 孙宏飞：“发达国家知识产权战略比较与借鉴”，载《中国政法大学学报》2009 年第 6 期。

第三步是到21世纪中叶，人均国民生产总值达到中等发达国家水平，人民生活比较富裕，基本实现现代化。❶ 知识产权工作本身是我国现代化建设的一个重要部分，而且推动或影响着其他建设工作的进程和效果，当然也要紧盯这一发展目标，为实现这一目标服务。因此，我们在进行知识产权强省指标体系的设计时需要关注中等发展国家的情况。

对于中等发达国家的内涵和范围，一直有不同的看法。国际货币基金组织与经合组织均有各自认定的发达国家的范围。在目前国际货币基金组织按照人均GDP所认定的29个发达国家或地区中，❷ 我们取其中位于后半部分的国家或地区作为中等发达国家，这与有的学者所主张的将"目前高收入国家中处于下游的国家以及中上等收入国家中处于上游的国家"作为中等发达国家的看法基本一致。❸ 考虑到这些国家或地区对于知识产权强省指标体系构建的参考价值，我们剔除了其中的资源性发达国家沙特阿拉伯，并将我国的台湾地区和香港地区排除在外。另外，法国和希腊在WIPO公布的报告中较多的数据缺失，故也不予考察。这样在设计评价指标体系时将以下10个国家作为中等发达国家加以考察和关注：加拿大、德国、意大利、西班牙、新加坡、新西兰、以色列、葡萄牙、韩国、捷克。考虑到这些国家在知识产权各方面的发展不平衡的因素，我们在考察各国情况并确定相关指标时，以各国数据的平均值为依据。

各国在经济与社会发展方面都会有自己的特色与重点，知识产权领域也不例外；有的国家知识产权发展水平较高，未必是其在知识产权各个方

---

❶ 骆之明："我国经济建设'三步走'发展战略的制定和实施"，载http://news.xinhuanet.com/politics/2009-10/30/content_12359796.htm，2013年11月8日访问。

❷ 2009年4月国际货币基金组织的世界经济展望报告中发达经济体（Advanced economies）为29个，分别为：美国、德国、法国、意大利、西班牙、荷兰、比利时、奥地利、芬兰、希腊、葡萄牙、爱尔兰、卢森堡、日本、英国、加拿大、韩国、澳大利亚、中国台湾、瑞典、瑞士、中国香港特别行政区、丹麦、挪威、以色列、新加坡、新西兰、塞浦路斯、冰岛 。信息来源：http://wenda.tianya.cn/question/682013f53f7f060c，2013年6月4日访问。

❸ 朱孔来："对世界'中等发达国家'的界定"，载《理论学刊》2005年第11期。

面均做得比较好，而是因为其在某一重点领域或其擅长的领域做得比较突出。我国的知识产权战略的定位也应当发挥比较优势，尽量避开在弱势领域的盲目追赶，而应加强在文化资源、遗传资源、生物制药、航空航天等领域知识产权的创造、运用、保护和管理，力争在新一轮的国际经济分工中形成若干具有国际竞争力的产业。[1] 这种要求在我们的知识产权强省指标体系的设计中应当得到体现，并非所有指标的选择或指标值的确定都要考察发达国家的情况，而是适当立足于我国及地方经济发展的特点、重点。特别是如果某方面的知识产权状况更多地体现我国或地方的特殊情况，或者对于中等发达国家的相关知识产权数据很难查知的，我们就根据我国近些年在该知识产权方面的发展现状及未来趋势确定基本指标值。

八、力求创新，彰显特色

就知识产权工作情况进行评价问题，已经有较多的地方和学者进行了研究，也构建了很多评价指标体系。知识产权强省的评价指标体系与其他评价指标体系既有一些共性，更有自己的特殊性。因此，我们在构建强省评价指标体系时一方面适当吸收了其他评价指标体系的一些合理做法，另一方面特别强调知识产权强省评价指标体系自身的特殊要求和应有的特点。

在一级指标构建方面，我们突破了一般的学者根据《国家知识产权战略纲要》的内容进行设计的传统思维，按照各项知识产权工作在经济社会发展中的地位及其内在的逻辑关系来构建知识产权强省的一级评价指标。知识产权工作的中心任务是创造出大量高质量的知识产权，并及时将其运用到经济社会发展过程中，这也是当前创新型国家建设的核心所在，其他方面的知识产权工作（如知识产权制度建设、知识产权管理、知识产权保护、知识产权文化、知识产权中介服务等）实际上是为这两项中心任务的完成奠定基础和条件，因此将知识产权创造、知识产权运用和知识产权环

---

[1] 左中梅、王智源、盛四辈："中日韩知识产权战略比较研究"，载《学术界》2011年第1期。

境作为知识产权强省评价的三个一级指标。我们对于二级指标的设计也是根据事物的内在逻辑安排的，努力避免指标的重叠交叉；在三级指标的设计上，不求面面俱到，而是努力选择那些最有代表性、最有显示度的指标。

在确定一个地方是否达到知识产权强省的水平，或者在确定评价的结果时，我们也与传统的做法不同，不是采取对于各个二级指标或三级指标赋权或确定分值的方法，而是根据各项指标的实际完成情况与指标值之间的百分比（计算出各个指标的综合百分比）来判断一个地方是否已经算是知识产权强省，或者其与知识产权强省的水平还有多大的差距。

第三节　在构建知识产权强省指标体系时应处理好的几个重要关系

为了构建更为科学可行的知识产权强省评价指标体系，我们要努力处理好以下五个重要的关系。

一、知识产权强省与知识产权大省的关系

包括江苏省在内的国内少量省市已经被称为知识产权大省，这主要是从一些主要知识产权的绝对数量上来说的，[1] 其中还包括像申请量这样单纯的外延式数据，而且绝对数量上的比较优势主要是从国内的情况来说的。知识产权强省则不单纯是知识产权绝对数量的问题，或者主要不是知识产权绝对数量的问题，而是更强调知识产权的质量及其效益问题，强调知识产权数量与人口及经济发展水平的结合，强调知识产权在数量与质量上的有机结合。正是基于这种考虑，我们的评价指标体系更注重核心知识产权的数量和知识产权质量及效益方面的指标。

在技术的发展过程中存在量变与质变现象，是一个连续发展的累积性

[1] 郑晋鸣："江苏：已经迈向知识产权大省"，载《光明日报》2013 年 9 月 18 日第 6 版。

过程和非连续发展的革命性过程的统一；随着技术累积的发展，必然会产生技术累积效应，从而对技术本身以及自然和社会等带来一定的影响，并最终导致在量变的基础上产生质变。[1] 知识产权强省与知识产权大省之间也存在这样一种辩证关系，具有较强的联系；一个地方如果在知识产权数量上没有一定的规模与积累，通常很难在此基础上进行提升，也就难以在知识产权质量和效益上作出更大的成绩。因此，知识产权强省建设主要应当在目前已经属于知识产权大省的地方展开，也只有这些地方通过一定时期的努力才可能实现知识产权强省的目标，而其他地方尚没有开展知识产权强省建设的根基。基于此，我们的评价指标体系可以先用来对这些知识产权大省进行测试，看看它们离知识产权强省的目标还有多大的差距。

二、知识产权强省与知识产权强国的关系

知识产权强省主要是指一个地方的知识产权工作在全国范围内处于明显领先的地位，首先是将该地方与全国其他地方进行比较。通常知识产权强省的经济社会发展的水平领先于全国，因此，知识产权强省的相关指标值应当比全国平均的指标值要有较大幅度的提高；既然要与国内的其他地方进行比较，我们在设计相关指标值时往往就要以目前在这方面知识产权工作领先的省市的情况为基础，并考虑未来适当增长的趋势。

知识产权强国则是世界范围对一个国家的知识产权工作水平进行考察，是指一个国家的知识产权发展水平在世界范围内处于领先地位。知识产权强国的整体水平通常要比我国知识产权强省的整体水平要高，甚至领先得比较多。因此我们的指标体系及相关指标值的设定还不能直接以目前知识产权领先的国家的情况为依据。

当然，知识产权强省建设也不是“矮子里选将军”，仅满足于国内低水平的比较与竞争。既然我国经济发展的第三步要达到中等发达国家的水

---

[1] 盛国荣、陈凡、韩英莉：“论技术发展过程中的量变和质变现象——累积效应与技术革命”，载《自然辩证法研究》2005 年第 7 期。

平，我国的知识产权发展水平也应当与此相适应，知识产权强省更应率先行动，达到中等发达国家的水平。因此，我们在设计一些指标值时，以中等发达国家的知识产权发展水平为参考，甚至将其发展状况作为确定部分指标值的依据。

三、知识产权硬实力与知识产权软环境的关系

在当今世界，“硬实力”与“软实力”已然成为国家间综合实力竞争的重要因子，[1] 一个地方、一个行业的综合竞争力也是如此。知识产权实力也包括“硬实力”与“软实力”（软环境）两个方面，一个地方知识产权水平在实质上就是知识产权硬实力与知识产权软环境两个方面。前者如专利授权量、发明专利授权量、PCT 授权量、万人有效专利拥有量、亿元研发投入专利授权量、百万元 GDP 发明专利量、自主知识产权产品销售额及比重、标准化专利的数量、注册商标总量及百万人注册商标数量、百万人马德里体系商标国际注册数量、地理标志商标数量、曾被认定为驰名商标的商标数量、自主品牌产品出口比例、注册商标许可或转让数量、软件版权登记量及百万人口登记量、集成电路布图设计登记量及百万人口登记量、植物新品种授权量及百万人口授权量、知识产权密集型企业数量、知识产权优势产业数量、国家级高新技术开发区数量等；后者如知识产权法律、法规、规章、政策，知识产权执法机构与执法人员，知识产权司法机构与司法人员，知识产权维权组织和社会中介服务情况，企业知识产权管理队伍与管理规范，知识产权公共服务平台，知识产权文化等。

知识产权硬实力是一个地方知识产权发展水平的直接体现，也是过去知识产权软环境建设的成果，间接反映了过去一段时间一个地方知识产权软环境建设的状况。因此，我们的指标体系应当重点考察和评价知识产权硬实力。当然，知识产权软环境建设的现状在我们的指标体系中也应当有

---

[1] 项久雨：“硬实力与软实力的关系之辨”，载《武汉大学学报（哲社版）》2010 年第 6 期。

一定的体现，因为目前知识产权软环境的状况是一个地方知识产权发展能力的重要组织部分，对于未来知识产权硬实力的提升会有较大的影响。

四、现有知识产权水平与未来发展趋势的关系

我们设计的指标体系及相应的指标值都是根据国内外目前知识产权发展状况确定的。基于目前可统计的数字，在考察中等发达国家和国内一些地区的知识产权发展状况时，主要考察2011年度或2012年度的数据。

应当承认，我国目前还没有省市可以称得上是知识产权强省。因此，利用我们设计的指标体系去对某个省市是否达到知识产权强省的水平进行认定应当是以后某个年度的工作。到那时，我们作为指标设计参照对象或依据的中等发达国家或国内相关地方的知识产权工作又有了进一步的发展，就不能以2012年的数据作为指标值评价了，因此我们在设计指标值时就要在现在水平的基础上考虑到未来一定期间内可能的增长情况。比如，在确定了中等发达国家某项知识产权在2012年的平均值后，又根据这些国家在近5年增长的情况，确定其在以后年度内的平均增长量。当对某个省份在未来某个年度进行知识产权强省评价时，就以2012年的数值加上到进行评价的年度按照平均增长量所计算的增长数量，就是评价当年应当适用的指标值。

五、知识产权系统内部各个方面的关系

知识产权是一个复杂的系统，既涉及多方面的知识产权，常见的如专利权、著作权、商标权、品种权、集成电路布图设计、地理标志等，也涉及多种不同的知识产权工作，如知识产权创造、知识产权运用、知识产权管理（行政管理、企业管理等）、知识产权保护（行政保护、司法保护等）、知识产权制度建设、知识产权中介服务、知识产权文化建设等。如何对待不同种类的知识产权和不同性质的知识产权工作，对于知识产权强省评价指标体系的构建具有重要影响。

对于不同性质的知识产权工作，我们并没有像《国家知识产权战略纲

要》（以下简称《纲要》）那样进行分类和设计指标，而是对所有这些知识产权工作的内在逻辑关系进行了分析。我们认为，各种知识产权工作实质上可以归结为两大方面的工作：（1）作为整个“战略”的核心和终极价值所在的知识产权创造与运用，这实际上也是《纲要》所真正要实现的目标与任务；（2）为知识产权创造与运用提供支撑或进行服务的工作，也就是为知识产权创造与运用创造环境和提供条件。负责《纲要》制定工作的部门认为，我国制定和实施国家知识产权战略对建设创新型国家、转变经济发展方式、提高国家核心竞争力方面具有重大现实意义；走建设创新型国家的道路，就必须有效运用知识产权制度，通过清晰的产权化方式，合理配置在生产体系中相关参与者的权益，充分开发和运用技术、信息等资源，有效激励创新、鼓励运用，使各种生产要素合理、有序、快速进入生产体系和生产过程，从而改善我国经济发展方式粗放、资源环境代价过大等问题。[1] 这实际上表明我国“战略”的核心就是以技术为代表的知识产权的创造与运用，即通过“战略”的实施大幅度提升知识产权创造的水平，特别是自主知识产权成果的创造，促进现有知识产权成果的有效运用。因此，我们的指标体系偏重于对知识产权创造水平和知识产权运用水平的考察，在这两方面配置了大部分指标；同时兼顾对铺垫性工作或辅助性工作的考察，在这方面配置了少量的指标。

对于不同种类的知识产权，我们主要是根据其在经济社会发展过程中所实际发挥的作用及人们普遍关注的程度确定其在指标体系中的地位，比如，我们将专利及商标作为重点考察的对象，并配置了较多的指标。对于涉及面较小的知识产权产权，我们仅仅是兼顾一下，比如，对于集成电路布图设计，仅配置了个别指标。

---

[1] 张志成：“对制定和实施国家知识产权战略的思考”，载《科技促进发展》2012 年第 7 期。

第三章　知识产权强省指标体系的构造及指标值

第一节　指标体系的构造*

基于知识产权工作的固有特点和内在构造、知识产权与经济社会发展的互动关系、知识产权工作的现实基础和发展趋势、绩效评价工作的特点及要求等方面的考虑，我们设计了知识产权强省评价指标体系。知识产权强省评价指标体系由三个级别的指标构成。一级指标为 3 个；二级指标 11 个；三级指标 38 个。其结构如表 3－1 所示。

表 3－1　知识产权强省评价指标体系

一级指标	二级指标	三级指标	指标值或要求（2012 年）	评价说明
知识产权创造（2 个二级指标）	知识产权创造数量（12 个三级指标）	年度专利授权量	50 032 件	计算百分比
		年度发明专利授权量	15 252 件	计算百分比
		万人有效发明专利拥有量	41. 85 件	计算百分比
		年度百万人口 PCT 专利申请量	241. 79 件	计算百分比
		工业品外观设计年均国际注册量	1 098. 26 件	计算百分比
		百万人口国内商标注册量	12 388 件	计算百分比
		百万人口马德里体系商标注册量	156 件	计算百分比
		年度软件版权登记量	27 262 件	计算百分比
		地理标志商标量	150 件	计算百分比
		年度集成电路布图设计登记量	334. 6 件	计算百分比
		植物新品种授权量	318. 8 件	计算百分比
		百万人口年度植物新品种数量	6. 61 件	计算百分比

* 本节部分内容已经由本书作者之一董新凯以“知识产权强省界定及其评价指标体系构建”为题发表于《科技进步与对策》2015 年第 7 期，特此说明。

续表

一级指标	二级指标	三级指标	指标值或要求（2012 年）	评价说明
知识产权创造（2 个二级指标）	知识产权创造效率（5 个三级指标）	万名研发人员发明专利年度授权量	1 159.5 件	计算百分比
		亿元研发投入发明专利授权量	66.7 件	计算百分比
		发明专利超 5 年维持率	68.22%	计算百分比
		“驰名商标” 数量	300 件	计算百分比
		列全国前三位的指标数量	50%	计算百分比
知识产权运用（2 个二级指标）	知识产权直接运用的效果（6 个三级指标）	自主知识产权产品销售收入占规模以上工业企业销售额的比例	60%	计算百分比
		专利产品销售额占 GDP 总量的比例	70%	计算百分比
		“驰名商标” 的商品销售额在 GDP 中所占的比例	30%	计算百分比
		自主品牌在出口商品中的比例	40%	计算百分比
		亿元农产品销售额地理标志商标的数量	0.20 件	计算百分比（反向）
		集成电路布图设计的商业利用率	55.8%	计算百分比
	知识产权交易效果（4 个三级指标）	年度技术交易合同金额	1 000 亿元	计算百分比
		注册商标交易活跃程度	5%	计算百分比
		年度版权交易合同登记数	5 706 件	计算百分比
		年度知识产权质押担保的债务金额	全国前五名，当年 10 亿元以上	计算百分比
知识产权环境（7 个二级指标）	制度建设（1 个三级指标）	地方性知识产权政策、法规数量	13 篇	计算百分比
	行政执法（1 个三级指标）	知识产权行政执法效能	行政执法案件年度结案率 96%；法院维持具体行政行为的比例 85%；知识产权维权中心数量 12 个；国家级知识产权示范城市数量 5 个。4 项各占比 25%	计算百分比
	司法保护（1 个三级指标）	知识产权司法保护效率	一审审限结案率 95%，占比 50%；一审服判息诉率 85%，占比 25%；二审改判发回重审率 3%，占比 25%	计算百分比

续表

一级指标	二级指标	三级指标	指标值或要求（2012年）	评价说明
知识产权环境（7个二级指标）	企业管理（2个三级指标）	规模以上企业专职知识产权管理人员平均数量	5人	计算百分比
		知识产权标准化管理企业的比例	全国前五名，且60%以上	计算百分比
	公众意识（1个三级指标）	公众知识产权意识	问卷得分视为完成情况（计100分）	计算百分比
	社会服务（3个三级指标）	知识产权公共服务平台数量	8个	计算百分比
		知识产权中介服务机构数量	商标代理机构1 310家，专利代理机构110家，各占50%	计算百分比
		专业化知识产权人才培养机构数量	5家	计算百分比
	资金支持（2个三级指标）	知识产权工作专项经费占财政支出比例	5.69%	计算百分比
		社会性研发投入占GDP比例	3%	计算百分比

第二节　三级指标的指标值

一、知识产权创造方面

（一）年度专利授权量

专利授权量是指在一定时期（报告期）内，国内外政府专利行政部门授予专利权的件数，其一般指国家、省市、企业等在一定时期内在国内和国外被授予专利权的数量。在我国，专利授权量是指发明、实用新型、外观设计三种专利授权数的总和。专利授权量常常是衡量知识产权创造能力的标志。一定的授权量也是提高专利质量和水平的基础。专利授权量已被世界公认为是衡量一个国家或地区技术创新能力和水平的重要指标，因而专利授权量应当成为知识产权强省评价的重要指标。

在我国，与专利授权量是由发明、实用新型、外观设计三种专利授权数的总和构成相一致，作为知识产权强省评价指标的专利授权量指标值是由发明专利授权量指标值、实用新型专利授权量和外观设计专利授权量三部分总和构成。

就发明专利授权量指标值而言（参见下文“发明专利授权量”指标的研究），知识产权强省的发明专利授权量指标值可暂定为 2012 年中等发达国家的平均值，即 2011 年中等发达国家的平均值 15 108.6件加上年均增长量 143.7 件，定为 15 252件；然后根据评价的年份在此指标值上加上应当增长的数量，即为当年应当达到的指标值。

就实用新型专利授权量而言，2011 年主要中等发达国家专利行政部门授予实用新型专利的数量：德国 14 230件、俄罗斯 11 076件、意大利 6 486件、韩国 5 854件、西班牙 2 549件、土耳其 1 977件、捷克 1 545件、澳大利亚 355 件，中国 408 110件。❶

2011 年，上述 8 个发达国家专利行政部门授予实用新型专利的总数量为 44 072件。平均授予实用新型专利的数量为 5 509件。

2007 年国际上实用新型申请总量为 272 537件，增长率 2.1%；2008 年为 313 464件，增长率 15%；2009 年为 399 252件，增长率 27.4%；2010 年为 496 777件，增长率 24.4%；2011 年为 670 665件，增长率 35%。❷

2007 ~2011 年全世界实用新型专利申请量平均增长率为 20.78%。

与此同时，全世界实用新型专利授权量 2007 年比 2006 年增长 7.3%；2008 年比 2007 年增长 13.6%；2009 年比 2008 年增长 10.9%；2010 年比 2009 年增长 55.1%；2011 年比 2010 年增长 16.3%，约达到 477 100件。❸

2007 ~2011 年全世界实用新型专利授权量平均增长率为 20.64%。可见，2007 ~2011 年全世界实用新型专利申请量和授权量平均增长率基本保持一致，为 20% ~21%。由于缺乏上述各国实用新型专利近几年的统计，基于 2007 ~2011 年全世界实用新型专利申请量和授权量平均增长率基本一致，我们认为可以近五年全世界实用新型专利授权量平均增长率 20.64%

❶ WIPO World Intellectual Property Report 2010.

❷ WIPO Statistics Database, October 2012.

❸ WIPO Statistics Database, October 2012.

作为上述发达国家的年平均增长率。这样，上述发达国家实用新型专利授权量年均增长量为1 137件。

据此，知识产权强省的实用新型专利授权量指标值暂定为2012年中等发达国家的平均值，即2011年中等发达国家的平均值5 509件加上年均增长量1 137件，定为6 646件，然后根据评价的年份在此指标值上加上应当增长的数量，即为当年应当达到的指标值。

就外观设计专利授权量而言，截至2009年，各相关中等发达国家有效的外观设计专利权的数量：加拿大28 480件、德国297 206、韩国213 566件、土耳其45 728件、意大利260 212件、西班牙40 152件、俄罗斯18 451件、澳大利亚36 755件。中国有效的外观设计专利权总数388 252件。上述8国有效外观设计专利权总数为940 550件。

截至2010年，各相关中等发达国家有效的外观设计专利权的数量：加拿大32 781件、德国539 444件、韩国227 563件、土耳其51 320件、意大利289 143件、西班牙43 175件、俄罗斯21 295件、澳大利亚39 965件。中国有效的外观设计专利权总数542 081件。[1] 上述8国有效外观设计专利权总数为1 244 686件。

截至2011年，各相关中等发达国家有效的外观设计专利权的数量：加拿大34 810件、德国589 349件、韩国242 262件、土耳其65 089件、意大利311 514件、西班牙44 926件、俄罗斯22 946件、澳大利亚45 612件。中国有效的外观设计专利权总数922 371件。[2] 上述8国有效外观设计专利权总数为1 356 508件。

根据上述8国2009~2011年有效外观设计专利权的总数量的统计，可以看出，2010年较2009年上述8国拥有有效外观设计专利权的总数量的增长率为32.3%，而2011年较2010年的增长率为9%。近3年年平均增长率为20.7%。

---

[1] WIPO World Intellectual Property Report 2011.

[2] WIPO Statistics Database, October 2012.

2011 年各相关中等发达国家专利行政部门授权的外观设计数量：加拿大 2 029件、德国 49 905件、韩国 43 634件、土耳其 37 607件、意大利 22 371件、西班牙 19 534件、俄罗斯 5 747件、澳大利亚 5 647件。[1]

上述 8 国外观设计专利授权总数为 186 474件，各国平均年授予外观设计专利数量为 23 309件。以 20.7% 的年均增长率计算，年均增长数量为 4 825件。2011 年中国外观设计授权量为 380 290件，远远高于上述 8 国的平均值。

知识产权强省的外观设计专利权授权量指标值暂定为 2012 年中等发达国家的平均值，即 2011 年中等发达国家的平均值 23 309件加上年均增长量 4 825件，定为 28 134件，然后根据评价的年份在此指标值上加上应当增长的数量，即为当年应当达到的指标值。

上述 8 国 2011 年发明专利、实用新型专利和外观设计专利平均总量为 43 926.6件，年均增长量为 6 105.7件。

综上，知识产权强省的专利授权量指标值暂定为 2012 年中等发达国家的平均值，即 2011 年中等发达国家的平均值 43 926.6件加上年均增长量 6 105.7件，定为 50 032件，然后根据评价的年份在此指标值上加上应当增长的数量（即年均增长量 6 105.7件），即为当年应当达到的指标值。

在对某省进行评价时，该省累计专利授权量可以从下列途径获取：国家知识产权局的统计数据、该省知识产权的统计数据、该省相关统计部门的统计数据。

（二）年度发明专利授权量

在发明专利、实用新型专利和外观设计专利三种类型专利中，发明专利的技术含量最高、创新价值最大、核心竞争力最强，保护期也最长。一般认为，发明专利最能体现一个国家或地区自主创新能力，它既是一种无形的知识财产，又能通过工业生产和制造转化成现实财富，是衡量一个国

[1] WIPO Statistics Database, October 2012.

家或地区科研产出质量和市场应用水平的综合指标。[1]

我国《国家知识产权事业发展“十二五”规划》（2010 年）将专利授权量以每万人口发明专利拥有量的考核形式列入了“十二五”规划目标，成为国民经济和社会发展综合考核指标体系的重要组成部分。在江苏省知识产权强省目标的内涵界定时也以万人拥有有效发明专利量的形式对发明专利授权总量做出要求。此外，发明专利授权量也成为国内许多省市（如上海市、广东省、江苏省等）实施知识产权战略的主要考核指标，因而发明专利授权量应当成为知识产权强省评价的重要指标。

2011 年各相关中等发达国家发明专利授权量：加拿大 20 762件、西班牙 2 812件、韩国 94 720件、法国 10 213件、澳大利亚 17 877件、俄罗斯 29 999件、希腊 479 件、德国 11 719件、意大利 6 380件、新加坡 5 949件、新西兰 4 710件、以色列 5 104件、葡萄牙 145 件、捷克 687 件。中国为 172 113件。[2]

截至 2011 年，各相关中等发达国家有效发明专利总量：加拿大 137 368件，近 4 年平均年增长率为 -0.6%，年平均增加 -123.8 件；西班牙 32 834件，近 4 年平均年增长率为 13.8%，年平均增加 341 件；韩国 678 005件，近 4 年平均年增长率为 0.5%，年平均增加 471 件；法国 435 915件，近 4 年平均年增长率为 -0.2%，年平均增加 -20 件；澳大利亚 105 463件，近 4 年平均年增长率为 -8%，年平均增加 -1 324件；俄罗斯 168 558件，近 4 年平均年增长率为 6.8%，年平均增加 1 910件；希腊 32 120件，近 4 年平均年增长率为 -5.6%，年平均增加 -25.4 件；德国 527 917件，近 4 年平均年增长率及年平均增加不详；意大利 38 900件，近 4 年平均年增长率及年平均增加不详；新加坡总数不详；新西兰 35 700件，近 4 年平均年增长率及年平均增加不详；以色列 24 338件，近 4 年平均年增长率及年平均增加不详；葡萄牙 1 932件，近 4 年平均年增长率及年平均

[1] 崔彦玲：“常州创造的命门”，载《常州日报》2012 年 4 月 14 日版。

[2] WIPO Statistics Database, October 2012.

增加不详；捷克 9 059件，近 4 年平均年增长率及年平均增加不详。中国 696 939件，近 4 年平均年增长率为 28.9%，年平均增加 38 588.6件。[1]

截至 2011 年，上述 13 个国家（不包括新加坡）发明专利授权总量为 2 228 104件，每个国家平均拥有量为 171 395.38件。上述 14 个国家 2011 年度发明专利授权总量为 211 520件，平均值为 15 108.6件。而中国截至 2011 年，发明专利授权总量为 696 939件，2011 年度发明专利授权量为 172 113件。无论授权总量或 2011 年度授权量都远远超过上述国家的平均值，此外，中国近 4 年平均年增长率为 28.9%，年平均增加 38 588.6件，也远远超过上述有确切增长率的国家。

从上述有确切增长率的 7 个国家来看，2008 ~ 2011 年发明专利授权量的增长率平均值约为 0.96%。如果以这一增长率作为上述 14 个国家的平均增长率，则每个国家平均年增长件数为 143.7 件。

知识产权强省的发明专利授权量指标值暂定为 2012 年中等发达国家的平均值，即 2011 年中等发达国家的平均值 15 108.6件加上年均增长量 143.7 件，定为 15 252件，然后根据评价的年份在此指标值上加上应当增长的数量，即为当年应当达到的指标值。

在对某省进行评价时，该省累计发明专利授权量和当年的发明专利授权量可以从下列途径获取：国家知识产权局的统计数据、该省知识产权的统计数据、该省相关统计部门的统计数据。

（三）万人有效发明专利拥有量

一个国家或地区的发明专利授权总量，毫无疑问是衡量该国家或地区知识产权创造水平和质量的重要指标，也应成为知识产权强省评价的重要指标。除总量上的考察外，基于发明专利授权总量与某个国家或地区的人口数之间的关系来对该国家或地区知识产权创造水平和质量进行考察更具有针对性。实践中，一般按每万（或百万）人有效发明专利拥有量作为评价标准。

---

[1] WIPO Statistics Database, October 2012.

万人有效发明专利拥有量是指每万人拥有经国内外知识产权行政部门授权且在有效期内的发明专利件数。❶ 计算公式为：万人发明专利拥有量 = 年末发明专利拥有量/年末总人口（以万为单位）。

万人发明专利拥有量已经成为体现一个国家或地区自主创新能力的国际通用指标。世界经济论坛（WEF）发布的《全球竞争力报告》采用每百万人口获得一定数量的美国发明专利作为划分某个国家是否属于"核心创新者"与"非核心创新者"的衡量指标，即每百万人口获得 15 项以上美国发明专利的国家和地区为"核心创新者"，低于 15 项为"非核心创新者"。❷

我国《国家知识产权事业发展"十二五"规划》（2010 年）将每万人口发明专利拥有量（提高到 3.3 件）的量化指标首次列入"十二五"规划目标，成为国民经济和社会发展综合考核指标体系的重要组成部分。在江苏省知识产权强省目标的内涵界定时也对万人有效发明专利拥有量作出明确要求（到 2020 年达到 12 件）。此外，每百万人口发明专利授权量也成为国内许多省市（如上海市、广东省等）实施知识产权战略的主要考核指标。因而，万人发明专利拥有量应当成为知识产权强省评价的重要指标。

2011 年各相关中等发达国家发明专利年授权量、该国拥有发明专利总量及增长情况：加拿大 20 762件，总量 137 368件，近 4 年平均年增长率为 -0.6%，年平均增加 -123.8 件；西班牙 2 812件，总量 32 834件，近 4 年平均年增长率为 13.8%，年平均增加 341 件；韩国 94 720件，总量 678 005 件，近 4 年平均年增长率为 0.5%，年平均增加 471 件；法国 10 213件，总量 435 915件，近 4 年平均年增长率为 -0.2%，年平均增加 -20 件；澳大利亚 17 877件，总量 105 463件，近 4 年平均年增长率为 -8%，年平均增加 -1 324件；俄罗斯 29 999件，总量 168 558件，近 4 年平均年增长率为

---

❶ 李硕："战略性新兴产业类企业融资能力评价指标体系构建研究"，载《商场现代化》2013 年第 10 期。

❷ 水稻："世界经济论坛《全球竞争力报告》及启示"，载《中国科技信息》2004 年第 9 期。

6.8%，年平均增加1 910件；希腊479件，总量32 120件，近4年平均年增长率为-5.6%，年平均增加-25.4件；德国11 719件，总量527 917件，近4年平均年增长率及年平均增加不详；意大利6 380件，总量38 900件，近4年平均年增长率及年平均增加不详；新加坡5 949件，总数不详；新西兰4 710件，总量35 700件，近4年平均年增长率及年平均增加不详；以色列5 104件，总量24 338件，近4年平均年增长率及年平均增加不详；葡萄牙145件，总量1 932件，近4年平均年增长率及年平均增加不详；捷克687件，总量9 059件，近4年平均年增长率及年平均增加不详。中国2011年为172 113件，总量696 939件，近4年平均年增长率为28.9%，年平均增加38 588.6件。[1]

2011年上述国家的人口：加拿大3 221万；西班牙4 022万；韩国4 829万；法国6 500万；澳大利亚2 270万；俄罗斯14 290万；希腊1 078万；德国8 240万；意大利5 800万；新加坡461万；新西兰395万；以色列612万；葡萄牙1 010万；捷克1 025万。中国人口为128 698万。

截至2011年，上述13个国家（不包括新加坡）发明专利授权总量为2 228 104件，每个国家平均拥有量为171 395.38件。上述14个国家2011年度发明专利授权总量为211 520件，平均值为15 108.6件。而中国截至2011年，发明专利授权总量为696 939件，2011年度发明专利授权量为172 113件，无论授权总量或2011年度授权量都远远超过上述国家。如果按每万人有效发明专利拥有量来进行考察，截至2011年，上述国家拥有授权的发明专利平均量的值为41.81件/万人，而我国则为5.415件/万人。我国万人发明专利拥有量远远低于上述13个中等发达国家的平均值。

从上述有确切增长率的7个国家来看，2008~2011年发明专利授权量的增长率平均值约为0.96%。如果以这一增长率作为上述14个国家的平均增长率，则每个国家平均年增长件数为143.67件。每万人年均增长件数约为0.037件。

---

[1] WIPO Statistics Database，October 2012.

据此，知识产权强省的万人发明专利拥有量指标值暂定为2012年中等发达国家的平均值，即2011年中等发达国家的平均值41.81件/万人加上每万人年均增长量0.037件，定为41.85件；然后根据评价的年份在此指标值上加上应当增长的数量（按每年每万人口0.037件计算），即为当年应当达到的指标值。

在对某省进行评价时，该省万人发明专利拥有量可以从下列途径获取：国家知识产权局的统计数据、该省知识产权的统计数据、该省相关统计部门的统计数据。

（四）年度百万人口PCT专利申请量

PCT（Patent Cooperation Treaty）国际专利的申请已成为各国发明人在考虑申请外国专利时的首选。PCT国际专利申请沿自《专利合作条约》（*Patent Cooperation Treaty*），目前全球已有148个国家和地区成为《专利合作条约》的成员。PCT途径专利申请由“国际阶段”和“国家阶段”两个主要阶段组成，通过PCT途径获得授权的专利都是在国外授权的专利。一个国家或企业PCT专利授权量往往是其创新能力与创新质量和水平的重要标志。

在我国，《国家知识产权战略纲要》将国外专利申请数量的增加作为战略目标，而PCT国际专利申请量也成为国内许多省市（如上海市、广东省、江苏省等）实施知识产权战略的目标。因而，PCT专利授权量应成为知识产权强省评价的重要指标。

PCT只是一个申请体系，不进入国家阶段就不能获得相关国家的专利。由于经历了国际阶段的形式审查、国际检索和国际公布、国际初步审查等程序，相比只是进入国际阶段的PCT专利申请而言，进入国家阶段的PCT专利申请获得指定局授权的可能性较大。在缺少准确的PCT专利授权量统计的情况下，某国或地区进入国家阶段的PCT专利申请数量常常可以作为衡量其PCT专利授权量的重要指标。

2010~2012年，各主要国家进入国家阶段的PCT专利申请数量如下：加拿大2 698件（2010年）、2 945件（2011年）、2 758件（2012年）；德国

17 568件（2010年）、18 852件（2011年）、18 763件（2012年）；法国7 246件（2010年）、7 438件（2011年）、7 849件（2012年）；新西兰4 063件（2010年）、3 503件（2011年）、4 071件（2012年）；韩国9 669件（2010年）、10 447件（2011年）、11 848件（2012年）；瑞典3 314件（2010年）、3 462件（2011年）、3 587件（2012年）；瑞士3 728件（2010年）、4 009件（2011年）、4 189件（2012年）。[1]

上述7国近2010~2012年进入国家阶段的PCT专利申请总量分别为：2010年48 286件、2011年50 656件、2012年53 065件，年平均增长率为4.835%。3年年平均进入国家阶段的PCT专利申请数量为50 669件，年平均增长数量为2 449.85件。其中每个国家平均为7 238.43件，每个国家年平均增长数量为1 034.06件。而中国2010~2012年进入国家阶段的PCT专利申请总数量分别为：12 296件（2010年）、16 402件（2011年）、18 617件（2012年）。[2] 2010~2012年平均进入国家阶段的PCT专利申请数量为15 771.67件。

2011年上述国家的人口：加拿大3 221万；法国6 500万；德国8 240万；新西兰439万；韩国4 829万；瑞典941万；瑞士770万。上述7国2011年总人口数约为24 940万人，平均每个国家人口为3 562.86万。中国人口为128 698万。

2010~2012年上述7个国家进入国家阶段的PCT专利申请数量平均每个国家为7 238.43件。如果按每百万人拥有进入国家阶段的PCT专利申请数量计算，则每个国家平均为203.16件/百万人，每个国家年平均增长数量为29.02件/百万人。中国这一时期年平均进入国家阶段的PCT专利申请数量为15 771.67件。如果按每百万人拥有进入国家阶段的PCT专利申请数量计算，中国平均为12.25件/百万人。与上述7国的每百万人口拥有的平均值有较大的差距。

---

[1] WIPO Statistics Database, July 2013.

[2] WIPO Statistics Database, July 2013.

据此，知识产权强省的百万人口PCT专利申请量指标值暂定为2013年中等发达国家的平均值，即2012年中等发达国家的平均值212.77件/百万人加上年均增长量29.02件/百万人，定为241.79件，然后根据评价的年份在此指标值上加上应当增长的数量（按每年增长29.02件/百万人计算），即为当年应当达到的指标值。

在对某省进行评价时，相关数据可以从下列途径获取：WIPO网站统计数据、国家知识产权局的统计数据、各相关省知识产权局的统计数据、各省相关统计部门的统计数据。

（五）工业品外观设计年均国际注册量

工业品外观设计能使物品富有吸引力，增加产品的商业价值，并能提高企业及有关产品市场竞争力。工业品外观设计国际注册量是指按照海牙体系进行国际申请并获得注册的工业品外观设计的数量。《工业品外观设计国际注册海牙协定》（*The Hague Agreement concerning the International Deposit of Industrial Designs*）是一种国际注册体系，在这一体系下，申请人通过向设在日内瓦的世界知识产权组织（WIPO）的国际局提交一份国际申请，就可能在缔约方获得外观设计保护。但具体获得保护应该具备什么条件，保护范围有多宽，则以缔约方的国内法为准。通过国际注册工业品外观设计可以在多个国家（缔约国）获得保护。工业品外观设计国际注册量在国际上已经成为衡量国家或企业知识产权创造水平及竞争力大小的重要指标。我国《国家知识产权战略纲要》将提高包括外观设计在内专利的国际申请量作为重要的战略目标。工业品外观设计国际注册量也成为国内许多省市（如上海市、广东省等）实施知识产权战略的主要考核指标。因而，工业品外观设计国际注册量应当成为知识产权强省评价的重要指标。

2010~2012年，各主要国家通过国际注册的工业品外观设计的数量为：德国3 007件（2010年）、3 082件（2011年）、3 837件（2012年），年平均增长率为13.5%；法国1 029件（2010年）、861件（2011年）、1 330件（2012年），年平均增长率为20.5%；意大利573件（2010年）、599件（2011年）、938件（2012年），年平均增长率为30.6%；西班牙218件

(2010 年)、134 件(2011 年)、132 件(2012 年),年平均增长率为 -20%;土耳其 298 件(2010 年)、203 件(2011 年)、278 件(2012 年),年平均增长率为 2.5%;比利时 207 件(2010 年)、129 件(2011 年)、182 件(2012 年),年平均增长率为 1.7%;卢森堡 205 件(2010 年)、77 件(2011 年)、188 件(2012 年),年平均增长率为 40.9%。[1]

上述 7 国 2010~2012 年年平均国际注册的工业品外观设计的数量分别为:2010 年 791 件、2011 年 726 件、2012 年 984 件,年平均增长率为 13.7%。3 年平均国际注册的工业品外观设计的数量为 834 件,年平均增长数量为 114.26 件。

根据 WIPO 2013 年的报告,我国 2010~2012 年国际注册的工业品外观设计的数量年均应低于 79 件。[2] 与上述 7 国 2010~2012 年年平均 834 件有较大差距。

据此,知识产权强省的国际注册的工业品外观设计数量指标值暂定为 2013 年中等发达国家的平均值,即 2012 年中等发达国家的平均值 984 件加上年均增长量 114.26 件,定为 1 098.26件,然后根据评价的年份在此指标值上加上应当增长的数量(按每年增长 114.26 件计算),即为当年应当达到的指标值。

在对某省进行评价时,相关数据可以从下列途径获取:WIPO 网站统计数据、国家知识产权局的统计数据、各相关省知识产权局的统计数据、各省相关统计部门的统计数据。

(六)百万人口国内商标注册量

每百万人国内注册商标总量是指平均每 100 万人口在一国商标主管机关获准注册并仍然有效的商标总数。由于我国的商标权的获得是以注册为前提的,因此这一指标代表着商标权的总量;注册商标也是在商标领域公众认知度最大的一个事物,具有很大的影响,是我国知识产权体系的核心

[1] WIPO Statistics Database, February 2013.

[2] International Registrations of Industrial Designs. p. 24. WIPO Publication No. 930E/2013.

构成之一。因此，这一指标应当成为知识产权强省评价的重要指标。

各国最新的注册商标总量为：加拿大（2011 年为 71 027 件，总 476 687件，2007 ~ 2011 年平均年增加 27 212 件）、德国（2011 年为 164 821件，总 780 980件，2007 ~ 2011 年平均年增加 50 946 件）、意大利（2011 年为 137 987 件，总 361 305 件，2007 ~ 2011 年平均年增加 59 815 件）、西班牙（2011 年为 66 659件，总 885 057件，2007 ~ 2011 年平均年增加 44 478件）、新加坡（2011 年为 25 995件，总 309 445件，2007 ~ 2011 年平均年增加 10 832 件）、新西兰（2011 年为 11 607 件，总 223 677 件，2007 ~ 2011 年平均年增加 8 321 件）、以色列（2011 年为 19 526 件，总 166 179件，2007 ~ 2011 年平均年增加 9 127 件）、葡萄牙（2011 年为 27 580 件，总 322 954 件，2007 ~ 2011 年平均年增加 15 228 件）、韩国（2011 年为 102 147 件，总 768 019 件，2007 ~ 2011 年平均年增加 57 739 件）、捷克（2011 年为 30 449件，总 117 575件，2007 ~ 2011 年平均年增加 7 130件）。[1]

这些国家 2011 年注册商标总量的平均值为 441 188件；中国在 2012 年有效注册商标总量已经达 6 400 000件，远远大于这些发达国家的平均值，这与中国庞大的人口数量有关系，故在确定指标值时应当考虑到人口因素，按照每百万人口的注册商标总量计算较为合适。2011 年上述国家的人口：加拿大 3 221万；德国 8 240万；意大利 5 800万；西班牙 4 022万；新加坡 461 万；新西兰 395 万；以色列 612 万；葡萄牙 1 010万；韩国 4 829万；捷克 1 025万。中国人口为 128 698万。考虑人口因素后（共 29 415万人口），上述国家注册商标总量平均为 11 399件/百万人。

2011 年注册量的平均值为 65 780件，2007 ~ 2011 年注册量年增长率世界平均值约为 5.4%，[2] 每个国家平均年增长件数为 29 083件，每百万人年均增长件数约为 989 件。

---

❶ WIPO Publication No. 941E/2012.

❷ WIPO Statistics Database, October 2012, p. 102.

知识产权强省的注册商标总量指标值暂定为2012年中等发达国家的平均值，即2011年中等发达国家的平均值11 399件/百万人加上每百万人年均增长量989件，定为12 388件；然后根据评价的年份在此指标值上加上应当增长的数量（按每年每百万人口989件计算），即为当年应当达到的指标值。

在对某省份进行评价时，该省份累计注册的商标和当年的注册商标数据及人口数量可以从下列途径获取：国家商标局的统计数据、该省份工商行政管理机关的统计数据、该省份统计部门的统计数据。

（七）百万人口马德里体系商标注册量

这一指标指的是一个被评价的省内的企业或个人通过商标国际注册马德里体系进行注册并且仍然有效的商标总量，并在考察该省人口数量的情况下计算出平均每百万人口拥有的通过马德里体系注册的国际商标数量。

马德里体系是目前商标国际注册最有影响的组织体系，通过马德里体系进行商标国际注册反映了一个国家、一个地区的企业参与全球竞争、生产经营对外拓展的意愿与能力，这种商标国际注册在近些年越来越被重视，一些主要经济体企业的此类商标国际注册的发展速度非常快，因此，在知识产权强省指标体系中应当将这方面的情况作为重要因素加以考察。

发达国家在这方面仍然处于领先地位，我们需要考察和学习前述中等发达国家。截至2012年，这些国家通过马德里体系注册的、仍然有效商标的情况为：加拿大（500 366件，2008～2012年平均增长47 050件）、德国（17 943件、2008～2012年平均增长229件）、意大利（12 287件，2008～2012年平均增长743件）、西班牙（2 806件，2008～2012年平均增长154件）、新加坡（764件，2008～2012年平均增长36件）、新西兰（33件，2008～2012年平均增长6件）、以色列（247件，2008～2012年平均增长51件）、葡萄牙（646件，2008～2012年平均增长41件）、韩国（1 543件，2008～2012年平均增长173件）、捷克（501件，2008～2012年平均增长

36件)。[1] 这些国家通过马德里体系注册的有效商标总量平均为53 714件，近5年平均增长件数为4 852件。

考虑到人口的情况，上述中等发达国家平均每百万人口通过马德里体系注册的有效商标量为1 826件，2008～2012年平均每百万人口增长量为165件。加拿大的情况与其他发达国家差异比较大，国际注册量远远超过其他几个国家的总和，对于指标值产生了不正常的影响，故在构建这一指标值时不宜将它考虑在内。如果将人少而国际注册量大的加拿大去掉，这些国家平均国际注册量为4 086件，2008～2012年平均每年增长量为163件；平均每百万人口通过马德里体系注册的有效商标量为156件，2008～2012年平均每百万人口增长量为6.2件。

截至2012年，我国通过马德里体系注册的有效商标总数为8 442件，2008～2012年平均增长件数为476件。每百万人口的国际商标注册量为6.56件，2008～2012年平均每百万人口增长量为0.37件。江苏省在这方面也同样较为落后，需要大力推进这方面的工作。

我们仍以上述国家在2012年每百万人口拥有156件马德里体系的国际注册商标为指标值，在对某一年份某省是否属于知识产权强省进行评价时，还要考虑每百万人年均增长6.2件国际注册商标的情况，在此基础上确定当年对该省适用的评价指标值。

对一个省份某一年份的情况进行知识产权强省评价时，所需要的该省累计通过马德里体系注册过的商标数据、人口数量通过下列渠道获取：国家商标局统计的数据、该省工商行政管理机关的统计数据、该省统计机关的统计数据等。

(八) 年度软件版权登记量

软件版权登记量是指截至评价年份经过正式登记软件版权的数量。软件产业作为一种朝阳产业、绿色产业，其发展关系到一个国家的现状和未来，也是21世纪拥有最大产业规模和最具广阔前景的新兴产业之一。从世

[1] http：//www.wipo.int/branddb/en/index.jsp.

界范围来讲，软件业早已经造就出一大批地位稳固、甚至垄断性的巨头，比如 SAP、Oracle、CA 等公司规模已经超过 100 亿美元以上，微软甚至已经达到 300 亿美元的规模，IBM 的软件业务更是庞大。软件产业的发展离不开版权制度的保驾护航，将软件版权登记量作为“知识产权强省评价指标”不仅可以反映某个区域软件产业的发展活度，还能体现某个区域的软件版权保护的意识。

近年来，我国软件著作权登记量与软件产业营业收入的变化趋势十分相近，2006~2011 年，软件登记量年均增速 36.80%，软件产业业务收入增速为 29%，2011 年，软件登记量同比增长 33.40%，❶ 软件产业业务收入同比增长 32.00%。据中国版权保护中心统计，2010 年按软件登记人所在地区进行统计排名的情况，是北京、广东、上海、浙江、江苏五省市位列全国软件著作权登记量前五位。第一位北京市软件登记量为 24 905件，同比增长 12.92%，占登记总量的 30.38%；第二位广东省软件登记量为 13 534件，同比增长 36.34%，占登记总量的 16.51%；第三位上海市软件登记量为 7 905件，同比增长 44.38%，占登记总量的 9.64%。❷ 2011 年软件著作权登记量按地区排名，第一名是北京市，登记量为 30 036件，占全国登记总量的 27.47%；第二名广东省，登记量 19 572件，占全国登记总量的近 17.90%；排名第三的是上海，登记量 10 181 件，占登记总量的 9.31%；位于第四位和第五位的是江苏和浙江，登记量分别是 8 719件和 8 522件。排名前五位的地区软件著作权登记量共计为 77 030件，占全国登记总量的 70.45%。❸

作为知识产权强省，其软件知识产权数量应当具有较高水平，在全国处于前列。结合各省市区目前软件版权登记总量及每年的适当增幅。2012 年，我们将强省指标值定位于排名前三位省份软件著作权登记量均值加上年均增值 [19 929 + (19 929 * 36.80%)]，即 27 262（件）。

---

❶ http：//www.ccopyright.com.cn/cms/DownloadAttachment? id = 2241.

❷ http：//www.ccopyright.com.cn/cms/ArticleServlet? articleID = 12682.

❸ http：//www.ccopyright.com.cn/cms/ArticleServlet? articleID = 14430.

该项指标确定的基本数据可从中国版权中心网站以及每年由中国版权中心公布的《中国软件著作权登记情况分析报告》中获取，评价指标值的确定方法为评价年份前一年的软件著作权登记量加上近五年的年均增值。

（九）地理标志商标数量

地理标志商标总量是指截至评价年份经过正式注册或已经初步审定的地理标志商标的数量。在农业经济占有重要地位的我国，农业领域的知识产权对于农业的发展具有重要意义，而作为农业知识产权典型代表的地理标志商标应当在知识产权强省的评价指标中占有一席。

考虑到地理标志的特点及其受本地因素的影响，在设定指标值时我们还是立足于国内的情况。截至 2012 年 12 月 31 日，我国已经注册和初步审定的地理标志商标为 1 754件。[1] 截至 2011 年 12 月 31 日，我国已经注册和初步审定的地理标志商标数量共 1 135件；其中，山东 179 件，浙江 154 件，福建 139 件，重庆 120 件，四川 92 件，湖北 58 件，江苏 56 件，湖南 56 件，新疆 52 件，云南 50 件，辽宁 49 件，甘肃 40 件，安徽 37 件，江西 37 件，贵州 36 件，吉林 34 件，陕西 32 件，广东 28 件，河北 27 件，广西 27 件，山西 26 件，青海 26 件，河南 25 件，上海 22 件，天津 18 件，内蒙古 17 件，黑龙江 16 件，北京 14 件，宁夏 12 件，海南 8 件，西藏 5 件。[2] 结合 2012 年新增的地理标志商标，目前地理标志商标数量位列前 6 位的是：山东 255 件，福建 181 件，浙江 167 件，重庆 164 件，四川 104 件，湖北 93 件。

作为知识产权强省，特别是农村人口较多的省份，其农业知识产权应当具有较高水平，地理标志商标相对应当较多，在全国处于前列。结合各省市区目前地理标志商标的总量及地理标志商标不同于普通商标的特点（人为的设计或创造因素较低），因此我们将强省指标值定位于目前第 5 名并有适当增长的水平（近些年增长较为快速），即总量为 150 件。

---

[1] 《中国商标战略年度发展报告 2012》，中国工商出版社 2013 年版。

[2] 中国地理标志网，http：//www. zgdlbz. com/2013 - 06 - 16.

在对某个省份进行知识产权强省评价时，主要考察评价截至当年其地理标志商标的总量，该数据的来源为：中国地理标志网、国家工商行政管理总局的相关统计数据。

（十）年度集成电路布图设计登记量

集成电路布图设计是指集成电路中至少有一个是有源元件的两个以上元件和部分或者全部互联线路的三维配置，或者为制造集成电路而准备的上述三维配置。集成电路布图设计实质上是一种图形设计，但它并非工业品外观设计，不能适用专利法保护。同时，集成电路布图设计虽在形态上是一种图形设计，但它既不是一定思想的表达形式，也不具备艺术性，因而不在作品之列，不能采用著作权法加以保护。但其可以通过申请、登记获得专有权。布图设计专有权，是指通过申请注册后，依法获得的利用集成电路设计布图实现布图设计价值得到商业利益的权利。

在我国，自《集成电路布图设计保护条例（2001 年）》施行以来，集成电路布图设计专有权已成为集成电路企业，尤其是设计企业的重要知识产权。集成电路布图设计登记量直接反映了相关企业集成电路布图设计专有权情况，因而集成电路布图设计登记量应成为知识产权强省的评价指标。

在我国，截至 2011 年 12 月 31 日，全国集成电路企业布图设计登记总量为 4 262件。其中，上海集成电路企业布图设计登记数量达 1 357件（占全国总量的 31.84%）、江苏省 800 件（占全国总量的 18.77%）、广东省 513 件（占全国总量的 12.04%）、北京市 511 件（占全国总量的 12.00%）。上述排名前 4 位地区的集成电路布图设计专有权累计数量占国内申请总量的 75%。[1]

根据中国半导体行业协会的统计，全国集成电路企业布图设计登记数量最多的上海市 2006 年的登记数为 121 件、2007 年为 118 件、2008 年为

[1] 中国半导体行业协会知识产权工作部、上海硅知识产权交易中心：中国集成电路产业知识产权年度报告（2012 版），载 http：//www. csia. net. cn/Article/ShowInfo. asp? InfoID = 27466 2013 - 07 - 11.

181 件、2009 年为 74 件、2010 年为 269 件、2011 年为 299 件。而排名第二的江苏省 2006 年的登记数为 26 件、2007 年为 39 件、2008 年为 124 件、2009 年为 54 件、2010 年为 218 件、2011 年为 213 件。[1] 上海市 2006～2011 年年均增长率为 53.29%，江苏省年均增长率为 103.49%。上海市 2006～2011 年年均登记数量增长 35.6 件。从集成电路企业布图设计登记总数量（截至 2011 年）来看，江苏省位居全国第二，尽管和位居第三的广东省有 287 件的差距，但与第一的上海的差距更大，为 557 件。作为经济、科技大省的江苏省，知识产权强省的集成电路布图设计登记量指标值应向现位居全国第一的上海市看齐。

据此，知识产权强省的集成电路布图设计登记量指标值暂定为 2012 年上海市可能达到的数量，即 2011 年的 299 件加上年均增长量 35.6 件，定为 334.6 件，然后根据评价的年份在此指标值上加上应当增长的数量，即为当年应当达到的指标值。

在对某省进行评价时，该省集成电路布图设计登记量可以从下列途径获取：该省知识产权局的统计数据、该省科技厅的统计数据、该省相关统计部门的统计数据、国家知识产权局的统计数据、中国半导体行业协会的相关统计及报告等。

（十一）年度植物新品种授权量

植物新品种授权量是指在一定时期（报告期）内，政府主管部门授予植物新品种具有品种权的数量。植物新品种授权量是衡量一个国家和地区农业发展技术水平的重要标志，是农业领域知识产权创造水平的重要体现。

在国际上，植物新品种授权量已经成为衡量国家农业领域知识产权创造水平及竞争力大小的重要指标。我国《国家知识产权战略纲要》将“扶持新品种培育，推动育种创新成果转化为植物新品种权”作为专项任务。

---

[1] 中国半导体行业协会知识产权工作部、上海硅知识产权交易中心：中国集成电路产业知识产权年度报告（2012 版），载 http：//www.csia.net.cn/Article/ShowInfo.asp？InfoID=27466 2013-7-11.

我国《国家知识产权事业发展“十二五”规划》也将植物新品种授权量大幅度增长作为主要目标。此外，“大幅度提高植物新品种权申请量”也成为国内许多省市（如上海市、广东省等）实施知识产权战略的主要考核指标。因而，植物新品种授权量应当成为知识产权强省评价的重要指标。

截至2011年，各相关中等发达国家拥有的有效植物新品种授权总量：俄罗斯3 922件；韩国3 217件；南非2 425件；澳大利亚2 410件；加拿大1 979件；德国1 927件；法国1 509件；新西兰1 252件；意大利1 177件；以色列942件。上述10个国家拥有的有效植物新品种授权总量为20 760件，平均每国为1 887件。而中国为2 607件。❶

2011年，各主要国家授予植物新品种授权数量：德国971件；法国635件；俄罗斯489件；韩国399件；以色列194件；澳大利亚192件；西班牙126件；南非124件；新西兰118件；捷克107件；意大利91件。上述11国2011年植物新品种授权总数量为3 446件。平均值为每国313件。中国2011年全国植物新品种授权数量为246件。❷ 可见，2011年中国全国植物新品种授权数量与上述发达国家平均值有较大的差距。

2007~2011年世界植物新品种授权数量及增长率分别为：2007年9 611件，增长率9.9%；2008年10 562件，增长率1%；2009年10 668件，增长率2.5%；2010年11 063件，增长率3.7%；2011年10 200件，增长率-7.8%。5年平均年增长率为1.86%。❸

如果以这一增长率作为上述11个国家的平均增长率，则每个国家平均年增长件数为5.8件。

据此，知识产权强省的植物新品种授权量指标值暂定为2012年中等发达国家的平均值，即2011年中等发达国家的平均值313件加上年均增长量5.8件，定为318.8件，然后根据评价的年份在此指标值上加上应当增长的数量，即为当年应当达到的指标值。

---

❶ WIPO Statistics Database, October 2012.

❷ WIPO Statistics Database, October 2012.

❸ WIPO Statistics Database, October 2012.

在对某省进行评价时，该省植物新品种授权量可以从下列途径获取：农业部的统计数据、国家知识产权局的统计数据、该省农业委员会的统计数据、该省知识产权的统计数据、该省相关统计部门的统计数据。

（十二）百万人口年度植物新品种数量

一个国家或地区的植物新品种授权量总量，毫无疑问是衡量该国家或地区农业知识产权创造水平和质量的重要指标，应成为知识产权强省评价的重要指标。除总量上的考察外，基于植物新品种授权年度总量与某个国家或地区的人口数之间的关系来对该国家或地区农业知识产权创造水平和质量进行考察更具有针对性，更能反映单位人口的创造水平。实践中，一般按每百万人口年度植物新品种拥有量作为评价标准。百万人口年度植物新品种数量也应当成为知识产权强省评价的重要指标。

百万人口年度植物新品种数量是指每百万人年度拥有获得授权的植物新品种授权的件数。计算公式为：百万人口年度植物新品种数量 = 年末植物新品种授权量/年末总人口（以百万为单位）。

2011 年，各主要相关中等发达国家年度植物新品种授权数量为：德国 971 件；法国 635 件；俄罗斯 489 件；韩国 399 件；以色列 194 件；澳大利亚 192 件；西班牙 126 件；南非 124 件；新西兰 118 件；捷克 107 件；意大利 91 件。中国 2011 年全国植物新品种授权数量为 246 件。[1]

上述 11 国 2011 年植物新品种授权总数量为 3 446件。平均值为每国 313 件。2011 年上述国家的人口：德国 8 240万；法国 6 500万；俄罗斯 14 290万；韩国 4 829万；以色列 612 万；澳大利亚 2 270万；西班牙 4 022 万；南非 5 059万；新西兰 395 万；捷克 1 025万；意大利 5 800万。总人口为 53 042万。平均每个国家人口为 4 822万。中国人口为 128 698万。

如果按百万人口年度植物新品种数量来进行考察，上述国家 2011 年度拥有授权的植物新品种平均量的值为 6.49 件/百万人，而我国则为 0.19 件/百万人。我国百万人口年度植物新品种数量则远远低于上述 11 个中等

[1] WIPO Statistics Database，October 2012.

发达国家的平均值。

2007～2011 年世界植物新品种授权总数量及增长率分别为：2007 年 9 611件，增长率 9.9%；2008 年 10 562件，增长率 1%；2009 年 10 668件，增长率 2.5%；2010 年 11 063件，增长率 3.7%；2011 年 10 200件，增长率 -7.8%。5 年平均年增长率为 1.86%。[1]

如果以这一增长率作为上述 11 个国家的平均增长率，则每个国家平均年增长件数为 5.8 件，每百万人人口增长率为 0.12 件。

据此，知识产权强省的百万人口年度植物新品种数量指标值暂定为 2012 年中等发达国家百万人口的平均值，即 2011 年中等发达国家的平均值 6.49 件/百万人加上每百万人年均增长量 0.12 件，定为 6.61 件，然后根据评价的年份在此指标值上加上应当增长的数量（按每年每百万人口 0.12 件计算），即为当年应当达到的指标值。

在对某省进行评价时，该省植物新品种授权量可以从下列途径获取：农业部的统计数据、国家知识产权局的统计数据、该省农业委员会的统计数据、该省知识产权的统计数据、该省相关统计部门的统计数据。

（十三）万名研发人员发明专利年度授权量

万名研发人员发明专利年度授权量是指某国或地区万名研发人员年度发明专利的授权量。研发人员是一个国家或地区知识产权创造核心主体，单位数量研发人员的年度发明专利年度授权量是衡量一个国家或地区研发人员知识产权创造能力和水平的重要标志。以万名研发人员发明专利年度授权量作为知识产权强省评价的指标可以更准确地反映所在省知识产权创造核心主体的创造程度和水平。《江苏省专利“十二五”发展规划》提出“十二五”末高新园区万名从业人员拥有授权发明专利达 100 件以上的目标要求，实际上就是对万名研发人员发明专利年度授权量考核的间接要求或体现。因而，万名研发人员发明专利年度授权量应成为知识产权强省评价的重要指标。

---

[1] WIPO Statistics Database，October 2012.

各相关中等发达国家 2011 年发明专利授权量为：加拿大 20 762件，2008～2011 年平均年增长率为 -0.6%；西班牙 2 812件，2008～2011 年平均年增长率为 13.8%；韩国 94 720件，2008～2011 年平均年增长率为 0.5%；法国 10 213件，2008～2011 年平均年增长率为 -0.2%；澳大利亚 17 877件，2008～2011 年平均年增长率为 -8%；俄罗斯 29 999件，2008～2011 年平均年增长率为 6.8%；希腊 479 件，2008～2011 年平均年增长率为 -5.6%；德国 11 719件，2008～2011 年平均年增长率不详；意大利 6 380件，2008～2011 年平均年增长率不详；新加坡 5 949件，2008～2011 年平均年增长率不详；新西兰 4 710件，总 35 700件，2008～2011 年平均年增长率不详；捷克 687 件，2008～2011 年平均年增长率不详。中国 172 113 件，2008～2011 平均年增长率为 28.9%。[1]

上述 12 国 2011 年专职研发人员数量为：加拿大 146 324人、澳大利亚 92 379人、捷克 29 228人、法国 234 201人、德国 327 198人、希腊 21 013人、意大利 105 846人、韩国 264 118人、新西兰 21 400人、西班牙 134 653人、俄罗斯 442 071人、新加坡 32 031人。中国 1 210 841人。[2]

上述 12 国 2011 年专职研发人员总数为 1 850 462人，平均每国研发人员数为 154 205个。

上述 12 个国家 2011 年度发明专利授权总量为 206 307件，平均值为 17 192件。万名研发人员发明专利年度授权量为 1 148.8件。中国 2011 年度发明专利授权量为 172 113 件，万名研发人员发明专利年度授权量为 1 421.4件。

从上述有确切增长率的 7 个国家来看，2008～2011 年发明专利授权量的增长率平均值约为 0.96%。如果以这一增长率作为上述 12 个国家的平均增长率，则每个国家平均年增长件数为 165 件。万名研发人员发明专利授权量年度增长件数为 10.7 件。

---

[1] WIPO Statistics Database, October 2012.

[2] OECD Main Science and Technology Indicators, Volume 2012 Issue 1.

据此，知识产权强省的万名研发人员发明专利年度授权量指标值暂定为2012年中等发达国家百万人口的平均值，即2011年中等发达国家的平均值1 148.8件/万人加上每万人年均增长量10.7件，定为1 159.5件，然后根据评价的年份在此指标值上加上应当增长的数量（按每年每万名研发人员10.7件计算），即为当年应当达到的指标值。

在对某省进行评价时，该省万名研发人员发明专利年度授权量可以从下列途径获取：科技部的统计数据、国家知识产权局的统计数据、该省科技厅的统计数据、该省知识产权的统计数据、该省相关统计部门的统计数据。

（十四）亿元研发投入专利授权量

亿元研发投入发明专利授权量是指亿元单位研发投入所产生的发明专利授权数量。亿元研发投入发明专利授权量较好地反映了一个国家或地区的研发投入的产出效率，也是衡量该国家或地区知识产权创造能力和水平的重要指标，因此应作为知识产权强省评价的重要指标。

由于发明专利从申请到授权一个周期，当年的研发投入并不能导致当年的发明专利授权，所以不能以当年的投入来考察当年的产出。我国《国家知识产权事业发展“十二五”规划》规定，到2015年将发明专利申请实审结案周期定为22个月，这样，研发投入和发明专利产出之间有近两年的时间差，以此作为获得发明专利的时间标准，在评估研发投入与发明专利授权量关系时，应以两年前的投入情况来对两年后的产出即授权量情况进行考核。作为知识产权强省指标中亿元研发投入发明专利授权量也应该是以发明专利授权两年前的研发投入为计算标准。

OECD按购买力平价（PPP）❶方法对各国2009年的研发投入进行折算，得出数据如下：澳大利亚19 028.9百万美元、加拿大24 568.4百万美

❶ 购买力平价（简称PPP）在经济学上，是一种根据各国不同的价格水平计算出来的货币之间的等值系数，以对各国的国内生产总值进行合理比较。按购买力平价理论，两种货币之间的汇率决定于它们单位货币购买力之间的比例。

元、捷克 3 977.9百万美元、法国 49 143.5百万美元、德国 83 297.2百万美元、意大利 24 534.5百万美元、韩国 47 168.5百万美元、新西兰 1 646.4百万美元、西班牙 20 546.6百万美元、俄罗斯 33 561.7百万美元、新加坡 5 668.7百万美元、以色列 9 156.8百万美元。中国 154 147.4百万美元（约 5 802.1亿人民币元）。❶

按 OECD 以购买力平价方法折算的统计数据计算，上述 12 国 2009 年研发投入总量为 322 299.1百万美元，即 3 222.991亿美元，平均研发投入为 268.6 亿美元。中国 2009 年的研发投入为 1 541.474亿美元（约 5 802.1 亿人民币元）。

根据 WIPO 的数据统计，2011 年上述各发达国家的发明专利授权量分别为：加拿大 20 762件，2008 ~2011 年平均年增长率为 -0.6%，年平均增加 -123.8件；西班牙 2812 件，2008 ~2011 年平均年增长率为 13.8%，年平均增加 341 件；韩国 94 720件，2008 ~2011 年平均年增长率为 0.5%，年平均增加 471 件；法国 10 213件，2008 ~ 2011 年平均年增长率为 -0.2%，年平均增加 -20 件；澳大利亚 17 877件，2008 ~2011 年平均年增长率为 -8%，年平均增加 -1 324件；俄罗斯 29 999件，2008 ~2011 年平均年增长率为 6.8%，年平均增加 1 910件；德国 11 719件，2008 ~2011 年平均年增长率及年平均增加不详；意大利 6 380件，2008 ~2011 年平均年增长率及年平均增加不详；新加坡 5 949件，2008 ~2011 年平均年增长率及年平均增加不详；新西兰 4 710件，2008 ~2011 年平均年增长率及年平均增加不详；以色列 5 104件，2008 ~2011 年平均年增长率及年平均增加不详；捷克 687 件，2008 ~2011 年平均年增长率及年平均增加不详。中国 172 113件，2008 ~ 2011 年平均年增长率为 28.9%，年平均增加 38 588.6件。❷

上述 12 个国家 2011 年度发明专利授权总量为 210 932件，平均值为

❶ OECD Main Science and Technology Indicators, Volume 2012 Issue 1.

❷ WIPO Statistics Database, October 2012.

17 577.7件，2009 年其平均研发投入为 268.6 亿美元。上述 12 个国家亿元研发投入发明专利授权量 2011 年度为 65.4 件/亿美元。中国 2011 年度发明专利授权量为 172 113件，2009 年的研发投入为 1 541.474亿美元，亿元研发投入发明专利授权量 2011 年度为 111.7 件/亿美元。

从上述有确切增长率的 6 个国家来看，2008 ~ 2011 年发明专利授权量的增长率平均值约为 2.05%。如果以这一增长率作为上述 12 个国家的平均增长率，则每个国家平均年增长件数为 360.3 件，亿元研发投入发明专利授权量 2011 年度增长量为 1.34 件/亿美元。

据此，知识产权强省的亿元研发投入发明专利授权量指标值暂定为 2012 年中等发达国家的平均值，即 2011 年中等发达国家的平均值 65.4 件/亿美元加上亿元研发投入发明专利授权量年度增长量 1.34 件，定为 66.7 件，然后根据评价的年份在此指标值上加上应当增长的数量（按亿元研发投入发明专利授权量年度增长量 1.34 件计算），即为当年应当达到的指标值。

在对某省进行评价时，该省亿元研发投入发明专利授权量可以从下列途径获取：科技部的统计数据、国家知识产权局的统计数据、该省科技厅的统计数据、该省知识产权的统计数据、该省相关统计部门的统计数据。

（十五）发明专利 5 年以上维持率

发明专利 5 年以上维持率 = 授权后有效期在 5 年之上的发明专利数量/当地发明专利授权总量。由于专利效力的维持以缴纳专利年费为前提条件，因而专利维持率的高低反映了专利本身的质量情况。在国际上，发明专利的维持率是公认的评估专利市场价值的重要指标。[1] 因此发明专利 5 年以上维持率应作为知识产权强省评价的重要指标。

在我国，2011 年发明专利 5 年以上维持率的排名前 10 名的省（自治

---

[1] Lanjouw P. A., Putnam J. How to count patents and value intellectual property: use of patent renewal and application data [J]. The Journal of Industrial Economics, 1998, 46: 405 ~ 432.

区、直辖市）及具体维持率如下：广东 73.1%；贵州 72.0%；上海 68.1%；北京 65.2%；新疆 65.1%；西藏 63.9%；天津 63.5%；辽宁 61.4%；宁夏 60.2%；湖南 59.8%。[1] 2011 年我国发明专利 5 年以上维持率前 10 名平均维持率为 65.27%。而 2011 年我国发明专利 5 年以上维持率前 5 名平均维持率为 68.7%。江苏只有 47.6%，差距较大。

2012 年发明专利 5 年以上维持率的排名前 10 名的省份（自治区、直辖市）及具体维持率如下：广东 72.4%；贵州 70.2%；上海 67.3%；北京 65.8%；辽宁 63.0%；内蒙古 57.6%；天津 56.5%；新疆 56.4%；宁夏 55.8%；甘肃 55.5%。[2] 2012 年我国发明专利 5 年以上维持率前 10 名平均维持率为 62.05%。而 2012 年我国发明专利 5 年以上维持率前 5 名平均维持率为 67.74%。江苏只有 48.0%，仍有较大的差距。

综上，我国发明专利 5 年以上维持率前 10 名省份（自治区、直辖市）2011 年、2012 年两年平均维持率为 63.66%。而 5 年以上维持率前 5 名省份（自治区、直辖市）2011 年、2012 年两年平均维持率为 68.22%。排名前 5 名省份（自治区、直辖市）两年平均维持率比前 10 名的维持率要高出近 5%。

江苏省作为经济大省、科技大省，其知识产权强省的发明专利 5 年以上维持率指标值应以国内排名前 5 名的维持率数值作为评价标准。

据此，知识产权强省的发明专利 5 年以上维持率指标值暂定为 2011 ~ 2012 年中国发明专利 5 年以上维持率前 5 名省份（自治区、直辖市）两年的平均值 68.22% 以上。

在对某省进行评价时，该省发明专利 5 年以上维持率情况可以从下列途径获取：科技部的统计数据、国家知识产权局的统计数据、该省科技厅的统计数据、该省知识产权的统计数据、该省相关统计部门的统计数据。

---

[1] 国家知识产权局知识产权发展研究中心：2012 年全国专利实力状况报告，载 http：//www.sipo.gov.cn/yw/2013/P020130426447058176596.pdf 2013 - 07 - 16.

[2] 国家知识产权局知识产权发展研究中心：2012 年全国专利实力状况报告，载 http：//www.sipo.gov.cn/yw/2013/P020130426447058176596.pdf 2013 - 07 - 16.

（十六）“驰名商标”数量

“驰名商标”的数量指曾被成功认定为驰名商标的商标数量，具体指的是曾经被国家商标局、商标评审委员会和法院认定为驰名商标的商标数量，即包括司法认定和行政认定两个方面，同一商标被多次认定的，不重复计算。

考虑到曾经被认定为驰名商标的商品一般具有较强的生命力，故指标中考察全部曾被司法机关、行政机关认定为驰名商标的商标；考察被认定为驰名商标的商标数量，而不考察认定次数，因为曾经被认定为驰名商标的商标数量可以体现一个地区商标的整体质量。考虑到在该项指标上很难获得国外的数据，故在确定指标值时主要考察和关注国内的情况。

知识产权强省的商标知名度在整体上应当处于较高水平，故其曾经被认定为驰名商标的商标数量在全国应当处于前列。到目前为止，我国曾经被认定为驰名商标的商标总量居前列的各地情况为：浙江为471件，广东为346件，江苏为281件，山东为246件，福建为183件，北京为117件，上海为112件。[1] 我们以位列前6名的地方的平均值（274件）为基础，并考虑适当增长的需要，将该指标值定为300件。

在对某一省份进行知识产权强省评价时，相关数据的主要来源为：中国驰名商标网、国家工商行政管理总局公布的相关数据、该省统计部门或知识产权主管部门的统计数据。

（十七）列全国前三位的指标数量（知识产权创造）

这一指标是指在知识产权创造方面的各个指标中被评价省份在全国排名前三位的指标数量。

在进行知识产权强省认定时，不仅要与中等发达国家进行比较，还要与国内知识产权发展水平比较高的地方相比，在本国范围应当在整体上处于领先水平。将在全国位列前三名的知识产权创造指标数量作为一个指标

---

[1] 数据来源：中国驰名商标网（http：//www.21sb.com/search/search/date_ list_ dq.php？provinceid =35），2013年2月4日访问。

进行考察，是因为通常情况下位列前三名的指标数越多，表明该省的知识产权创造在整体水平上相对越高。

作为知识产权强省，应当有较多的指标在全国处于前三名。从目前一些知识产权发展水平较高的地方情况看，个别省份列前三名的指标数已经在全部指标的50%左右，故我们将知识产权强省指标值定位为全部考察指标的50%。

在进行评价时，先确定被评价省份各项知识产权创造活动在全国的位次，然后找出其中列全国前三名的指标。为了对位于第一位的工作的充分肯定和褒奖，将1个位于第一位的指标当成2个位列前三位的指标计算，然后确定该省份位于前三名的指标总数，并确定其在全部考察指标中所占的比例。

据以确定被评价省份指标位次的相关数据主要来源于：国家知识产权局、国家工商行政管理总局、国家版权局、农业部、国家统计局及被评价省份相应的政府部门的统计数据，其他社会服务机构公布的相关数据。

二、知识产权运用方面

（一）自主知识产权产品销售收入占规模以上工业企业销售额的比例

在统计学理论中，一般以年主营业务收入作为企业规模的标准，达到一定规模要求的企业被称为“规模以上企业”。目前在我国，规模以上工业企业主要是指年主营业务收入在2 000万元以上的工业企业。[1] 由于规模以上工业企业代表了一个地区的主要工业经济实力，故考察此类企业销售额中自主知识产权产品的销售收入所占的比例可以表明该地区经济发展中自主知识产权的利用效率以及自主知识产权对地区经济发展的贡献。

目前，在我国诸多地区“自主知识产权产品在规模以上工业企业销售

[1] 从2011年起，规模以上工业企业起点标准由原来的年主营业务收入500万元提高到年主营业务收入2 000万元。

额中的比例”已受到关注，很多地方的社会经济发展规划、知识产权发展规划中都明确设置了相关的发展目标。如2011年《海南省知识产权战略纲要》中规定要实现“规模以上工业企业具有自主知识产权产品的销售额逐年增加”，确保知识产权对经济发展的贡献率显著提高；2011年《长春市“十二五”知识产权发展规划》规定在“十二五”期间，该市要实现规模以上工业企业具有自主知识产权产品占产值的30%以上。除这些政策文件的规定外，一些地方、企业已经在考察社会经济及自身发展状况时也关注到此指标。如汕头市在分析该市知识产权质量时指出该市在2012年自主知识产权产品在规模以上工业企业销售额中的比例已经达到60%；[1] 四川成都成工工程机械股份有限公司作为中国西部最大的工程机械研发、生产基地，2007年自主知识产权的新产品销售额已占到销售总额的70%；苏州市在总结苏州工业园区经济发展状况中分析了园区的“苏州宝时得电动工具有限公司”的发展之路，并指出该公司2006年年底企业拥有自主知识产权的产品销售占总销售额的80%以上，企业完成从做贸易到贴牌加工再到研发自主品牌的道路。[2] 江苏省在总结地方知识产权战略实施成效时也指出：截至2011年，江苏省具有自主知识产权的产品销售额超过5万亿元，占江苏省规模以上工业企业总产值的50%。[3]

结合我国经济发展的实际状况以及部分省市所设置的社会经济发展目标等来看，要达到知识产权强省，作为反映知识产权对经济发展贡献度的“自主知识产权产品在规模以上工业企业销售额中的比例”应该达到60%以上。[4]

---

[1] http：//www.dahuawang.com/gundong/showfirst1.asp？CNo=1101&ID=69233，2012年3月6日访问。

[2] http：//www.jste.gov.cn/kjcx/zxcq/10111564.htm，2012年1月9日访问。

[3] http://www.sipo.gov.cn/ztzl/ywzt/zlwzn/dfdt/201306/t20130605_801886.html，2013年7月9日访问。

[4] 2011年江苏省省委书记罗志军、省长李学勇提出建设知识产权强省，并明确要求：“十二五”末，全省自主知识产权的产品产出占工业销售总额的比重要达到60%。http：//news.jschina.com.cn/system/2011/09/15/011665082.shtml，2012年1月9日访问。

在分析该指标时，“规模以上工业企业销售额”可以从各地及国家统计局的年度公报中获得相关数据，“自主知识产权产品的年度销售收入”则可以由各地及国家知识产权局来予以统计。

（二）专利产品销售额占 GDP 总量的比例

本指标也是在考察专利等知识产权对经济发展的贡献度。专利是知识产权的最重要类型之一，专利产品是知识产权产品最重要的种类。该指标系通过用“专利产品销售额”除以“被考察区域的年度 GDP”获得。

在我国《关于开展国家知识产权示范城市评定工作的通知》中，国家知识产权局已将“专利产品销售额占工业产品销售收入的比重”明确为知识产权运用效果评价的重要指标之一。鉴于目前专利产品销售额的统计并没有在全国范围内得以开展，故在具体计算时采用以“高技术产品销售额”代替“专利产品销售额”，知识产权强省评价指标也采纳此方法。而 GDP 的数据则来源于各地年度国民经济和社会发展统计公报。

已有统计资料显示，2008～2012 年，江苏省高技术产品销售额占本省 GDP 的比例分别为 61.3%、64.6%、74.2%、79.0%、83.3%；2009 年～2012 年，广东省高技术产品销售额占该省 GDP 的比例分别为 66.5%、66%、64.5%、70.1%。江苏和广东是全国 GDP 排名前两名的大省，GDP 总量及人均量均已达到中等发达国家水平。从两省高技术产品销售额占 GDP 的比例来看，江苏五年内的均值为 73.08%；广东省四年内的均值为 66.78%。参考两省的指标平均值，并同时基于“专利产品销售额的增长速度应与 GDP 总量增长速度同步”的基本认识，在知识产权强省指标中“专利产品销售额占 GDP 总量的比例”参考值设置为 70%。

在分析该指标时，“高技术产品销售额”以及“被考察区域的年度 GDP”的数据来源于各年度的《国民经济和社会发展统计公报》。

（三）“驰名商标”的商品销售额在 GDP 中所占的比例

该指标的含义是在当年受评价省份所有使用曾被司法认定或行政认定

为驰名商标的商品销售额在当年该省份GDP中所占的比重。❶

基于“驰名商标”的重要地位和巨大影响，“驰名商标”商品销售额在GDP中所占的比重表明了“驰名商标”在地方经济发展中的作用和“驰名商标”运用的效果，是一个地方知识产权运用情况的重要体现，应当作为知识产权强省的评价指标之一。

目前我国各地“驰名商标”企业的销售额在地方GDP中所占比例差异较大。江苏省苏州市2009年“驰名商标”、著名商标企业共实现销售收入3 998.89亿元，❷ 当年其GDP总值为7 400亿元，❸ 当年“驰名商标”、著名商标企业销售额在地方GDP中所占比例约为54%，“驰名商标”企业与著名商标企业销售额大体相关，估计“驰名商标”商品销售额可占其GDP的27%左右。目前江苏的知识产权发展水平在全国处于前列，而苏州市的知识产权发展水平在江苏省则处于领先地位，因此以苏州市的“驰名商标”商品销售额在其GDP中所占的比例作为确定指标的基础，并考虑到近些年的增长因素，还考虑到江苏省的知识产权工作离最强的省市还有一定的差距，最终的指标值应当比目前苏州市的水平要高一些。综合考虑，我们将该指标值确定为30%。

在对该指标进行评价时，需要获取三个数据：受评价省份当年GDP总量；受评价省份截至当年被司法认定和行政认定为驰名商标的商标；受评价省份当年使用“驰名商标”销售商品的销售额。

数据获取渠道：GDP总量通过该省份统计部门当年的统计报告获取；“驰名商标”情况通过中国驰名商标网获取；当年“驰名商标”商品销售额通过向拥有“驰名商标”的企业调查获取。

---

❶ 出于使用上的方便，这里用“驰名商标”商品销售额。

❷ 江苏省工商行政管理局：《全省深入实施商标战略工作会议材料汇编》，2010年9月。

❸ 数据来源：http://forum.home.news.cn/thread/73474929/1.html，2013年3月9日访问。

（四）自主品牌在出口商品中的比例

自主品牌在出口商品中的比例是指在全国出口额中使用我国企业自己的商标的商品的出口额所占的比重。

自主品牌在出口商品中的比例反映了一个国家或地区商标的竞争力和在境外的影响力，是该国家或地区以商标为核心要素的品牌的质量的重要体现，也是考量其商标在生产经营过程中运用时所能产生的价值的重要参考因素，因此应当成为知识产权强省评价指标体系的一个方面。

对于这一指标的指标值的确定，要综合考虑国内外的现有情况与发展趋势。根据商务部的调查，我国目前自主品牌出口商品的比例不足10%，[1]这一点与发达国家大部分出口商品为自主品牌商品的状况相比还存在很大差距。根据国家工商行政管理总局商标战略实施意见确定的目标，到2020年，中国拥有自主商标的出口产品和服务所占对外贸易份额将大幅提升，商标成为中国企业参与市场竞争和实施“走出去”战略的有力支撑。[2]2011年8月11日商务部公布的多部委发布的《关于“十二五”期间促进机电产品出口持续健康发展的意见》提出，优化机电出口产品结构，扩大拥有自主知识产权、自主品牌的机电产品出口，力争一般贸易机电产品自主品牌出口比例提高到30%。[3]综合考虑上述因素，知识产权强省的自主产品出口比例要比七部委想在全国范围内实现的目标要高一些，但也不宜不切实际地达到发达国家的水平，故我们将这一指标值确定为40%。

在对某一个省份进行评价时，主要是获取其自主品牌在出口商品中的比例，然后与前述指标值进行比较，该省的相关数据来源：商务部、国家工商行政管理总局、国家统计局及该省的相应主管部门提供或发布的数据。

---

[1] 数据来源：http：//www.yxtvg.com/show/167018.html，2013年6月18日访问。

[2] 信息来源：http：//www.jd37.com/news/20096/56890.html，2013年6月16日访问。

[3] 廖书敏：“多部委：‘十二五’力争自主品牌机电出口比例提高到30%”，载http：//www.yicai.com/news/2011/08/1006362.html，2013年6月12日访问。

（五）亿元农产品销售额地理标志商标的数量

这一指标的含义是一个国家或一个地区每销售1亿元农产品所对应的地理标志商标的数量，实际上就是用该国或地区地理标志商标数量除以其农产品销售额后得到的数据。

虽然地理标志商标的数量与农产品销售额不一定成正比，但这一指标仍然可以表明一个国家或地方的地理标志商标在其农产品销售中所发挥的作用的大小。这一数据越小，说明单位地理标志商标所带动的农产品销售额越大，表明地理标志商标的质量越高。因此，这一指标应当成为农业仍然在我国处于重要地位的知识产权强省的评价指标。

因为地理标志的特殊性所导致的与发达国家的可比性的削弱，加上难以获得发达国家这方面数据，故我们主要依据本国的情况确定这一指标数值。截至2011年年底全国地理标志商标总量为1 135件，而全国2011年农业增加值为47 486.21亿元，❶ 平均亿元农业增加值的地理标志商标的数量约为0.24件。从出口情况看，2012年农产品出口额居前列的地方为：山东159.18亿美元（约合人民币1 001亿元），广东75.44亿美元（约合人民币475亿元），福建72.43亿美元（约合人民币456亿元），浙江48.5亿美元（约合人民币305亿元），辽宁45.55亿美元（约合人民币286亿元），江苏29.70亿美元（约合人民币186亿元）。❷ 结合这些地方截至2012年的地理标志商标的数量，它们平均亿元农产品出口额的地理标志商标数量分别为：山东0.25件，广东0.07件，福建0.40件，浙江0.55件，辽宁0.23件，江苏0.37件；这6个农产品出口大省亿元农产品出口额的地理标志商标量平均值为0.28件。考虑到出口农产品多为优质农产品，使用地理标志商标的产品相对较多，地理标志商标在农产品出口中所起的作用也较大，这方面的量值应当成为知识产权强省所有农产品销售的目标；另外，知识产权

❶ 数据来源：中国农业信息网（http://www.agri.gov.cn/V20/cxl/sjfw/tjsj/zh/jbqk/农村经济在国民经济中的地位.htm），2013年2月9日访问。

❷ 数据来源：中国农业信息网（http://www.agri.gov.cn/V20/cxl/sjfw/tjsj/zh/jbqk/全国农产品分省（市、区）出口总值情况.htm），2013年1月12日访问。

强省的地理标志商标在农产品的销售中所发挥的作用还应当更大一些，而且一些农业大省在近些年地理标志商标注册量增长也较快。基于前述分析，我们将知识产权强省亿元农产品销售额地理标志商标的数量指标值确定为0.20件/亿元。

在对某一省份的这一指标值进行考察时，要获取该省份当年农产品销售额和其全部地理标志商标数量这两个数据，这些数据的主要来源：农业部（含中国农业信息网）及地方农业主管部门发布的数据、国家统计局和地方统计部门发布的数据、国家工商行政管理总局和地方工商行政管理部门发布的数据。

（六）集成电路布图设计的商业利用率

该指标是指区域内“商业利用的集成电路布图设计件数”占区域内“当年集成电路布图设计登记总量”的比例。鉴于前者目前尚没有专门的统计资料，故在计算时暂采取“申请日之前进入商业利用的集成电路布图设计件数”来代替。

自“十一五”以来，我国集成电路产业发展迅速，并已在国际上占据十分重要的地位，不仅成为全球集成电路产业发展最快的地区之一，而且在销售收入占全球比重方面已经从2005年的4.5%提高到2010年的8.6%，产量占全球比重接近10%。[1] 据统计，2007～2011年，我国集成电路布图设计专有权转让数量从十几件增至219件，增长近20倍；申请日之前进入商业利用的集成电路布图设计件数分别为291件、416件、417件、611件和685件，占当年集成电路布图设计登记总量的比例分别为65.1%、58.8%、48.7%、55.7%和50.9%。因此，在知识产权强省指标计算时，该指标数值以我国连续五年来的平均值55.8%为参考值。

在对该项指标进行评价时，具体数据来源可通过国家知识产权局的数据库查询获得。

[1] http://www.sipo.gov.cn/ztzl/zxhd/kxfzcjhh/kxfzcjhhztwz/201210/t20121022_763103.html，2013年1月9日访问。

（七）年度技术交易合同金额

该指标是指地区内涉及专利、商业秘密交易的合同年度总量。技术交易合同金额不仅能够反映技术本身的价值，而且反映出区域市场内专利、商业秘密的使用效益，故可以作为知识产权强省中评价知识产权利用情况的一个指标。

据统计显示，2012 年全国技术交易总额为 5 286.14亿元，国内部分地方技术交易额按交易额排名顺序为：北京 2 048.60亿元，上海 568.16 亿元，江苏 465.35 亿元，广东 318.54 亿元，陕西 280.56 亿元，辽宁 235.21 亿元，重庆 195.24 亿元，湖北 178.96 亿元，天津 172.11 亿元，山东 137.49 亿元，四川 114.08 亿元，浙江 79.36 亿元，安徽 77.25 亿元，福建 70.05 亿元，黑龙江 67.81 亿元，甘肃 44.89 亿元，湖南 35.73 亿元，河北 34.29 亿元，河南 34.00 亿元，江西 33.61 亿元，吉林 24.65 亿元，云南 19.19 亿元，山西 16.27 亿元，内蒙古 14.76 亿元，青海 6.23 亿元，新疆 5.33 亿元，贵州 4.11 亿元，广西 2.30 亿元，宁夏 1.46 亿元，海南 0.54 亿元。[1]

该指标是一个国内指标，即技术交易合同金额在全国各省市间的排名情况分析，排名前三位的地方应当说是处于较高的水平，其平均水平应当是知识产权强省所要达到的水平，因此我们将前三位的平均值作为知识产权强省的指标值，即 1 000亿元。

在对本指标进行评价时，相关数据主要来源于中国技术市场管理促进中心各年度发布的《全国技术市场合同交易情况》研究报告。

（八）注册商标交易活跃程度

注册商标交易活跃程度是指在某个年度注册商标交易的数量占全部有效注册商标的比重。这里的注册商标交易主要指两种典型和常见的形式：注册商标使用许可和注册商标转让。

注册商标交易较为活跃，即注册商标许可、转让较多，一方面说明这

---

[1] 2012 年度全国技术市场合同交易情况表。

些注册商标的市场价值较高，他人愿意支付许可费用或转让费用获得这些注册商标的使用权；[1] 另一方面表明经营者一般是基于自己的使用需要而去通过许可、转让的方式获得某一注册商标的使用权，因此注册商标许可、转让较多，也表明该注册商标得到了较好或较多地使用。基于这些考虑，我们也将注册商标交易活跃程度作为考量一个地方商标权的运用前景和运用程度。

2012 年通过国家商标局办理备案手续的注册商标许可合同为 26 945 件，通过国家商标局核准的注册商标转让合同为 106 288 件，两项合计 133 233件。截至 2012 年，我国累计有效商标为 640 万件。[2] 当年注册商标交易量占全部有效注册商标的比例约为 2.1% 。这是全国的平均水平，作为知识产权强省，其注册商标交易活跃程度应当远远高于全国平均水平，至少应当是全国平均水平的 2 倍。基于上述考虑，我们将知识产权强省这方面的指标值（即年度注册商标交易量占其全部有效注册商标的比重）确定为 5% 。

在对某一个省份进行知识产权强省评价时，该省份注册商标交易活动程度由该省当年注册商标使用许可、转让的年除以该省份截止到当年有效注册商标的总数而获得，以该数值与前述指标值进行比对，确定其实现的程度。该省当年注册商标使用许可备案量、转让量及截至当年的有效注册商标总量等数据通过下列来源获取：国家工商行政管理总局的年度报告、相关统计数据和该省工商行政管理部门的年度报告或统计数据。

（九）年度版权交易合同登记数

版权合同登记件数是指截止到评价年份经过正式登记版权合同的数量。对知识产权进行有效运用是释放无形资产价值的必要途径，而版权合同（转让、许可）登记件数，正是在版权领域体现和测度运用频次和交易效

[1] 除了基于淡化、收藏等别有用心者外，一般情况下经营者是考虑到某一注册商标有较高的市场价值、能够促进自己商品的销售才会甘愿付出代价去获得该商标的使用权。

[2] 数据来源：《中国商标战略年度发展报告 2012》，中国工商出版社 2013 年版。

果的标尺，因此理应将该项数据纳入知识产权强省指标之中。

根据国家版权局的统计数据显示，2011 年我国版权合同登记件数排名前五名省市为：北京 8 513件，江苏 4 937件，上海 1 134件，浙江 882 件，江西 663 件。2010 年全国版权合同登记，北京排名第一，为 8 631件；上海第二，为 1 192件；江苏与浙江分列第三和第四位，分别为 852 件和 684 件。❶ 据测算，2006 ~ 2011 年全国版权合同登记件数的平均增速为 17.4%。

作为知识产权强省，其软版权合同登记件数应当在全国处于前列。结合各省市区目前版权合同登记总量及每年的适当增幅。2012 年，我们将强省指标值定位于排名前三位省份软件著作权登记量均值加上年均增值（4 861 + 4 861 * 17.4），即 5 706件。

该项指标确定的基本数据可从国家版权局网站上每年的《统计年报》中获取，评价指标值的确定方法为评价年份前一年的版权交易合同登记数加上近五年的年均增值。

（十）年度知识产权质押担保的债务金额

该指标系指区域内知识产权质押融资的总金额。知识产权质押担保是近年来最重要的知识产权利用方式之一。由于知识产权质押融资的过程离不开较为严格、科学的知识产权价值评估程序，故被考察区域内年度知识产权质押融资的总金额可以在一定程度上反映出相关知识产权的自身价值。当然，知识产权质押融资的总金额也可以在一定程度上反映区域内知识产权运营市场的环境状况。

截至 2012 年年底，国家知识产权局已在全国 28 个地区开展知识产权质押融资试点、投融资服务试点及创建国家知识产权投融资综合试验区。据统计，自 2008 年国家知识产权局开展知识产权质押融资工作以来，全国质押金额合计 385.7 亿元，其中 2012 年全国知识产权质押融资金额首破百亿元，达 141 亿元；2011 年全国知识产权质押融资金额达 90 亿元。

---

❶ http://www.ncac.gov.cn/chinacopyright/contents/485/17759.html，2013 年 1 月 8 日访问。

作为知识产权强省的评价指标之一，“知识产权质押担保的债务金额”也是一个国内指标，该指标的评价标准包括两个必备内容：其一为在国内开展知识产权质押融资业务的区域内排名前五；其二为具体数值应高于区域平均值的2倍。区域平均值为当年全国知识产权质押融资总额除以推行知识产权质押融资的区域综述，如2012年区域平均值为5.04亿元，考虑到普遍增长的势头，我们将平均指标值定为10亿元。

在分析该指标时，“知识产权质押担保的债务金额”主要来源于国家和地方知识产权管理部门的统计数据。

三、知识产权环境方面

（一）地方性知识产权规范性文件数量

地方性知识产权规范性文件数量是指截止到评价年份地方立法机关制定或认可的，其效力不及于全国，而只能在地方区域内发生法律效力的知识产权规范性法律文件数。地方规章数量是指截至评价年份省、自治区、直辖市人民政府以及省、自治区、直辖市人民政府所在地的市、经济特区所在地的市和国务院批准的较大的市的人民政府，根据法律、行政法规所制定的知识产权规章数。地方性知识产权法规、规章制定数量，不仅可以体现某个区域对知识产权的重视程度，客观上还能为知识产权事业的发展提供制度保障。因此，在知识产权强省指标体系中应当将这方面的情况作为重要因素加以考察。

考虑到地方性知识产权法规数量特点，在设定指标值时我们还是立足于国内的情况。通过对全国人民代表大会网页的中国法律法规信息系统检索而得，地方性知识产权法规数量情况为：上海4篇，北京6篇，江苏13篇，广东27篇，浙江11篇，山东18篇，湖北10篇，辽宁8篇，湖南6篇，黑龙江2篇，广西9篇，新疆5篇，海南1篇，四川10篇，河南7篇，重庆4篇，天津7篇，安徽6篇，吉林7篇，宁夏5篇，山西3篇，陕西4篇，内蒙古5篇，云南5篇，福建7篇，河北10篇，江西3篇，贵州2篇，

甘肃3篇，青海2篇，西藏0篇。❶

作为知识产权强省，其地方性知识产权法规数量应当在全国处于前列。结合各省市区目前地方性知识产权法规数量，我们应将强省指标值定位于评价年度地方性知识产权法规数量前3名，2012年的指标值为13篇。

对一个省份某一年份的情况进行知识产权强省评价时，所需要的该省地方性知识产权法规数量数据，可通过全国人民代表大会网的中国法律法规信息系统检索获取。

（二）行政执法效能

知识产权行政执法效能是一个地方知识产权行政执法能力、态度和效果的综合反映，其涉及因素很多，基于客观评价的需要，主要考察4个较有显示度的因素：（1）知识产权行政执法案件结案率，因为这一数据可以在较大程度上反映该地方知识产权行政执法机关的工作态度和工作能力；（2）法院审理行政案件作出维持具体行政行为的判决的比例，这一比例越高表明该地方知识产权行政执法行为的效果、质量越好；（3）推动知识产权维权机构建设情况，其客观依据就是当地专门的知识产权维权机构的数量；（4）国家级知识产权示范城市的数量，这是当地知识产权主管部门重点工作成果的体现。4项数据在该指标中分别占25%，4项比例相加便是该项指标评价所得的百分比。

广东省目前是我国知识产权工作最好的地区，其知识产权行政管理的水平也比较高，其知识产权行政执法案件结案率应当可以作为设定这方面指标的重要参考。广东省拟到2020年专利、商标、版权行政执法案件年结案率达95%以上，知识产权案件司法审判年结案达90%以上；❷ 深圳又是广东省知识产权工作最好的地区，2011年深圳市知识产权行政执法案件立

❶ http://law.npc.gov.cn:87/home/begin1.cbs，2013年1月9日访问。

❷ http://www.sipo.gov.cn/twzb/gdyjbkbys/bjzl/201203/t20120327_659904.html，2013年2月5日访问。

案1 462件，年结案率为95.55%，[1] 2012年结案2 177件，年结案率为90.60%。江苏省目前的知识产权工作也比较好，知识产权行政管理的水平也比较高，江苏省2013年表彰的专利行政执法先进单位扬州市2012年共立案查处假冒专利案件46件，结案46件，结案率100%。[2] 从这两个地方情况看，知识产权行政执法案件结案率100%是可以做到的，但随着案件数量的增加和不确定因素的存在，即使是知识产权工作做得很好的地区也很难真正达到100%，并且会有波动。因此我们将年度知识产权行政执法案件的结案率指标确定为96%。

从过去5年的情况看，我国共受理知识产权行政案件9 948件，审结8 749件，其中维持具体行政行为的6 640件，撤销具体行政行为的1 088件。[3] 也就是说，全国法院审理知识产权行政案件作出维持原具体行政行为的平均比例是75.89%。知识产权强省的知识产权行政执法水平通常要比全国平均水平高得多，故将这一指标值确定为85%。

目前各地知识产权行政管理机关均加强了知识产权维权中心的建设，其中维权中心数量较多的为：江苏10家，山东12家，河南15家。[4] 将位列前3名的这三个地方的平均值作为该项指标值，即维权中心数量至少为12家。

截至2013年6月14日，国家知识产权示范城市已经有23个，示范培育阶段城市有26个，试点期满、原工作示范、原示范创建待培育城市120个，处于试点阶段的城市28个。[5] 以国家知识产权示范城市为依据，目前各省的数量为：江苏4个，山东4个，广东2个，浙江2个，福建2个，河

---

[1] http://news.sina.com.cn/c/2012-04-26/073124332282.shtml，2013年2月5日访问。

[2] http://www.yangzhou.gov.cn/bmdt/201302/2d9e6680578447e98219c697a80ebbfd.shtml，2013年2月10日访问。

[3] 王胜俊：《最高人民法院关于知识产权审判工作情况的报告》，2012年。

[4] 参见《2012年全国专利实力状况报告》。

[5] http://www.sipo.gov.cn/ztzl/ywzt/zscqsfszl/sdsfmd/201304/t20130412_791127.html，2013年4月15日访问。

南2个，湖北1个，四川1个，黑龙江1个，辽宁1个，陕西1个，湖南1个，安徽1个。知识产权强省的国家知识产权示范城市数量应当在全国处于领先，并考虑以后适当增长的需要，将该指标值定为5个。

在对该项指标进行评价时，上述四个方面的数据分别从国家和地方知识产权年度工作报告、法院年度工作报告、国家知识产权局知识产权发展研究中心发布的专利实力状况年度报告等来源获得。

（三）知识产权司法保护效率

司法保护的效率是一个地方知识产权司法保护综合水平和保护力度的体现。司法保护效率可以从多方面体现，出于数据搜集和典型性考虑，主要考察三个方面的情况：（1）一审民事案件审限内结案率；（2）一审服判息诉率；（3）上诉案件改判发回重审比例。其中第一种情况主要反映审判机关的态度和能力，应占50%的比例；后两种情况主要反映审判机关的审判质量和效果，应分别占25%的比例。

从最高人民法院提供的相关数据看，知识产权民事案件一审结案率从2008年的81.73%上升到2012年的87.61%；❶ 2012年深圳市知识产权司法案件结案率为88.56%，浙江省2010~2012年，一审知识产权民事案件年均结案率95%，❷ 2011年广东省一审知识产权民事案件结案率为85.16%。❸ 从这些数据看出，随着知识产权审判水平的提高，一审知识产权民事案件的结案率会逐步提高，如果工作得力，这一比例可以高出全国平均数据很多。基于这种考虑，我们将这一指标值定为目前做到最好程度的浙江的水平，即95%。

一审服判息诉率是指知识产权案件经过法院一审当事人未上诉案件的

---

❶ http://news.163.com/13/0322/04/8QHV2INV00014AED.html，2013年4月20日访问。

❷ http://www.sipo.gov.cn/mtjj/2013/201304/t20130428_796129.html，2013年4月25日访问。

❸ http://www.sipo.gov.cn/ztzl/ndcs/zscqxcz/2012publicityweek/Whitepaper/201204/t20120419_673720.html，2013年1月8日访问。

比例占全部一审审结案件的比例。2011 年上海知识产权民事案件一审服判息诉率为 81.58%，比 2010 年提高 1.41%，[1] 而全国知识产权一审案件的上诉率从 2008 年的 49.32% 下降到 2012 年的 39.53%，[2] 即全国知识产权民事案件一审服判息诉率从 2008 年的 50.68% 上升到 2012 年的 60.47%，平均每年增长 2%。从中可以看出知识产权民事案件一审服判息诉率不断提高，但知识产权审判水平高的地方这一比例要比全国平均水平高出很多。知识产权强省应当是知识产权审判水平很高的地方，并要不断提高，据此确定这项指标值为 85%。

上诉案件改判发回重审比例是指二审法院直接改判的案件数量加上二审法院发回重审案件的数量占二审案件的比例。全国法院 2012 年知识产权民事上诉案件改判发回重审率从 2011 年的 3.66% 上升到 5.46%；[3] 2011 年知识产权民事上诉案件改判发回重审率从 2010 年的 4.57% 下降到 3.66%；[4] 2010 年民事上诉案件改判发回重审率从 2009 年的 6.00% 下降到 4.57%。[5] 2011 年上海知识产权民事案件二审改判发回率为 4.03%，比 2010 年下降 2.87%。[6] 这些数据表明，知识产权民事上诉案件二审改判发回率总体呈下降趋势，但会有反复，知识产权工作做得较好的地区这一指标也未必比全国平均数据好。基于此，以目前全国平均水平最好的水平为基础，并考虑适当下降的因素，将该项指标值确定为 3%。

在进行上述三项评价时，相关数据来源为：最高人民法院知识产权司法保护年度白皮书，各省知识产权司法保护报告、国家知识产权局网站、最高人民法院网和地方法院网。

---

[1] 数据来源：上海法院网。

[2] http://news.163.com/13/0322/04/8QHV2INV00014AED.html，2013 年 4 月 19 日访问。

[3] http://www.chinapeace.org.cn/2013-04/23/content_7403853.htm，2013 年 4 月 16 日访问。

[4] 数据来源：长城法律服务网，2013 年 4 月 19 日访问。

[5] http://old.chinacourt.org/flwk/show.php?file_id=146379，2013 年 4 月 13 日访问。

[6] 数据来源：上海法院网，2013 年 4 月 13 日访问。

（四）规模以上企业专职知识产权管理人员平均数量

本指标主要考察作为区域重要经济力量的规模以上企业的专职知识产权管理人员配备情况。

发达国家的经验表明，企业专职知识产权管理人员是知识产权利用不可或缺的影响因素之一，只有具备满足需要的知识产权管理人员才能够有效管理和利用好企业的知识产权。因此，在知识产权强省评价中，需要对区域内规模以上企业专职知识产权管理人员平均数量予以考察。鉴于知识产权涉及版权、专利、商标、商业秘密以及反不正当竞争等多个领域，故对企业而言，低于5人的知识产权管理团队往往是不能满足企业知识产权工作需要的，因此在知识产权强省指标中，只有当规模以上企业专职知识产权管理人员平均数量超过5人时方为达标。

在评价该项指标时，相关数据主要通过对当地规模以上企业的调查得知，也可根据当年当地知识产权主管部门提供的数据进行。

（五）知识产权标准化管理企业的比例

该指标主要考察在我国全面推行《企业知识产权管理规范》后，区域内知识产权标准化管理达标的企业数量及其在全国的排名。《企业知识产权管理规范》系我国首部企业知识产权管理国家标准，于2013年3月1日其正式实施。

作为知识产权强省，其区域内企业知识产权管理应当达到或超过国家标准，因此在考察知识产权强省时，需要对各地方达标企业的数量予以统计，排名全国前5名的为达标。另外，知识产权强省企业的知识产权管理力度应当比较大，知识产权管理标准化的企业应当居于大多数，因此，标准化企业占全部规模以上企业的数量不应少于60%。

在进行评价时，这方面的数据主要依据《企业知识产权管理规范》的推行情况来统计。

（六）公众知识产权意识

公众知识产权认知度是指公众的知识产权知识以及权利人对自己的知

识成果以及自主创新的专利或技术应当拥有权利的知识。

公众知识产权保护意识是指广大民众对智力劳动成果依法享有的占有、使用、处分和收益权利的认同。公众知识产权意识包括自我保护意识和尊重他人知识产权的意识。其中，自我保护意识体现在两方面：(1) 权利人是否能够采取相应的措施保护自己的权利；(2) 权利人在权利受到侵害后是否诉诸法律以获得司法救济，以及是否采取更加严格的保护措施防止自己再度被害。

从社会公众认知度和公众意识的角度对知识产权保护进行考察，有助于确认知识产权在社会中的作用、知识产权的执法与司法现状等方面的问题，公众认知度和意识考察指标知识产权强省指标体系中不可或缺的一项。

指标值的确定可以通过抽样调查问卷的方式获得，综合考察影响社会公众认知度和保护意识的影响因子以及外部环境，设计一份调查问卷，总分为 100 分。开展网络、电话以及实地调查，并对调查结果进行统计和分析，针对某一省份进行知识产权强省指标考察时，按照其所得分数作为其在这一指标上的评价百分比。

问卷设计时，需要考虑被调查者的性别、年龄、职业、学历等因素，而根据对指标内涵的模块界定抽样调查的内容为以下三大总变量：(1) 公众对知识产权了解的描述性分析，包括对盗版、专利、商业秘密、计算机软件等分变量；(2) 对知识产权的尊重程度，例如买赃是否违法、对免费下载音乐作品的看法等；(3) 公众及权利人对知识产权的保护和维护意识，例如是否追求假冒产品等。问卷中的每一问题可设置 3 ~ 4 个选择作为分变量，给予不同赋值，最终统计得出结果。

数据来源：抽样调查。

（七）知识产权公共服务平台数量

知识产权公共服务平台数量是指截至评价年份各地区内地级市以上知识产权局设立的下属服务机构（含有关社会团体）数量。通过知识产权公共服务平台可以提供综合性、针对性、专业性知识产权服务，提高市场主体知识产权意识和能力，提升企业竞争力，促进产业高端化，进而提高经济社会发展的质量和效益。因此，知识产权公共服务平台数应纳入知识产权强省评价指标之中。

据国家知识产权局知识产权发展研究中心公布的《2012 年全国专利实力状况报告》显示，2012 年全国知识产权公共服务平台数量排名前十名的省市为：四川 11 个，河南 10 个，天津 9 个，湖北 8 个，北京 7 个，江苏 7 个，浙江 7 个，山东 7 个，福建 7 个，湖南 7 个，贵州 7 个。

知识产权公共服务平台数量可以通过国家知识产权局知识产权发展研究中心每年度公布的《全国专利实力状况报告》获取。作为知识产权强省，其知识产权公共服务平台数应当在全国处于前列，其指标值应定在评价年份的全国前 3 名，2012 年指标值确定为 8 个。

（八）知识产权中介服务机构数量

知识产权中介服务情况是一个地方知识产权发展的重要社会条件，通常可以通过知识产权中介服务机构的数量、知识产权中介服务人员的数量和知识产权中介服务收入的情况反映出来。由于后两者的数据较难取得，而且后两种情况可以在一定程度上通过第一种情况反映出来，因此在本指标中主要考察知识产权中介服务机构的数量。

出于典型性和数据收集的考虑，这里的知识产权中介服务机构指的是专门的商标代理机构和专利代理机构，不包括知识产权业务较少的律师事务所。由于两种知识产权中介服务机构在服务内容上和数量上的巨大差异，我们对于这种知识产权中介机构分别考察，两者在本指标的比重各为 50% 。

由于我国的资料无法考证，我们主要以国内先进地方的情况作为指标设定的依据。目前国内知识产权中介服务机构最多的几个地方也同时是知识产权发展最快的几个地方：截至 2012 年，广东、北京、浙江、上海和江苏的商标代理机构的数量位列全国前五名，分别是 2 566家、1 991家、775 家、612 家和 607 家，[1] 北京、广东、上海、江苏和浙江的专利代理机构的

[1] 数据来源：《中国商标网》提供的商标代理机构名单，通过机构所在地搜集整理。

数量位前全国前五名，分别为 251 家、113 家、81 家、59 家和 46 家。[1] 从目前情况看，前五位的平均值已经属于较高的水平，我们将这种平均数量作为 2012 年的指标值，即商标代理机构 1 310家、专利代理机构 110 家；在以后年度可以考虑 5% 的年均增长率。

在对各省进行评价时，商标代理机构的数量可以通过《中国商标网》提供的备案商标代理机构名单中检索得到，专利代理机构的数量可以通过国家知识产权局知识产权发展研究中心发布的年度《专利实力状况报告》中获取。

（九）专业化知识产权人才培养机构数量

专业化知识产权人才培养机构是指专门从事多层次知识产权人才的培训和教育的机构，目前主要指国家知识产权人才培养（培训）基地和有影响的知识产权学院。考察专业化知识产权人才培养机构的数量可以反映出某一地区知识产权发展对人才的需求，以及所在区域知识产权教育能力的水平，是知识产权强省指标中的必备要素。

知识产权人才培养（培训）基地是《国家知识产权事业发展“十二五”规划》中明确提出的专业化人才培养机构，建立国家级知识产权人才培养（培训）基地是知识产权人才工程中的重要工作内容。国家知识产权局在各省建设的知识产权培训基地是专业化程度最高的知识产权人才培训基地，统计这一类别的培训机构数量作为评定某一省份知识产权工作的指标有一定的科学性。根据国家知识产权局公布的数据，广东省现有国家知识产权培训基地 1 个，上海 1 个，江苏省 2 家。[2]

知识产权学院是通过学历教育培养知识产权人才和进行适当的知识产权人才培训的专业化机构，目前全国各学校的知识产权学院越来越多，但有一些知识产权学院有名而无实，因此作为考察对象的知识产权学院应当是较有影响的知识产权学院，这从百度搜索中可以得知。目前较有影响的

---

[1] 数据来源：《2012 年全国专利实力状况报告》。

[2] http：//www. iprcn. com/IL_Zxjs_Show. aspx？News_PI =4845，2013 年 6 月 25 日访问。

知识产权学院有16所，[1] 从地区上看，广东3所、上海3所、北京3所、湖北2所，江苏、湖南、重庆、山东、陕西各1所。

综合各地两种专业人才培养机构的现状，知识产权强省应当均处于前列，至少有5家这样的机构。

数据来源：国家知识产权局网站，各省知识产权局网站，各培训基地工作文件。

（十）知识产权工作专项经费占财政支出比例

知识产权工作专项经费占财政支出比例是指评价年份从财政预算中安排用于促进知识产权工作发展的专项资金占评价年份财政支出的比例。知识产权事业的发展需要整个社会巨大的人、财、力的投入，而知识产权财政专项资金正是这种投入的主要来源。因此，应将财政专项资金投入数额纳入知识产权强省指标体系之中。

据国家知识产权局知识产权发展研究中心公布的《2012年全国专利实力状况报告》显示，2012年全国知识产权工作专项经费占财政支出比例前十名的省市为：广东6.81%，上海6.17%，天津5.69%，浙江4.91%，北京4.73%，江苏4.72%，安徽3.50%，福建2.93%，重庆2.76%，四川2.52%。

作为知识产权强省，知识产权工作专项经费占财政支出比例也应处在全国的领先水平，其指标值应定在评价年份的全国前3名，2012年指标值确定为5.69%，该项数据可通过每年度国家知识产权局知识产权发展研究中心公布的《全国专利实力状况报告》获取。

（十一）社会性研发投入占GDP比例

对一个国家而言，R&D活动代表了高水平的科技活动，是创新链的前端环节。R&D占国内生产总值的比重，被称为“R&D投入强度”，是国际通用的衡量一国科技投入水平的重要指标。因此，在知识产权强省指标体系中应当将这方面的情况作为重要因素加以考察。

---

[1] http://baike.baidu.com/view/543282.htm，2013年4月13日访问。

据美国国家科学委员会发布的报告《2012 科学与工程指标》[1] 显示，2011 年世界社会研发投入占 GDP 比重排名前十名的国家或地区为：以色列 94 亿美元，占 GDP 总量的 4.20%；韩国 558 亿美元，占 GDP 总量的 3.74%；日本 1 067亿美元，占 GDP 总量的 3.67%；瑞典 119 亿美元，占 GDP 总量的 3.30%；芬兰 63 亿美元，占 GDP 总量的 3.10%；美国 4 053亿美元，占 GDP 总量的 2.70%；奥地利 83 亿美元，占 GDP 总量的 2.50%；丹麦 51 亿美元，占 GDP 总量的 2.40%；德国 695 亿美元，占 GDP 总量的 2.30%；中国台湾 190 亿美元，占 GDP 总量的 2.30%。2011 年世界研发投入占 GDP 比例排名前十的国家或地区均值为 3%。

据测算，2012 年我国社会研发投入情况为：广东 1 250亿元，占 GDP 总量的 2.2%；江苏 1 230亿元，占 GDP 总量的 2.3%；上海 660 亿元，占 GDP 总量的 3.3%。

根据世界排名前十的国家或地区社会研发投入占 GDP 比重情况并结合我国的社会研发投入实际，应将知识产权强省的社会研发投入占 GDP 比值确定在 3% 较为合理。

对一个省份某一年份的社会研发投入占 GDP 比值情况进行知识产权强省评价时，所需要的数据可通过下列渠道获取：美国国家科学委员会定期报告、国家统计局统计的数据、该省统计机关的统计数据等。

---

[1] http://www.phbang.cn/plus/view.php?aid=1210，2013 年 4 月 27 日访问。

第四章 知识产权强省指标体系的运用

第一节 知识产权强省指标体系运用的一般规则*

一、评价当年指标值的确定

评价当年指标值的确定有三情况：其一，评价指标体系中以 2012 年数据为基础，并要考虑此后增长情况的指标，评价时适用的指标值应当是 2012 年的数值加上到评价当年累计增长的数量。其二，评价指标体系中以固定值作为指标值而不考虑此后增长情况的，直接以评价指标体系中的该项固定值作为评价当年的指标值 。其三，部分定性分析的指标以相关条件作为评价标准。

二、被评价省份当年相关数据的获取

在评价当年，要通过有效途径获取被评价省份的相关数据，力求准确、完整，数据的来源取决于各项三级指标的情况。

（一）知识产权创造方面

1. 专利授权量

在对某省进行评价时，该省累计专利授权量可以从下列途径获取：国

* 本章部分内容已经由本书作者之一董新凯先期以“知识产权强省界定及其评价指标体系构建”为题发表于《科技进步与对策》2015 年第 7 期，特此说明。

家知识产权局的统计数据、该省知识产权的统计数据、该省相关统计部门的统计数据。

2. 发明专利授权量

在对某省进行评价时，该省累计发明专利授权量和当年的发明专利授权量可以从下列途径获取：国家知识产权局的统计数据、该省知识产权局的统计数据、该省相关统计部门的统计数据。

3. 万人有效发明专利拥有量

在对某省进行评价时，该省万人发明专利拥有量可以从下列途径获取：国家知识产权局的统计数据、该省知识产权局的统计数据、该省相关统计部门的统计数据。

4. 百万人口 PCT 专利申请量

在对某省进行评价时，如以该省每百万人拥有进入国家阶段的 PCT 专利申请数量或授权量作为知识产权强省指标标准，相关数据可以从下列途径获取：WIPO 网站统计数据、国家知识产权局的统计数据、各相关省知识产权局的统计数据、各省相关统计部门的统计数据。

如以进入国家阶段的 PCT 专利申请数量或 PCT 专利授权量高于全国各省的平均值的情况作为知识产权强省的指标，相关数据可以从下列途径获取：国家知识产权局的统计数据、各相关省知识产权局的统计数据、各省相关统计部门的统计数据。

5. 工业品外观设计年均国际注册量

在对某省进行评价时，相关数据可以从下列途径获取：WIPO 网站统计数据、国家知识产权局的统计数据、各相关省知识产权局的统计数据、各省相关统计部门的统计数据。

6. 百万人口国内商标注册量

在对某省进行评价时，该省累计注册的商标和当年的注册商标数据及人口数量可以从下列途径获取：国家商标局的统计数据、该省工商行政管理机关的统计数据、该省统计部门的统计数据。

7. 百万人口马德里体系商标注册量

对一个省份某一年份的情况进行知识产权强省评价时，所需要的该省累计通过马德里体系注册过的商标数据、人口数量通过下列渠道获取：国家商标局统计的数据、该省工商行政管理机关的统计数据、该省统计机关的统计数据等。

8. 软件版权登记量

在对某个省份进行知识产权强省评价时，该数据的来源为中国版权中心的相关统计数据。

9. 地理标志商标量

在对某个省份进行知识产权强省评价时，主要考察评价截至当年其地理标志商标的总量，该数据的来源为：中国地理标志网、国家工商行政管理总局的相关统计数据。

10. 集成电路布图设计登记量

在对某个省份进行知识产权强省评价时，有关集成电路布图设计专有权登记的信息主要通过中国半导体行业协会发布的年度报告获取。

11. 植物新品种授权量

在对某省进行评价时，该省植物新品种授权量可以从下列途径获取：农业部的统计数据、国家知识产权局的统计数据、该省农业委员会的统计数据、该省知识产权的统计数据、该省相关统计部门的统计数据。

12. 百万人口年度植物新品种数量

在对某省进行评价时，该省植物新品种授权量可以从下列途径获取：农业部的统计数据、国家知识产权局的统计数据、该省农业委员会的统计数据、该省知识产权的统计数据、该省相关统计部门的统计数据。

13. 万名研发人员发明专利年度授权量

在对某省进行评价时，该省万名研发人员发明专利年度授权量可以从下列途径获取：科技部的统计数据、国家知识产权局的统计数据、该省科技厅的统计数据、该省知识产权的统计数据、该省相关统计部门的统计数据。

14. 亿元研发投入专利授权量

在对某省进行评价时，该省累计发明专利授权量和当年的发明专利授权量可以从下列途径获取：国家知识产权局的统计数据、该省知识产权的统计数据、该省相关统计部门的统计数据。

15. 发明专利超5年维持率

在对某个省份进行评价时，该省发明专利5年维持率的情况主要通过国家知识产权局知识产权发展研究中心发布的专利实力状况年度报告获取。

16. “驰名商标”数量

在对某一省份进行知识产权强省评价时，相关数据的主要来源为：中国驰名商标网、国家工商行政管理总局公布的相关数据、该省统计部门或知识产权主管部门的统计数据。

17. 知识产权创造列全国前三位的指标数量

据以确定被评价省份指标位次的相关数据主要来源于：国家知识产权局、国家工商行政管理总局、国家版权局、农业部、国家统计局及被评价省份相应的政府部门的统计数据，其他社会服务机构公布的相关数据。

（二）知识产权运用方面

1. 自主知识产权产品销售收入占规模以上工业企业销售额的比例

在分析该指标时，“规模以上工业企业销售额”可以从各地及国家统计局的年度公报中获得相关数据，“自主知识产权产品的年度销售收入”则可以由各地及国家知识产权局予以统计。

2. 专利产品销售额占GDP总量的比例

计算时采用以“高技术产品销售额”代替“专利产品销售额”，GDP的数据则来源于各地年度国民经济和社会发展统计公报。

3. “驰名商标”的商品销售额在GDP中所占的比例

在对该指标进行评价时，需要获取三个数据：受评价省份当年GDP总量；受评价省份截至当年被司法认定和行政认定为驰名商标的商标；受评价省份当年使用“驰名商标”销售商品的销售额。

数据获取渠道：GDP总量通过该省份统计部门当年的统计报告获取；

“驰名商标”情况通过中国驰名商标网获取；当年“驰名商标”商品销售额通过向拥有“驰名商标”的企业调查获取。

4. 自主品牌在出口商品中的比例

在对某一个省份进行评价时，主要是获取其自主品牌在出口商品中的比例，然后与前述指标值进行比较，该省的相关数据来源：商务部、国家工商行政管理总局、国家统计局及该省的相应主管部门提供或发布的数据。

5. 亿元农产品销售额地理标志商标的数量

对某一省份的这一指标值进行考察，要获取该省份当年农产品销售额和其全部地理标志商标数量的数据，这些数据的主要来源：农业部（含中国农业信息网）及地方农业主管部门发布的数据、国家统计局和地方统计部门发布的数据、国家工商行政管理总局和地方工商行政管理部门发布的数据。

6. 集成电路布图设计的商业利用率

鉴于前者目前尚没有专门的统计资料，故在计算时暂采取“申请日之前进入商业利用的集成电路布图设计件数”来代替。具体数据可通过国家知识产权局的数据库来查询获得。

7. 技术交易合同金额

在对本指标进行评价时，相关数据主要来源于中国技术市场管理促进中心各年度发布的全国技术市场合同交易情况研究报告。

8. 注册商标交易活跃程度

在对某一个省份进行知识产权强省评价时，该省份注册商标交易活动程度由该省当年注册商标使用许可、转让的年除以该省份截至当年有效注册商标的总数而获得，以该数值与前述指标值进行比对，确定其实现的程度。该省当年注册商标使用许可备案量、转让量及截至当年的有效注册商标总量等数据通过下列来源获取：国家工商行政管理总局的年度报告、相关统计数据和该省工商行政管理部门的年度报告或统计数据。

9. 版权交易合同费用

在对某个省份进行知识产权强省评价时，该数据的来源为国家版权局的相关统计数据。

10. 知识产权质押担保的债务金额

在对某个地方就该项指标进行评价时，当年该地方的相关数据主要从各知识产权主管机关的统计信息或年度报告中获得。

（三）知识产权环境方面

1. 地方性知识产权政策、法规数量

对一个省份某一年份的情况进行知识产权强省评价时，所需要的该省地方性知识产权法规数量数据，可通过国家知识产权局知识产权发展研究中心发布的相关年度报告、中国人大网、“北大法宝”等专业法律法规数据库检索获取。

2. 行政执法效能

进行此项评价主要是根据国家知识产权主管部门、相关地方知识产权主管部门提供的年度报告、相关数据进行分析。着重分析行政案件结案率、行政诉讼案件一审维持率、知识产权维权机构数量、国家知识产权示范城市数量等情况。

3. 知识产权司法保护效率

这方面的评价主要依据权威机关发布的信息，数据来源：最高人民法院知识产权司法保护年度白皮书，各省知识产权司法保护报告、国家知识产权局网站。

4. 规模以上企业专职知识产权管理人员平均数量

在评价该项指标时，相关数据主要通过对当地规模以上企业的调查获得，也可根据当年当地知识产权主管部门提供的数据进行。

5. 实行知识产权标准化管理企业的比例

在对某个省份进行评价时，主要依据该项省知识产权主管部门提供的相关信息进行分析。

6. 公众知识产权意识

在评价时主要是通过设计调查问题、进行抽样调查，然后根据统计调查的结果作出结论。

7. 知识产权公共服务平台数量

在评价时该项数据主要通过国家和地方各级知识产权主管部门的年度报告、统计信息及相关文件资料获取。

8. 知识产权中介机构数量

在评价时该项数据主要通过国家和被评价省份知识产权主管部门的年度报告、工作总结或相关统计信息获取。

9. 专业化知识产权人才培养机构数量

在进行评价时这方面的数据来源主要包括国家知识产权局网站、各省知识产权局网站及其他社会网站、各培训基地工作文件。

10. 知识产权工作专项经费占财政支出比例

在评价时这方面的数据来源为国家知识产权局发布的年度报告、地方财政主管部门的统计数据或相关资料、地方统计部门发布的统计报告等。

11. 社会性研发投入占 GDP 比例

在评价时这方面的数据来源为当地科技主管部门、知识产权主管部门、统计部门的年度报告、工作总结或其他相关资料。

三、各项三级指标的评价结论

现有的评价指标体系的运用都涉及对各项指标赋权，确定其权重的问题，一些知识产权评价指标体系也不例外。[1] 但是，很多指标体系的权重分配存在不够合理或者不够科学的问题，这一问题的解决难度也比较大。因此，我们回避这一问题，而是改用计算各个指标项的百分比的方式。在计算每项定量分析的指标完成的百分比时，是用当地当年实际完成数量除以该项指标值，完成情况较好的，该百分比可以超过 100%；超过 100% 的地方属于做得特别好的地方，不满 100% 的，表明该地方还存在一定差距。

[1] 郭俊华、黄思嘉、吕守军："知识产权政策评估指标体系的构建及其应用研究"，载《中国软科学》2009 年第 7 期。

四、综合评价结论的确定

综合评价结论根据各项指标完成的总体情况来确定，主要是计算定量分析的指标总体完成率，指将各项定量指标完成的百分比相加，再除以定量分析指标的数量。也就是说，允许以强项的百分率抵补弱项的百分率，因为即使是知识产权强国，也会有相对强项与弱项，对于强弱的考察应当是基于综合实力的分析。

第二节　对江苏省知识产权强省建设的评价及建议

一、对江苏省目前知识产权强省建设情况的评价

（一）评价范围

由于短期内数据收集的困难，我们目前无法就江苏省的情况与我们设计的评价指标进行全面比较，只是选取16个方面的情况，用我们设计的评价指标体系进行衡量，以此来初步判断江苏省知识产权发展情况与知识产权强省的目标还有多大的距离。

（二）评价结果

对照评价指标体系，2012年江苏省完成的情况是：年度专利授权量269 944件，为指标值50 332件的536%；年度发明专利授权量16 242件，为指标值15 252件的106.5%；万人有效发明专利拥有量5.73件，为指标值的13.7%；年度百万人口PCT申请量11.58件，为指标值的4.8%；百万人口国内商标注册量5 195件，为指标值的41.9%；百万人口马德里体系商标注册量3.03件，为指标值的1.9%；年度集成电路布图设计登记量266件，为指标值的79.5%；植物新品种授权量为299件，为指标值的93.8%；百万人口年度植物新品种授权量3.78件，为指标值的57.2%；亿元研发投入发明专利授权量13.2件，为指标值的19.8%；“驰名商标”（去除重复认定部分）数量281件，为指标值的93.7%；年度版权交易合

同登记数2 061件，为指标值的36. 1%；地方性知识产权政策法规数量13件，为指标值的100%；专门的知识产权中介服务机构数量为商标机构607家，专利机构59家，为指标值的49. 95%；知识产权工作经费占财政支出比例4. 72%，为指标值的83%；社会性研发投入占GDP比例2. 3%，为指标值的76. 7%。

以上16个项目综合完成情况为指标值的87. 16%，从百分比上看是一个较好的情况。

（三）结果分析

从上述评价情况看，我国在知识产权某些方面已经超过中等发达国家的平均水平，如年度发明专利授权量和年度专利授权量，其中的年度专利授权量远远超过发达国家的水平，也超过知识产权强省的应有水平；有些方面的工作正在接近知识产权强省的水平，如年度集成电路布图设计登记量、植物新品种授权量、“驰名商标”数量、地方性知识产权政策法规数量、知识产权工作经费占财政支出比例、社会性研发投入占GDP比例等；有些方面的知识产权工作与知识产权强省的要求还有较大的差距，与发达国家的水平还存在很大的距离，如万人有效发明专利拥有量、年度百万人口PCT申请量、百万人口马德里体系商标注册量、亿元研发投入发明专利授权量等。

表面上看，江苏省在总体上好像已经接近知识产权强省的水平，但冷静考虑一下，如果将年度专利授权量这一含金量不高的数据去掉的话，江苏省的评价结果仅为指标值的57. 24%，离知识产权强省的目标还是有一定距离的。

二、对江苏省未来建设知识产权强省的主要建议

针对前面分析的差距，课题组就江苏省以后的知识产权工作提出以下一些建议。

（一）理清思路，找准方向，作出合理规划

知识产权主管部门应当基于评价结果对江苏省知识产权发展的总体情

况有一个清晰的认识，找出江苏省知识产权工作存在的主要问题，并将这些问题的解决作为今后工作的重点。

为了有效地解决目前存在的问题，江苏省必须制定总体规划，进行战略部署，并将相应的目标和任务落实到年度行动计划中，预备好相应的措施。在制定规划和执行计划时，切不可好高骛远、急功近利，要针对问题的性质、难度及其成因等作出科学的安排。既要通过一定时间的知识产权强省建设使江苏省的知识产权发展到新的高度，又要切忌盲目乐观、想在短短几年里就建成知识产权强省的冒进举动。

（二）总结经验，巩固和优化成绩较好的工作

江苏省在年度专利授权量和年度发明专利授权量上取得了不错的成绩，需要认真总结这方面的工作经验，加以坚持并在其他方面进行推广，这样才能通过这些成绩比较突出的工作带动知识产权强省的整体评价水平。特别是在已有发明专利工作的基础上，进一步优化工作机制和管理手段，努力实现发明专利授权量在全国的领先水平，发挥好发明专利在知识产权强省建设上的引领作用。

江苏省在知识产权工作方面的财政经费投入情况较好，对于知识产权取得较好的成绩起到了特别大的支撑作用和刺激作用，这种投入力度不仅要维持，还应不断增加；因此，在每个年度制定财政预算时应当至少保证知识产权工作经费与财政支出同步增长，努力使知识产权工作经费的增长幅度能够高于财政支出的增长幅度。在保证财政经费维持或增长的前提下，还要编制好知识产权工作经费的具体预算，确保重点知识产权工作的需要，防止知识产权工作经费的浪费，保证财政资金的使用效率。

近些年，江苏省在地方性知识产权法规建设方面做了较多的工作，制定了一些针对性较强的法规、规章。今后对于现有的法规、规章要进行系统的梳理，并根据知识产权工作的实际需要及时修改完善，并针对新出现的问题及其应对需要制定一些新的法规、规章，形成较为完整的地方性知识产权规范性文件体系。在进行地方性知识产权立法活动时，要避免追求法规规章数量的倾向，而是要务求规范性文件的实效，保证规范性文件的

质量。

（三）在较为薄弱的环节加大工作力度

在全省人口总量基本稳定的状况下，要提高江苏省百万人口国内商标注册量，主要通过较快增加注册总量的方式。但要认识到，近些年江苏省国内商标注册总量增幅较大，要想再有较大的增幅难度是很大的。要想较多地增加新的注册商标，必须针对尚未注册商标的企业进行大力宣传，并对其申请注册商标的行动给予一定的费用资助；对已有注册商标的企业，主要是促进他们注册新的商标，特别是防御商标和联合商标的注册。

在人口总量基本不变的情况下，要想提高百万人口年度植物新品种授权量，主要是靠增加每年获取较多的植物新品种的授权，这也是增加植物新品种授权总量的基本路径。这需要加大对江苏省农林科技研发机构的支持力度，甚至需要拨付专项研发资金，争取在植物新品种的增量上取得较大突破；在此基础上，主管部门积极提供协助，使新增的植物品种尽早获得授权。

为了迅速提高年度版权交易合同登记量，江苏省主要需要做好两点工作：(1) 在文化繁荣方面采取有效措施，大力推动版权交易，特别通过相关的宣传和推动中介服务工作来促成更多的版权交易；(2) 对已经发生的版权交易，通过有效宣传和必要的帮助，推动交易双方到相关部门办理登记手续。

目前专利中介机构数量偏少的重要原因之一是具有专利代理资格的人员本身偏少。因此，江苏省主要通过多种途径增加专利代理人的数量，主要有两种途径：(1) 继续实行选择培训制度，从现有的专利代理机构中选择一些较有培养潜质的人，并从社会上招收一些素质较好的人员进行专项培训，帮助他们尽早通过专利代理人资格考试；(2) 有效利用一些高校的知识产权第二学位和双学位教育机制，将专利代理人考试的要求嫁接其中，使这些学生能够较容易通过专利代理人资格考试。另外，对于目前具有专利代理人资格但尚未从事专利代理业务的人员，采取一些激励措施使他们成为从业人员。知识产权主管部门还应当在专利代理机构的设立政策、程序等方面给予较多的宣传和引导，并在设立过程中给予必要的帮助，促成更多的专利代理机构在江苏设立。

为了提高年度集成电路布图设计登记量，在财政经费的预算上要增加对于半导体行业研发工作的支持，要对半导体产业的发展进行专门的规划，特别是加强这方面产业集群的建设。

为了使江苏省更多的商标被认定为驰名商标，相关主管部门要大力宣传驰名商标制度，使企业对于驰名商标有正确的认识，加强其商标的日常培育工作，特别是在商标的内在品质和外在宣传两个方面进行扎实的工作，提高其商标的社会知名度。在此基础上，在其商标涉及与他人纠纷时，就是否可以申请认定驰名商标的问题进行针对性的研究，引导和鼓励企业抓住一切可以进行驰名商标认定申请的机会。

研发投入是一国经济增长的最主要因素之一，从长期来看，研发投入对 GDP 的正向拉动影响时限更长，而且其对 GDP 的方差贡献率非常突出，研发投入的产出效应特别明显。[1] 为了提高社会性研发投入占 GDP 的比例，江苏省知识产权主管部门和科技主管部门要采取多种措施引导社会资金向研发方面投入，特别是要将财政资金的投入与吸引社会资金的投入结合起来，要有效利用税收等优惠待遇；积极制定和完善地方性政策法规，为证券发行、金融贷款、企业设立等社会性研发投入渠道的畅通创造良好的条件，尤其是消除其中的一些障碍。

（四）在特别薄弱的环节采取超常规发展措施

在发明专利的创造与申请上要加大投入力度，并不断改善管理方式，提高管理效率，使万人有效发明专利拥有量能够取得较快的增长；采取有效措施提高研发的效率，对于研发资金的使用进行合理计划，并加强使用过程的监督和使用绩效的评估，使亿元研发投入的发明专利授权量能够在短时间内获得较快发展。

---

[1] 朱云欢：“我国研发投入与经济增长的动态分析”，载《科学管理研究》2010 年第 2 期。

为了提高江苏省百万人口 PCT 专利申请量，在人口基数不会有大的改变的情况下，主要是通过有效措施促进 PCT 申请量的增长。基于诸多企业对于 PCT 专利申请的性质还没有足够认识，知识产权主管部门应当加大这方面的宣传力度，特别是对有条件进行 PCT 专利申请的企业进行梳理，进行有针对性的宣传。另外，加大对 PCT 专利申请的资助，从物质利益上刺激企业的申请热情，推动 PCT 专利申请量在较短时间内有较快的增长。

为了提高百万人口马德里体系商标注册量的增长，在目前这方面的基数还比较低的情况下，江苏省要着重加大对通过马德里体系进行商标国际注册的宣传，给予必需的经费资助，在申请过程中给予相应的帮助，特别是发动商标代理机构有针对性地为企业提供专项优质服务，使江苏省的商标国际注册量迅速提高到一个较高的水平。

对于其他方面的知识产权工作也不能放松，要在原有工作的基础上继续加大管理力度、投入的力度，使这些工作尽快达到甚至超过知识产权强省应有的基本水平。

第二篇

知识产权强省建设的整体谋划

——江苏省知识产权强省建设规划纲要研究*

---

* 本部分研究成果的主要贡献者有廖文和、朱宇、钱建平、董新凯、梅术文、徐升权、吴广海、郑伦幸、韩兴、黄志臻、丁岚等。

引　言

随着知识产权战略实施的深入推进，江苏省的知识产权工作取得了较好的成绩，知识产权的主要指标多年来一直居于全国前列，成为名副其实的知识产权大省。在此基础上，为了将江苏省知识产权事业的发展引向更高层次，江苏省委、省政府提出了建设知识产权强省的战略构想，急需就知识产权强省建设制定一个科学的行动纲领。基于此，江苏省知识产权局委托南京理工大学课题组就江苏省建设知识产权强省的规划进行研究和设计。南京理工大学课题组接受委托后，在前期初步研究的基础上制订具体的研究方案，进行广泛深入的调研，分析相关的文献资料，并结合本省的实际情况，对江苏省建设知识产权强省的现实基础、主要目标、重点任务和保证措施进行系统探讨，并从专家的角度对于江苏省建设知识产权强省的行动纲领进行设计，最终形成《江苏省知识产权强省建设规划纲要研究报告》，本篇就是该研究报告的内容。

第五章　基于江苏经济社会发展要求的知识产权强省战略

当前，我国正处于由经济大国向经济强国迈进的重要战略机遇期，江苏也正在实践从经济大省向经济强省的跨越。江苏的经济总量已经相当于全世界经济体排名的第 17 位，在全国各省市中，江苏一直稳居经济总量第二位，占据全国 10% 以上经济份额，❶ 江苏成为全国举足轻重的经济体，江苏经济的发展将为我国向经济强国迈进提供重要支撑。在新形势下选择何种发展路径，如何构筑新的竞争优势，推动经济转型升级和跨越发展，是江苏制定发展战略需要首先谋划的问题。借鉴世界发达国家经验，立足世情省情，在创新驱动核心战略的框架下，加快建设知识产权强省，是现阶段江苏经济社会发展的必然选择。

第一节　发达国家加快利用知识产权构建竞争新优势的压力

一、发达国家在工业化进程中依托知识产权成功实现经济转型

从主要工业化国家的发展进程可以看出，一国的竞争优势对于经济增

❶ 数据来源：中国共产党新闻网新华日报评论员《抓住大有作为的重要战略机遇期——中国特色社会主义在江苏的成功实践启示之三》，2013 年 12 月 18 日访问。

长具有决定性的作用。[1] 一国经济发展依赖的要素禀赋包括自然资源、劳动力、资本以及技术等。经济体的要素禀赋随着发展阶段不同有所变化，发达国家和发展中国家的不同发展水平反映了这一整体谱线上的不同发展水平。国家可以通过政策引导和调控，调整经济结构并提高经济增长速度，实现经济的跨越式发展。产业政策、贸易政策和技术政策的运用是国家成功完成结构转型的主要因素，发达国家采取各种措施支持产业升级和多样化，这些措施不仅包括基础研究、授权、国防合同和大型公共采购政策，还包括知识产权政策。

发达国家经济发展的历史经验表明，当工业化进程进入中后期，原先依靠高投入、高消耗、劳动密集、粗放式经营的传统产业优势将明显减弱，必须及时转变经济发展方式，依靠自主创新和自主知识产权构建新的竞争优势。美国经济在20世纪登上全球统治地位，正是因为它将知识作为经济增长的强大新生力量，将技术作为推动经济发展的无形资本，国民经济从粗放型增长模式转向高度集约型增长模式，成功地实现了经济腾飞。第二次世界大战以后，德国经济强国崛起之路，很大程度上得益于及时把握住技术革命机遇，确立了至今仍在全球具有重要地位的“德国制造”品牌。日本、韩国自20世纪50~60年代起，通过完成对原有资本密集型产业结构的调整，注重技术密集型产业、知识产权密集型产业发展，建立并发挥了新的竞争优势，实现了持续30~40年的经济快速增长。反之，与德国、日本、韩国等发达国家相比，20世纪60~70年代，拉美、非洲和南亚国家采用了“注重进口替代和贸易保护”的发展战略，未能及时重视知识产权，从而也未能在全球经济竞争中建立新的竞争优势，不仅长期陷入“中等收入陷阱”，而且始终受制于发达国家。

---

[1] 林毅夫：《新结构经济学：反思经济学发展与政策的理论框架》，北京大学出版社2012年版。

二、在现阶段发达国家进一步运用知识产权巩固、强化其竞争优势

进入21世纪以来，世界经济的发展比以往任何时候都更加依赖于知识的扩散和应用，知识经济已经成为主导性社会形态，发达国家更加强调依托知识产权巩固和强化其竞争优势。近年来，美国、日本、韩国、德国、英国等发达国家相继升级本国知识产权战略，着力增强知识产权实力和知识产权优势，进一步发挥知识产权对其经济社会发展的贡献力，提升国家在世界政治经济格局中的话语权和地位。[1] 其具体做法如下。

从国内发展来看，将知识产权政策深度融入国家发展战略。美国分别于2009年、2011年发布《美国创新战略》，明确提出将知识产权战略深度融入国家创新发展战略，确保经济增长和繁荣。同时，美国发布的《专利主张与创新》，提出实现高质量创新和避免恶意诉讼解决方案，《2013年知识产权执法联合战略规划》致力于打造多层次、一体化的知识产权执法体系，加大知识产权保护力度。2012年，美国发布《知识产权与美国经济：产业聚焦》报告，全面聚焦知识产权对产业发展的影响，确认75个知识产权密集型产业，总结和评价了知识产权密集型产业对美国经济和社会发展的重大影响，鼓励和鞭策全社会关注创新，实现通过知识产权"捍卫经济增长和繁荣"，保证竞争力，从而"赢得未来"。欧洲专利局和欧盟内部市

---

[1] 相关国家知识产权战略进展文献及其评述，参见刘琳："德国的'技术激情'"，载《中国中小企业》2014年第7期；付明星："韩国知识产权的政策最新动向"，载《中国知识产权报》2013年5月12日、6月23日；黎海波："韩国的知识产权战略及其绩效"，载《全球科技经济瞭望》2009年第11期；付明星："韩国知识产权政策及管理新动向研究"，载《知识产权》2013年第2期；祝宁波："美国知识产权抵押担保法律制度述评"，载《华东理工大学学报（社会科学版）》2009年第4期；李学梅等："法国：'竞争力集群'提升科技创新水平"，载《经济参考报》2012年3月27日；袁源、宋伟："美国知识产权捐赠政策及其演变"，载《中国科技论坛》2011年第11期；俞风雷："日本知识产权法十年展望解析"，载《私法》2014年第12辑第1卷，华中科技大学出版社2015年版；詹映："知识产权战略视野下中日韩FTA中的知识产权问题"，载《科技与法律》2013年第4期。

场协调局于2013年共同发布《知识产权密集型产业对欧盟经济和就业的贡献》研究报告，全面评估321个知识产权密集型产业对欧盟经济的影响和贡献，将知识产权视为推动经济增长的发动机。德国于2012年发布《德国2020高科技战略》《技术激情——勇于创业、促进增长、塑造未来》创新战略报告，将知识产权视为经济增长和创造技术的新的增值潜力。英国于2012年发布《知识产权全球战略》报告，提出要以最好的知识产权构架来支持英国的创新和增长。日本于2002年确定“知识产权立国”战略，2004年推出《内容产业创造、保护及活用促进法》提出成为世界第一的知识产权强国，2013年发布《日本知识产权政策愿景》，提出“内容产业立国新目标”。

从外部竞争来看，更加重视利用知识产权抢占国际竞争制高点。美国、日本、欧盟等注重知识产权战略的全球化视野，在全球范围内不断强化和推广本国的知识产权规则和价值观，不仅加强了知识产权制度的区域一体化，而且积极推动国际专利制度一体化。例如，自2006年起，美国、欧盟等绕开世界知识产权组织和世界贸易组织发起了新一轮提高国际贸易中知识产权执法标准的谈判，并于2010年确定《反假冒贸易协议》（ACTA）；2011年，美国推动缔结《跨太平洋战略经济伙伴协定》（TPP），专章内容规定知识产权，强行提高知识产权保护标准，意图在国际经济贸易中取得更大的话语权。此外，发达国家鼓励本国企业在世界范围抢占竞争制高点。德国采取包括知识产权在内的各项措施，增加研究型、创新型企业的数量。德国出台旨在发展研究型、创新型企业的知识产权措施，以进一步扩大德国的技术出口领先地位，努力保持德国企业在技术出口领域的竞争力；英国要求相关企业必须利用知识产权，扩大产品的出口，以在新的数字技术和商业模式的挑战下赢得竞争；韩国鼓励和帮助企业在全球主要市场积极开展专利布局，增强国际竞争力。

第二节　江苏依托知识产权建立新的竞争优势的急切需求

世界各国经济发展的经验表明，在不同发展阶段，支撑经济增长的动力不同，要素配置的方式不同，具体发展的特点也不尽相同。当发展达到一个新水平，原有的优势会逐步削弱，发展路径受到明显制约，必须及时调整政策导向，推动经济转型发展。唯有如此，才能形成新的竞争优势，朝着更高的发展目标前进。世界经济强国在历史发展和新一轮国际竞争中，均不失时机地关注和利用知识产权来增强竞争力，促进经济持续增长和繁荣，这对江苏当前的发展模式提供了重要经验和借鉴。

一、江苏建设经济强省需要更大力度突破发展制约

近年来，江苏国民经济快速发展，经济总量已达到中等发达国家水平，人均 GDP 已突破 1 万美元，达到中等收入水平，江苏正进入工业化中后期。在这一阶段，面对日益提高的劳动力成本和资源价格，以高投入、高消耗、劳动力密集为特征的传统产业优势日益减退，如果不尽快构筑新的经济增长动力和新的竞争优势，江苏经济发展的动力和活力都将减弱，难以维持较高水平的经济增长率。在此关头，江苏能否走出一条稳定快速可持续发展之路，直接关系到创新型省份建设以及“率先基本实现现代化”目标的实现，关系到经济强省建设的成败。

从世界经济发展的历史经验看，有些国家在人均收入达到中等水平后，由于发展战略不适应新的竞争环境，没有顺利实现经济发展方式转变，原有的经济增长模式陷入低端锁定的路径依赖，缺乏新的增长动力，最终陷入经济增长长期停滞的中等收入陷阱，典型如一些拉美国家。而如果能够在政策层面促进技术进步，及时形成知识产权优势，构造经济增长新动力，便可继续维持高经济增长率，例如日本、韩国、新加坡、中国香港等地。可见，避免陷入中等收入陷阱，保持经济稳定发展，必须加快转变经济发展方式，优化资源配置和要素组合，引入新的增长动力，聚集新的增长能量，构建新的增长模式。

当前，江苏经济发展的基本现状是：作为工业大省、贸易大省、经济大省，江苏长期蓄积的经济能量和雄厚的产业基础能够确保经济继续增长；但是，人口密、资源少、人均资源全国最少、单位面积污染负荷全国最重

的基本省情没有变，传统产业依然占据主导地位、依然处于全球价值链较低端的产业结构没有变，经济发展主要依靠物质资源消耗、依靠生产要素和投资驱动的方式也没有发生根本转变。基于以上发展现状的判断，对照经济强省、创新型省份发展目标，结合国内外经济发展环境和江苏自身实际，江苏经济发展面临的主要制约包括以下两个方面。

第一，主要产业处于价值链低端，转型升级压力较大。从产业在价值链中的地位和层次来看，江苏大部分产业都是以生产制造中低端方式嵌入全球价值链，处于“微笑曲线”的中间利润最低的位置，只占到整个价值链总利润的5%～10%。企业拥有的自主知识产权少，产品附加值较低，利润率不高，核心竞争力不强。从进出口贸易结构来看，劳动密集型产业仍占据对外贸易主体地位，现有的出口结构和比较优势格局，仍主要侧重于劳动密集度较高的产业，多从事加工装配，处于产业价值链低端，出口产品及服务在国际市场中的竞争力低下，并经常遭受知识产权纠纷。总的来说，江苏纺织、冶金、轻工、建材等传统产业迫切需要升级，战略性新兴产业、出口商品亟须依靠高技术、自主知识产权建立竞争优势。而放眼世界，已经处于价值链高端的发达国家仍在进一步运用知识产权制度垄断高端技术、设备和原料，加强对价值链的控制，巩固国际市场竞争优势。江苏的产业要想在国际市场占有一席之地，必然要突破现有价值链格局，通过产业升级向价值链高端攀升。

第二，资源和环境约束增强，能源利用效率较低。中国是世界上人口最多的国家，经济发展中的资源、能源约束的压力比许多发达国家要大很多，而江苏的资源更为匮乏。在全国各省、自治区中，江苏人口密度最高，比广东、浙江分别高出40%和48%，耕地、水、矿产、森林和能源等重要资源的人均占有量低，人均耕地不足1亩，居全国第23位；水资源总量占全国的1%，居全国第20位，人均水资源仅为广东、浙江的31%和29%；已发现矿产资源133种，探明储量65种，虽然种类多，但资源储量的人均占有量较少；煤炭基础储量、石油地质储量占全国比重不足1%，一次能源生产量占全省能源消费总量不足1/5，80%以上的煤炭、90%以上的石油要从省外输入。同时，江苏环境容量小，单位面积的污染负荷位居全国之首。近年来污染排放强度虽然逐步下降，但污染排放总量随着经济发展而不断增加，江苏发展面临的环境压力与日俱增。此外，江苏也是国内能源消耗大省，2012 年，江苏一次能源消费总量 2.9 亿吨标准煤，高于广东的 2.85 亿吨标准煤和浙江的 1.807 6亿吨标准煤。由于重工业比重大，资源消耗高，江苏经济发展的能源资源约束不断强化，环境压力日益增大，高投入、高消耗、高排放换来高增长的传统发展方式难以为继。要想突破环境、资源约束，必须学习借鉴国外先进经验，充分发挥知识、技术要素优势，大力发展创新型经济。

因此，面对日益严峻的产业升级压力和资源环境约束，江苏需要更大力度突破发展制约，加快经济产业结构层次优化，加快生产效率和质量效益提升，全面推动经济社会发展跨入加速转型升级的新时期。

二、经济转型升级迫切需要构筑知识产权发展优势

美国经济学家迈克尔·波特把经济发展划分为生产要素驱动、投资驱动、创新驱动和财富驱动四个阶段。国内外大量发展实践表明，经济增长长期依赖投资驱动是难以持续的，投资扩张在推动工业化的同时，加剧了能源资源紧张和节能减排的压力，造成土地、能源、水资源、环境约束日趋突出。根据江苏经济发展的约束条件，要获得更强的增长引擎，增强竞争优势，实现可持续发展，关键是要摆脱对资源、资金等的过度依赖，转向主要依靠高新技术、高素质人力资本和知识产权等创新要素驱动的轨道上来。

当前，江苏正处在经济转型升级的加速期、科技创新的活跃期，正在进行由经济大省到经济强省的第三次转型。[1] 在这个关键的发展时期，面

---

[1] 改革开放 30 多年来，江苏历经“三次转型”。第一次是 20 世纪 80 年代，以发展乡镇企业为标志，加快推进工业化进程，实现由农业大省到工业大省的转型；第二次是 90 年代，以扩大开放为动力，大力发展开放型经济，实现由封闭半封闭到全方位对外开放的转型；当前进行的第三次转型，核心是实现经济发展由资源依赖、投资拉动、出口带动为主向创新驱动转变，提升自主创新能力与国际竞争力，促进经济持续发展。

对自然资源少、人口密度大、环境容量小、经济发展结构性矛盾突出的特殊省情，江苏省委省政府高瞻远瞩，在全国率先确立实施创新驱动核心战略的重大决策。

江苏科教资源丰富，高校、科研院所创新能力较强，企业技术创新主体地位日益突出，创新氛围浓厚，产业发展基础好。把这些优势充分利用起来，就可以把握发展先机，以创新驱动实现跨越发展。

深入实施创新驱动战略、切实提升经济发展的质量和效益，必然要求更好、更充分地发挥知识产权的支撑引领作用，把知识产权综合实力的提高作为创新驱动战略的重中之重。这既是发达国家发展经验给予我们的启示，也是由知识产权制度本身所具有的功能特性决定的。知识产权制度是创新型经济赖以发展的一项基本制度，能够有效激励创造、保护产权，更充分地实现创新成果的市场价值。充分有效地发挥知识产权制度的基本功能，就能有力推动“江苏制造”尽快向“江苏创造”提升、转变。

根据知识产权制度对经济发展、科技进步的促进机制，加快推进经济转型升级，至少需要知识产权在五个方面发挥直接作用：

（1）以全球知识产权信息的深入分析和有效利用为途径，指导江苏重点产业领域的技术发展方向，提高创新研发效率。

（2）以获取和掌握一批核心关键技术的自主知识产权为途径，有效提高江苏战略性新兴产业、高新技术产业、传统产业等重点产业领域的国际竞争力。

（3）以推动一批优质自主知识产权的价值实现为途径，使自主创新优势、知识产权创造优势有效转化为生产力优势、市场优势，切实推动产业转型升级。

（4）以打造一批拥有核心自主知识产权的知识产权优势企业、创新型领军企业为途径，加快带动全省企业提升自主创新能力和知识产权战略运用水平，积极参与国际竞争。

（5）以加大知识产权保护力度为途径，切实维护创新主体的合法权益，保障创新成果的价值实现，并在全社会范围内营造崇尚创新、尊重创新、保护创新的良好氛围，形成有助于创新型经济发展的知识产权文化环境、法治环境。

可以说，构建以知识产权为核心要素的创新体系，更有效地发挥知识产权对创新型经济增长的驱动作用，是破解江苏经济社会发展深层次矛盾、大幅提高经济增长的质量和效益、实现经济转型升级的关键。根据《江苏省知识产权战略纲要》确立的总体规划，在当前知识产权大省地位已经牢固确立的基础上，江苏应当把知识产权强省建设提上重要议事日程，明确发展思路，加快建设步伐。

第三节　江苏建设知识产权强省的现实基础

加快建设知识产权强省，既是江苏经济加快转型升级的必然选择，也具备一定的工作条件和现实基础，是江苏知识产权事业发展全新的起航点和着力点。

近年来，特别是2009年实施《江苏省知识产权战略纲要》以来，江苏知识产权综合实力显著增强，为建设知识产权强省奠定了坚实基础。2012年，江苏知识产权综合发展指数年均增长率排名全国第一；区域知识产权综合实力超过广东、上海，位居全国第二；共有11个省辖市、27个县（市、区）和9个园区被列为国家知识产权试点示范城市和园区，数量位列全国第一。[1] 具体表现在五个方面。

一、知识产权创造能力显著提升

江苏省专利申请量、商标注册量、版权登记量等知识产权产出数量快速增长。2012年，全省专利申请和授权量、企业专利申请和授权量、发明专利申请量5项指标继续保持全国第一，专利申请量和授权量累计达到165

---

[1] 数据来源：江苏省知识产权局《深入实施知识产权强省战略调研报告》（2013年10月）。

万件和87万件（见图5－1），分别是2008年的3.84倍和4.82倍，年均增长分别为56.81%、76.53%。全省有效发明专利量45 238件，跃升至全国第三位。万人发明专利拥有量5.73件，其中，苏南地区万人发明专利拥有量11.38件，提前达到全省“十二五”基层科技创新10件的目标。[1] 2012年，江苏新申请商标注册9.8万件，全省有效注册商标总数41万件，排名全国第四，新增驰名商标137件，新认定省著名商标469件，全省驰名商标累计达到425件，省著名商标达到3 032件（见图5－2）；一般作品登记20 588件，同比增长51%；计算机软件著作权登记12 608件，同比增长45%，位居全国第四（见图5－3）；农业植物品种权申请量97件，累计申请734件，累计授权299件，均位居全国前列（见图5－4）。

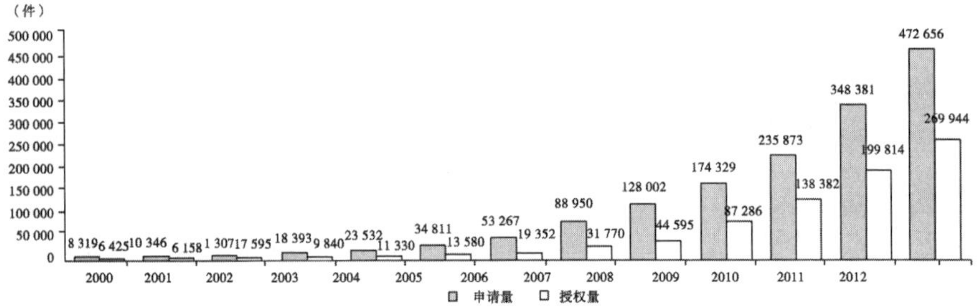

图5－1 江苏年度专利申请量、授权量趋势图（2000～2012年）

二、涌现出一批知识产权优势企业

政府有关部门积极引导企业贯彻《企业知识产权管理规范》，实施企业知识产权战略推进计划，组织“品牌强企”“品牌兴农”工程，深化版权产业带、动漫版权产业基地、版权保护示范区建设，企业创新主体地位不断凸显，运用知识产权制度创新发展能力不断提升，涌现出一批知识产权优势企业。2012年，企业专利申请量和授权量达308 801件和186 220件，增幅达57.39%和56.59%，占全省专利申请和授权量的比重均超过60%。

[1] 江苏省知识产权局《深入实施知识产权强省战略调研报告》（2013年10月）。

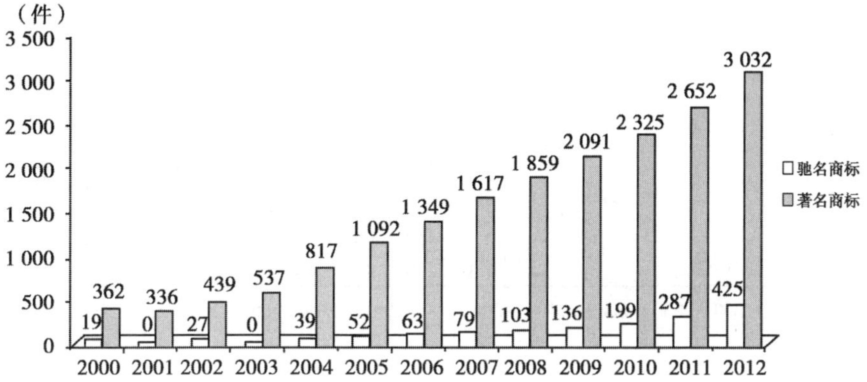

图 5－2　江苏省驰著名商标总量趋势图（2000～2012 年）

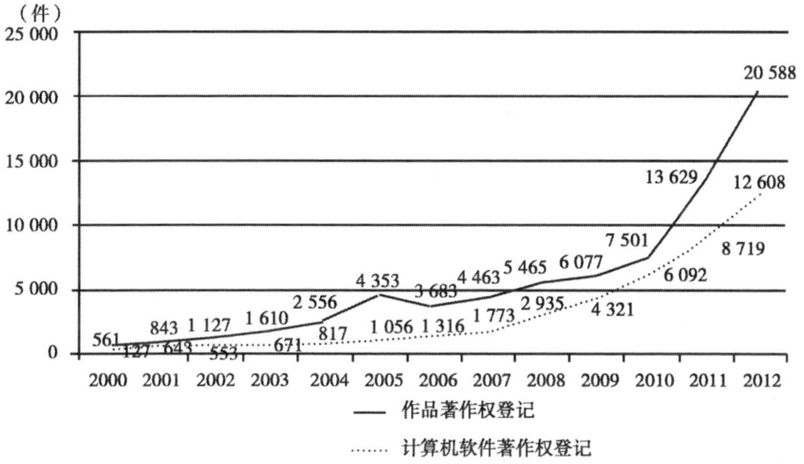

图 5－3　江苏省年度版权登记量趋势图（2000～2012 年）

专利申请量超千件企业 3 家，超 500 件企业 29 家。法尔胜、护佑、恒瑞、正大天晴等为代表的新能源、新材料和新医药企业凭借知识产权优势，迅速在国内崛起。好孩子、开普动力、常熟开关、宝时德等企业依靠知识产权综合实力，不断扩大国内外市场份额。江动集团、牛塘化工、盐城捷康等企业积极应对“337 调查”等涉外知识产权诉讼化被动为主动，赢得外国同行尊重并站稳国外市场。徐工、洋河、沙钢、阳光等一大批传统优势企业，通过打造品牌挖掘市场潜力，实现利润稳步增长。南通家纺、苏州

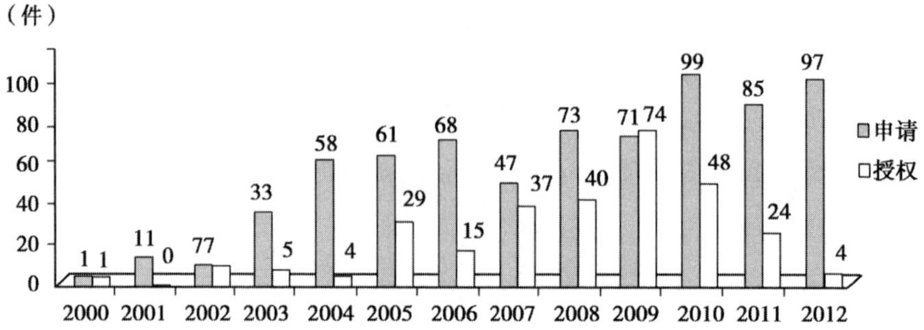

图 5-4　江苏省年度植物新品种申请量授权量趋势图（2000～2012 年）

刺绣、泰州壁纸等版权产业强化创新设计，增添市场活力，分别实现销售收入同比增长 26%、30% 和 50%。

三、知识产权保护环境不断优化

《江苏省专利促进条例》《江苏省软件产业促进条例》相继颁布实施，南京颁布《南京市知识产权促进和保护条例》，苏州出台《苏州市专利促进条例》。知识产权审判“三审合一”改革试点工作顺利推进，全省省辖市中级法院均设立知识产权业务审判庭，12 个中级法院获得专利案件管辖权，31 个基层法院取得部分知识产权案件管辖权。南京、徐州、苏州成立专利行政执法支队，执法力量进一步充实。全省成立 8 个国家级知识产权维权援助中心，12330 举报投诉热线覆盖全省。[1]“正版正货”承诺企业突破 1 000家。2009 年以来，全省法院共审理知识产权民事案件 27 803件，审结 23 659件；共审理知识产权刑事案件 1 426件，审结 1 318件；共审理知识产权行政案件 41 件，审结 28 件。公安系统破获知识产权案件 4 413 起。知识产权、工商、版权、海关等部门开展打击专利侵权和假冒专利行为，组织“天网”“雷雨”“护航”等一系列保护知识产权专项行动，查处

[1] 数据来源：江苏省知识产权局《深入实施知识产权强省战略调研报告》（2013 年 10 月）。

各类专利假冒侵权案件2 402件、商标14 619件、版权776件，立案和结案数量均位居全国前列。政府各个主管部门在其职能范围内高度重视知识产权环境的营造。其中，商务厅采取多种有效措施维护公平的贸易环境，牵头负责打击侵犯知识产权和制售假冒伪劣商品的专项行动，取得明显成效，多次受到国务院督察组的高度评价，通过全过程控制的方式加强境内外展会的知识产权保护工作；❶ 发改委认真执行《江苏省转型发展投资指导目录》，引导社会投资更多投向新兴产业、先进制造业、现代服务业、科技创新等领域，并且着力打造国家工程中心、工程试验室和技术中心等创新平台，平台数量在全国均位居前列，为创新提供有效支撑；省教育厅及高校知识产权研究会近年来组织省内各高校开展了一系列宣传活动，采取多种形式，分层次地开展知识产权宣传工作，培育知识产权创新文化，❷ 同时，江苏省教育厅还积极采取措施加强高校知识产权制度建设，强化高校知识产权管理工作，以激励创新。❸ 江苏省政府与美国、韩国知识产权管理部门建立了稳定的知识产权保护合作关系，知识产权保护环境整体优化，吸引了一批国外企业、跨国公司及研究机构落户江苏。2012年，世界500强企业有400多家在江苏投资。外资研发机构落户江苏达411家，承担研发项目1 777项，申请专利3 502项，获授权专利799项。❹

四、知识产权服务体系不断完善

国家区域专利信息服务中心南京中心、国家知识产权局专利局专利审查协作江苏中心、国家专利战略推进与服务（泰州）中心、无锡（国家）外观设计信息服务中心、苏州高新区国家知识产权服务集聚区、中国知识产权维权援助中心、国家知识产权培训基地等一批国家级知识产权公共服

---

❶ 参见江苏省商务厅2011年、2012年、2013年知识产权工作总结报告。

❷ 参见江苏省教育厅2011年、2012年、2013年知识产权工作总结报告。

❸ 参见江苏省教育厅2012年知识产权工作总结报告。

❹ 数据来源：江苏省知识产权局《深入实施知识产权强省战略调研报告》（2013年10月）。

务载体落户江苏，成为带动江苏知识产权服务业发展的核心力量。建成并完善了集专利、商标、版权、集成电路布图设计、植物新品种等信息为一体的省知识产权公共信息服务平台，专利数据总量达到8 000多万条。13个省辖市、60%县（市、区）建立专利公共服务中心，80%的县（市、区）拥有公共服务平台。截至2012年年底，江苏专利代理机构及分支机构分别达到59家和33家，商标代理机构达到542家，执业专利代理人达到397人。以“佰腾网”等为代表的知识产权信息检索、质押融资、金融保险、战略咨询、产业预警等新兴服务业态崭露头角，2009年以来全省专利、商标累计获得质押贷款分别超过30亿元和60亿元。

五、知识产权经济贡献度的日益显现

随着知识产权战略的深入实施，知识产权政策导向不断加强，知识产权进一步融入经济和科技工作，自主知识产权对经济发展的贡献日益显现。2012年江苏省43 368家规模以上工业企业中有专利申请的企业5 013家，专利技术实施率87%，主营业务收入32 556亿元。全省高新技术领域实施发明专利9 082项，实现产值达4.5万亿，占规模以上工业总产值比重达37.5%（见图5－5）。全省组织实施135个具有自主知识产权的重大科技成果转化新上项目，总投入135.7亿元，推动1 984件发明专利、3 582件实用新型专利转化实施，预计产后实现销售收入4 630亿元，利税720亿元。新能源、新材料、生物技术和新医药、节能环保、软件和服务外包、物联网和新一代信息技术等十大新兴产业实施发明专利6 966项，实现销售收入4万亿元。[1] 这些数据表明，知识产权对经济发展的助推作用越来越明显。

总的来说，知识产权战略实施以来，江苏知识产权工作经历了一个快速发展的时期，知识产权创造、运用、保护和管理水平均有较大幅度的提高，各项工作基础坚实，江苏已经成为名副其实的知识产权大省，具备了

[1] 数据来源：江苏省知识产权局《深入实施知识产权强省战略调研报告》（2013年10月）。

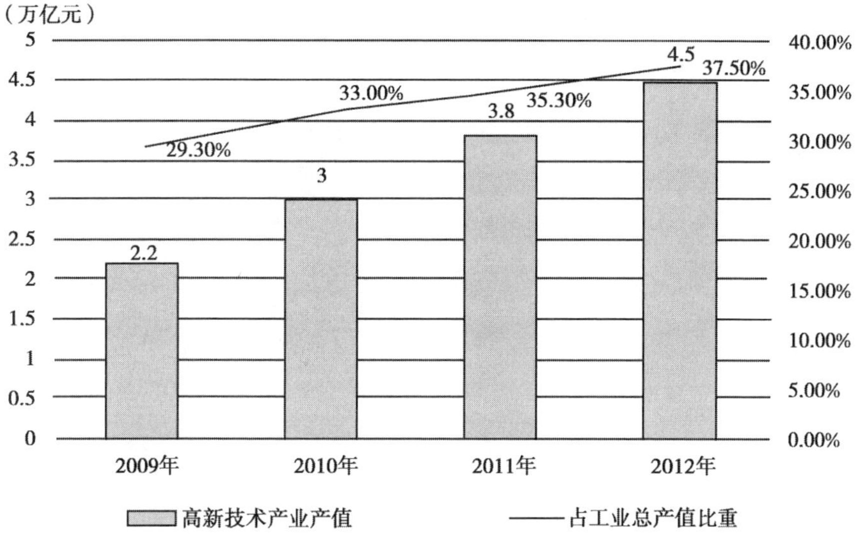

图5－5　江苏高新技术产业产值发展趋势图

由大省向强省跨越的基本条件，这为下一阶段向知识产权强省全面进发奠定了良好的工作基础。

第六章　知识产权强国的表征、经验以及江苏面临的挑战

知识产权强国，就是知识产权综合实力较强、知识产权对经济社会支撑作用较强的国家。根据国家知识产权局研究报告，当前世界知识产权强国可分为两类[1]：第一类是以美国、日本和德国等为代表的世界一流水平的知识产权强国；第二类是以法国、瑞士、瑞典、英国、芬兰、荷兰、韩国等中等发达经济体为代表的知识产权次强国。研究知识产权强国的表征和经验，有助于我们理清知识产权强省发展目标和总体思路，分析建设知识产权强省面临的主要挑战，有针对性地学习和借鉴其成功经验，更好地选择知识产权强省路径，加快知识产权强省建设步伐。

第一节　知识产权强国的表征和经验

一、强大的知识产权数量和质量的综合优势

知识产权强国的首要特征表现为拥有大量创新水平高、经济价值高、对经济发展带动作用强的自主知识产权。例如，世界第一经济强国美国的国内专利申请量和授权量位于世界前列，2012 年专利申请量达 576 763件，授权 276 788件；其中发明专利申请量为 542 815件，授权量为 253 155件，

---

[1] 数据来源：国家知识产权局知识产权强国课题《挑战与应对：迈向知识产权强国之路》（2012 年）。

占各类专利总量的比例均超过 90% 。美国还拥有一批在全世界具有较强影响力的品牌和版权、文化创意产品，在 2013 年发布的福布斯全球品牌百强排行榜上，美国品牌占据了前 10 强中的 8 席，位居第一的苹果公司品牌价值高达 1 043亿美元。日本、德国等也在知识产权创造方面保持强势地位。2012 年，占据 PCT 专利申请量前三位的美国、日本、德国，PCT 专利申请分别达到 51 207件、43 660件、18 855件。美国 GDP 与专利申请、授权量的关系如图 6 - 1 所示。

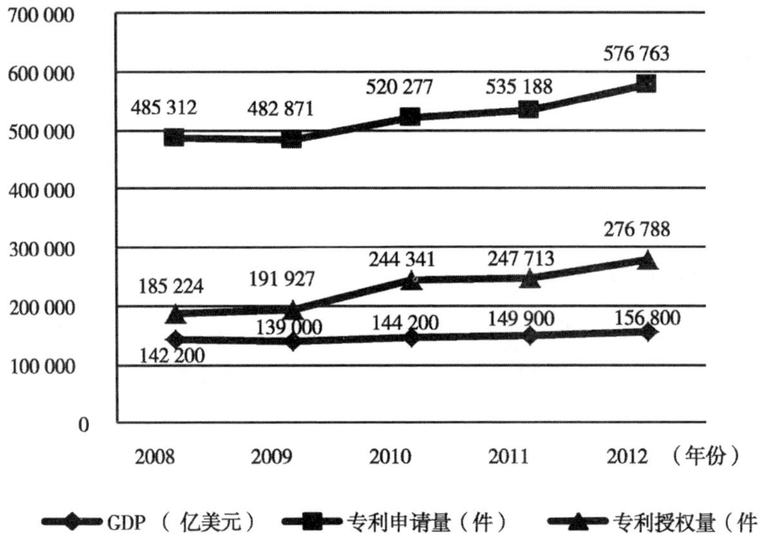

图 6 - 1　美国 GDP 与专利申请量、授权量对比折线图（2008 ~ 2012 年）

为巩固和扩大知识产权拥有优势，知识产权强国采取了一系列政策措施。

（1）投入大量研发资金和资助经费。美国在 2011 年的创新战略中针对基础研究制定了最庞大的研发投入计划，将 GDP 的 3% 用于研发。德国联邦政府的研发投入 2005 年之前每年约 90 亿欧元，之后逐年增加，2012 年的研发投入已达 137 亿欧元。英国为创意产业提供融资支持，促使英国创意产业迅猛发展，也使英国创造出许多世界级品牌。韩国对到国外申请专利的单位和个人实施政府补贴，每件最高达 200 万韩元，被认定为优秀发明专利的，政府补贴其两年国内申请费用，并提供长期低息贷款，帮助专利权人维护在国外的专利权益。

（2）建立政府投资项目的知识产权产出导向。美国政府对其投资项目产生的知识产权进行严格管理，允许承担单位享有专利权，承担单位不申请专利的必须向有关政府机构报告，由政府机构决定申请或放弃，同时采取建立创新中心、实行税收抵免、加强国际合作等方式，推动技术研发、专利确权和转化运营。日本在实施科学技术基本计划中，明确了以获得核心专利为主的知识产权战略目标，要求创造出多样且独创性的最先进“知识”财富。韩国自2005年起加强对政府重大项目的知识产权前期评议，以此提高项目研发效率，促进基础专利产出，据统计，开展知识产权分析项目的专利产出是未开展分析的1.37倍，产出的基础专利是1.44倍。

（3）注重对职务发明的激励。德国制定和实施了《雇员发明法》，规范企业和雇员在技术创新、知识产权保护、应用及收益方面的义务、责任和补偿办法。德国企业内部基本形成雇员和企业双赢的创新推进机制。在此激励下，德国职务发明数量十分庞大，每年90%的专利申请来自于企业、研发机构，每百万职工创造的专利数位居世界第二位。日本政府鼓励、推动企业建立发明人奖励制度，日本各企业都建立了对发明人、申请人以及分支机构的发明奖励制度，这些举措有力促进了知识产权创造。

（4）积极探索“企业+实验室”协同创新模式。法国规定在科技项目立项时，必须由至少两家企业和一个实验室共同合作，才能申请；同时在利润税、职业税和地产税等方面给予这类企业和实验室以优惠政策，对于在企业从事研究和创新工作的雇员，企业则可免缴50%的社会分摊金。“企业+实验室”的模式，有效整合产研双方资源，强化了企业在创新中的主体地位，提升了创新的市场导向。美国政府通过给予企业纳税扣除的方式，鼓励企业向高校善意捐赠闲置专利，减少企业维护成本；由大学甄选并决定是否接受某专利捐赠，进而对受赠专利进行再研发，此种以企业需求为导向的技术转移可以使大学的研发更加具有针对性和实践性。

（5）重视对中小企业创新的支持。美国、日本、德国都是支持中小企业发展的杰出典范，高度重视中小企业的创新。在日本，为支持中小企业的发展与创新，政府制定了完善的中小企业法律法规体系，营造了适合中小企业健康发展的运行机制，为中小企业创新提供资金帮助。在德国，为充分发挥中型企业的创新潜能，极力创造有利于中型企业发展的友好环境条件（如减少官僚主义和保证专业人才需求等）；为参与建立新的创新型企业的私人投资者设立新的投资补贴；为大规模的天使投资人建立新的“欧洲天使基金”；推进高科技创业基金的成功运行，直接资助年轻的技术公司；推行中小企业创新核心计划；启动创新集群认定活动，使创新集群能够更好地融入国际网络。

二、较高的知识产权运用水平

知识产权转化运用是实现知识产权经济价值的基本途径。知识产权强国的专利运用率通常在80%左右，知识产权交易市场比较活跃，知识产权融资、运营等资本化运作机制趋于完善。美国康奈尔大学早在1932年就设立了康奈尔技术转让与商业开发中心，专门负责技术转移，在技术成果和企业资本之间建立通畅的联系平台，并参与到整个技术进步和商业化的过程中，积极协调康奈尔大学、当地政府、州政府和国家之间的资源，促进本校创新技术转移运用，2012年通过技术转移和许可共实现收益1.2亿美元。知识产权强国促进知识产权转化运用的做法包括以下几种。

（1）建立促进知识产权运用的法律政策体系。美国颁布《拜杜法案》《技术转移商业化法案》等法案激励和推动知识产权转移转化，规定所有联邦政府机构的研发预算中，应有0.5%的经费用于技术转让，同时必须按一定比例向中小企业创新发展计划提供资金，用于支持中小企业开展科技开发和专利转化，资助具有技术专长和发明专利的科技人员创建高科技企业，促进专利技术转化为生产力。日本出台《大学技术转让促进法》，设立大学技术转移支持资金，每年向大学技术转移办公室提供上限为3 000万日元的财政补贴、上限为10亿日元的贷款担保，同时实施免除专利申请、注册手续费等优惠政策，有力促进了大学科技成果的转化，大学专利许可转让率达到50%以上；修正《信托法》，允许知识产权拥有者应用其知识产权启动商业基金，支持中小型企业应用知识产权扩大商贸机会。韩国在《知识产权强国战略》中专门规定了支持知识产权创业的措施，以促进知识产权转化运用，并规定对授权后3年内闲置的国家所有专利，任何人可以免费使用1年，之后3年享受50%专利许可费的优惠。

（2）大力支持知识产权产业化。韩国成立专利技术产业化理事会，设立3 734亿韩元产业化基金，在增加研发预算的同时增加技术转让和实施的预算比例，通过融资、参股、补贴、投资等方式，为专利技术交易和产业化提供资金援助，个人及中小企业专利技术评估费80%由政府资助。此外，韩国政府还选择绿色、新增长动力的知识产权提供资金支援，在新技术产业化、走向市场之前提供资金支持，既包括小型项目（7.5亿韩元），又兼顾大中型项目（25亿~100亿韩元）。

（3）构建知识产权交易平台。美国成立政府支持的规模最大的知识产权管理服务机构“国家技术转移中心”（NTTC），把全美700多个实验室和数以千万的研究开发成果资料及知识产权信息纳入“应用技术资讯系统”（FLC），并通过全国6个“区域性技术转移中心”（RTTE）进行技术评估、市场调查及技术中介，促进技术和知识产权的转移。韩国知识产权局成立专利技术转移促进部，积极开展技术展览，构建高效畅通的互联网知识产权市场，促进专利技术商业化和销售，有效防止先进专利技术的闲置。

（4）着力开展知识产权运营。日本、韩国、德国等发达国家纷纷凭借知识产权特别是专利领域的强势地位，加快本国及国际市场专利战略布局，同时，通过专利运营使创新链和产业链有效对接，促进专利技术的转移和商业化，抢占新一轮发展的制高点。美国涌现出一批以高智发明、阿卡西亚为代表的专门从事专利运营的机构，围绕新兴产业，在全球范围内收储和开发专利，形成专利组合，并通过对外许可、销售或专利诉讼的方式获得高额收益。韩国成立官民合营的知识产权管理经营公司，通过“创意资本”实现研发人员创意的知识产权化。

（5）推动企业开展知识产权融资、拍卖、投资等资本化运作。美国将知识产权用于担保融资已有一百多年的历史，托马斯·爱迪生在19世纪80年代后期，就利用白炽灯的专利作为借款担保，创办了爱迪生电灯公司，现在美国知识产权的担保融资已扩展到专利、版权、商标等各个领域。美国Ocean Tomo公司通过拍卖的形式挖掘知识产权在金融和证券价值上的潜力，实现知识产权资产的高效运用，更大程度地发挥其价值；并对知识产权进行组合投资，形成证券化资产，利用知识产权交易和债务融资产生现金流。还有一些企业推出了知识产权债务融资、知识产权银行、知识产权记分牌等新的商业模式，使得知识产权从企业的核心资产发展成为新的金融工具。韩国通过扩大投、融资规模，扩大资金供应量，完善知识产权担保制度，以此促进针对知识产权的投资，为知识产权产业化提供融资保证。

（6）完善知识产权价值评估体系。美国政府鼓励学者提出新的知识产权价值评估方法，推动知识产权服务机构采用多种方法开展知识产权价值评估业务，使知识产权定价更合理，更符合其本身价值，为知识产权转让交易、质押融资等提供价格参考。

三、具有较强国际竞争优势的知识产权密集型企业

拥有一批具有全球领先水平和影响力的知识产权密集型企业，是知识产权强国的普遍特征。例如，2012年公布的世界最有影响力企业100强中，前10位中有8位是美国以知识产权为其核心资产和资源的企业；2013年全球最具价值品牌100强中，前5位也均为美国商标密集型企业。知识产权强国在培育知识产权密集型企业方面采取了一些切实有效的措施。

（1）大力培育知识产权密集型企业。发达国家十分重视引导企业开展知识产权竞争情报分析、知识产权资产运营管理等，支持企业开发和推广知识产权密集型产品，并为企业知识产权产品提供必要的资金和制度支持。韩国鼓励企业重点开发替代进口产品的技术和战略性出口产品

的技术，重视技术的产品化，提高产品附加值；对拥有专利的企业，其专利产品销售额超过 50% 或者出口额超过 25% 的，可认定为风险投资企业，给予税收政策优惠。目前，韩国 IT 产品以及汽车、电子、冶金、造船、动漫等领域的产品都因蕴含巨大的知识产权价值而走到世界前列。

（2）引导知识产权密集型企业规模化发展。韩国为促使三星成为知识产权密集型企业中的领军者，全面支持该公司实施企业知识产权战略，为其研发自主数字技术产品提供各种保障，使其专利拥有量得以快速提高，三星的竞争力因此在 2003 年超过索尼，成为全球增长最快的信息公司，并在 2007 年实现了高达 168.53 亿美元的品牌价值，全球排名第 21 位。

（3）引导主要企业组建知识产权联盟。如为了防御国外大企业针对其国内知识产权密集型企业的知识产权诉讼，韩国政府鼓励国内主要企业组建企业间的知识产权联盟，提高处理专利侵权的能力，LG 电子、三星电子等均在政府的支持下组建或加入此类联盟。日本为了增强密集型企业的竞争力，鼓励和支持“日本创新网络公司”（INCJ）、松下公司和三井物产公司等联合组建了企业知识产权联盟。

四、引领经济增长的知识产权密集型产业

知识产权对经济社会发展的支撑引领作用是知识产权强国的另一个显著特征。知识产权密集型商品在出口中处于主要地位并具有较强竞争力，知识产权密集型产业表现出比其他产业更快的增长态势，对整体经济增长具有明显的引领作用。据美国政府发布的《知识产权与美国经济：产业聚焦》显示，2010 年美国知识产权密集型产业增加值占 GDP 的 34.8%，其出口占总出口的 60.7%，为美国提供了 18.8% 的就业岗位，其工人薪酬比非密集型产业高 42%。据欧洲专利局（EPO）和欧盟内部市场协调局（OHIM）共同发布的《知识产权密集型产业对欧盟经济和就业的贡献》研究报告显示，2008～2010 年，欧盟的所有行业中约 50% 属于知识产权密集型行业，平均每年创造产值约 4.7 万亿欧元，对国内生产总值（GDP）的贡献率达 39%（见图 6－2），知识产权密集型行业平均每年直接提供的就

业岗位约为5 650万个，占欧盟全部就业岗位的26%。❶

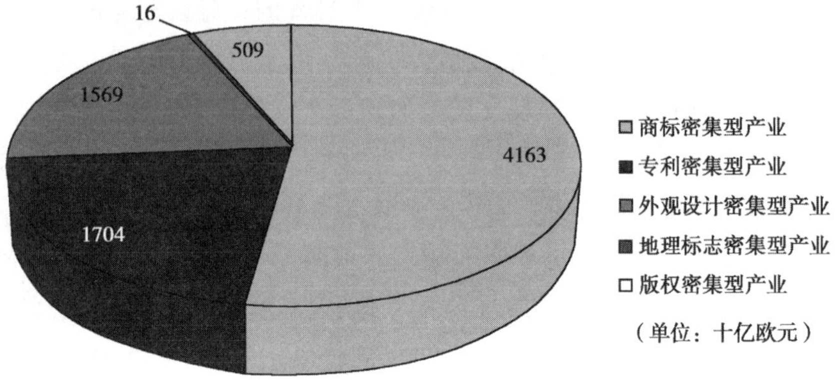

图6－2　知识产权密集型产业对欧盟GDP贡献图（2008～2010年）

知识产权强国促进知识产权密集型产业发展的主要举措包括以下几种。

（1）引导人才向知识产权密集型产业集聚。2012年，美国专门出台《科技工程留学生就业法案》，为在美大学取得科学、技术、工程和数学博士或硕士学位的外国毕业生提供5.5万个绿卡名额。欧盟也出台了一揽子促进高技能人才的就业计划，包括"欧洲2020战略""博洛尼亚进程""新技能，新工作"计划、"技能战略"等。这些高技能人才多数进入知识产权密集型产业就业，有力支撑了知识产权密集型产业的发展。

（2）大力支持知识产权密集型产业发展。2007年，美国对知识产权密集产业的投资约为1.6万亿美元，占美国GDP的11.3%。2009年颁布的《美国创新战略》中提出要逐步实现研发税收减免永久化。日本政府提升本国产业在全球市场的竞争力，鼓励和支持企业积极参与国际标准制定，在2011年《知识产权战略推进计划》中明确指出，政府强化有利于创新的战略性国际标准化活动，为企业提供国际标准化活动相关的财政支持，构筑与先进技术有关的认证框架。

（3）重视知识产权密集型产业的软实力建设。日本于2013年颁布的

❶　数据来源：《知识产权密集型产业对欧盟经济和就业的贡献》（2013年）。

《知识产权政策愿景》中明确指出，要重点利用内容产业[1]及设计领域所产生的文化实力与制造能力相结合的综合实力，积极开拓海外市场，充分利用日本软实力促进产业发展。日本定期举办国际内容产业节活动，加强海外推广宣传，大力推动文化和市场的深入结合。虽然面对严峻的经济形势，日本仍逐年增加内容产业的政府预算，并通过政府出资与民间捐款相结合的方式设立振兴基金，对各领域的文化艺术活动进行资金援助。

五、优越的知识产权保护环境

知识产权强国均十分重视知识产权保护，具有完善的保护体系和良好的法治环境，并不断强化知识产权保护力度，确保提供最优的创新激励。此外，在国际竞争中，知识产权强国致力于推行更有利于本国利益的知识产权保护新规则，以此巩固和强化本国知识产权优势地位。具体措施包括以下几种。

（1）重视知识产权保护规划。美国自2010年以来，共发布两份《知识产权执法联合战略计划》，从国家层面的战略部署角度确定未来三年知识产权执法工作的路线。日本在历年发布的《知识产权战略推进计划》均对“知识产权争端解决”“知识产权侵权行为的打击和惩处”等知识产权保护问题予以重点规划。

（2）建立多部门协作的知识产权保护体系。美国日益注重国家层面的战略部署，致力于打造多层次、一体化的知识产权保护体系。美国知识产权保护体系包括民事、行政、刑事和边境保护四个部分，自2010年以来，为了有效整合政府资源、打破美国知识产权执法机构各自为政的局面，在美国知识产权执法协调办公室的统筹下，依托“知识产权执法协调员”实现多个联邦执法机构间的协调与合作。韩国在2011年发布的《知识产权基本法》中强调政府机关在知识产权保护方面的联合与联系，在实践中进一

[1] 内容产业：欧盟《Info 2000计划》将内容产业界定为“制造、开发、包装和销售信息产品及其服务的产业”，其产品范围包括各种媒介的印刷品（书报杂志等）、电子出版物（联机数据库、音像产品、光盘服务、游戏软件等）和音像传播（影视录像和广播等）。

步加强韩国公平贸易委员会（KTC）这一准司法性机构的作用，重点调查涉嫌侵犯知识产权的案件。

（3）建立专门的知识产权法院，提升司法保护水平。大多数知识产权强国重视知识产权司法保护体制的完善，建立了专门管辖知识产权案件的知识产权法院，典型的知识产权法院有1961年设立的德国联邦专利法院，1982年设立的美国联邦巡回上诉法院，1990年设立的英国专利郡法院，1998年设立的韩国专利法院和2005年设立的日本知识产权高等法院等。为提升知识产权司法审判水平，日本知识产权高等法院设置了为法官办案提供技术知识解释的专家委员会，由大学教授等专家和具有不同学科领域背景的公共研究机构人员共同组成；韩国致力于简化诉讼程序，设立了知识产权专门咨询委员会；瑞士在专利法院审理知识产权纠纷案件时，邀请美国、德国等国家的法律专家或技术专家担任该法院的咨询顾问，提升其审判专业性。

（4）政府对知识产权纠纷的行政干预不断加强。美国不断强化国际贸易委员会（ITC）的行政执法职能，频繁利用“337”调查处理进口环节的知识产权侵权纠纷，通过向侵权方发布普遍排除令和有限排除令，强化对本国企业知识产权的保护。我国打火机制造商、锁扣地板制造商都曾因普遍排除令的限制而无缘美国市场。据统计，2012年，美国共发起“337”调查60起，涉及中国、日本、韩国、德国、加拿大等多国企业。韩国政府不断加强对盗版音像制品的打击力度，文化观光部正式成立“打击盗版本部”，严厉打击盗版销售行为。

（5）重视知识产权海外保护。美国知识产权战略贯穿对外贸易领域，美国贸易代表办公室自2006年开始发布“销售假冒和盗版产品恶名市场”名单，对于进榜市场进行专门调查或开展维权行动。此外，极力推动“TPP谈判”“反假冒协定”等，形成一套有利于美国国际贸易的新规则，谋求美国在全球知识产权利益的最大化。2013年，美国发布《知识产权执法联合战略计划》，专门规定了“增强国外执法合作”“通过国际组织强化知识产权执法”“通过贸易政策工具促进美国知识产权执法”“打击基于国外和受外国控制的侵犯美国知识产权的网站”以及“扶持在海外市场的美国中小企业”等内容；决定继续在部分国家实施知识产权专员项目，提高派驻海外人员打击知识产权侵权的效率，加强全球知识产权执法力量建设。日本在历年《知识产权战略推进计划》中反复强调“完善全球范围内的侵犯知识产权的应对措施”“降低海外知识产权的侵害”以及“增强知识产权诉讼结果的全球效力”，并通过日本贸易振兴机构等半官方组织强化对本国企业的海外知识产权保护。

（6）注重知识产权侵权风险预警。美国要求海关和边境保护局加大对与知识产权执法、案件调查和贸易相关数据的分析，对运送药品、电子产品和纺织产品的可疑目标进行提前预警。日本向国家大型研究项目派出知识产权专家团队，确保自研发开始就战略性地保护知识产权，避免侵权风险。韩国《知识产权基本法》明确要求制定和实施“侵犯知识产权的预防方案”。

六、高效的知识产权管理

知识产权强国通常拥有高效的知识产权管理体制，积极开展知识产权管理活动，加强政府资助项目的知识产权管理，强化对外知识产权合作交流，不断拓展其知识产权国际影响力。

（1）健全知识产权行政管理体制。英国、加拿大等国家对知识产权实行“三合一”体制，对专利、商标和版权进行统一管理。美国、日本、韩国、印度等国采取“相对分散、局部集中”的管理模式，对专利、商标事务实行“二合一”统一管理。美国专利商标局统一管理专利和商标事务，著作权局负责著作权的登记和管理，此外，能源部、农业部、商业部等机构均拥有专利管理职能部门。据统计，全世界有70%的国家对工业产权（专利权和商标权）实行统一管理。

（2）建立协调推进知识产权工作的组织架构。美国通过知识产权执法协调办公室，在国际贸易委员会、海关和边境保护局之间加强沟通和交流。日本于2003年成立知识产权战略本部，由全体内阁成员和10名知识产权权威专家组成，首相小泉纯一郎亲任部长。2003 年 7 月，知识产权战略本部推出“知识产权创造、保护、应用的推进计划”，提出 270 项具体措施。从 2004 年开始，该推进计划更名为“知识产权推进计划”，由知识产权战略本部每年定期发布，作为本年度战略实施的指导性文件。韩国设立了直属总统的国家知识产权委员会，负责管理知识产权重大事项。

（3）推行重大项目知识产权评议审议制度。韩国知识产权局自 2005 年起，对政府机构（如知识经济部、教育部、科学技术部等）的大型、中长期研发项目在项目规划阶段提供知识产权分析评议，帮助其提高研发效率，避免知识产权纠纷，创造出更有竞争力的成果，防止财政资源浪费并促进基础专利产出。2010 年，针对 9 个政府部门的 558 个项目开展了知识产权分析评议；2011 年，所有政府研发项目中的大约 56% 获得了该项服务；2012 年，继续扩展至 16 个政府部门和机构；2013 年已计划将政府研发项目的知识产权分析评议比例增加到 70%，并扩展到所有政府部门、公共实体和组织的研发项目。美国鼓励跨国公司在并购活动中进行谨慎的知识产权审议，以通过明确目标企业的知识产权状况来确保并购项目的顺利进行。日本积极引导企业在科技、贸易活动中进行知识产权事项审议，避免重复研发与侵权纠纷。

（4）积极开展对外知识产权交流合作。知识产权强国在知识产权外交方面十分活跃，与主要经济贸易伙伴建立战略合作关系，重点在知识产权信息利用、人员培训、企业服务等方面深化交流合作。美国、欧盟与日本建立了稳固的三边伙伴关系，积极推进建设“三边局”，实施“专利审查高速公路”试点项目，共同致力于提高专利审查效率。日本加强与中国、韩国的合作，建立亚洲三边伙伴关系，构建亚洲工业产权网络，针对亚洲市场开展国家间的合作，帮助日本企业取得竞争优势。韩国近年来也积极构建专利管理方面的国际信任关系，不断扩大其国际影响力。

七、发达的知识产权服务体系

知识产权强国拥有层次多样、内容丰富、全面完整的知识产权服务体系，能够有效支撑知识产权工作的各个环节，促进知识产权对经济社会发展贡献力的发挥。知识产权强国在发展知识产权服务业方面的做法和经验包括以下内容。

（1）建立完备的知识产权信息服务网络。美国、日本、韩国等知识产权强国高度重视为市场主体提供公共信息服务。美国专利商标局在全国多所大学、图书馆设立了 84 个专利信息检索中心，免费为社会公众提供专利检索、培训服务。近两年，美国专利商标局又加大了专利审查分支机构的建设力度，在全美建设了 4 个卫星局，作为创新和创造中心，帮助和保护美国在全球市场的创新。日本特许厅投资建设工业产权数字图书馆，向社会提供经过标准化处理的世界各国专利文献，为中小企业、大学及研究机构提供知识产权信息，促进其产品研发，并有效推动私营企业进入知识产权信息服务市场，为社会提供高附加值的服务。韩国积极发展专利信息服务业，拥有世界最先进的自动化知识产权服务系统，以成本价向公众提供专利信息，并通过许可对信息进行再加工，引导专利信息服务多样化，并建立网上知识产权交易所，促进知识产权的交易和流通。

（2）推动专利代理行业规范化发展。美国十分注重专利代理行业规范，在专利商标局下设注册和纪律委员会，对注册专利代理人和专利律师进行管理，如果出现有可能违反执业规范的行为，就要接受纪律委员会主席主持的调查，如果调查属实，则由专利商标局专员执行相应处罚；每个州都制定州法以规范专利律师的执业活动；允许专利律师和专利代理人被其他律师事务所、企业、大学、政府机关雇佣。在英国，专利代理人可以雇佣会计师、律师、其他资格者或非资格者，专利代理人也可同注册商标代理人共同组建合伙组织，其设立无须经国家专门管理部门的认可和登记；除专利代理人外，法庭律师和事务律师也可以开展知识产权业务。

（3）发展知识产权新型服务业。知识产权运营、预警分析、战略咨询等新兴服务业态发展迅猛。2010 年，美国专门从事专利购买和市场运营的专利公司已达到 325 家。其中，高智发明公司投入 50 亿美元，在全球范围内收购和运营专利，目前已拥有专利 1.5 万件，成为全球知识产权运营行业的龙头企业。除了知识产权运营，美国的知识产权预警分析体系极为发达，律师事务所、投资银行等为企业提供专利预警分析和战略咨询，引导企业最大限度利用资源并规避风险，为企业运用知识产权制度开展生产经营活动提供了必要的支撑。韩国政府于 2009 年设立 200 亿韩元的发明基金，2010 年韩国政府和民间企业共投入 5 000亿韩元成立大型知识产权管理公司，用于购买韩国大学实验室、研究机构及小企业研发技术和创意的知识产权，一方面避免涉外知识产权争端，另一方面对购买的专利和创意进行加工，提高其附加值，并推动其价值实现。

八、知识产权高端人才的汇聚

知识产权强国拥有完善的知识产权教育培训体系和强大的知识产权人才队伍，在与知识产权相关的各个领域聚集着一大批专业性人才。美国专利律师超过 3 万人，知识产权各类人才超过百万人；日本知识产权各类人才约 20 万人；韩国知识产权各类人才达到 23 万。知识产权强国在知识产权人才教育培训方面的主要做法包括以下方面。

(1) 依托高校培养知识产权高层次人才。美国高度重视知识产权教育，知识产权人才培养目标非常明确，即高层次复合型知识产权人才，要求专利代理律师必须取得工程技术类专业学士学位，同时取得法律硕士学位。美国知识产权学历教育起点为研究生教育，学生必须具有一个非法律专业的本科教育背景，并经过严格的法学院入学考试才能就读知识产权教育，学制为三年，在教学中非常重视知识产权判例的分析、归纳和推理以及从判例中抽象出法律原理、法律规范的训练，注重培养学生知识产权应用能力。韩国早在 1987 年就成立了国际知识产权学院，促进高校对知识产权专门人才的培养。日本政府加强与大学的合作，以培养知识产权高层次实务型人才为目标，联合实施知识产权人才教育。

(2) 重视知识产权从业人员能力的提高。日本着力培养适应全球网络时代的专利代理人；通过专利审查水平培训和专利审查国际合作等强化对审查员的培训；提供资源推动中小企业知识产权咨询师的培训。德国专利商标局为律师和技术专业人士开办知识产权培训。韩国充分利用国际知识产权学院，为政府知识产权管理人员、学校教师、企业、专利法律事务所、研究所等各类群体分别提供针对性培训。

（3）构建知识产权人才培养国际合作机制。韩国于2010年和日本建立知识产权人才培养合作机制，共同培养具有全球视角的知识产权专家，并加强与亚太地区发展中国家合作，利用国际知识产权学院以及世界知识产权学院培养知识产权人才。日本强化知识产权人才培训机构的国际联合与交流，促进知识产权人才培养的国际合作。

通过对世界知识产权强国共性特征的研究分析，可以初步得出，知识产权强省建设的基本方向为：知识产权创造能力强、转化运用水平高、保护环境优越、行政管理高效、服务行业发达、高端人才汇聚、知识产权对经济社会发展的贡献作用显著。知识产权强国提升其知识产权创造、运用、保护和管理等综合实力的具体做法和经验，将为知识产权强省建设提供重要借鉴。

第二节　江苏建设知识产权强省面临的主要挑战

五年来，江苏通过深入实施知识产权战略，知识产权大省地位牢固确立，知识产权综合实力走在全国前列。但是，放在全球的坐标系上去衡量，放在江苏发展的阶段性特征中去分析，对照知识产权强国的表现和特征，我们清醒地看到，江苏知识产权工作的差距和问题依然突出。在此基础上建设知识产权强省，江苏省依然面临严峻的挑战。

一、知识产权创造能力不强的问题

（一）低效率的创新产出

2012年，江苏每千万元研发经费投入对应的发明专利授权量、拥有量分别为1.52件、4.22件，均分别低于2011年德国的1.69件、75.96件，法国的 2.42 件、103.3 件，韩国的 16.97 件、121.51 件❶（见图 6－3）；百万人发明专利授权量为 205.59 件，低于 2011 年美国、日本、韩国的 350.41 件、1549.13 件、1481.98 件❷（见图 6－4）。

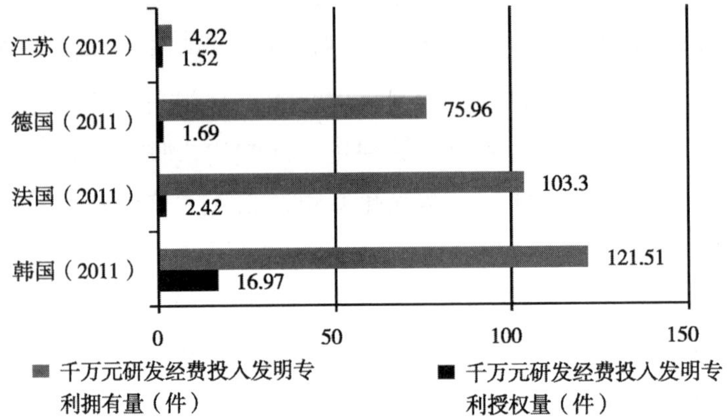

图 6－3　2012 年江苏省与 2011 年部分国家千万元研发投入发明专利授权量、拥有量比较

（二）较少的高质量知识产权产出

2012 年江苏省发明专利授权量为 16 242件，居全国第三，占专利授权总量的 6.01%，分别低于 2011 年韩国的 94 720件❸、27.63%；万人有效发明专利拥有量 5.73 件，而法国和韩国则分别高达 67.06 件、140.4 件；PCT 专利申请量为 915 件，占全省发明专利申请量的 0.82%，仅占同期韩国的 18.73%、德国的 11.83%、日本的 2.13%、美国的 1.77%❹（见图 6－5）；企业通过马德里体系注册国外商标数只有 1 182件，远低于法国的

❶ 数据来源：发明专利授权量以及发明专利拥有量来源于 WIPO Statistics Database，October，2012. 社会研发投入经费来源于美国国家科学委员会发布的《2012 科学与工程指标》，http：//www.phbang.cn/plus/view.php? aid＝1210.

❷ 数据来源：WIPO Statistics Database，October，2012.

❸ 数据来源：WIPO Statistics Database，July，2013.

❹ 数据来源：WIPO Statistics Database，July，2013.

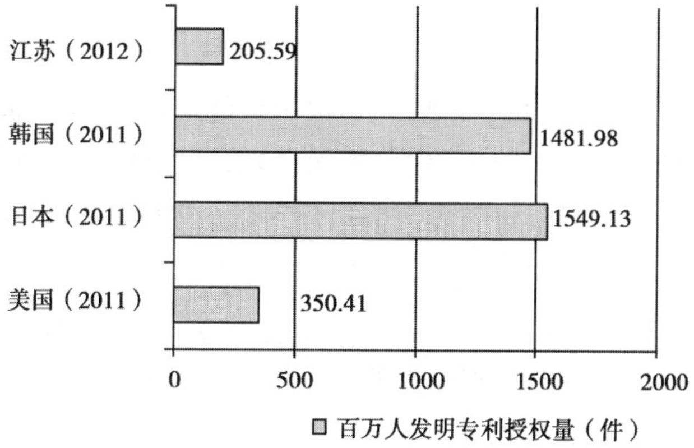

图 6－4　2012 年江苏省与 2011 年部分国家百万人发明专利授权量比较

4 026件、美国的 5 125件、德国的 6 702件。❶ 2013 年亚洲品牌测评体系专家系统委员会（ABAS）发布的亚洲品牌 500 强中，中国大陆有 226 个品牌入围，江苏仅有 12 个品牌入围，仅占全国 3. 1% 。❷

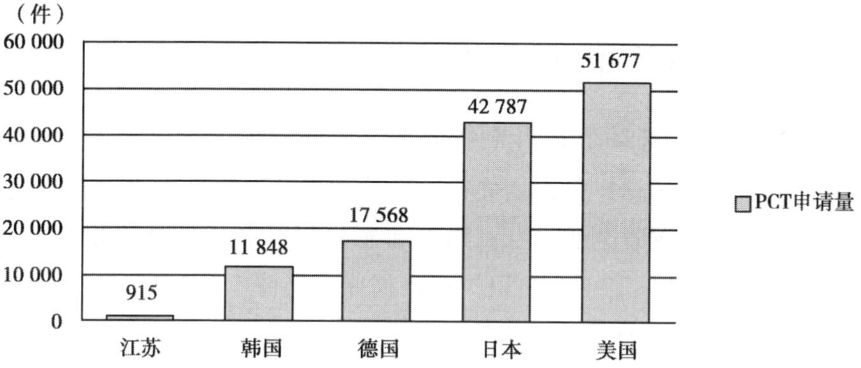

图 6－5　2012 年江苏省与 2011 年部分国家 PCT 申请量比较

（三）具有明显知识产权创造优势的创新主体的欠缺

2013 年《财富》全球 500 强企业排行榜中，美国上榜企业为 132 家，

❶　数据来源：WIPO Statistics Database，July，2013.

❷　数据来源：http：//baike. baidu. com/view/10934765. htm.

我国为95家，江苏的上榜企业仅有1家。2012年，江苏43 368家规模以上工业企业仅有5 013家有专利申请，88%的企业无专利申请；江苏发明专利申请超百件的企业仅47家，发明专利授权超百件的企业仅2家，在全国专利申请和授权量20强企业中，江苏省无一家入选；❶ 全球PCT申请前50名企业中，我国的中兴公司和华为公司分别以3 906件和1 801件，排名第1位和第4位入榜，江苏无一企业上榜。截至2012年年底，江苏拥有有效注册商标总数为41.05万件，平均每家工业企业不到1.3件；2013年BRANDZ全球最具价值品牌百强排行中，有12家中国企业登上榜单，品牌总价值达到2.7亿，而江苏无一企业上榜。目前，江苏高校和科研单位专利申请量，占总量的比例分别为4.94%、0.86%，刚达到日本2007年左右高校专利申请量的水平；全国有效发明专利前20名高校中，江苏省仅有东南大学以2 065件入围，居第6位，第一位浙江大学达5 434件。❷ 全球PCT申请前50名高校中，我国仅有北京大学和清华大学分别以92件和62件，名列第9位和第16位，江苏无一高校入榜。❸

二、知识产权转化运用能力较弱的问题

（一）知识产权信息利用率的低下

江苏企业利用知识产权信息进行研发的意识与知识产权强国相比差距明显。据调查，江苏省企业信息利用率和充分利用率只有35%和1%，目前有1 500家企业建立了企业知识产权数据库，仅占5 013家有专利申请企业的30%，而美国、日本等发达国家企业专利信息利用率和充分利用率分别在90%和60%以上。❹

---

❶ 数据来源：江苏省知识产权局《深入实施知识产权强省战略调研报告》（2013年10月）。

❷ 数据来源：江苏省知识产权局《深入实施知识产权强省战略调研报告》（2013年10月）。

❸ 数据来源：WIPO“2013 PCT Yearly Review”.

❹ 数据来源：江苏省知识产权局《深入实施知识产权强省战略调研报告》（2013年10月）。

（二）知识产权运用效能的低下

2013 年《福布斯》全球品牌 100 强排行榜中，苹果公司以品牌价值 1 043亿美元、品牌营收 1 565亿美元排名第一，江苏乃至中国无一企业上榜。从知识产权的运用手段和形式来看，江苏企业运用手段和形式比较单一。据抽样调查显示，江苏大多数企业的专利实施表现为企业的自行实施，或是政府主导下的产学研合作实施，通过知识产权转让、许可、质押融资、投资入股或专利联盟等市场运作方式实施的比例很少。2012 年，江苏百万元 GDP 中知识产权许可转让合同金额为 0.86 万元，低于全国平均值 1.01 万元，更低于北京和上海的 11.51 万元和 2.83 万元（见图 6－6）。每百万元 GDP 向国外转让技术许可费为 1 640元，北京、上海和广东分别为 27 680元、24 357元和 4 455元。2011 年，江苏国内输出知识产权成交额与吸纳知识产权成交额比为 88.8%，低于北京的 278%、上海的 141%、广东的 123%。❶

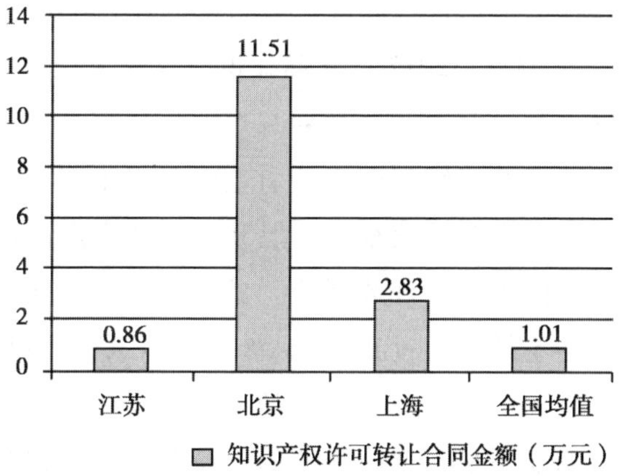

图 6－6 2012 年知识产权许可转让合同金额对比

❶ 数据来源：江苏省知识产权局《深入实施知识产权强省战略调研报告》（2013 年 10 月）。

三、知识产权对经济社会发展贡献的问题

（一）主导产业知识产权优势的欠缺

2013 年 1 ~9 月，江苏电子信息、现代装备制造、石油化工等主导产业，纺织服装、冶金、轻工建材等传统优势产业，新能源、新医药、环保等新兴产业，三类产业授权发明专利分别为 1 361件、2 344件和 5 930件，而同期上述三类产业中广东授权发明专利分别为 3 640件、2 117件和 8 791件，国外来华授权发明美国分别为 2 485件、1 182件和 7 233件，日本分别为 2 366件、2 309件和 7 205件，其他国外来华授权发明分别为 7 771件、6 180件、23 768件，江苏省差距明显。[1]

（二）知识产权经济贡献度的不足

2010 年，美国知识产权密集型产业创造了 5. 06 万亿美元的附加值，占美国 GDP 比重的 34. 8% 。欧盟从 2008 ~2010 年，所有行业中约 50% 属于知识产权密集型行业，平均每年创造产值约 4. 7 万亿欧元，对 GDP 的贡献率达 39% 。但是，据测算，2012 年江苏知识产权密集型产业对经济贡献度仅为 18% （见图 6 –7）。江苏战略性新兴产业发展仍处于起步阶段，产业的国际竞争力不强，对经济转型升级的引领作用仍很有限。作为外向型经济大省，虽然江苏产品出口总值很大，但其中高技术产品出口比例明显偏低，在国际市场上未能形成“江苏创造”的影响；近些年江苏的服务外包业务发展较快，但还不具有通过知识产权扩大国际服务市场的能力；与大量知识产权含量不高的工业产品和服务的出口相比，江苏企业的技术和文化创意产品的出口明显不足；低附加值的产品和技术的出口，使得出口企业获利很少；江苏的对外投资金额不断增加，但使用知识产权形成的投资比例很低。

---

[1] 数据来源：江苏省知识产权局《深入实施知识产权强省战略调研报告》（2013 年 10 月）。

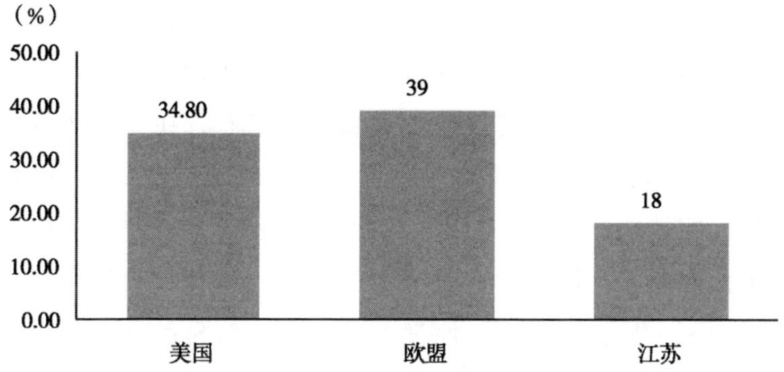

图 6－7　知识产权密集型产业对 GDP 贡献率对比

（相应数值年份：美国 2010 年，欧盟 2008～2010 年，江苏 2012 年）

（三）知识产权社会贡献力的薄弱

2010 年，美国知识产权密集型产业直接或间接提供 4 000万个就业岗位，相当于美国员工总数的 28%。知识产权密集型产业的平均周工资是 1 156美元，比非知识产权密集型产业平均 815 美元的周工资高出 42%，知识产权密集型产业平均工资与全社会平均工资比例为 142%。[1] 2008～2010 年，欧盟知识产权密集型产业每年直接提供的就业岗位约 5 060万个，占欧盟全部就业岗位的 26%，就业人员平均周薪为 715 欧元，较其他行业平均高出 40%，知识产权密集型产业平均工资与全社会平均工资的比例为 140%，[2] 而据测算，2012 年江苏知识产权密集型产业平均工资与非知识产权密集型平均工资的比值仅为 110%。

四、知识产权发展环境的问题

（一）法律法规和政策体系的不完善

从国家立法层面来看，目前，我国知识产权保护方面的立法总体偏弱，知识产权侵权赔偿仍以补偿性赔偿为主，对于恶意侵犯专利权、重复侵犯

[1] 数据来源：《知识产权与美国经济：产业聚焦》（2012 年）。

[2] 数据来源：《知识产权密集型产业对欧盟经济和就业的贡献》（2013 年）。

专利权尚未设定处罚条款；在侵权判定规则方面，仍然存在司法与行政执法标准不一的问题；在行政执法规范上，仍然存在程序性规则不全面、实体性规则不细致等问题。从江苏地方法制体系来看，在知识产权领域的地方立法仅有《江苏省专利促进条例》《江苏省软件产业促进条例》两部，其他知识产权领域地方立法尚属空白，不利于相关知识产权的保护。一些政府部门虽然在职能范围内制定了相应的政策，但存在政策的针对性、体系性不强等问题，如江苏省商务厅没有结合内外贸易的特点制定有针对性的知识产权促进和保护的政策文件；省财政厅虽然根据江苏省知识产权战略实施情况制定了《江苏省省级科技专项资金管理暂行办法》《江苏高校协同创新计划专项资金管理暂行办法》《江苏省省级现代服务业（文化产业）发展专项引导资金使用管理办法》《江苏省科技成果转化风险补偿专项资金管理办法》等政策文件，但从这些已有政策的内容来看，还主要是围绕专利、版权来设计相关政策，对商标、技术秘密等其他知识产权的关注较少；每项政策文件中所涉及的知识产权内容也较为零散，未能系统化梳理和建立财政制度对知识产权工作的支持体系。

（二）知识产权保护能力的不足

知识产权执法机构不健全，仅南京、徐州、苏州成立了独立的专利行政执法机构，80% 县级市专职专利执法人员不足 3 人；执法队伍不稳定，江苏全省专利行政执法队伍，平均执法时间不超过 3 年，难以形成专业化的执法队伍。版权行政执法机构建设相对更弱，基层行政机构几乎处于不能常规执法的状态。知识产权行政执法与司法审判的衔接机制仍然不畅，突出表现在知识产权行政执法与司法审判的程序规范不一致，侵权判断标准不统一，不利于形成一致的保护标准。知识产权行政执法多以专项行动为主，尚未形成严密的常态化日常监管机制，给“漏网之鱼”继续实施侵权假冒行为提供了机会。大量的知识产权侵权行为发生在贸易过程中，但商务部门没有配备专门的知识产权执法协调人员。此外，随着互联网技术的快速发展，知识产权侵权出现日益增多的新情况、新技术、新问题，知识产权审判和执法能力也有待提高。

（三）公众知识产权意识的薄弱

近年来，江苏知识产权违法犯罪行为时有发生，制售假冒伪劣产品现象不断，知识产权侵权案件呈多发态势，公众尊重他人知识产权的意识不强。2012 年，全省各级法院共审理知识产权民事、刑事和行政案件达 9 965起，是 2008 年 2 244件的 4.44 倍。专利、商标、版权行政执法部门共受理知识产权案件 6 812起，是 2008 年 1 870起的 3.64 倍，南京海关共查扣知识产权侵权出口产品 1 521件，是 2008 年 21 件的 74.4 倍[1]（见图 6－8 所示）。即使是政府主管部门及其工作人员，也存在知识产权意识不强的问题，例如，从商务部门提交的知识产权年度工作报告的情况看，他们对于贸易过程中的知识产权问题还缺乏系统的认识，致使其提交的工作总结和工作计划残缺不全；教育主管部门对培养公众，尤其是中小学生的知识产权意识工作重视不够，也没有采取相应的政策措施。

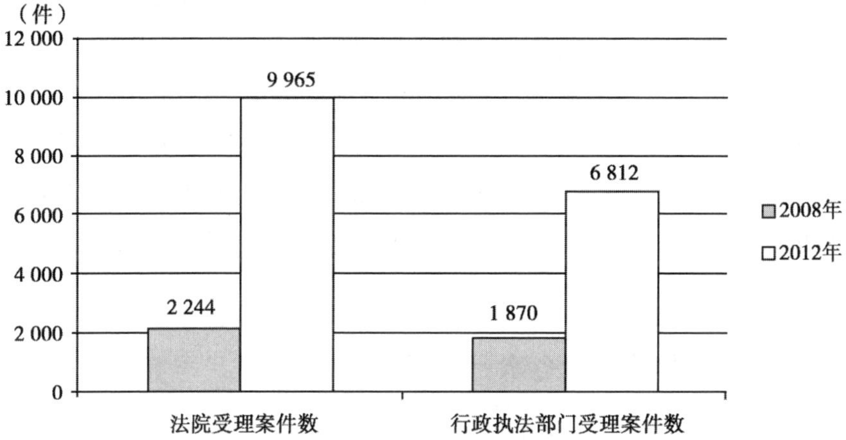

图 6－8　2008～2012 年江苏知识产权案件受理对比

（四）企业自我保护能力的不足

企业在获取保护范围合理的知识产权方面能力不强。大部分企业对知

[1] 数据来源：江苏省知识产权局《深入实施知识产权强省战略调研报告》（2013 年 10 月）。

识产权理解不到位，不懂得在申请时合理把握技术公开程度、界定保护范围，导致大量专利申请得不到有效保护，不能在竞争中发挥应有的技术垄断作用。在涉外知识产权确权活动中，虽然省财政已经建立起 PCT 申请的资助奖励政策，但是企业在政策获知、理解与运用等方面均还存在能力不足的问题，未能有效利用已有财政支持政策增强自身知识产权综合竞争能力。此外，企业规避、应对侵权风险的能力较弱。（1）维护自身合法权益的意识不强，普遍缺少知识产权侵权风险的规避知识；而一些手中持有自主知识产权的企业，在遭受侵权时怠于主张权利，使知识产权丧失了作为排他性权利和市场占有工具的经济价值。（2）在面对知识产权纠纷，特别是遭遇以美国“337”调查为代表的涉外知识产权诉讼时，由于不了解知识产权法律规则和涉外诉讼技巧，往往处于被动挨打的局面，导致企业损失惨重。形成鲜明对比的如盐城捷康与南京诺朗科技有限公司，在应对美国“337”调查时，盐城捷康运用法律武器积极应诉，最终获得胜诉，而南京诺朗因缺席而败诉。此外，南京金嘉和科技有限公司、江苏邗江飞宇电子设备厂等公司也均因缺席而败诉，经济损失惨重。截至 2012 年，江苏省遭遇美国“337”调查已高达 22 起，涉案企业 31 家，目前已结案 18 起，败诉达 11 起，多数企业遭遇调查后因诉讼成本高、风险大以及缺乏资金支持等原因放弃了维权，如涉及江苏洛基木业等公司的复合木地板案，受普遍排除令，企业产品禁止进入美国市场。

五、知识产权管理服务水平的问题

（一）知识产权行政管理体制的障碍

目前，江苏知识产权管理职能分属知识产权、工商、新闻出版、农委、经信委等众多部门，不利于知识产权工作的统筹规划、统筹管理和行政管理效率的提高。从各自系统建设来看，全省除工商系统建立了垂直管理的省市县三级商标行政管理体系外，知识产权、版权管理系统尚未形成有效的管理体系。以知识产权局系统为例，目前，省知识产权局还是省科技厅管理的二级局，副厅级单位，级别较低，难以协调相关部门开展知识产权管理和推进战略实施；13个省辖市中仅苏州市成立了统管专利和版权、一级局建制的知识产权局，其余各市、县（市、区）都是在科技局增挂知识产权局牌子或设科技局下属二级局；大多数县（市、区）只配备了2~3名工作人员。知识产权管理机构不独立、机构设置不健全、人员配备不齐全，导致行政管理效能相对较弱。总体来说，江苏省的知识产权管理机构设置在全国范围内偏落后，与其作为实施知识产权战略示范省的地位很不相称，北京、上海、天津、广东，甚至陕西、湖南等省市都已成立一级局建制的知识产权局。从全球范围来看，全世界70%的国家，如美国、日本、韩国，对工业产权实行统一管理；24.5%的国家，如英国、加拿大，对专利、商标和版权实行一个机构管理；只有5.5%的国家将专利、商标、版权分开管理。

（二）知识产权工作投入的欠缺

近年来，江苏省知识产权工作的财政投入对全省知识产权工作的开展发挥了重要的促进作用，但还存在一些亟须关注的问题。就财政投入的项目和范围而言，支持知识产权创造、支持实施企业知识产权战略推进计划、促进专利技术产业化、支持知识产权人才队伍建设是江苏省知识产权工作投入的重点内容。其中，在"知识产权创造"方面的投入力度最大，而直接助力于知识产权价值实现的"专利技术产业化"与"企业知识产权战略推进计划"方面的投入力度和增幅不够大，例如，2010年江苏支持知识产权创造方面的财政投入约4 500万元，而支持实施企业知识产权战略推进计划与促进专利技术产业化的投入分别为1 200万元和300万元；2013年支持实施企业知识产权战略推进计划的投入也仅为1 500万元，增幅不大。

此外，江苏在知识产权工作的投入方面与国内先进省市也存在差距。2012年江苏全社会知识产权资金投入约16亿元，其中省市县三级政府投入约5亿元，知识产权工作专项经费占财政支出比例为4.72%，低于广东的6.81%、上海的6.17%、浙江的4.91%以及北京的4.73%[1]（见图6-9）。

[1] 数据来源：国家知识产权局《2012年全国专利实力状况报告》。

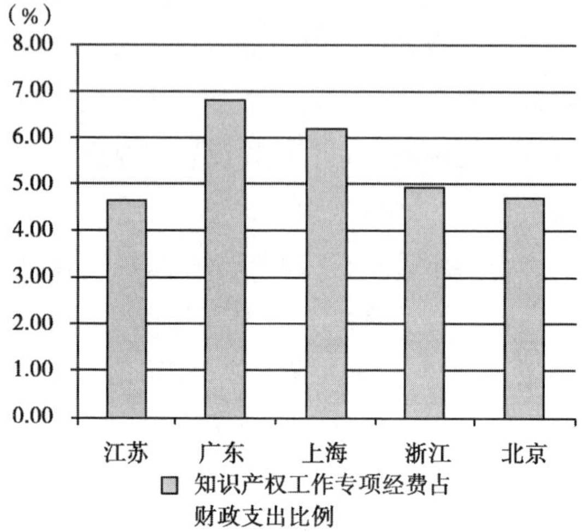

图 6－9　2012 年江苏与部分省市知识产权工作专项经费投入比较图

（三）知识产权人才供应的严重不足

知识产权人才培养中仍存在不少政策障碍和瓶颈，尤其是因为教育管理体制及政策的束缚，高端知识产权人才供给与社会需求之间的矛盾依然十分突出。全省万名劳动力中从事 R&D 活动的科学家工程师 17 人，仅为韩国的 1/4、美国的 1/5、日本的 1/6 左右[❶]（见图 6－10）。江苏拥有知识产权工程师 1 万名，从事研发人员 52.22 万人，企业知识产权工程师占企业研发人员比例仅为 1.9%；科技活动人员中科学家和工程师占科技活动人员的比例为 59.8%，低于全国平均水平 4 个以上百分点。此外，具有合理的专业背景和较高的理论研究能力的知识产权专家学者，具有丰富实践经验的知识产权法官、执法人员和管理人员以及能够懂外语、懂管理、懂科技、懂法律的知识产权服务人才，在江苏均存在较大缺口。

对于知识产权教育的财政投入存在一定的问题。从政府相关部门的工作来看，江苏省已在知识产权人才培养方面有了一定力度的财政投入，但

❶ 数据来源：《中国科技统计年鉴 2013》。

从市场对知识产权人才的需求来看，现有财政政策较为偏重于对知识产权实践部门的专利代理人、知识产权工程师的培训，对知识产权学历教育的大规模投入也较为不足，对知识产权专家学者、法官、执法人员、管理人员的再教育与再培训的财政投入也还有待加强。

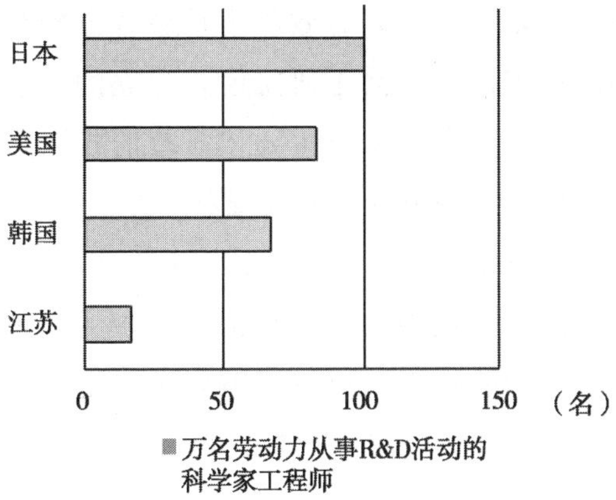

图 6-10　2012 年万名劳动力从事 R&D 活动的科学家工程师人数对比

（四）知识产权服务业发展的严重滞后

知识产权服务的供给与经济社会发展的需求矛盾依然突出。从机构和人员数量来看，以专利服务机构为例，到 2012 年年底，江苏拥有专利代理机构 59 家，远远低于北京（251 家）、广东（113 家）；代理机构规模较小，平均每家代理机构的专利代理人不足 7 人；全省专利执业代理人仅 397 人，占全国的 5.14%，与江苏占全国 25% 的巨大专利申请量极不相称；相应的，江苏的专利申请代理率仅为 68.88%，排名全国第 9 位。[1] 从业务内容来看，知识产权服务大多局限于专利申请、商标注册、版权登记及诉讼代理业务，知识产权转化运营、价值评估、信息分析、交易代理、战略策划、风险预警等高端增值服务缺乏，省财政对知识产权服务业发展的支持目前还主要停留在传统业务领域，对于新兴业态的引导、服务业品牌创建的支持等不够，难以满足各类创新主体、市场主体对知识产权服务的需求。

---

[1] 数据来源：国家知识产权局《2012 年全国专利实力状况报告》。

从营业收入来看，知识产权服务业产值与国内先进省市相比也不高，2011年江苏知识产权服务业的主营收入为4.24亿元，远低于北京24.26亿元、上海的10.27亿元和广东的9.96亿元。[1] 知识产权服务贸易的发展速度不够快，特别是知识产权服务的出口和引进速度缓慢。从发展机制来看，服务机构的运行机制相对单一，难以有效吸附社会各方资金，支撑服务机构的跨越式发展。如昆山市借鉴台湾工研院模式建立的公益法人组织昆山工研院，由于运作模式单一，资金来源主要依靠政府投入，其他经费支撑相对缺乏，良性循环发展的空间就受到极大限制。

通过对江苏知识产权发展的问题分析，对照世界知识产权强国的表征，可以发现，江苏知识产权事业面临的挑战依然严峻，知识产权强省之路任重而道远。为此，江苏省的管理和决策者需要拿出更大的智慧，以更宽的视野、更远的眼光，认真谋划新时期下建设知识产权强省的方针和路径。

[1] 数据来源：江苏省知识产权局《深入实施知识产权强省战略调研报告》（2013年10月）。

第七章　建设知识产权强省的基本思路与发展目标

建设知识产权强省，既要充分借鉴知识产权强国的做法和经验，也要契合江苏经济增长和社会发展的基本省情，确立合理的发展思路和奋斗目标，建立科学系统的考核评价指标体系，采取切实有效的措施，有序推进知识产权强省建设。

第一节　建设知识产权强省的基本思路

一、建设知识产权强省的总体思路

江苏建设知识产权强省，要有一个清晰的总体思路，要注意与国家政治、经济、文化与社会发展的大政方针和总体要求保持一致，要与江苏省实际情况和地方特点紧密相结合，同时，也要符合知识产权战略实施的总体要求和知识产权工作本身的内在规律。（1）要深入贯彻落实科学发展观。科学发展观的精神实质蕴含着一切必须科学发展的目标追求，蕴含着一切从实际出发的思想方法，[1] 江苏省的知识产权强省建设当然应当符合这一精神实质的要求。（2）紧紧围绕“两个率先”奋斗目标。“两个率先”是党中央对江苏十分明确、一以贯之的发展定位，也是习近平总书记视察

[1] 张雷声：“论科学发展观的精神实质”，载《思想理论教育导刊》2013 年第 1 期。

江苏重要讲话中对江苏工作提出的重要要求，❶ 应当成为江苏省知识产权强省建设的重要指导思想。（3）按照“市场主导、优化环境、聚焦产业、提升价值、引领未来”的方针。转变经济发展方式，最为根本的就是要从由政府转变为由市场来主导和决定社会经济的发展，❷ 知识产权工作的各个环节也应当牢固树立这种观念；在此基础上，将主要精力放在解决当前知识产权保护环境不佳、与产业的结合不紧、知识产权的质量不高等突出问题上。（4）以促进经济发展方式转变为主线，以提升知识产权价值为核心，以提升知识产权创造质量为突破口，以培育发展知识产权密集型企业和密集型产业为重点，以优化知识产权保护环境为保障。（5）切实发挥市场在资源配置中的决定性作用，切实增强知识产权综合实力，大幅提升知识产权对经济增长的贡献率。（6）率先走出一条具有江苏特色的知识产权强省之路，为知识产权强国建设探索有效路径。这一思路的确立，主要是考虑江苏省知识产权强省建设应当与全国其他提出建设知识产权强省目标的地区存在较大的差异，同时，考虑江苏省近些年在国家知识产权发展中的突出贡献和重要地位，江苏省的知识产权强省建设还要着眼于全国，应当为我国的知识产权强国建设提供较多有益的经验和可行路径。

二、知识产权强省建设理念的更新

江苏要实现从知识产权大省向强省的历史性跨越，应当首先在管理理念上实现“由大到强”的转变。2009 年发布的《江苏省知识产权战略纲要》确立了“大幅提升知识产权创造、运用、保护和管理能力”的五年工作思路，提出的相应目标已基本实现。在此基础上，新一轮的战略实施要从“强省”的高度谋划知识产权，确立“一条主线”“一个核心”“两个转变”的政策导向。

---

❶ 王庆五：“新使命、新目标、新征程”，载《新华日报》2014 年 12 月 27 日 F02 版。

❷ 张素芳：“从政府主导转换为市场主导是转变经济发展方式的根本”，载《江汉论坛》2010 年第 8 期。

一条主线，是指以促进经济发展方式转变为主线。中国的经济增长存在若干约束条件，这些约束条件既决定了我国转变经济增长方式的紧迫性，也决定了增长方式转变的特点。[1] 经济增长方式的转变是江苏经济进一步发展的主题，始终围绕经济社会发展大局，切实提升经济发展的效益和质量，是知识产权强省建设的着力点和落脚点，是检验知识产权工作成效的现实标准。

一个核心，是指以知识产权价值提升和实现为核心。要在知识产权综合实力的提升中，鲜明突出知识产权价值导向。强调知识产权价值，不仅是在知识产权创造环节强调“以质为先”，而且要以更宏观、更系统的思维，从促进知识产权运用、加强知识产权保护、提升知识产权管理水平、发展知识产权密集型企业和产业等各个环节着手，通过知识产权整体环境的优化，推动知识产权价值提升和实现，使知识产权真正成为支撑企业发展、促进产业升级的核心无形资产。

两个转变，一是从积累知识产权资源，向实现知识产权价值转变；二是从提升知识产权自身实力，向提升知识产权对经济社会的贡献度转变。

简而言之，知识产权工作要从“重创造”转向“重运用、重保护”。这也是中央在十八届三中全会《关于全面深化改革若干问题的决定》中明确提出的要求。知识产权强国发展经验表明，知识产权的价值必然是通过运用来实现的，而良好的知识产权保护环境，是知识产权价值实现的有力保障。在美国，近些年知识产权价值的实现不断受到重视，实现知识产权的新价值，也已经成为美国知识产权市场的新动向，[2] 这种情况应当引起我们的关注和学习，建设知识产权强省，必须将工作重心从单纯注重创造向运用、保护转移。一方面，完善促进知识产权运用的体制机制；另一方面，着力营造公平守法的知识产权法治环境，使知识产权创造优势真正转

---

[1] 高峰：“我国转变经济增长方式的紧迫性质和二元路径”，载《南开经济研究》2005 年第 5 期。

[2] 罗晖：“实现知识产权的新价值——美国知识产权市场动向研究”，载《中国科技产业》2009 年第 4 期。

变为市场优势、竞争优势，在运用中实现创新价值，在运用中推动产业升级，在运用中促进经济发展，使知识产权真正成为创新驱动的核心动力。

三、知识产权强省建设具体工作思路的转变

具体来说，要在知识产权创造、运用、保护、管理、服务等工作环节上，体现五个“转变”。

（1）知识产权创造要从“量的积累”转向“质的提升”。我国的知识产权已经不再是数量的问题，更重要的是质量的问题；“质量”的含义不仅是专利等知识产权本身的技术含量，还包括其对经济效益、社会效益的贡献率高低。[1] 知识产权质量是知识产权工作的生命线。当前，质量问题已经成为制约江苏知识产权整体水平的突出问题，提升知识产权质量刻不容缓。建设知识产权强省，要在维持知识产权稳定产出的基础上，进一步强化质量意识，注重高素质知识产权创造人才的培养，建立“稳中求进、量质并举、以质为先”的政策导向，摈弃对数量的片面追求，突出质量要求，重点激励高质量的知识产权产出，以大量优质的知识产权奠定知识产权价值提升的基础。

（2）知识产权运用要从“转化实施”转向“战略运营”。知识产权运用是知识产权价值实现的关键。建设知识产权强省，仍然要突出企业的知识产权运用主体地位，引导企业增强知识产权战略意识，注重对知识产权资产进行系统管理和运用，加强“专利池”组合运作，开展以商标品牌为纽带的商业运营，强化技术、文化、管理、创新等各种优势的集成配合，以战略运营的方式提升知识产权运用水平，实现知识产权效用的最大化。知识产权运营的关键要素之一是运营模式的本土化创新，[2] 因此，任何知识产权“战略运营”都注意与江苏的特殊要求和现实情况紧密结合。

---

[1] 梁晓亮：“从注重‘数量’到提升‘质量’”，载 http：//ip. people. com. cn/GB/11762139. html，2015 年 1 月 4 日访问。

[2] 李黎明、刘海波：“知识产权运营关键要素分析——基于案例分析视角”，载《科技进步与对策》2014 年第 10 期。

(3) 知识产权保护要从“依法维权”转向“防患未然”。知识产权保护在总体上有利于一国技术创新,❶ 侵权救济与事前预警，是知识产权保护的两个关口。建设知识产权强省，要在加大执法能力建设、严打侵权假冒行为的基础上，进一步推动保护关口前移。一方面是强化全社会知识产权保护意识，形成自觉尊重和保护知识产权的市场环境；另一方面，要加强前端风险预警，帮助市场主体有效规避知识产权争端，防患于未然。

(4) 知识产权管理要从“各自为阵”转向“整体联动”。知识产权管理体系是确保知识产权强省建设顺利推进的导向力量。整合、优化知识产权管理资源，要体现两个向度的联动和融合。①行政管理方面，要下决心加大体制改革力度，进一步打破专利、商标、版权等知识产权管理系统的条块分割，在有条件的地区先行先试“三合一”集中管理模式，切实提高行政管理效能；充分发挥发改、商务、科技、财政、教育、农业等相关政府职能部门的作用，有效整合各种行政管理资源，使相关行政管理职能的行使能够与知识产权工作有机结合起来。②社会治理方面，要充分调动行业协会、市场主体、社会公众共同参与管理的积极性，发挥行业管理、企业自律、社会监督的作用，形成政府科学引导、全社会广泛参与的新型治理体系。

(5) 知识产权服务要从“基础代理业务”转向“高端增值业务”。知识产权服务体系作为知识产权战略的重要内容，其发展完善关系着我国知识产权强国和创新型国家的建设。❷ 建设知识产权强省，需要改变当前知识产权服务由代理业务“一统天下”的局面，加强高端知识产权服务人才培养，大力发展知识产权战略策划、信息利用、法律咨询、托管运营等专业化增值服务，扶持服务机构高端化、品牌化、规模化发展；另外，要下决心打破区域界限，破除地方保护，降低准入门槛，鼓励省内外知识产权

---

❶ 王华：“更严厉的知识产权保护制度有利于技术创新吗?”，载《经济研究》2011年S2期。

❷ 洪群联：“我国知识产权服务体系发展现状与战略思路”，载《经济纵横》2011年第11期。

服务机构跨区域流动，吸引高端优质服务机构落户江苏，带动知识产权服务业整体水平的提升。

第二节　知识产权强省建设的发展目标

一、知识产权强省建设的总体目标和发展路线

知识产权强省建设是一项复杂的长期性任务。知识产权工作既服务于经济社会发展，又依赖于经济、科技、贸易、文化、法治、教育等综合能力的提升，尤其受制于区域整体创新水平和法治环境。同时，它还受到国际、国内环境的影响。因此，制订知识产权强省建设的时间表，应当考虑两个方面的因素。

（1）江苏经济社会发展进程。从美、日、韩的经验看，其知识产权战略都与本国的需要相结合，各具特色。[1] 这一点值得借鉴，江苏的知识产权强省建设规划必须配套于江苏整体发展规划。目前江苏经济总量和人均 GDP 已经达到中等发达国家水平，进入工业化中后期；战略性新兴产业正在崛起，科技创新进入活跃期，区域创新能力全国“四连冠”，创新文化氛围日渐浓厚，已接近创新型省份建设目标。根据国务院的要求和省委省政府统一部署，江苏 2015 年建成创新型省份；2020 年基本实现现代化，总体上达到中等发达国家水平；到 2030 年，苏南地区将全面实现区域现代化，率先在经济发展和社会事业方面达到主要发达国家水平，对全省乃至全国现代化建设形成示范引领。

（2）国内外知识产权发展的总体趋势。根据国家知识产权局《知识产权强国研究报告》，我国建设知识产权强国分为三个阶段：2008 ~ 2020 年是基础期，巩固知识产权大国地位；2020 ~ 2025 年是攻坚期，实质性推进

[1] 冯晓青：“美、日、韩知识产权战略之探讨”，载《黑龙江社会科学》2007 年第 6 期。

知识产权强国建设；2026～2030 年是突破期，初步建成知识产权强国。当前，全国已有多个省份先后提出“知识产权强省”目标，江苏作为全国唯一的知识产权战略实施示范省，具有强大的知识产权工作基础优势，应当在强省建设时间进度上体现“率先”，在发展水平上体现“领先”。

综合上述考虑，江苏建设知识产权强省可分为攻坚期、巩固期两个阶段，首先努力达到世界知识产权次强国水平，再进一步巩固、提升综合实力，努力接近知识产权强国水平，以“两步走”方式实现知识产权强省目标（见图 7－1）。具体如下。

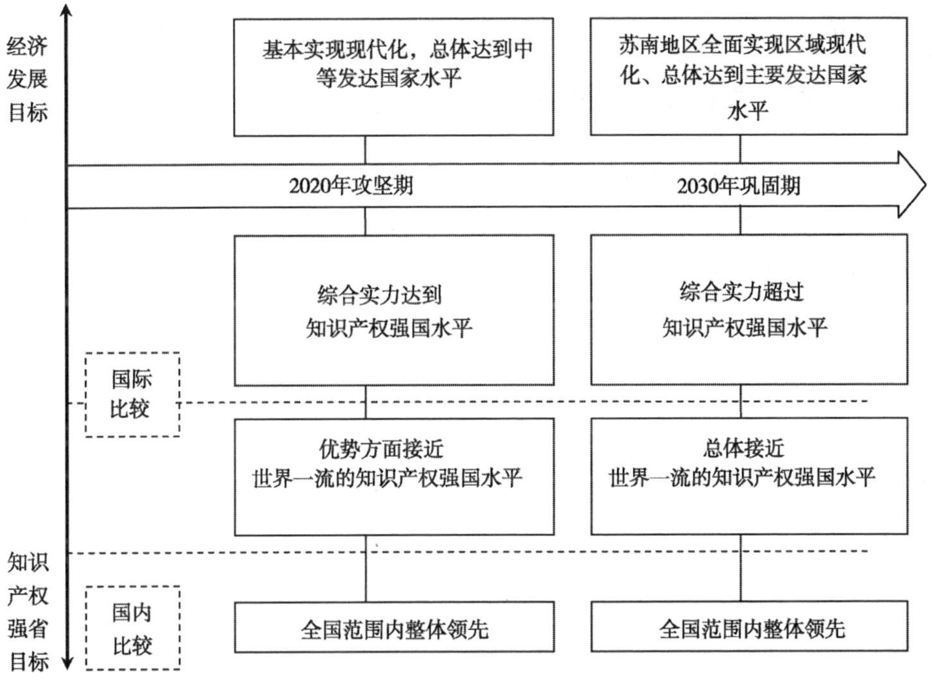

图 7－1　江苏知识产权强省建设路线图

第一阶段，2014～2020 年，知识产权强省建设攻坚期。这一阶段的发展目标为：知识产权强省建设取得重大突破，拥有一批具有较高价值的知识产权成果，培育一批具有较强国际竞争力的知识产权密集型企业，形成一批主导江苏创新型经济发展的知识产权密集型产业，知识产权对经济社会发展的贡献度高于35%，❶ 成为区域性、国际化的知识产权高地，知识产权综合实力保持全国领先，达到法国、英国、韩国等知识产权次强国水平，部分指标接近美国、日本、德国等世界一流的知识产权强国水平。

第二阶段，2020～2030年，知识产权强省建设巩固期。该阶段将进一步巩固和提升江苏知识产权强省地位，充分彰显知识产权对江苏经济强省建设的核心动力作用。到2030年，知识产权对经济社会发展的贡献度超过60%，❷ 知识产权综合实力在全国遥遥领先，大多数知识产权指标接近美国、日本、德国等世界一流知识产权强国水平，跻身全球知识产权实力最强的经济体行列。

二、知识产权强省建设的阶段性目标

知识产权强省建设的两个发展阶段各有其任务和使命，考虑到2020～2030年形势发展具有较强的不确定性，本报告仅就第一阶段（2014～2020年，知识产权强省建设攻坚期）的建设目标提出具体设想。

我国的知识产权发展已开启新一轮深刻变化，战略定位正在从成为知识产权发展水平“较高的国家”转向建设“知识产权强国”，❸ 因此，作为知识产权强国建设重要路径和重要内容的知识产权强省建设，其目标定位必须与知识产权强国的发展水平相联系。根据前述2014～2020年知识产权强省建设攻坚期的总体目标，到2020年，江苏应达到法国、英国、韩国等知识产权次强国水平，部分指标接近美国、日本、德国等知识产权强国水平。具体目标将以定性描述与定量指标相结合的方式进行设定。其中，定性描述主要参考知识产权强国、次强国的表征；定量指标的设计详见第七章第三节“知识产权强省建设评价指标体系”，共有30项指标，附件中对

❶ 这一指标是根据主要发达国家的情况、江苏省知识产权工作现有基础、经济发展的实际需要和知识产权发展的潜力确定的。

❷ 这一指标是根据接近西方主要发达国家的水平、确保江苏省在全国的领先地位等要求确定的。

❸ 张懿：“我国首提建设知识产权强国”，载《文汇报》2014年6月26日第002版。

每项指标的目标值均进行了测算。此处仅选取最能反映区域知识产权综合实力的核心指标，如万人发明专利拥有量、知识产权密集型产业增加值占GDP的比重等。

我们认为，知识产权制度是特定经济社会形态下的法律制度，在不同的历史发展时期，国家或地区对于知识产权的需求不同，政策也不同，知识产权发展水平应当且必然与区域经济发展水平相符，二者既具有相互影响作用，也具有正相关性。根据江苏《基本实现现代化指标体系》，2020年江苏人均GDP将达到13万元人民币，以目前汇率折合2.15万美元。因此，为了使知识产权强省建设的定量指标研究更具有科学性，我们选取了与江苏经济总量及人口规模相对接近的韩国作为参照，辅之以人均GDP 2万美元时期的美国（1992年）知识产权发展状况，作为制订具体发展目标的参考依据。此外，受到各国统计口径不一、信息公开不足等限制，美国、韩国的部分数据无法采集，相关测算将以国内、省内发展趋势等作为依据。

通过上述方法和途径，2020年江苏知识产权强省建设目标及其分析如下。

（一）强劲创新活力——拥有一批具有较高价值的知识产权成果

知识产权激励创新，创新促进经济增长，知识产权创造对区域经济增长具有显著的正效应。[1] 江苏的知识产权强省建设仍然要在知识产权创造方面进行艰苦的工作，实现数量增长和质量提升，具体表现为：全社会研发投入强度较大，创新积极性全面迸发，活力充沛，成果丰硕。知识产权数量稳步增长，质量大幅提升，发明专利、PCT专利、驰名商标、马德里国际商标、高价值品牌等优质知识产权的申请登记和拥有量在全国领先，部分指标达到中等发达国家水平。各类作品和软件著作权登记量、地理标志产品数量、地理标志产品专用标志的使用注册登记量稳步增长，植物新品种授权量、集成电路布图设计登记量在全国排名实现争先进位。

---

[1] 顾晓燕：“论知识产权创造对区域经济增长的影响——基于省际数据的检验”，载《南京社会科学》2011年第12期。

其主要指标包括以下几项。

（1）全社会研发投入占 GDP 的比重达到 2.8%，其中政府投入占 40%。测算说明：主要依据是《江苏基本实现现代化指标体系（2013 修订）》，设定“2020 年研发经费支出占 GDP 比重达 2.8%”。据查，美国在 1992 年前后的相应数值为 2.2% 左右，1998～2002 年则维持在 2.5% 以上。关于政府财政资金投入的占比，美国也具有阶段性，自 1945 年建立联邦政府支持研发经费投入的新体制后，美国大力加强政府对研发的支持力度，在很长一段时间内都以政府为投入主体，有效拉动了美国科研实力的提升，1964 年达到 66.74% 的高位；1998 年以后有所减弱，仍在 30% 左右。江苏 2012 年财政科技支出占全社会研发投入的 20.4%，考虑到当前江苏处于加快建设创新型省份的特定时期，应当突出政府对研发活动的主导性作用，因此设定到 2020 年政府投入占全社会研发投入的比重达到 40%。

（2）专利授权量达到 40 万件。测算说明：据查，韩国 2011 年专利授权量为 144 208 件，美国 1992 年为 107 394 件。而江苏 2012 年已达到 269 944 件（主要是实用新型和外观设计，不具有可比性）。因此，该数据采取合理增幅测算法。据世界知识产权局统计，2009～2012 年，全球专利授权量增长的年均增幅为 10.1%；江苏专利授权量增长的年均增幅为 58.5%，在“量质并举”方针指导之下，增幅正呈回落趋势。根据知识产权强省的内涵和建设要求，在今后一个阶段，专利产出坚持“稳中求进、以质为先”的原则，努力实现量质并举，数量增长速度将锐减。因此，以 2012 年江苏专利授权量 269 944 件为基数，按照年均 5% 的增幅测算，到 2020 年达 40 万件。

（3）百万人发明专利拥有量达到 2 000 件。[1] 测算说明：2012 年江苏百万人发明专利拥有量为 573 件，到 2013 年年底达到 784 件，年增长 36.8%。而作为参照系的韩国 2011 年百万人发明专利拥有量达到 14 040

[1] 我国是知识产权大国和人口大国，因此，总量通常难以体现知识产权的强度，与人口数量相结合的指标更能体现出“强”的特性来，百万人口的发明专利拥有量算是一个非常有显示度的指标。

件，差距较大。《江苏基本实现现代化指标体系（2013年修订）》设定到2020年目标值为1 200件，目标设定较为保守。据统计，2012年年底江苏发明专利拥有量比上年增长53.9%，2013年年底增长37.3%，保持比较稳定的增速，且从政策引导来看，各级政府已经确立以发明专利为主的激励政策，预计在未来5～10年发明专利拥有量将继续保持稳定增长。因此，建议以2013年年底784件为基数，以年均增长10%～12%的保守增幅进行估算，到2020年百万人有效发明专利拥有量应至少达到2 000件。

（4）PCT专利申请量达到7 500件。测算说明：据世界知识产权组织统计，2012年，作为知识产权强国的德国PCT申请量为18 763件，作为知识产权次强国的法国、瑞士、瑞典、韩国等国家的PCT申请量分别为7 849件、4 189件、3 587件、11 848件；江苏2009～2012年的年均增幅为44.3%，2012年达到915件，与知识产权强国的差距仍然较大。而作为强省建设参照系的韩国2011年PCT专利申请10 447件，美国1992年为11 359件。综合考虑江苏产业形态及政策调控等因素，暂以年均增幅30%进行保守测算，到2020年PCT专利申请量达到7 500件。

（5）马德里国际商标注册量达到4 000件。[1] 测算说明：该指标主要反映了企业运用马德里商标国际注册体系参与国际竞争的能力以及企业品牌国际影响力。据世界知识产权组织统计，2012年，韩国马德里商标国际注册量1 543件；作为知识产权强国的德国马德里商标国际注册量17 943件；江苏省马德里注册1 182件，浙江、广东分别为3 767件、3 329件。按照瞄准知识产权次强国水平，并达到国内领先的要求，建议2020年江苏该指标值达到4 000件。

（6）全球最有价值500品牌的拥有量达到3～5个。测算说明："全球最有价值500品牌"是由国际品牌顾问Brand-Finance发布，主要反映企业品牌的价值和国际影响力。韩国2011年入选全球最有价值500强的有9个

[1] 相对于国内注册商标量，江苏省的马德里国际商标注册量的还非常少，基础非常薄弱，因此在这方面所确定的指标更多的是考虑了实现的可行性。

品牌。2012 年，中国有 29 家企业上榜，其中广东 2 家，江苏 1 家。按照江苏知识产权强省建设达到国内领先的要求，结合江苏省扩大品牌国际影响力、发展外向型经济等省情，力争 2020 年江苏进入 500 强的品牌达到 3 ~ 5 个。

（二）显著的运用成效——拥有一批具有较强国际竞争力的知识产权密集型企业

创新驱动发展的本质是通过创新促进经济社会的发展，核心是科技成果和知识产权的高水平大规模创造与有效转化运用；然而，我国科技成果转化一直处于较低水平，知识产权对经济社会发展的支撑作用还未充分发挥出来。[1] 江苏的知识产权强省建设必须注重知识产权的实际运用，主要做到：建成市场主导、运转高效、机制健全的知识产权运用转化体系，知识产权交易市场比较活跃，知识产权融资、运营等资本化运作机制趋于完善，形成市场有效配置资源的知识产权价值实现机制。企业运用和实施知识产权的能力显著增强，运用收益显著增加，全省知识产权密集型企业达 1 000家。知识产权成为创新型企业的主要资产和核心竞争力。

其主要指标包括三项。

（1）百万元 GDP 知识产权交易额达到 3 万元。测算说明：由于版权许可转让、商标许可转让等在国内尚无统一、公开的统计结果，故该指标计算暂用百万元 GDP 技术交易额替代。据中国技术市场管理促进中心统计，2012 年，全国百万元 GDP 技术交易额为 1.01 万元，北京、上海、广东分别为 11.51 万元、2.83 万元、0.56 万元，江苏为 0.86 万元。《国家“十二五”科学和技术发展规划》确定“到 2015 年力争实现技术市场合同交易总额达到 8 000亿元目标”，要实现此目标，国内技术市场合同交易额应达到年均递增 21%。根据知识产权强省建设的内涵与要求，江苏技术交易额增幅应达到全国平均水平以上。因此，到 2020 年该指标目标值设定为 3

[1] 宋河发：“科技成果转化与知识产权运用”，载《光明日报》2015 年 2 月 6 日第 10 版。

万元。

（2）版权交易合同登记数达到 2 万件。测算说明：2011 年，江苏省版权合同登记件数为 4 937 件，位居全国第二；2010 年，江苏省版权合同登记数为 852 件，列第三位；而 2006～2011 年全国版权合同登记件数的平均增速为 17.4%。作为知识产权强省，其版权合同登记增速应达到或高于全国平均增速，总数量应在全国处于前列。以江苏 2011 年数值为基数，按年均增幅 17% 测算，到 2020 年该指标值应至少达到 2 万件。

（3）知识产权质押融资额达到 600 亿元。知识产权质押贷款在促进自主创新和改善科技型中小企业的融资环境等方面起着重要作用，我国在促进知识产权质押贷款的开展方面进行了很多努力，但仍存在相当问题。[1]江苏在建设知识产权强省过程中应当在知识产权质押融资的发展方面取得较大进展。上述目标的测算说明：2012 年，全国 28 个开展知识产权质押融资试点、投融资服务试点及创建国家知识产权投融资综合试验区，共实现质押融资金额 385.7 亿元；江苏知识产权质押融资金额达到 60 亿元。由于我国知识产权质押融资起步较晚，知识产权质押融资将继续被加强，知识产权质押融资额年均增幅 50% 的爆发性增长趋势将得以延续。在知识产权强省建设过程中，江苏省知识产权质押投融资也将继续高速增长。因此，以 2012 年江苏 60 亿元为基础，按照 2017 年前（含 2017 年）与全国 50% 的增幅保持同步，2017 年以后增速放缓保持在 10% 左右，2020 年该指标应达到 600 亿元。

（三）明显的经济贡献——形成一批主导创新型经济发展的知识产权密集型产业

美国政府 2012 年 3 月发布《知识产权与美国经济：产业聚焦》报告，指出知识产权密集型产业 2010 年为美国经济贡献超过 5 万亿美元，约占 GDP 的 34.8%，直接和间接提供近 4 000 万个工作职位，约占工作职位总

---

[1] 宋伟、王金金、宋小燕："我国知识产权质押贷款的进程和出路"，载《科技与法律》2010 年第 2 期。

数的27.7%。[1] 这对于江苏具有重要的参考价值，知识产权强省建设必须在推动知识产权密集型产业发展方面有较大的作为，主要是：重点产业和技术领域集聚一批核心关键技术的专利权和自主知名品牌，知识产权优势比较明显。知识产权成为创新型经济的核心支撑力量，自主知识产权产品成为主导工业产品，其销售额占规模以上工业企业产值的比重超过60%，自主品牌产品出口比例大幅提升。知识产权对经济社会发展的贡献作用充分显现，以知识产权密集型产业为主要载体，对经济增长和就业岗位的贡献度高于35%。

其主要指标包括三项。

（1）自主知识产权产品销售额占规模以上工业企业产值比重达60%。测算说明：2012年，江苏这一指标已从2010年的38%上升到48%。根据知识产权强省的内涵和要求，参考《江苏省创新型城市创新型乡镇创新型园区建设建设评价考核指标体系》确定的60%目标值，2020年已经建成创新型省份的江苏该指标值应达到60%以上。

（2）自主品牌在出口商品中的比例达到40%以上。测算说明：综合考虑国内外的现有情况、本省经济特点和发展要求，根据商务部的调查，我国目前自主品牌出口商品的比例不足10%，[2] 这一点与发达国家大部分出口商品为自主品牌商品的状况相比还存在很大差距。根据国家工商行政管理总局商标战略实施意见确定的目标，到2020年，中国拥有自主商标的出口产品和服务所占对外贸易份额将大幅提升，商标成为中国企业参与市场竞争和实施“走出去”战略的有力支撑。[3] 2011年8月11日商务部等七部委发布的《关于“十二五”期间促进机电产品出口持续健康发展的意见》提出，优化机电出口产品结构，扩大拥有自主知识产权、自主品牌的机电

---

[1] 姜南、单晓光：“知识产权密集型产业对经济发展的推动作用——《知识产权与美国经济：产业聚焦》报告简评”，载《科技与法律》2012年第5期。

[2] 数据来源：http：//www.yxtvg.com/show/167018.html，2013－06－16.

[3] 信息来源：http：//www.jd37.com/news/20096/56890.html，2013－06－16.

产品出口，力争一般贸易机电产品自主品牌出口比例提高到30%。[1] 作为外向型经济大省的江苏省，自主品牌的出口商品比例应当尽快接近发达国家水平，并应当明显高于七部委提出的“十二五”末在全国范围内实现的机电产品（我国第一大类出口商品）自主品牌出口比例为30%的目标，故我们将这一指标值确定为40%。

（3）知识产权密集型产业增加值占GDP的比重高于35%。测算说明：这一数值基本体现了知识产权对经济增长的贡献度。根据美国、欧盟发布的知识产权密集型产业报告，美国知识产权密集型产业增加值占GDP的比重在2010年为34.8%，而欧盟已达到39%。南京工业大学按美国相同方法对江苏密集型产业进行统计，得出2012年江苏知识产权密集型产业增加值占GDP比重约为18%。江苏要建成知识产权强省，应当大幅提高知识产权对经济社会发展的贡献度，充分发挥知识产权对创新型经济的核心支撑作用，因此，到2020年力争实现知识产权密集型产业增加值占GDP的比重达到35%，相当于美国2010年水平。

（四）一流的保护水平——形成法制完善、执法有力、全社会共同参与的知识产权保护体系

发展中国家要根据人力资本水平与技术差距等因素的动态变化相应调整知识产权保护强度，[2] 这是在定位江苏省知识产权保护水平时应当予以考虑的；同时江苏省的知识产权保护水平还应当考虑到我们自身的知识产权发展状况、经济社会发展的现实要求等。总体而言，知识产权保护的目标为：知识产权法律制度体系基本完善，法治环境明显改善，侵权、假冒、盗版等知识产权违法行为得到有效遏制。知识产权执法维权体系进一步完善，建成知识产权法院和知识产权行政执法局，拥有一支业务精干、数量充足的知识产权审判和执法队伍，司法审判与行政执法年结案率均达95%

[1] 廖书敏：“多部委：‘十二五’力争自主品牌机电出口比例提高到30%”，载http://www.yicai.com/news/2011/08/1006362.html，2013-06-16.

[2] 阳立高等：“发展中国家知识产权保护、人力资本与经济增长”，载《中国软科学》2013年第11期。

以上。知识产权举报投诉和维权援助网络覆盖全省，知识产权维权援助和举报投诉答复办理率达100%，多元化纠纷解决机制和立体化维权体系基本形成。全社会特别是市场主体的知识产权意识普遍增强，知识产权社会认知度达到80%，国际认可度大幅提升，树立尊重和保护知识产权的良好氛围和国际形象。

其主要指标包括以下三项。

（1）百万人口拥有知识产权执法与审判人员数不少于250人。测算说明：该指标是指当年省、市、县三级拥有专利、商标、版权、海关、法院等人员之和与总人口的比例，主要反映政府知识产权执法人力资源拥有情况。据不完全统计，2012年，江苏省百万人拥有知识产权执法和审判人员为92.66人，比2011年增长13%。按照《江苏省知识产权战略纲要》《江苏省专利促进条例》《江苏省政府关于深入实施商标战略的意见》《江苏省软件产业促进条例》等的要求，针对日益递增的执法保护需求，知识产权执法和审判人员队伍需不断壮大，且增幅应保持或高于目前的13%。以江苏知识产权保护的实际需求为出发点、依据知识产权强省的内涵和建设要求测算，建议2020年该目标值不少于250人。

（2）知识产权上诉案件维持率达到97%、行政诉讼维持率超过90%。测算说明：据2012年《最高人民法院关于知识产权审判工作情况的报告》显示，近五年我国知识产权司法上诉案件维持率平均值为95.44%，知识产权行政案件中维持具体行政行为占比75.89%，按照知识产权强省的内涵以及依法行政的要求，要进一步提高知识产权审判和执法人员素质，提高司法审判和行政执法水平，确定2020年知识产权上诉案件维持率达到97%、行政诉讼维持率超过90%。

（3）知识产权社会认知度达到80%。测算说明：根据抽样调查结果，2012年，江苏知识产权社会认知度为53.1%。按照知识产权强省的内涵和建设要求，预计通过各类宣传培训活动，全社会知识产权意识显著增强，知识产权被社会公众普遍认知，因此设定2020年认知度达到80%。

（五）高效的管理与服务——建成权责一致、分工合理、决策科学、执行顺畅、监督有力的知识产权管理体制，形成门类齐全、服务规范、富有活力的知识产权服务体系

知识产权管理在整个知识产权工作中起着全局性的重要作用，但在国家知识产权战略实施过程中，仍然存在“创造、运用、保护和管理”进展失衡，系统建构知识产权管理理论，加强知识产权管理政策体系研究是进一步推进知识产权战略实施、增强我国自主创新能力和建设创新型国家的基础保障。❶ 强化知识产权管理是江苏建设知识产权强省建设的重要一环，需要我们在知识产权行政管理、行业知识产权管理、企业知识产权管理等方面取得较大进展，具体而言，主要目标为：知识产权行政管理体制改革取得突破性进展，职能合理，机构健全，人员充实，打造 2 ~ 3 个知识产权管理“二合一”“三合一”试点区域，知识产权管理的要求融入发改、科技、商务、财政、教育、文化等各相关政府主管部门的职能之中。企业等创新主体知识产权管理机制健全，管理模式规范，知识产权管理有机融入经营管理全过程。知识产权专项经费充足，全社会知识产权投入稳步增长。知识产权公共服务体系完善，专利审查协作中心、知识产权信息服务中心、知识产权维权援助中心等重大服务载体有效发挥作用。知识产权社会化服务业健康发展，市场规范，服务优质，知识产权战略策划、信息分析、价值评估、交易运营等服务功能齐全，拥有一批具有较高知名度和影响力的社会化服务机构。各类知识产权高层次人才向江苏集聚，形成区域知识产权人才高地。

其主要指标包括以下五项。

（1）知识产权专项资金投入达到 30 亿元。测算说明：据统计，2012 年江苏省全社会知识产权资金投入约 16 亿元，其中政府投入 5 亿元，占 30% 。按照知识产权强省的内涵和建设要求，知识产权专项资金投入应与

---

❶ 肖尤丹：“面向国家知识产权战略实施的知识产权管理及其促进政策”，载《中国科学院院刊》2013 年第 2 期。

GDP 增速保持相似，拟设该指标的目标值在 2020 年达到 30 亿元。

（2）规模以上企业知识产权管理标准化覆盖率达到 20%。企业知识产权管理标准化工作已经在全国全面推开，❶ 先行试点的江苏省在这方面更应继续加以强化。测算说明：据不完全统计，截至 2012 年年底，全省已有 3 000家企业参与贯标，占江苏省 43 383家规模以上工业企业 6.92%。大力推广企业知识产权管理规范是今后一段时间企业知识产权工作的重点之一，以每年培育 800 家贯标企业来测算，2020 年贯标覆盖率应达到 20% 以上。

（3）企业知识产权工程师占企业 R&D 人员比例达到 2.2%。测算说明：截至 2012 年年底，江苏省共有知识产权工程师 1 万名，从事研发人员 52.22 万人，其比例为 1.9%。而跨国公司这一比例一般在 2% 以上，如索尼、佳能、三菱、飞利浦分别为 2%、7.1%、2.5%、6.6%。按照知识产权强省的内涵和建设要求，以每年新增培养 2 500名知识产权工程师来测算，2020 年该指标目标值达到 2.2%。

（4）万件专利申请代理机构从业人员数达到 150 人。测算说明：2012 年，该指标全国平均水平为 129.07 人，北京、广东、浙江分别为 1 085.8 人、112.9 人、41.38 人，江苏仅为 26.59 人。江苏是专利大省，专利申请量一直保持快速增长，为保障专利申请的质量，亟须建立一支与申请量相适合、保持相应增长速度的专利代理人队伍。按照专利申请代理的一般工作量，每个专利代理人每月以完成 5 ~ 6 项专利申请为宜，因此万件专利申请对应的代理人数为 150 人。

（5）知识产权服务机构主要营业收入超过 22 亿元。知识产权服务是高技术服务业的重要领域之一，是现代服务业新的增长点；❷ 同时，知识产权服务又是其他知识产权工作的重要支撑。知识产权服务业的发展状况可以体现在多个方面，而知识产权服务机构的主营业收入无疑是其中最有说

❶ 马鸿雅、徐俊峰：“企业知识产权管理标准推行工作已经全面铺开”，载《中国知识产权报》2014 年 2 月 14 日第 2 版。

❷ 刘菊芳：“发展知识产权服务业的关键问题与政策研究”，载《知识产权》2012 年第 5 期。

服力的指标。测算说明：该指标能够反映知识产权服务机构整体实力。《江苏基本实现现代化指标体系（2013年修订）》设定2020年“服务业增加值占GDP比重应达到60%”。江苏近年来知识产权服务机构主要营业收入占服务业增加值的比重为0.05%左右。按照知识产权强省的内涵和建设要求，知识产权服务机构主要营业收入应快速增长，并保持在服务业增加值中所占比例稳步提升。按照GDP和服务业规模来测算，2020年该指标至少应达到22亿元。

第三节　知识产权强省建设的评价指标体系

一、知识产权强省建设评价指标体系的构建要求

为了便于及时掌握知识产权强省建设进度，强化对各地各部门工作绩效的监督考核，推动强省目标任务按步实施、如期实现，有必要建立知识产权强省建设的评价指标体系。

在选择知识产权强省评价指标时应遵循一些基本原则，如注重结果、追求成效，切实可行、便于操作，突出重点、适当兼顾，区分知识产权强省与知识产权大省等。[1] 同时，还应当注意知识产权工作的本质特点和内在逻辑，充分考虑知识产权与经济社会发展的内在契合与关联，综合考量知识产权硬实力与软环境的双提升，重视数据的可采集性。

二、知识产权强省主体指标体系的构造

基于以上考虑，本报告构建了一套含有5项一级指标、10项二级指标和30项三级指标的评价体系（关于指标体系的设定分析，详见本篇附件）。

---

[1] 董新凯、田源：“知识产权强省界定及其评价指标体系构建”，载《科技进步与对策》2015年第7期。

（一）一级指标

一级指标共有5项：创新产出、转化运用、发展贡献、环境营造和管理服务。其中，“创新产出”指标主要反映一个区域知识产权创造产出水平；“转化运用”指标主要反映知识产权转化运用能力；“发展贡献”指标主要反映知识产权对经济社会发展的贡献；“环境营造”指标主要反映知识产权保护水平；“管理服务”指标主要反映知识产权强省的管理水平和支撑强省建设的服务能力。

（二）二级指标

每个一级指标下设2项二级指标，共计10项。

创新产出——“产出数量”与“产出质量”。

转化运用——“产权交易”与“产权运用”。

发展贡献——“经济贡献”与“社会贡献”。

环境营造——“保护能力”与“公众意识”。

管理服务——“科学管理”与“人才与服务”。

（三）三级指标

每项二级指标下设数量不等的三级指标，共计30项。

（1）产出数量——“专利授权量”“注册商标量”“著作权登记量”“植物新品种授权量”和“集成电路布图设计登记权”。

（2）产出质量——“百万人口发明专利拥有量”“PCT专利申请量”“马德里商标国际注册量”和“全球最有价值500品牌的拥有量”。

（3）产权交易——“百万元GDP技术交易额”“注册商标交易活跃度”和“版权交易合同登记数”。

（4）产权运用——“自主知识产权产品销售收入占规模以上工业企业销售额的比重”和“知识产权质押融资额”。

（5）经济贡献——“知识产权密集型产业增加值占GDP的比重”“知识产权密集型产业占进出口总额的比重”和“自主品牌在出口商品中的比例”。

（6）社会贡献——“知识产权密集型产业平均工资与全社会平均工资的比例”“知识产权密集型产业劳动者拥有本科及以上学历的比重”和“单位知识产权密集型产业增加值能耗”。

（7）保护能力——“百万人口拥有知识产权执法与审判人员数”“知识产权行政复议、行政诉讼维持率”和“知识产权上诉案件维持率”。

（8）公众意识——“全社会知识产权认知度”。

（9）科学管理——“知识产权行政管理能力指数”“知识产权专项资金投入”和“企业知识产权管理标准化覆盖率”。

（10）人才服务——“企业知识产权工程师占企业 R&D 人员比例”“万件专利申请代理机构从业人员数”和“知识产权服务机构主要营业收入”。

综上所述，知识产权强省建设评价指标的整体框架如表 7－1 所示。

表 7－1　知识产权强省建设评价指标整体框架

一级	序号	指标名称	
		二级	三级
创新产出	1	产出数量	专利授权量
	2		注册商标量
	3		著作权登记量
	4		植物新品种授权量
	5		集成电路布图设计登记量
	6	产出质量	百万人有效发明专利拥有量
	7		PCT 专利申请量
	8		马德里商标国际注册量
	9		全球最有价值 500 品牌的拥有量

续表

一级	序号	指标名称	
		二级	三级
转化运用	10	产权交易	百万元 GDP 知识产权交易额
	11		注册商标交易活跃度
	12		版权交易合同登记数
	13	产权运用	自主知识产权产品销售额占规模以上工业企业产值比重
	14		知识产权质押融资额
发展贡献	15	经济贡献	知识产权密集型产业增加值占 GDP 的比重
	16		知识产权密集型产业占进出口总额的比重
	17		自主品牌在出口商品中的比例
	18	社会贡献	知识产权密集型产业平均工资与全社会平均工资的比例
	19		知识产权密集型产业劳动者拥有本科及以上学历的比重
	20		单位知识产权密集型产业增加值能耗
环境营造	21	保护能力	百万人口拥有知识产权执法与审判人员数
	22		知识产权行政复议、行政诉讼维持率
	23		知识产权上诉案件维持率
	24	公众意识	全社会知识产权认知度
管理服务	25	科学管理	知识产权行政管理能力指数
	26		知识产权专项资金投入
	27		企业知识产权管理标准化覆盖率
	28	人才服务	企业知识产权工程师占企业 R&D 人员比例
	29		万件专利申请代理机构从业人员数
	30		知识产权服务机构主要营业收入

第八章　建设知识产权强省的重点任务

第一节　知识产权强省建设的工程项目

围绕知识产权强省建设总体思路和发展目标，借鉴知识产权强国的有益经验，知识产权强省建设可重点推进“八大工程”。

一、高价值知识产权培育工程

实施思路是：完善财政投入政策体系，规范财政投入行为，加大全社会研发投入，突出企业创新主体地位，加强创新平台建设，构建政产学研金协同创新体系，全面推行创新过程知识产权管理，在重点产业领域开展知识产权布局，获取一批具有较高经济价值、能抢占产业发展制高点的知识产权。

二、知识产权“兴企”工程

实施思路是：全面贯彻企业知识产权管理规范，深入推进企业知识产权战略实施，充分发挥财政政策的引导和支撑功能，鼓励企业开展知识产权投融资和托管，全面提升企业知识产权战略运用能力，指导企业依靠知识产权增强核心竞争力，培育一批知识产权数量密集、价值密集、具有显著竞争优势的知识产权密集型企业。

三、知识产权“导航”工程

实施思路是：充分发挥知识产权信息对产业发展方向的导向作用、对创新研发的支撑作用，以江苏传统优势产业和战略性新兴产业为重点，建立产业联盟资源共享和合作发展机制，发布产业知识产权发展报告，促进产业内知识产权集聚和组合，构筑产业知识产权核心优势，提高产业整体竞争力，培育一批有力推动经济增长、强势参与国际竞争的知识产权密集型产业。

四、知识产权“护航”工程

实施思路是：进一步加大知识产权执法力度，严厉打击侵犯知识产权和制售假冒伪劣商品行为；构建强有力的知识产权行政执法和司法审判体系，推动建立知识产权法院、综合行政执法机构，提升知识产权保护水平；建立健全多元化知识产权纠纷处理机制，营造良好的知识产权保护氛围。

五、知识产权管理创新工程

实施思路是：按照“循序渐进、先行试点”的原则，大力推进知识产权行政管理体制改革，从苏南现代化建设示范区、国家级知识产权示范城市先行先试，集成知识产权管理资源，有效发挥相关政府主管部门的职能作用，率先开展专利、商标、版权“三合一”管理改革试点，并逐步向全省推广，形成职能统一、机构完备、运行高效的管理体系。深入推进行政审批制度改革，进一步简政放权，强化政府服务职能，全面确立市场对于资源配置的决定性作用，充分发挥行业协会、社会力量的作用，努力构建全社会共同参与的知识产权公共治理体系。

六、知识产权服务业促进工程

实施思路是：着力打造优质公共服务平台，支持社会化服务机构专业化、品牌化、规模化发展，建立扶持知识产权服务业的财政基金，推动知识产权服务企业的管理标准化工作，积极发展知识产权代理、战略策划、信息利用、价值评估、托管运营、产权交易、法律服务等业务；大力引进和培育专业、规范、高效的知识产权服务机构，加快建设服务功能完备的高端服务业集聚区，促进知识产权服务业结构完善，快速发展；发展对外知识产权服务贸易，鼓励江苏省知识产权服务机构积极开拓海外市场，吸引境外知名知识产权服务机构进入江苏省知识产权服务领域。

七、知识产权人才高地建设工程

实施思路是：大力推进知识产权专业学历教育，加快发展知识产权职业教育和在岗培训，高标准吸引海内外高层次人才向江苏汇聚，建立多层次、全方位、宽领域的高素质知识产权人才队伍，形成支撑知识产权事业长期可持续发展的知识产权人才资源。

八、知识产权国际化工程

实施思路是：紧扣江苏经济国际化战略，进一步加强知识产权外交主动性，深化与美国专利商标局、欧洲专利局等发达国家和地区知识产权管理部门的合作，建立长效合作机制，重点推进双方在知识产权信息利用、人员培训交流、知识产权服务以及知识产权保护方面的合作。不断拓展境外知识产权工作领域，探索设立海外工作站，支持江苏省内企业在“走出去”开拓国际市场的过程中，有效构建海外知识产权优势，运用知识产权规则提升国际竞争力。

第二节　知识产权强省建设的重点工作

江苏应当以“八大工程”为抓手，具体从九个方面全面推进知识产权强省建设。

一、以夯实创新型经济发展基础为目标的高质量知识产权的培育

知识产权数量的快速增长已经为我国创新型经济的发展奠定了一定的基础，但就知识经济时代的竞争而言，知识产权“质量的高下决定竞争的胜负”，创新型经济的发展不仅需要知识产权数量为基础，更需要知识产权质量的突破。[1] 发展创新型经济，亟须重视知识产权质量，唯有大力培育高质量知识产权，方能充分发挥知识产权对调整经济结构、转变发展方式的支撑引领作用，方能保障创新性经济发展的实现。

（一）研发投入力度的持续加大

加大财政对研发活动的直接投入，确保财政性科技投入占地区生产总值的比重逐年提高，通过财政投入引导企业主体性投入持续性增长，社会多元化投入大幅度增长，以高强度投入支撑高水平创新，促进高质量的创新成果产出。

（二）以质量价值为导向的知识产权创造政策的强化

调整形成以质量价值为导向的知识产权创造绩效考核指标体系。继续深化科研体制改革，将知识产权质量价值指标纳入科技计划项目申报评定、技术创新绩效评价等指标体系，促进重大科技计划项目的优质知识产权产出。

（三）对高价值知识产权奖励资助力度的加大

进一步调整知识产权创造专项资金的使用方向，重点对发明专利授权、国际（PCT）专利、驰名商标、马德里国际商标、软件产品、文化创意产品等给予支持和奖励。省政府设立专利奖，各市县建立本级政府知识产权奖励制度，对获国家奖及省内知识产权奖的项目、单位、个人给予重奖。

---

[1] 韩霁：“我发明专利申请量连续3年居世界首位”，载《经济日报》2014年2月21日第1版。

（四）战略性新兴产业、高新技术产业领域培育优质专利权的培育

加大对基础性、战略性、前沿性以及共性技术研究的支持力度，促进创新资源向产业核心技术研发活动集聚。鼓励龙头企业普遍设立产业技术研究院或参与建设共性技术创新平台或在境外设立研发机构或并购国外研发机构；重点企业普遍建立工程研究中心、工程技术研究中心、工程实验室、企业技术中心等创新平台或在高校建立研发机构或通过投资控股、参股与高校、科研院所共建研发机构；中小型企业普遍建立技术（开发）中心。加强政产学研金协同创新，构建以市场为导向的创新链，建立“新兴产业创新基地”，形成汇聚科教创新资源、支撑新兴产业培育发展的创新合作载体，集中力量开展研究攻关，获取一批科技含量高、市场前景好、权利状态稳定的专利技术，构建以自主专利为核心的发展新优势。鼓励企事业单位强化创新激励，建立知识产权入股、岗位分红、销售利润提成等新型分配制度，激励科技人员创造高质量知识产权。

（五）商标品牌培育计划的实施

按照“分类指导，重点突破，梯次衔接，整体推进”的原则，引导和推动企业强化技术进步和质量管理，提升企业和产品知名度，争创名牌、著名商标、驰名商标，造就一批具有较强市场竞争力和影响力的品牌。

（六）优秀文化创意产品的培育

进一步加大对文化创意企业、软件企业的扶持力度，加快文化创意特色产业园、软件园建设，集成相关创新资源，大力培育、孵化、推广优秀的文化创意和软件产品。

（七）创新过程知识产权管理规范的推行

以创新型领军企业、科技型拟上市企业、高新技术企业、高等院校、科研院所等创新主体为重点，建立知识产权工程师与研发工程师协同创新机制，对创新活动进行全过程知识产权管理，做到研发初期有知识产权信息指引，研发过程有知识产权跟踪调整，创新成果有知识产权权利保护，

提高主要创新主体的知识产权创造效率和能力。

（八）优质服务推送计划的实施

以国家和省重点实验室、省产业研究院、重点高新技术企业等为重点，建立知识产权审查业务实习基地，形成知识产权管理人员、审查人员、优秀服务机构进驻创新机构交流服务机制，促进技术创新与知识产权创造有机结合、研发资源与社会服务资源紧密结合，切实提高创新主体自主创新和产权化水平，确保优秀创新成果及时形成高价值知识产权。

二、以提高经济贡献度为目标的知识产权战略运用工作的促进

知识产权强省的重要标志之一就是知识产权对经济发展的贡献度较高，而这有赖于知识产权战略运用得以充分实现。知识产权转化率偏低是我国知识产权战略实施中遇到的亟须解决的重要问题之一。据统计，江苏省的知识产权市场转化率只有3%。[1] 建设知识产权强省，必须大力促进知识产权战略运用。

（一）专利技术转化实施的推动

调整省财政政策的导向领域，突出重大科技成果转化资金等财政资金的知识产权导向，重点支持具有良好市场前景和经济价值的知识产权实施转化。提高专利实施计划专项资金使用效率，加大对小微企业和民间发明专利技术转化的支持力度。鼓励高校、科研院所建立技术转移转化中心，加快专利技术的转移转化，对于职务发明专利实施转化的收益，可以按不低于60%的比例划归参与研发人员及其团队拥有，以股份或出资比例等股权形式给予发明人个人奖励的，按规定暂不征收个人所得税。通过提高技术出口贴息等方式，推动技术出口工作，扩大江苏省的先进技术在国外的影响，在更大范围实现先进技术的价值。

---

[1] 吴红梅、秦继东："科技成果转化如何突破'三重门'"，载《新华日报》2014年8月5日第6版。

（二）商标运用力度的加大

充分发挥商标作为无形资产的价值载体和增值工具的作用，推动市场主体通过技术创新、质量监管、市场营销、信用管理等方式加大品牌经营力度，实现从产品经营向品牌经营扩展，提高品牌产品在市场中的占有率和知名度、美誉度。大力推行使用自主品牌拓展国际市场，提高自主品牌产品出口比重，在境外创建有影响力的知名品牌。

（三）知识产权运营体系的构建

省财政联合省知识产权局共同设立省专利运营专项资金，鼓励和支持具有专业实力的知识产权服务机构开展专利运营。鼓励各类社会资金参与知识产权运营业务，构建多层次、多渠道的知识产权运营体系，围绕省内重点优势产业，对具有市场前景的知识产权进行集中管理和运营，开展知识产权资本化运作。建设集专利权、著作权、商标权等交易为一体的专业化知识产权交易平台，提供知识产权转让交易一站式服务。

（四）重要创新载体知识产权运用进程的推动

鼓励和支持高新技术产业开发区发挥创新要素密集、信息密集、资源密集的优势，以园区优势产业为重点，组建知识产权管理运营机构，构建由核心知识产权支撑的创新链和产业链，盘活园区知识产权资源。在重点产业园区，加强财政政策对于园区品牌建设与竞争力提升的支持力度。支持行业协会根据自身产业特征建立知识产权运营机构，推动行业内具有市场价值的知识产权加快流转，使知识产权资源通过市场实现高效配置。支持高校、科研院所围绕优势学科建设知识产权培育和运营中心，加速重大创新成果的知识产权转化和运用，推动知识产权价值实现。

（五）知识产权投融资方式的创新

省财政厅与相关政府部门共同研究并出台知识产权质押融资管理办法，鼓励金融机构积极开展知识产权质押融资业务。完善知识产权投融资担保机制，建立知识产权出质期间的风险控制制度、知识产权变现制度和风险补偿机制。开展知识产权资产证券化试点。[1] 鼓励和引导各类风险投资、创业投资资金进入知识产权产业化领域。支持拥有自主知识产权的企业发行企业债券或在境内外上市融资，推动建立质押贷款、风险投资、保险、担保等多层次知识产权投融资体系。引进专利组合投资、知识产权债务融资、知识产权银行、知识产权记分牌等新的商业模式。

（六）知识产权价值评估体系的完善

鼓励知识产权价值评估业发展，健全知识产权价值评估体系，引导行业与产业协会制定指导性的知识产权价值评估方法。[2] 支持建立一批专业知识产权评估机构，为知识产权质押融资、创业投资、无形资产入股等提供价值评估服务。构建知识产权价值评估与知识产权交易市场的对接机制，确立和发挥知识产权评估在知识产权转让交易中的核心作用。

三、以增强企业核心竞争力为目标的企业知识产权综合能力的提升

企业是最重要的市场主体，是市场竞争的直接参与者、受益者。知识经济时代，知识产权已无疑是企业核心竞争力的重要组成部分之一。[3] 实施知识产权战略，建设知识产权强省，必须提升企业知识产权综合能力，实现企业在市场竞争中核心竞争力的增强。

---

[1] 作为世界重大金融创新成果之一，知识产权证券化已经在美国等知识产权强国得到较好的发展，我国近年来积极推行科技资源与金融资本逐渐的融合互动，知识产权证券化将势必是其未来知识产权投融资领域的重要方式之一。参见焦洪涛、林小爱："知识产权资产证券化"，载《科技与法律》2014 年第 1 期，第 69 页。

[2] 具有较高可信度和认可度的知识产权价值评估体系，是实现知识产权价值的重要前提和基础。但知识产权价值评估业在我国的发展尚有待加强，知识产权价值评估统一内涵、知识产权价值评估影响因素、知识产权价值评估方法等均还缺乏共识，无论是知识产权理论研究还是知识产权实践，均应对其予以进一步探索。周正柱、朱可超："知识产权价值评估研究最新进展与述评"，载《现代情报》2015 年第 10 期，第 177 页。

[3] 杜芸、赵顺龙："美日德企业知识产权管理制度比较"，载《科技管理研究》2010 年第 17 期，第 160 页。

（一）企业知识产权管理标准的普及

全面推行《企业知识产权管理规范》，引导企业将知识产权管理贯穿研发、生产、销售、贸易和资本运营全过程。[1] 率先在全国开展试点，将企业知识产权管理达标作为高新技术企业复核通过的必要条件。结合贯标工作推广企业知识产权托管，鼓励和推进企业与知识产权服务机构深度合作，以服务外包方式提升知识产权管理专业化水平。争取到2020年，江苏全省大中型工业企业、高新技术企业、拟上市企业、外向型企业全部实现知识产权管理标准化，规模以上企业贯标的覆盖率达20%以上。

（二）企业知识产权战略推进计划的深入实施

调整现行知识产权工作财政投入方案，确立企业知识产权战略推进计划为省财政支持知识产权工作的重点任务，将战略推进计划分为两个层次：初级计划和提升计划，推动企业知识产权战略推进计划在面上扩展，在点上深入。初级计划重在指导企业将知识产权战略纳入经营发展战略，通过建立健全创新激励机制、建设知识产权信息平台、加强知识产权资产管理、推进商业模式创新等方式，全面提高企业知识产权战略运用水平。提升计划以行业龙头企业、创新型科技企业、科技小巨人企业为重点，对计划承担企业，组织优秀服务团队为企业提供专业化定制服务；支持企业主动融入全球研发体系和竞争体系，调动海内外创新资源，超前布局知识产权，运用知识产权开拓海外市场；鼓励支持企业积极参与国际技术标准制定，提高在国际市场的竞争力和话语权，实现企业自主创新能力、经营管理层次和知识产权资产比重提档升级，培育一批知识产权战略实施标兵企业。

---

[1] 《企业知识产权管理规范》作为认证准则的标准，为各类具有创新发展意识的企业科学化、规范化、标准化管理知识产权提供了理论和实施工具。企业在建立、实施、改进其知识产权管理体系时应充分考虑该规范的结构特点，从而充分利用和发挥知识产权所带来的收益、最大限度控制风险，不断推进创新，提升企业的市场竞争力。参见：刘凤娟、王培勋、苏慎之："解读企业知识产权管理规范"，载《质量与认证》2015年第2期，第57页。

（三）知识产权密集型企业的大力培育

制定出台《江苏省知识产权密集型企业培育认定办法》，以贯标达标企业、知识产权战略推进计划承担企业为基础，以行业龙头企业、外向型企业为重点，遴选一批具有较强创新实力、具备发展潜质的重点企业，造就具有国际竞争力的知识产权密集型企业。具体培育方式包括：组织优秀服务团队为企业提供专业化定制服务；支持有经济实力、技术成熟、市场需求大的企业主动融入全球研发体系和竞争体系，到目标市场所在地建设研发中心、技术服务中心、生产中心、加工组装中心或工业园区；调动海内外创新资源，超前布局知识产权，运用知识产权开拓海外市场；鼓励支持企业积极参与国际技术标准制定，提高在国际市场的竞争力和话语权。积极引导有自主品牌、自主知识产权、高附加值的企业“走出去”，开展跨国经营，参与国际竞争，提高国际竞争力。

（四）服务外包企业知识产权水平的有效提高

在服务外包过程中优先考虑拥有知识产权优势的服务企业，鼓励服务企业运用知识产权提升服务质量，打造一批拥有高水平知识产权的服务外包龙头企业、骨干企业；引导和帮助服务外包企业提高知识产权管理和保护水平。

四、以促进经济转型升级为目标的知识产权密集型产业的大力发展

目前，以消耗原材料、能源、人力和资本来推动经济发展的模式已经暴露出许多问题，我国正在寻求以信息和知识来推动经济的发展。知识产权强国的经验表明，知识产权密集型产业不仅对一国的竞争力有着关键的影响，而且决定着一国的经济安全，❶ 因此，建设知识产权强省，应当大力合理布局知识产权密集型产业，多途径多方式支持知识产权密集型产业

❶ 顾海兵、陈芳芳、孙挺：“美国知识产权密集型产业的特点及对我国的启示——基于美国商务部的官方报告”，载《南京社会科学》2012 年第 11 期，第 9 页。

的发展。

（一）知识产权密集型产业发展总体规划的制定

研究并公开发布知识产权密集型产业报告，定期评价知识产权密集型产业对经济社会发展的影响，根据产业知识产权的主导种类和集聚方式不同，对不同行业的专利密集型、商标密集型和版权密集型产业进行分类规划和指导。江苏省财政加强引导扶持，联合相关政府管理部门设立年2亿元省知识产权密集型产业培育资金，重点支持知识产权密集型产品推广、知识产权密集型企业培育、知识产权密集型产业公共服务平台建设和产业基地建设。

（二）以促进产业发展为目标的专利信息导航的运用

以战略性新兴产业、高新技术领域为重点，充分利用专利信息，实施专利导航，[1] 逐步建立专利分析与产业运行决策深入融合、专利运用对产业运行效益高度支撑的运行模式，培育形成一批附加值高、成长性好的专利密集型产业。在新型光伏电池及系统、高性能战略材料、新型节能装备等高新技术领域研究发布专利发展报告，引导产业技术创新方向，科学安排专利布局，构筑产业竞争新优势。建立由企业牵头或参与研制重大技术标准的长效机制，实施战略性新兴产业技术标准专项，尽快形成支撑产业发展的技术和标准体系。推动组建产业知识产权联盟，促进联盟成员合作开展专利布局，形成产业"专利池"，提高产业抵御境外知识产权风险的能力，增强产业整体国际竞争力。依托高新园区、特色产业化基地建设50个专利导航产业发展试验区，组建产业专利联盟，形成产业专利集群优势，引领产业快速发展。

---

[1] 专利导航是专利制度在产业运行中的综合应用，是专利战略在产业发展中的具体实施，是知识产权战略支撑创新驱动发展战略的具体体现。专利导航产业发展是一项长期工程，在前进过程中需要不断地回头看，检查导航规划成果与产业发展实际状况的符合程度，分析差异，及时对导航路线进行修正，提高导航的准确性，建立专利产业导航的过程规范。参见：李琪、陈仁松："浅谈专利导航产业发展的方法和路径"，载《中国发明与专利》2015年第8期，第21～23页。

（三）以带动产业升级为目标的优质品牌的培育

以传统产业、外向型企业、地方特色产业为重点，深入实施品牌战略，培育形成一批带动性强、市场绩效优的商标密集型产业。实施优质品牌塑造计划，支持企业建立以商标为纽带，整合企业的技术、管理、文化、营销和创新优势的商业运营模式，提升商标知名度和美誉度，增加商标价值，发展自主品牌。支持外向型企业通过商标国际注册、跨国兼并、品牌收购、品牌推广等方式，提升品牌国际影响力，加速向价值链高端攀升。加强优势产业品牌建设，支持农产品商标、地理标志和集体商标注册，鼓励地方特色产业通过行业协会申请注册集体商标，集中打造地方特色产业的公共品牌，发展地方优势产业。重点培育 150 个高价值品牌集聚、产业综合实力较强的产业集群品牌培育基地，其中示范基地 50 个。

（四）版权文化产业的发展繁荣

组织实施一批带动性强、成长性好的重大项目，加快发展文化创意、数字出版、移动多媒体、动漫游戏等新兴业态和创意产业，提升出版发行、影视制作、印刷、广告、演艺、娱乐、会展等传统版权文化产业发展水平，并推动版权文化产业与旅游、体育、信息、物流、建筑等产业融合发展，构建结构合理、科技含量高、竞争力强的现代版权文化产业体系。加快特色版权产业区、文化产业示范基地和园区建设，鼓励支持各地根据自身优势建设各具特色的版权文化产业带和集聚区。加强版权贸易和文化出口，培育形成一批有地域特色、在国内外具有较强竞争力的版权密集型产业。

（五）重点产业知识产权预警的开展

以纳米材料、石墨烯、大数据、未来网络、三维打印、北斗通信、小核酸和抗体药物等十大高技术领域为重点，[1] 跟踪国际最新前沿动态，定

---

[1] 2013 年江苏省政府发布的《创新型省份建设推进计划（2013～2015 年）》要求：面向国际科技前沿、江苏战略需求与未来产业发展，在纳米材料、石墨烯、大数据、未来网络、三维打印、北斗通信、小核酸和抗体药物等十大重点高技术领域超前部署，组织实施 100 个重大前瞻性技术研发项目，取得一批具有自主知识产权的原始创新成果并加快产业化。

期发布相关技术领域知识产权发展态势报告，对知识产权侵权隐患以及可能发生知识产权争端的事件提出预警、及时控制和组织应对，指导重点产业提升知识产权国际竞争力。建立新型合成药、集成电路、新型显示、数控机床、生物农药等产业核心知识产权监控机制，制定知识产权合理利用清单，指导相关企业在消化引进再创新过程中有效规避风险，维护产业经济安全。加强对外贸易中的知识产权预警工作，定期向产品出口企业发布主要进口国知识产权工作动态，提示知识产权侵权风险，制定知识产权纠纷解决预案。

（六）优秀人才进入知识产权密集型产业的引导

完善知识产权密集型产业的人才流动和评价体系，将开发知识产权密集型产业新的就业岗位纳入促进就业的相关规划，把发展知识产权密集型产业吸纳大学生就业列为就业目标责任，大力开发与知识产权密集型产业发展相关的职业岗位和职业标准，为培养和引进知识产权密集型产业人才提供依据。

五、以优化创新发展环境为目标的知识产权保护水平的提升

无论是知识产权创造还是知识产权运用，都需要以良好的知识产权发展环境为基础。知识产权保护已经通过国际贸易和 R&D 活动显著促进了我国的技术进步。[1] 继续加强知识产权保护，科学提升知识产权保护水平是知识产权强省建设的重要保障。

（一）知识产权保护法制体系的完善

加快制定出台促进知识产权保护和发展的地方法规，在产业、科技、贸易、财税、人才等政策中强化知识产权保护措施。出台《江苏省专利行

[1] 蔡虹、蒋仁爱、吴凯：“知识产权保护对中国技术进步的贡献研究”，载《系统管理学报》2015 年第 3 期，第 314 页。

政执法办法》等政府规章、规范性文件，提高行政执法规范化水平。[1]调整现有知识产权保护相关的财政政策，建立结构合理、内容协调、行之有效的知识产权保护财政投入体系。

（二）知识产权执法机构建设的加强

加快建立省市县专利行政执法总队、支队、分队，探索建立集中行使专利、商标、版权等行政执法职能的知识产权市场监管综合执法体系。探索建立知识产权法院，专门管辖知识产权案件，提高知识产权案件审判质量。加大知识产权执法投入，建立人员充足、业务精干、相对稳定的执法队伍。

（三）知识产权执法工作机制的完善

建立和完善知识产权执法协作调度机制、侵权判定咨询机制和纠纷快速调解机制，加强专利、商标、版权、法院等部门间定期沟通和重大案件会商通报。建立知识产权侵权违法档案，纳入社会征信体系，出台知识产权保护社会信用评价和使用办法，将信用信息与银行贷款、公司上市、政府专项资金支持、评奖评优、税收优惠、工商登记等直接挂钩，逐步建立知识产权诚信体系。

（四）知识产权违法行为的严厉打击

进一步加大行政执法力度，坚持常态化开展知识产权“护航”“双打”专项行动。实施专业市场知识产权保护计划，重点整治小商品、家用电器、服装、汽配、图书及音像制品等专业市场，严厉打击知识产权违法犯罪行为，依法查处各类知识产权侵权案件，对恶意侵权、重复侵权等情节恶劣的违法行为依法从重处罚。加强大型展会知识产权监督管理，提升监管人员入驻率和举报投诉处理率。

---

[1] 我国知识产权保护的实际水平很大程度上取决于行政执法的水平，因此，建设知识产权强省有必要加强知识产权执法规范化建设，切实保障知识产权保护水平的科学、合理提升。参见孙赫：“我国知识产权保护执法水平的度量及分析”，载《科学学研究》2015年第9期，第1372页。

（五）知识产权维权援助机制健全

进一步完善知识产权举报投诉和维权援助工作体系和机制，设立维权基金，帮助市场主体依法应对知识产权侵权纠纷。鼓励维权援助机构开展诉前调解，支持仲裁机构强化知识产权争议裁决功能，[1] 引导行业协会、中介组织等第三方机构参与解决知识产权纠纷，建立多元化纠纷解决机制，提高知识产权维权效能。

（六）知识产权海外保护力度的提升

针对重点贸易国家和地区制定发布知识产权境外维权指引，探索设立海外知识产权工作站，建立境外知识产权争端快速反应机制，帮助企业有效应对境外知识产权纠纷。积极支持省内企业应对知识产权国际纠纷。引导企业办理知识产权海关保护备案。鼓励和指导企业、行业及地区组建知识产权维权联盟，合力对抗涉外知识产权诉讼。逐步形成政府、行业协会、企业三位一体的境外维权援助机制，提高企业在国际竞争中防御知识产权风险的能力。

六、以支撑创新型经济发展为目标的知识产权服务业的提速升级

国家知识产权局、发展改革委、科技部、商务部、工商总局等部门于2012年12月13日共同发布的《关于加快培育和发展知识产权服务业的指导意见》明确知识产权服务业“是现代服务业的重要内容，是高技术服务业发展的重点领域”，“发展知识产权服务业，有利于提升自主创新的效能与水平，有利于提高经济发展的质量和效益，有利于形成结构优化、附加

---

[1] 知识产权仲裁作为一种独特的纠纷解决机制，相对于诉讼机制和调解机制来说，在纠纷解决的迅速性、专业性、保密性和主导性上具有不可比拟的优势。参见杨涛、杨斌：“知识产权仲裁制度的困境与出路”，载《电子知识产权》2011年第12期，第80页。2015年4月26日，深圳仲裁委员会的成立知识产权仲裁院，知识产权仲裁在我国得到进一步的探索和实践。参见：张玮：“深圳设立知识产权仲裁院”，载《南方日报》2015年4月27日，第A02版。

值高、吸纳就业能力强的现代产业体系”；“加快发展知识产权服务业，是促进科技和经济紧密结合的重要抓手，是提高产业核心竞争力、促进经济结构调整、加快转变经济发展方式的重要举措”。[1] 建设知识产权强省，应当围绕多举措促进知识产权服务业的提速升级。

（一）一体化知识产权公共服务平台的构建

加强对知识产权公共服务平台发展的财政投入，着力构建集专利、商标、版权、集成电路布图设计、植物新品种等信息于一体的知识产权公共服务平台，提供信息分析、展示交易、维权指引、业务咨询等基础公共服务。建立江苏特色优势产业的专业专利信息服务系统，推动专利信息的传播和利用。鼓励地方结合自身产业发展，建设特色化服务平台，逐步形成省市县三级服务网络。探索建立覆盖专利和商标申请全过程的电子网络服务平台，实现知识产权申请信息服务的网络化、便捷化和自动化。

（二）知识产权公共服务重要载体功能的充分发挥

加快建设国家知识产权局专利局审查协作（江苏）中心、专利战略推进与服务（泰州）中心、区域专利信息服务（南京）中心、无锡（国家）外观设计信息中心、国家专利局南京代办处等一批国家级公共服务载体，发挥其辐射带动作用，形成覆盖全省、结构合理、功能健全、实用高效的公共知识产权服务体系。

（三）社会化服务机构规模化、品牌化发展的推动

实施知识产权服务业促进计划，支持和促进知识产权代理、交易、咨询、评估、法律、信息等服务机构快速发展。支持服务机构加大品牌运营力度，与境外知识产权机构建立高层次合作联盟，积极拓展国际市场，培育一批熟悉海外法律环境的知识产权涉外服务机构。

（四）省外优质服务机构的大力引进

改革专利代理等知识产权服务机构设立审批制度，采取政府补贴、采

[1] 参见国家知识产权局等九个单位联合下发的《关于加快培育和发展知识产权服务业的指导意见》，国知发规字〔2012〕110号。

购等措施，吸引省外高水平知识产权服务机构来江苏开设分支机构或开展连锁经营，推动形成充分流动、公平竞争、健康发展的知识产权服务市场。

（五）知识产权服务新兴业态的大力发展

推动服务机构加强理念创新、管理创新和制度创新，积极开发服务新产品，发展服务新业态，开展战略策划、大数据加工、增值运营、托管、融资、保险等特色化高端服务。重点发展和完善知识产权价值评估、投融资、交易运营等新兴服务体系，出台相关服务领域指导性发展意见，强化市场管理规范，完善知识产权资本化、市场化、产业化的价值实现链条。省财政针对市场发展需要建立知识产权服务新兴业态开拓的资助和奖励政策。

（六）服务质量和能力的全面提升

强化知识产权执业培训制度，不断提高从业人员业务能力和素质。加强政府、行业协会对知识产权服务市场的引导、管理和监督，建立行政监管与行业自律有机结合的监管机制，制定出台知识产权服务机构管理和奖惩办法。构建知识产权服务标准体系，完善知识产权服务机构评级机制，开展服务质量满意度评价试点。建立和完善知识产权服务业信用信息体系，推进服务机构业务数据、服务质量和奖惩信息公开化，培育信息透明、竞争有序、监管有力、健康发展的知识产权服务市场。

（七）知识产权服务业集聚区的集中打造

积极推进苏州、南京等国家知识产权服务业集聚发展试验区建设，构建集知识产权代理、信息服务、转让交易、运营等服务为一体的高端服务业集聚区，培育5～10个主体功能突出、辐射范围广、带动作用强的国家级集聚发展试验区，加快形成知识产权服务产业。在各类开发园区、特色产业基地及产业集群优势明显的地区，普遍建立技术转移中心、技术创新服务中心、产业化小试中试中心、科技企业孵化器、面向中小企业电子商务服务平台、基于信息网络的政策、法律、劳务、维权平台等各类服务机构，为战略性新兴产业企业提供一体化、一站式服务。

（八）对外知识产权服务工作的有效推进

积极拓展对外知识产权服务市场，鼓励有条件的知识产权服务机构到境外提供服务，在境外设置分支机构；引导和帮助江苏省知识产权服务机构与境外知识产权服务机构进行更多的交流与合作。

七、以构筑持久竞争优势为目标的知识产权人才高地的打造

知识产权人才是知识产权事业得以持续发展的基础，但市场中能够深度挖掘知识产权价值、为企业知识产权布局的高端服务人才十分稀缺。[1]虽然我国目前已经有诸多高校开始尝试培养知识产权人才，但是由于知识产权专业尚处在发展的早期探索阶段，所以建设知识产权强省所需要的知识产权人才还有待进一步关注。

（一）学历学位教育的扎实推进

将知识产权纳入高校本科和硕士研究生教育课程体系。加强知识产权专业设置和学科建设，在江苏形成涵盖知识产权本科专业、硕士学位和博士学位的完整的专业学科体系。积极推进教育管理体制改革，在本科专业、硕士学位授权点、博士学位授权点的设置和招生计划方面赋予高校更多自主权。支持有条件的高等院校根据市场需求设置相关应用型知识产权学科、专业，特别是开展知识产权专业硕士和博士研究生培养工作。鼓励和支持有条件的高校建设省级、国家级知识产权精品课程，建设知识产权特色、品牌专业或重点专业。鼓励高校采用合作办学、定向培养、继续教育等多种形式，创新知识产权人才培养模式。支持与境外高校开展知识产权人才培养的合作，培养一批具有国际视野的应用型知识产权高端人才。

（二）人才培养载体建设的加强

推动有条件的高等院校按照重点学科建设要求创办知识产权学院，突出专业技能培养，科学设置课程，强化职业能力训练，着力培养知识产权

---

[1] 刘垠：“知识产权人才‘赤字’如何化解”，载《发明与创新》2014 年第 3 期，第 38 页。

实务型人才。重点推进南京理工大学知识产权学院建设，落实省政府与工业和信息化部、国家知识产权局共建协议，建成高水平知识产权研究和人才培养基地。积极支持南京工业大学加快知识产权学院建设步伐，尽快形成具有特色工科背景的知识产权人才培养基地。

（三）从业人员专业素质的大力提升

依托国家、省级知识产权培训基地，大力开展知识产权从业人员在职培训，重点提高知识产权管理、执法、服务、企业工程师等专业人才素质，培养一批懂技术、懂法律、懂市场、懂管理的复合型知识产权人才。

（四）知识产权领军人才培育计划的实施

推进知识产权人才培养的区域与国际合作，在知识产权实务、学术研究、科学技术研究领域遴选一批优秀培养对象，派遣到世界知名大学、研究机构、跨国公司本部进行交流、培训和访问，有效利用国际人才培养资源，培育造就一批具有国际视野和高端业务能力的知识产权领军人才。

（五）海内外人才引进力度的加大

将知识产权高层次人才纳入江苏省“双创计划”及各地人才引进计划，大力吸引海内外高端人才、拔尖人才、紧缺人才和专业团队落户江苏。建立规范合理的知识产权人才引进程序，江苏省财政等部门落实项目资助、创业创新、子女入学等各项扶持政策。加快知识产权人才信息化建设，对接国家知识产权人才信息网络平台，加强人才信息公开和共享，提高人才交流、引进和选用效率，把江苏建成知识产权人才密集区、优势区。

（六）企事业单位人才培养引进力度的加大

鼓励企业加大企业知识产权总监、知识产权工程师培训投入力度，提高知识产权培训费用计入企业成本的比例。鼓励和支持企事业单位采取咨询、讲学、兼职、短期聘用、人才租赁等多种方式引进人才，提高工作生活待遇，吸引更多知识产权高层次人才为企事业单位提供服务。

八、以提高政府管理效能为目标的知识产权管理的创新

我国现行知识产权行政管理体制在知识产权法律制度建立和实施过程

中起了非常重要的积极作用，改革与创新知识产权管理体制是事关知识产权管理效能与水平提高的任务，[1] 是我国在实施知识产权战略过程中始终坚持探索的一项工作，建设知识产权强省，应当从提高政府管理效能出发，以实现知识产权管理创新来推动知识产权各项工作的全面发展。

（一）政府协调机制统筹职能的充分发挥

进一步完善工作机构，稳定协调联络人员，各级政府的发改、经信、科技、商务、教育等联席会议（领导小组）主要成员单位要设立具体负责知识产权事务的知识产权处，其他成员单位要明确相应的职能机构，配备工作人员。进一步强化知识产权联席会议（领导小组）制度建设，通过发布年度行动计划等方式，进一步明确各成员单位的管理职能和年度任务。在联席会议（领导小组）的框架下，整合知识产权部省合作、知识产权重大事件会商、知识产权举报投诉等各项制度，建立高效顺畅的沟通协作渠道，进一步充实协调机制功能，提高工作成效。

（二）国家和省级区域试点示范的大力推进

重点培育国家级知识产权示范城市、国家商标战略实施示范城市、全国版权示范城市，有效发挥区域试点示范的辐射引领作用。推动省市合作共建机制形成鲜明特色，根据各地区位特点、资源禀赋和工作基础，加强分类指导，使苏南、苏中、苏北地区实现错位发展，苏南建设成为知识产权强省建设先导区，苏中在创建知识产权强省进程中加速崛起，苏北实现知识产权综合实力的提升和跨越。

（三）重大科技经济活动监督管理的落实

坚持把政府财政支持的重大科技经济项目知识产权审议制度落到实处。

---

[1] 武善学："健全中国特色知识产权行政管理和执法体制"，载《法学杂志》2010年第4期，第123页。

出台江苏省重大科技经济活动知识产权审议办法，❶ 健全知识产权分析评议机制，对政府资金支持的重大产业投资、重大科技成果转化、重大科技攻关、创新人才引进等项目以及涉及国家利益的企业并购、技术出口等活动，实施知识产权评议和前置审查，逐步实现审议率80%以上。完善和落实科技重大专项知识产权跟踪管理制度，将知识产权管理切实贯穿重大专项的实施全过程，提升重大项目研究开发效能，强化创新成果知识产权保护，避免知识产权侵权风险，并将知识产权产出情况作为考核评价的重要依据。优化展会知识产权管理，加强过程控制，借此促进展会参加企业的知识产权创造成效，全面提高展会相关企业的知识产权管理和保护水平。同时，鼓励和引导企业主动建立重大经济科技活动、人才引进、对外贸易的知识产权审议和跟踪管理制度，降低企业生产经营活动中的知识产权风险。

（四）政府重大危机预警、应急处理水平的提高

建立知识产权重大事件应急工作机制，强化政府部门对江苏知识产权重大风险、危机的预警和应急，对可能发生的涉及面广、影响大的知识产权纠纷、争端和突发事件，及时制订预案，妥善应对，尽可能控制和减轻对江苏经济产业发展的损害。

九、以提高国际化水平为目标的知识产权国际合作交流的加强

随着知识经济的快速发展，知识产权国际合作与交流已经成为全球最聚人气的活动领域。自加入WTO以来，我国不断努力加强在知识产权领域的国际交流与合作。建设知识产权强省，需要“借鉴世界知识产权强局的

---

❶ 以地方立法形式“明确重大经济活动中知识产权审议的功能定位并界定知识产权审议的审查对象、审议内容”是我国建立健全重大经济活动知识产权审议制度工作中的基础性任务。参见：朱一飞：“我国重大经济活动知识产权审议制度的模式选择与建构路径”，载《知识产权》2011年第5期，第61页。

经验，借助其人力资源和技术优势，促进知识产权事业长远发展”；[1] 建设知识产权强省，应当在结合经贸活动的基础上重视和加强知识产权国际合作与交流，提高知识产权国际事务处理能力，提升江苏省在知识产权领域的国际影响力。

（一）知识产权国际交流合作的深化

发挥江苏开放大省优势，加强知识产权对外合作交流，深化完善与美国、欧盟、韩国等国家和地区知识产权管理部门的合作机制，在知识产权高层次人才培养、知识产权信息共享和利用、知识产权保护、知识产权运营等方面形成长期合作机制。拓展知识产权境外工作领域，探索在美国、德国、日本等主要贸易国家设立驻外知识产权工作站，建立境外知识产权争端快速反应机制，为企业境外知识产权维权提供有力支持。

（二）境内外重大合作项目载体建设的推动

促进江苏创新需求与全球创新资源有效对接，支持南京工业大学以及无锡、盐城等地与欧盟共建专业技术转移中心，积极推进泰州医药城中美知识产权信息库建设。拓展与境内外著名知识产权研究、服务机构和大学的合作，推动境内外知识产权研究、服务和教育机构建立高层次合作联盟。

---

[1] 田力普：“不断开拓知识产权国际交流与合作新局面”，载《今日中国论坛》2010年第6期，第25页。

第九章　建设知识产权强省的保障措施

建设知识产权强省是一项长期而艰巨的系统工程，在国内无先例可循，需要全社会的共同参与和持续努力。❶ 要实现这一目标，政府及相关部门必须充分解放思想，以大胆改革的思想和勇气，打破传统思维的禁锢，打破不适应强省建设需求的体制机制，高度整合协调经济、科技、文化、教育等各方资源，搭建与知识产权强省建设相匹配的知识产权保障体系。

第一节　知识产权强省建设组织领导的加强

一、统筹协调工作机制的组建

成立由省长亲自挂帅的加快建设知识产权强省工作领导小组，加强统筹规划与组织协调。领导小组办公室设在省知识产权局，承担强省建设的政策研究、计划制定、考核评估及日常事务的管理工作。成立知识产权强省专家咨询委员会，组织海内外专家开展重大问题研究和决策咨询。

二、部省合作新机制的完善

在江苏省政府与国家知识产权局合作共建实施知识产权战略示范省的工作基础上，以知识产权强省建设作为新主题，进一步拓展、深化与国家

❶ 徐南平："以只争朝夕的紧迫感加快推进知识产权强省建设"，载《新华日报》2015 年 4 月 24 日第 6 版。

部委的沟通协作，建立与国家知识产权、工商、版权、工信部等多部委的长效合作机制，有效整合国家和省内资源，着力打造部省合作“升级版”，在更高层面推动江苏率先建成知识产权强省。合作重点包括搭建知识产权审查授权部门与创新主体的交流互动平台，建设知识产权信息开发利用等重大公共服务载体，共建知识产权学院等重点人才培养基地，在江苏开展知识产权管理体制机制试点等。

三、纵横联动、合力推进工作格局的形成

各级党委、政府要把加快知识产权强省建设摆上重要议事日程，把强省建设工作作为“一把手”工程来抓，认真研究重大问题，制定落实政策措施，推动各项任务有力有序有效实施。各有关部门各司其职，细化措施，切实形成纵向联动、横向协调、共同参与的强省建设联合推进机制。

第二节　知识产权行政管理体制改革的大力推进

一、知识产权管理“三合一”体制改革的推进

根据党的十八届三中全会关于“破除各方面体制机制弊端”的要求，进一步强化改革意识，加快改革步伐，按照“循序渐进、先行试点”的原则，借鉴知识产权强国管理模式，集成专利、商标、版权等知识产权管理资源，推动建立独立、统一、高效的知识产权管理部门，作为各级政府组成部门，从根本上改变当前职能分散、多头管理、权责交叉的工作现状。[1]具体来说，苏南现代化建设示范区、国家级知识产权示范城市先行先试，率先开展“三合一”管理改革试点工作。苏中、苏北地区着力强化部门协调配合，构建联动管理新机制，有条件的地区可以申请作为“三合一”改革试点。省级知识产权管理体制改革力争在2020年以前取得实质性突破，

[1] 陆峰：“知识产权保护不能多头分散”，载《新华日报》2014年3月13日第A4版。

形成“专利、商标、版权三合一”或“专利、商标二合一”集中的知识产权行政管理机制。

二、基层知识产权管理机构的完善

各市县按照《江苏省专利促进条例》的要求，落实专门编制和人员，并保持相对稳定，确保管理队伍专业化。加快构建高新园区、开发区、大学科技园、科技产业园等区域知识产权工作体系，设立专门知识产权管理部门，配备专职人员。发改、经信、商务、科技、教育等知识产权联席会议主要成员单位设立知识产权处，具体负责知识产权管理事务；其他成员单位进一步加强本系统、本部门知识产权管理工作，明确职能机构和人员，建成多部门分工明确、相互支持、运行畅通的基层知识产权行政管理机制。

三、建立知识产权行政执法局的探索

优化配置知识产权行政执法资源，构建有利于集中行使知识产权行政执法权的知识产权市场监管综合执法机构，充实行政执法力量，提升知识产权行政执法专业化水平，切实为加大知识产权保护力度提供机制保障。

四、公共服务职能的进一步强化

理清政府与市场的关系，科学界定行政管理的行为界限，淡化管制色彩，强化服务职能。深入推进行政审批制度改革，进一步简政放权，尊重和确立市场在资源配置中的基础性、决定性作用。打造服务型政府，将知识产权管理工作的重点放在提供公共服务产品、制订方针政策、助力产业发展、维护合法权益、监管市场秩序、宣传知识产权文化等方面。引导企业、行业协会和其他主体主动参与知识产权强省建设，构建全社会共同推进的知识产权公共治理体系。

第三节　知识产权专项经费投入的不断加大

一、财政资金投入力度的加大

根据知识产权强省建设需要，加大省级知识产权经费投入，确保财政知识产权经费高于财政经常性收入增幅，力争到2020年达到10亿元以上。各市、县（市、区）、园区结合当地实际，设立独立预算的知识产权专项资金，建立稳定的财政投入增长机制，形成省市县三级联动、协调配套的财政资金投入体系。

二、财政资金使用结构的调整

根据知识产权强省建设的总体思路和重点任务，对现有财政资金使用的范围和重点领域进行调整。就调整使用范围而言，除关注知识产权创造、企业知识产权战略推进、专利技术产业化、知识产权人才队伍建设之外，还应关注到版权、技术秘密等其他类型知识产权产业化的价值发挥；加强对产学研协同创新中知识产权工作投入，加强对知识产权重点培育产业投入；加强对知识产权运营市场建设的投入；等等。就调整使用的重点领域而言，减少支持知识产权创造的财政支持力度，逐步取消对实用新型、外观设计专利申请等活动的资助；仅对关键技术领域以及战略性新兴产业的知识产权成果予以适当资助，对获得市场认可的高质量、高价值知识产权成果予以适当的奖励。

三、多元化投入体系的建立

鼓励和引导企业、社会组织、各类基金加大对知识产权工作的支持力度，形成企业投入为主体、政府投入为引导、社会资金广泛参与的多元化知识产权投入体系。

第四节　相关优惠政策在江苏的先行先试

一、知识产权服务业税收优惠的适用

积极协调国家知识产权局与国家税务部门，争取获得其支持，在江苏率先试点实施知识产权服务业低税率政策，改变目前营改增税收政策带来的高税负状况，切实减轻知识产权服务机构发展负担，支持知识产权服务业发展壮大。

二、知识产权密集型企业优惠政策的出台

在全面实施创新驱动核心战略的新形势下，知识产权密集型企业是带动、引领全省创新主体发展的排头兵，也是推动江苏经济转型升级的主要生力军，要充分研究促进知识产权密集型企业发展的有效措施，切实给予政策支持。具体可参照国家给予高新技术企业的税收优惠政策；或者，经认定的知识产权密集型企业，给予每家企业 100 万元奖励。

三、高新技术企业认定标准的调整优化

积极争取国家科技部、国家税务总局的支持，在江苏开展高新技术企业认定标准调整试点工作，将是否贯彻《企业知识产权管理规范》作为高新技术企业认定条件之一，提高其知识产权综合运用能力和市场竞争力。

四、高校院所知识产权管理体制改革的大力推动

在教育部等主管部门的支持下，改革高校院所现行知识产权管理体制，打破不利于科技创新、不利于成果转移的统管型知识产权管理体制，将部分技术成果的所有权、知识产权管理权、转让和实施权、收益权等下放到相应高等院校、科研院所。支持高校院所与企业其同建立协同创新平台，推动高校院所围绕优势学科成立知识产权转移中心，切实激发科研人员的

创新热情，提高创新质量和效益，促进创新成果高效流动、及时实现市场价值。

第五节　知识产权强省建设政策体系的完善

一、知识产权政策法规体系的完善

完善促进知识产权创造、运用、保护和管理的地方性法规、规章和政策，健全地方知识产权政策和制度。研究制定综合性的知识产权促进法，实现知识产权政策的法律化治理。制定战略性新兴产业和文化创意产业的知识产权扶持政策，发布知识产权密集型企业和知识产权密集型产业培育办法。

二、全面系统的强省建设政策体系的构建

在纵向关系上协调我国文化教育政策、科学技术政策、产业经济政策、对外贸易政策等，统一政策目标，减少与相关政策间的摩擦与重叠，彰显知识产权在促进社会发展中的推动作用。注重政策间的协调联动。强化知识产权政策法律与科技、产业、贸易、金融、税收、文化、教育、人才、卫生、环境保护、政府采购等政策法律的衔接。商务主管部门在制定与实施进出口许可证初审或者核准政策、对外承包工程资格认定政策、外经贸行业高级国际商务专业技术资格评审和认定政策、境内举办对外经济技术展览会审批政策时应当将企业知识产权创造成果、知识产权管理水平和知识产权保护状况作为重要的考量因素。

第六节　知识产权统计与考核的加强

一、合理完善的知识产权统计体系的构建

开展知识产权统计指标研究，建立新的科学合理的知识产权统计模型，

纳入各级地方政府及政府部门的统计体系，形成持续采集数据、全面反映工作成效的常态化知识产权统计机制。借鉴知识产权强国统计经验，探索将知识产权纳入 GDP 核算体系。

二、知识产权强省建设绩效考核的加强

建立和完善知识产权强省指标体系，将提升知识产权价值、提高知识产权对经济社会发展的贡献度、优化知识产权环境等作为考核重点，调整现有考核评价体系中不合理的部分，引导各级政府形成正确的知识产权工作导向。完善知识产权强省建设绩效考核评价机制，加大对强省建设先进单位、先进个人的奖励表彰，推动强省建设各项任务有效落实，确保强省目标如期实现。商务主管部门应当加强对产品出口企业知识产权工作成效的考核，并将考核结果作为处理企业出口相关事务的重要依据。教育主管部门应当将各高校知识产权管理工作纳入高校科技工作绩效考核体系。同时，还应当制定评价细则，对各级各类学校开展知识产权教育、宣传工作进行考核。

三、知识产权工作督查机制的建立

由知识产权强省建设领导小组办公室牵头，采取书面报告与现场督查相结合的方式，对各地各部门推进知识产权强省建设的任务完成情况、实施进度等进行监督，动态掌握强省建设推进情况。定期发布强省建设监测报告，及时总结成绩和不足，及时发现和解决问题，及时调整工作方法和思路。

第七节　知识产权文化氛围的营造

一、知识产权宣传力度的加大

大力弘扬“三创三先”新时期江苏精神，积极倡导全社会尊重知识、

崇尚创新、诚信守法，构建充满活力的知识产权文化氛围。❶ 各级政府定期发布知识产权保护白皮书，宣传各地各部门推动知识产权强省建设的做法和成效。扩大“4·26”知识产权宣传周、专利周等主题宣传活动的影响力，加强对优秀知识产权、知识产权密集型企业、知识产权先进工作者等典型案例的宣传表彰力度，营造有利于知识产权事业发展的良好舆论氛围。

二、知识产权知识普及教育的强化

加大知识产权基础教育普及力度，推动知识产权进校园、进社区、进家庭。将知识产权作为各级党校（行政学院）干部培训的必修课程，提升各级领导干部对知识产权的认识。实施知识产权“娃娃工程”，注重对中小学生知识产权意识的培养，发展一批中小学知识产权普及教育实验基地，加强对中小学师资知识产权知识的培训，在中小学设立知识产权副校长（知识产权专员），向中小学生免费提供知识产权教育读本和教材。开展青少年发明家、企业技术革新能手、优秀文化创意项目评选等活动，鼓励和激发创新创造活力。广泛开展群众性知识产权活动，采取群众喜闻乐见的方式，向社会输送知识产权保护知识。认真开展知识产权宣传，不断提升全社会知识产权认知度。❷

---

❶ 徐南平：“加快建设知识产权强省　努力开创科学发展新局面”，载《新华日报》2014 年 4 月 25 日第 A05 版。

❷ 徐南平：“以只争朝夕的紧迫感加快推进知识产权强省建设”，载《新华日报》2015 年 4 月 24 日第 6 版。

附件：知识产权强省评价指标体系及说明

一、知识产权强省评价指标设计思路和框架

根据知识产权强省建设的总体思路和发展目标，从以下几个方面研究构建知识产权强省评价指标体系。

1. 构建指标体系的基本思路

知识产权强省指标体系的构建应尊重知识产权本身的特点，力求全国通用，同时彰显特色，满足江苏经济社会发展的实际需要，重点关注以下因素。

（1）知识产权工作的本质特点与内在逻辑。知识产权工作本身就是一个完整的体系，有其内在的逻辑关系与结构。知识产权强省指标体系的构建应当彰显知识产权自身的性质与特点，根据知识产权各领域、各环节之间的逻辑关系进行设计，层次清晰。基于知识产权强省的特征，知识产权工作包括工作基础（创新产出）、工作重心（转化运用）、追求目标（发展贡献）和保障条件（环境营造和管理服务）等方面（见图1）。

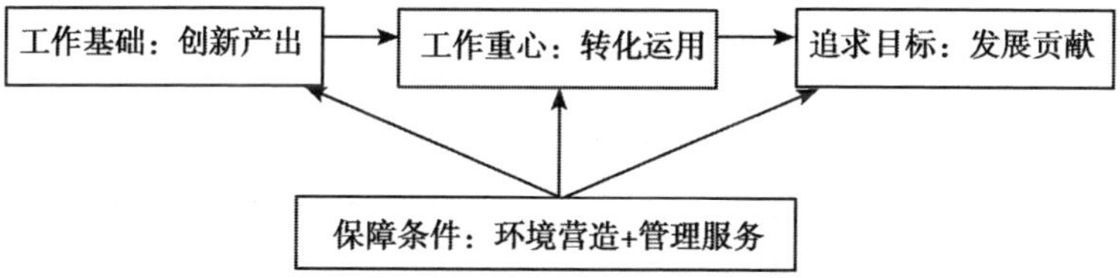

图1　知识产权工作的基本思路与逻辑

（2）知识产权与国家、地方经济社会发展的内在契合与关联。知识产权强省的核心是其对经济社会发展的引领和支撑作用。因此，知识产权强省指标体系的设计应当考虑创新型国家和创新型省份建设的需要。如江苏经济发展亟须依托知识产权解决“资源环境约束增强，能源利用效率较低”的问题，故应围绕产业发展增加值的能耗设置相应的指标；江苏经济

发展外向型特色明显，知识产权强省建设应当巩固和促进这一特色的良性发展，故应围绕这一要求设计相关指标。此外，知识产权强省指标体系还应与《江苏基本实现现代化指标体系（2013年修订，试行）》《中共江苏省委、江苏省人民政府关于实施创新驱动战略推进科技创新工程，加快建设创新型省份的意见》《江苏省科学和技术“十二五”发展规划》《江苏省“十二五”培育和发展战略性新兴产业规划》《江苏省“十二五”文化发展规划》《江苏省中长期教育改革和发展规划纲要》和《江苏省中长期人才发展规划纲要》等相协调。

（3）知识产权硬实力与知识产权软环境的综合考量。知识产权硬实力体现一个地方知识产权现有的发展水平，而知识产权软环境关系到一个地方知识产权未来的发展潜力，两者在评价指标体系中均应有所体现。知识产权硬实力是知识产权强省指标评价体系的主要部分，包括“创新产出”“转化运用”和“发展贡献”三类指标。知识产权软环境是知识产权强省建设指标评价体系的有机构成，包括“环境营造”和“管理服务”两类指标。

2. 指标体系的框架结构

按照上述思路，我们设计出5项一级指标、10项二级指标和30项三级指标。

（1）一级指标：知识产权强省评价指标体系包括5项一级指标：创新产出、转化运用、发展贡献、环境营造和管理服务。“创新产出”指标主要反映一个区域知识产权创造产出水平；“转化运用”指标主要反映知识产权转化运用能力；“发展贡献”指标主要反映知识产权对经济社会发展的贡献；“环境营造”指标主要反映知识产权保护水平；“管理服务”指标主要反映知识产权强省的管理水平和支撑强省建设的服务能力。

（2）二级指标：知识产权强省评价指标体系共包括10项二级指标，每个一级指标分别对应2项二级指标（见图2）。

——“产出数量”与“产出质量”：知识产权强省建设需要一定规模和较高质量的“创新产出”为基础。

——“产权交易”与“产权运用”：知识产权强省在“转化运用”方面应该是许可、转让及运用多种形式并存、相关市场活跃且健康有序。

——“经济贡献”与“社会贡献”：知识产权强省的突出特征之一是知识产权对经济与社会的发展均有明显的贡献。

——“保护能力”与“公众意识”：知识产权强省需要较高的知识产权保护水平和较高的公众知识产权意识，为知识产权工作提供必要保障。

——“科学管理”与“人才与服务”：知识产权强省建设离不开较高水平的科学管理和较为优质的知识产权人才与服务。

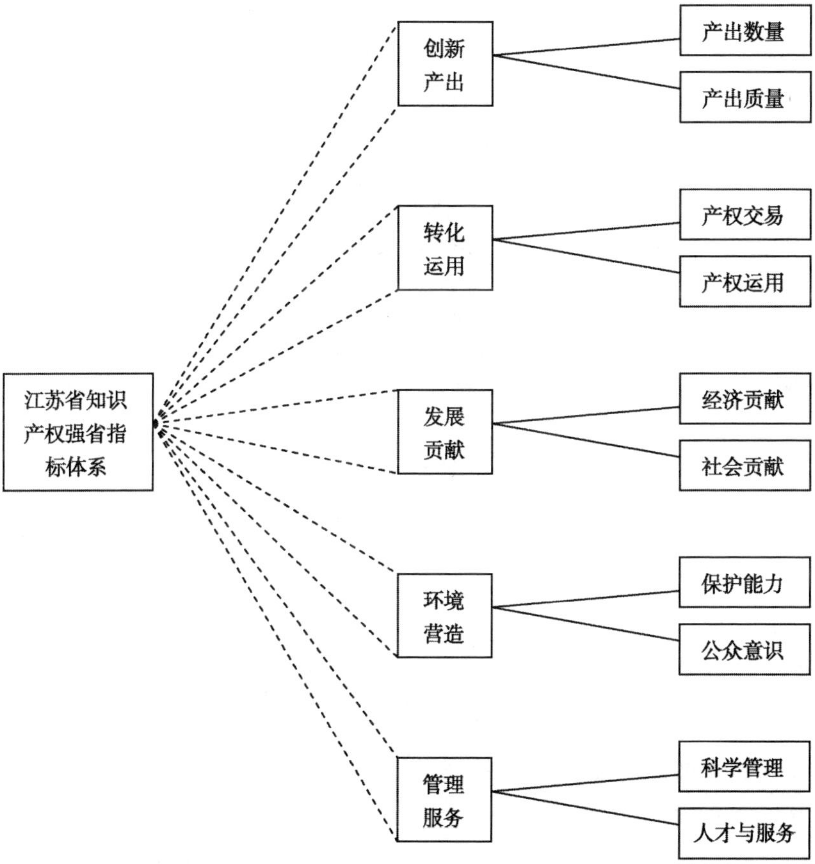

图2　江苏知识产权强省指标评价体系框架

(3) 三级指标：知识产权强省评价指标体系包括30项三级指标。

①产出数量的三级指标（见图3)：主要包括“专利授权量”“注册商标量”“著作权登记量”“植物新品种授权量”和“集成电路布图设计登记量”五项三级指标。专利、商标和著作权是传统三大知识产权类型，也是最常见的知识产权成果形式，能够基本反映知识产权产出数量的概况；江苏是农业大省，创新型省份建设需要实现农业现代化，植物新品种有助于农林业的发展；植物新品种授权量在国际上已经成为衡量一国或地区农林业领域知识产权工作关注的重点之一。因此，“植物新品种授权量”也应成为“产出数量”的三级指标。近年来，集成电路布图设计专有权已成为集成电路企业，尤其是设计企业的重要知识产权。集成电路布图设计登记量直接反映了相关企业集成电路布图设计专有权情况。因而“集成电路布图设计登记量”应成为“产出数量”的三级指标。

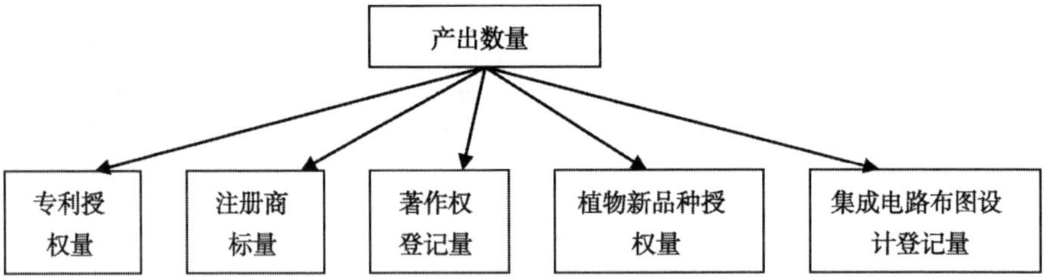

图3 “产出数量”的三级指标框架

②产出质量的三级指标（见图4)：主要包括“百万人口发明专利拥有量”“PCT专利申请量”“马德里商标国际注册量”和“全球最有价值500品牌的拥有量”四项三级指标。“百万人口发明专利拥有量”是一项国际通用指标，是反映一个国家或地区科研产出质量和创新能力的指标。“PCT专利申请量”与“马德里商标国际注册量”是体现一个国家或地区在知识产权国际话语权的重要标志，是企业参与国际竞争不可忽视的有效工具，是国内外评价知识产出质量的常见指标。此外，品牌竞争愈发重要，品牌的价值也反映了知识产出的质量水平，故将“全球最有价值500品牌的拥有量”也确立为一项三级指标，该指标的数据值来源为国际社会较为认可

的英国品牌价值咨询公司 Brand-Finance 发布的排行榜。

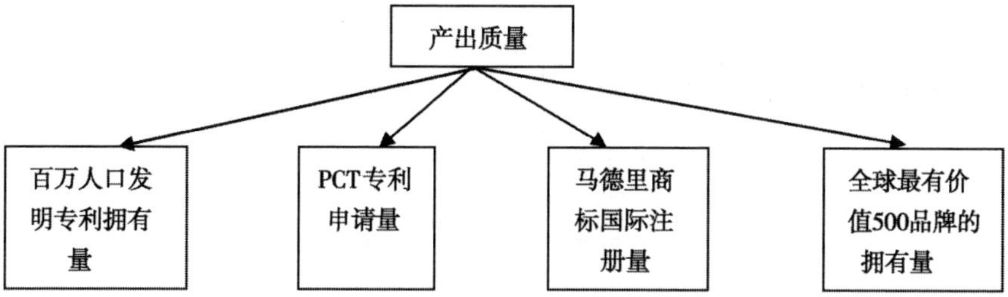

图 4　“产出质量”的三级指标框架

③产权交易的三级指标（见图 5）：主要包括“百万元 GDP 技术交易额”“注册商标交易活跃度”和“版权交易合同登记数”三项指标。技术许可与转让、注册商标的许可与转让、版权许可与转让是最常见的知识产权交易类型，能够在一定程度上反映知识产权交易的基本情况。

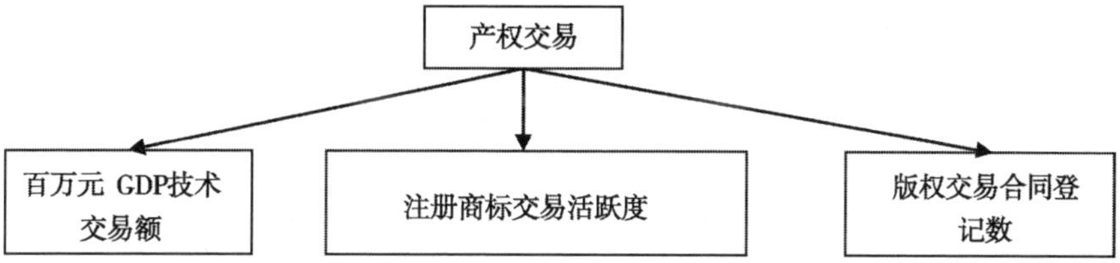

图 5　“产权交易”的三级指标框架

④产权运用的三级指标（见图 6）：主要包括“自主知识产权产品销售收入占规模以上工业企业销售额的比重”和“知识产权质押融资额”两项指标。知识产权的运用主要表现为两种方式：其一是权利人以知识产权为依托生产或销售相关的产品；其二是以知识产权进行质押融资。因此，对产权运用进行评价应从这两个方面进行。

⑤经济贡献的三级指标（见图 7）：主要包括“知识产权密集型产业增加值占 GDP 的比重”“知识产权密集型产业占进出口总额的比重”和“自主品牌在出口商品中的比例”三项指标。目前，美国、欧盟等在考察知识产权对经济社会发展的贡献时均是围绕知识产权密集型产业来进行的，因此，知识产权强省指标体系也选择以知识产权密集型产业为关注点。依据

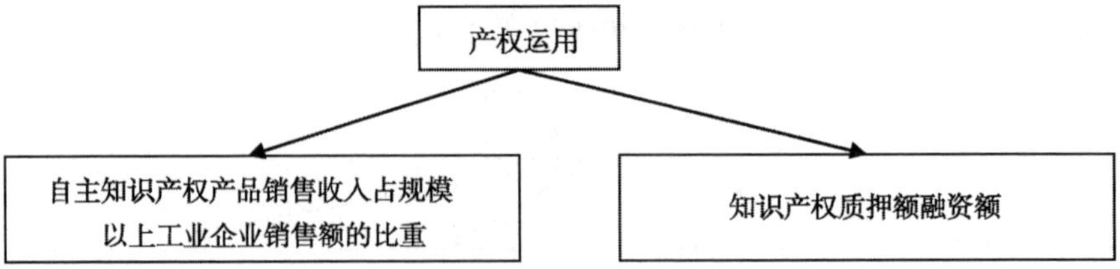

图6 “产权运用”的三级指标框架

国际惯用做法，考察知识产权对经济的贡献主要考察知识产权密集型产业对 GDP、对外贸易的影响。

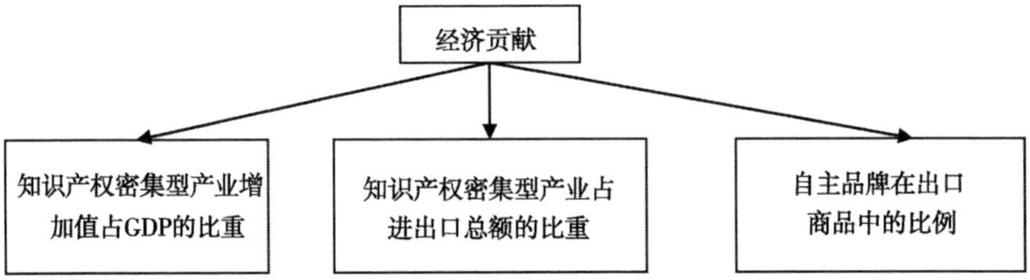

图7 “经济贡献”的三级指标框架

⑥社会贡献的三级指标（见图8）：主要包括“知识产权密集型产业平均工资与全社会平均工资的比例”“知识产权密集型产业劳动者拥有本科及以上学历的比重”和“单位知识产权密集型产业增加值能耗”三项指标。美国、欧盟等在考察知识产权对经济社会发展贡献时，均将工资水平和受教育程度作为考察的重点内容，知识产权强省指标体系对此应予以借鉴。考虑到江苏经济社会发展面临的资源环境约束以及能源利用率低的困境亟须解决，故设置“单位知识产权密集型产业增加值能耗”这一指标，以反映知识产权密集型产业节约能源情况和能源利用效率，体现知识产权对生态文明的贡献。

⑦保护能力的三级指标（见图9）：主要包括“百万人口拥有知识产权执法与审判人员数”“知识产权行政复议、行政诉讼维持率”和“知识产权上诉案件维持率”三项指标。对知识产权保护能力的考察应涵盖行政保护和司法保护两个方面。知识产权执法与审判人员数量是知识产权保护的

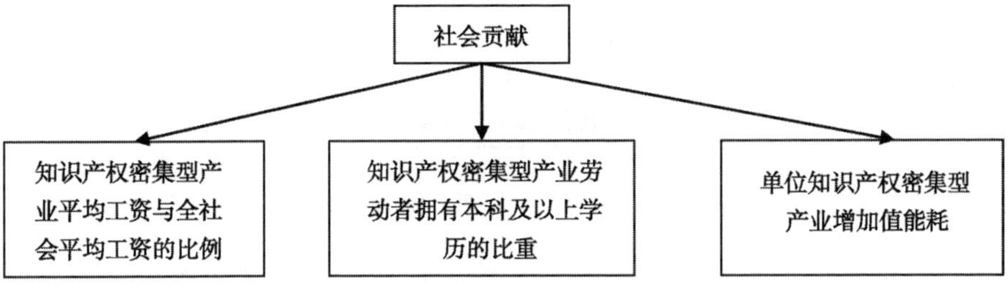

图 8　“社会贡献”的三级指标框架

基础；在行政保护领域，针对具体行政行为的行政复议与行政诉讼中维持原决定所占的比例能在一定程度上反映出行政执法人员案件处理能力；在司法保护领域，知识产权民、刑事案件的上诉维持数量占总上诉案件量的比例也能一定程度上反映知识产权司法保护能力。

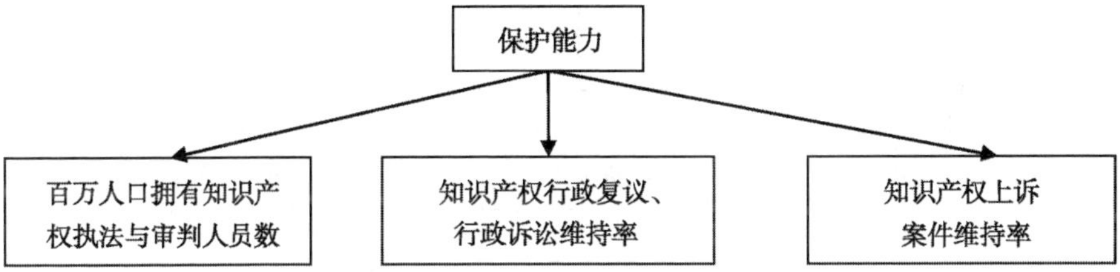

图 9　“保护能力”的三级指标框架

⑧公众意识的三级指标（见图 10）：主要是指“全社会知识产权认知度”。一般而言，社会公众对知识产权的总体了解程度、社会公众的专利意识和认知程度、社会公众对于企业专利状况与专利事业发展的认识、社会公众对于假冒行为的认识、社会公众对驰名商标认定与保护的认识、社会公众对盗版的认识、社会公众的著作权意识与认知程度、社会公众对网络环境下知识产权保护的认识、社会公众对商业秘密的认识以及社会公众的知识产权保护意识等，这些能基本反映出公众知识产权意识的基本状况。

⑨科学管理的三级指标（见图 11）：主要包括“知识产权行政管理能力指数”“知识产权专项资金投入”和“企业知识产权管理标准化覆盖率”三项指标。知识产权的科学管理应该包括政府知识产权管理和企业知识产权管理两部分，知识产权行政管理机构独立性、机构规格和人员数量等决

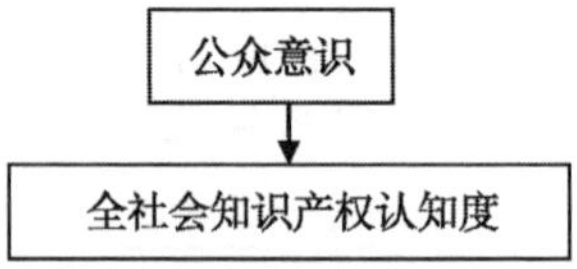

图 10 “公众意识”的三级指标框架

定了知识产权行政管理能力指数，体现了知识产权行政管理能力的水平；全社会知识产权资金投入是知识产权工作的重要支撑之一，也反映了政府在研发投入等方面的管理能力；目前，国家已经推行《企业知识产权管理规范》，企业知识产权管理标准化覆盖率能反映企业知识产权管理能力与水平。

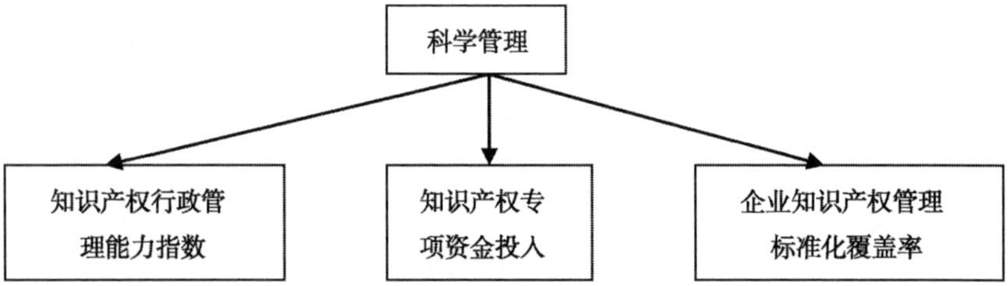

图 11 “科学管理”的三级指标框架

⑩人才与服务的三级指标（见图 12）：主要包括“企业知识产权工程师占企业 R&D 人员比例”“万件专利申请代理机构从业人员数”和“知识产权服务机构主要营业收入”三项指标。知识产权人力资本是建设知识产权强省的主要力量，因此，知识产权强省指标体系有必要考察接受过企业知识产权工程师培训的人员数占企业研发人员数的比例；专利代理人员对

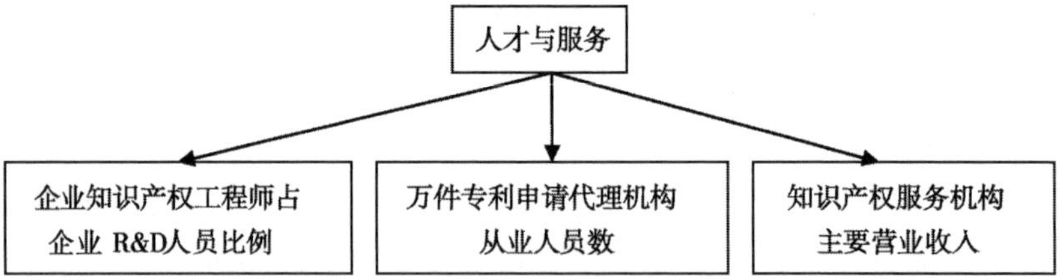

图 12 “人才与服务”的三级指标框架

专利工作的发展有着极为重要的支持作用，专利代理从业人员数量能反映专利代理行业的人才规模，是确保专利申请质量的重要保证，在一定程度上体现了知识产权中介服务业的发展情况；知识产权服务业也是知识产权强省建设的重要保障之一，因此，知识产权强省指标体系通过对知识产权服务机构主要营业收入金额，判断知识产权服务机构发展整体实力的强弱。

二、知识产权强省评价指标体系

表 9－1　知识产权强省评价指标体系

一级	序号	指标名称		单位	2020 年目标值
		二级	三级		
创新产出	1	产出数量	专利授权量	万件	40
	2		注册商标量	万件	12
	3		著作权登记量	万件	50
	4		植物新品种授权量	件	1 300
	5		集成电路布图设计登记量	件	1 800
	6	产出质量	百万人有效发明专利拥有量	件	2 000
	7		PCT 专利申请量	件	7 500
	8		马德里商标国际注册量	件	4 000
	9		全球最有价值 500 品牌的拥有量	件	3 ~ 5
转化运用	10	产权交易	百万元 GDP 知识产权交易额	万元	3
	11		注册商标交易活跃度	%	5
	12		版权交易合同登记数	万件	2
	13	产权运用	自主知识产权产品销售额占规模以上工业企业产值比重	%	60
	14		知识产权质押融资额	亿元	600

续表

一级	序号	指标名称		单位	2020年目标值
		二级	三级		
发展贡献	15	经济贡献	知识产权密集型产业增加值占GDP的比重	%	>35
	16		知识产权密集型产业占进出口总额的比重	%	>89
	17		自主品牌在出口商品中的比例	%	>40
	18	社会贡献	知识产权密集型产业平均工资与全社会平均工资的比例	%	>140
	19		知识产权密集型产业劳动者拥有本科及以上学历的比重	%	>43
	20		单位知识产权密集型产业增加值能耗	吨标准煤/万元	≤0.25
环境营造	21	保护能力	百万人口拥有知识产权执法与审判人员数	人	250
	22		知识产权行政复议、行政诉讼维持率	%	90
	23		知识产权上诉案件维持率	%	97
	24	公众意识	全社会知识产权认知度	%	80
管理服务	25	科学管理	知识产权行政管理能力指数	分	90
	26		知识产权专项资金投入	亿元	30
	27		企业知识产权管理标准化覆盖率	%	20
	28	人才与服务	企业知识产权工程师占企业R&D人员比例	%	2.2
	29		万件专利申请代理机构从业人员数	人	150
	30		知识产权服务机构主要营业收入	亿元	22

三、知识产权强省评价指标测算

（一）创新产出（包含9项具体指标）

（1）专利授权量。该指标是指当年全省专利授权量，主要反映科研产出的总体水平。韩国2011年专利授权量为144 208件，美国1992年为107 394件。而江苏2012年已达269 944件（主要是实用新型和外观设计，不具有可比性）。因此，该数据采取合理增幅测算法。据世界知识产权局统计，2009~2012年，全球专利授权量增长的年均增幅为10.1%；江苏专利授权量增长的年均增幅为58.5%，在“量质并举”方针指导之下，增幅正呈回落趋势。根据知识产权强省的内涵和建设要求，在今后一个阶段，专利产出坚持“稳中求进、以质为先”的原则，着力提升发明专利授权量，努力实现量质并举，数量增长速度将锐减。因此，建议以2012年江苏专利授权量269 944件为基数，按照年均5%的增幅测算，到2020年达到40万件。

（2）注册商标量。该指标是指当年全省商标注册量，主要反映拥有注册商标的总体数量。据世界知识产权局统计，由于受经济危机的影响，2011年全球商标注册量出现负增长，但2012年起全球经济开始回暖，全球商标注册量又大幅增长。2009～2012年，全球商标注册总量增长的年均增幅为18.4%。若按全球年均增幅测算，以2012年为基数，到2020年江苏省商标注册量应达到21万件。但根据知识产权强省的内涵和建设要求，商标注册数量应保持稳步增长，突出质量优先，同时考虑到年均增长幅度应与全球水平相近，因此，建议目标值测算以2012年江苏商标注册量5.6万件为基数，按照年均10%的增幅，2020年达到12万件，并在全国各省份排名中实现进位。

（3）著作权登记量。该指标是指当年全省版权登记量，主要反映一般作品以及软件产品产出数量。2012年，全国范围内的著作权登记数量激增，作品登记涉及作品总量为687 651件，较2011年的461 363件增长49.05%，其中，江苏著作权登记量为33 196件，仅为北京的9%，位居全国第四。长期排名全国第一的北京，2012年著作权登记量372 176件，按照近三年来7.07%的年均增幅计算，北京在2020年著作权登记量将达到642 822件。按照知识产权强省应达到全国领先的内涵与要求，江苏需扩大年均增幅，力争进位。因此，建议江苏扩大年均增幅至40%，到2020年达到年登记量50万件，接近北京目前的水平。

（4）植物新品种授权量。该指标是指当年全省植物新品种权的授权数量，主要反映农业领域知识产权创造水平及竞争力。2009～2012年，经过金融危机的影响，全球植物新品种授权量的年均增幅为9.7%，江苏植物新品种授权量的年均增幅为20.4%。按照知识产权强省的内涵和要求，知识产权产出数量应保持稳步增长；而由于江苏作为农业大省，植物新品种授权量增速高于国际平均水平符合江苏省的农业发展实际。因此，建议以2012年江苏专利授权量299件为基数，按照保持至少年均20%的增幅测算，到2020年该指标至少达到1 300件。

（5）集成电路布图设计登记量。该指标指当年集成电路布图设计登记的数量，反映企业集成电路布图设计专有权的拥有情况。近年来，我国集成电路布图设计登记量呈不断上升趋势，且上海、江苏一直位列前两位。据统计，2012年江苏集成电路布图设计登记量为220件，比位居第一的上海少135件。按照知识产权强省应达到全国领先的内涵与要求，江苏在2020年应稳定增长幅度并赶超长期排名全国第一的上海，确保在国内领先。以2012年上海355件为基数，按照近三年来年均增加93.7件计算，上海在2020年集成电路布图设计登记量将达到1 815件。建议江苏应稳定增幅为30%，在2020年实现指标目标值至少达到1 800件。

（6）百万人有效发明专利拥有量。该指标是指当年全省每百万人常住人口中拥有发明专利的数量，主要反映区域创新产出水平和能力。计算公式为：百万人有效发明专利拥有量=年末有效发明专利拥有量/年末总人口（以百万为单位）。2012年江苏百万人发明专利拥有量为573件，到2013年年底达到784件。而作为参照系的韩国2011年百万人发明专利拥有量达到14 040件，差距较大。《江苏基本实现现代化指标体系（2013年修订）》设定到2020年目标值为1 200件，目标设定较为保守。据统计，2012年年底江苏发明专利拥有量比上年增长53.9%，2013年年底增长37.3%，保持了比较稳定的增速，且从政策引导来看，各级政府已经确立以发明专利为主的激励政策，预计在未来5～10年发明专利拥有量还将继续保持稳定增长。因此，建议以2013年年底784件为基数，以年均增长10%～12%的保守增幅进行估算，到2020年百万人有效发明专利拥有量应至少达到2 000件。

（7）PCT专利申请量。该指标是指当年全省PCT专利申请量，主要反映出口产品的海外市场竞争力。据世界知识产权组织统计，2012年，作为知识产权强国的德国 PCT 申请量为 18 763件，作为知识产权次强国的法国、瑞士、瑞典、韩国等国家的 PCT 申请量分别为 7 849件、4 189件、3 587件、11 848件；江苏 2009～2012 年的年均增幅为 44.3%，2012 年达到 915件，与知识产权强国的差距仍然较大。而作为强省建设参照系的韩国 2011年 PCT 专利申请 10 447件，美国 1992 年为 11 359件。综合考虑江苏产业形态及政策调控等因素，建议以年均增幅 30% 进行保守测算，到 2020 年 PCT 专利申请量达到 7 500件。

（8）马德里商标国际注册量。该指标是指当年全省马德里国际商标注册量，主要反映企业运用马德里商标国际注册体系参与国际竞争的能力以及企业品牌的国际影响力。据世界知识产权组织统计，2012 年，韩国马德里商标国际注册量 1 543件；作为知识产权强国的德国马德里商标国际注册量 17 943件；江苏马德里注册量为 1 182件，同样具有外向型经济特征的浙江、广东分别为 3 767件、3 329件。按照瞄准知识产权次强国水平并在国内领先的要求，建议 2020 年江苏该指标值达到 4 000件。

（9）全球最有价值 500 品牌的拥有量。该指标是指当年全省进入国际品牌顾问 Brand-Finance 发布的“全球最有价值 500 品牌”的数量，主要反映企业品牌的价值和影响力。在 2012 全球品牌价值 500 强中，29 家中国企业上榜，其中广东 2 家，江苏 1 家。按照江苏知识产权强省建设目标应达到国内领先的要求，结合江苏省扩大品牌国际影响力、发展外向型经济的总体建设方向，建议 2020 年该指标值达到 3～5 家。

（二）转化运用（包含 5 项具体指标）

（1）百万元 GDP 知识产权交易额。该指标是指当年全省每百万元 GDP 中知识产权许可转让的合同金额，主要反映知识产权转化运用活跃程度。由于版权许可转让、商标许可转让等在国内尚无统一、公开的统计结果，故该指标计算暂用百万元 GDP 技术交易额替代。据中国技术市场管理促进中心统计，2012 年，全国百万元 GDP 技术交易额为 1.01 万元，北京、上海、广东分别为 11.51 万元、2.83 万元、0.56 万元，江苏为 0.86 万元。《国家“十二五”科学和技术发展规划》确定“到 2015 年力争实现技术市场合同交易总额达到8 000亿元目标”，要实现此目标，国内技术市场合同交易额应达到年均递增21%。江苏知识产权强省建设的内涵与要求，江苏技术交易额增幅应达到全国平均水平以上。据此，建议该指标在2020年达到3万元以上。

（2）注册商标交易活跃度。该指标是指在当年全省注册商标交易的数量占全部有效注册商标的比重，主要反映转让、许可等方式的商标权运用情况。据国家工商行政管理总局商标局的统计，2012年，全国办理备案手续的注册商标许可合同为26 945件，经核准的注册商标转让合同为106 288件，两项合计133 233件。截至2012年，我国累计有效商标为640万件。据此测算，注册商标交易量占全部有效注册商标的比例约为2.1%。这是全国平均水平，作为知识产权强省，其注册商标交易活跃程度应当远高于全国平均水平，至少应当是全国平均水平的2倍。基于上述考虑，建议2020年该指标值达到5%。

（3）版权交易合同登记数。该指标是指当年全省正式登记的版权转让与许可合同数量，主要反映转让、许可等方式的版权运用情况。据国家版权局的最新统计数据显示，2011年，江苏版权合同登记件数为4 937件，位居全国第二；2010年，江苏版权合同登记数为852件，列第三位；2006~2011年全国版权合同登记件数的平均增速为17.4%。作为知识产权强省，其版权合同登记增速应达到或高于全国平均增速，总数量处于全国前列。若按年均增幅17%测算，以江苏2011年数值为基数，到2020年该指标值应至少达到2万件。

（4）自主知识产权产品销售额占规模以上工业企业产值比重。该指标是指当年全省拥有自主知识产权的产品（含自有品牌产品）销售额与工业企业产值之比，主要反映知识产权转化为自主知识产权产品的基本情况及其在工业产值中的结构。2012年，江苏这一指标已从2010年的38%上升到48%。根据知识产权强省的内涵和要求，参考《江苏省创新性城市创新型乡镇创新型园区建设建设评价考核指标体系》确定的60%目标值，2020年已经建成创新型省份的江苏该指标值应达到60%以上。

(5) 知识产权质押融资额。该指标主要反映企事业单位运用知识产权融资的能力。2012 年，全国 28 个开展知识产权质押融资试点、投融资服务试点及创建国家知识产权投融资综合试验区共实现质押融资金额 385.7 亿元；江苏知识产权质押融资金额达到 60 亿元。由于我国知识产权质押融资起步较晚，知识产权质押融资将继续加强，知识产权质押融资额年均增幅 50% 的爆发性增长趋势将得以延续。在知识产权强省建设过程中，江苏知识产权质押投融资也将继续高速增长。因此，建议以 2012 年江苏 60 亿元为基础，按照 2017 年前（含 2017 年）与全国 50% 的增幅保持同步，2017 年以后约保持 10% 的增幅，江苏省 2020 年该指标目标值应达到 600 亿元。

(三) 发展贡献（包含 6 项具体指标）

(1) 知识产权密集型产业增加值占 GDP 的比重。该指标是指当年全省知识产权密集型产业的增加值与 GDP 的比值，主要反映知识产权对地区经济发展的贡献度。根据美国、欧盟发布的知识产权密集型产业报告，美国知识产权密集型产业增加值占 GDP 的比重在 2010 年为 34.8%，而欧盟已达到 39%。南京工业大学按美国相同方法对江苏密集型产业进行统计，得出 2012 年江苏知识产权密集型产业增加值占 GDP 比重约为 18%。江苏要建成知识产权强省，应当大幅提高知识产权对经济社会发展的贡献度，充分发挥知识产权对创新型经济的核心支撑作用，因此，到 2020 年力争实现知识产权密集型产业增加值占 GDP 的比重达到 35%，相当于美国 2010 年水平。

(2) 知识产权密集型产业占进出口总额的比重。该指标是指当年全省知识产权密集型产业进出口额占全省进出口总额的比例，主要反映知识产权密集型产业对外向型经济的贡献。据 2013 年《知识产权密集型产业对欧盟经济和就业的贡献》统计，欧盟知识产权密集型产业占进出口总额的比重在 2010 年为 89%。依据知识产权强省的内涵和建设要求以及《转型升级工程推进计划》中“拥有自主知识产权的高新技术产品进出口额比重明显提高”等要求，在与欧盟相同的统计测算方法下，建议 2020 年江苏基本达到欧盟2010年的水平，即知识产权密集型产业占进出口总额的比重至少达到89%。

（3）自主品牌在出口商品中的比例达到40%以上。该指标是指自主品牌出口商品金额占全部出口商品金额的比例，反映知识产权在对外贸易中的贡献。根据商务部的调查，我国目前自主品牌出口商品的比例不足10%，❶这一点与发达国家大部分出口商品为自主品牌商品的状况相比还存在着很大差距。根据国家工商行政管理总局商标战略实施意见确定的目标，到2020年，中国拥有自主商标的出口产品和服务所占对外贸易份额将大幅提升，商标成为中国企业参与市场竞争和实施“走出去”战略的有力支撑。❷2011年8月11日商务部等七部委发布的《关于“十二五”期间促进机电产品出口持续健康发展的意见》，提出，优化机电出口产品结构，扩大拥有自主知识产权、自主品牌的机电产品出口，力争一般贸易机电产品自主品牌出口比例提高到30%。❸因此，作为外向型经济大省的江苏省，自主品牌的出口商品比例应当尽快接近发达国家水平，并应当明显高于七部委提出的“十二五”末在全国范围内实现的机电产品（我国第一大类出口商品）自主品牌出口比例为30%的目标，故将这一指标值确定为40%。

（4）知识产权密集型产业平均工资与全社会平均工资的比例。该指标是指当年全省知识产权密集型产业平均工资与社会平均工资之比，主要反映知识产权密集型产业从业人员工资收入水平。据2012年《知识产权与美国经济：产业聚集》的统计，作为知识产权强国，美国知识产权密集型产业平均工资与全社会平均工资的比例2010年为142%。依据知识产权强省的内涵和建设要求，在与美国相同的统计测算方法下，建议到2020年，江苏基本达到美国2010年的水平，即知识产权密集型产业平均工资与全社会

---

❶ http：//www. yxtvg. com/show/167018. html，2013－06－16.

❷ http：//www. jd37. com/news/20096/56890. html，2013－06－16.

❸ 廖书敏：“多部委：‘十二五’力争自主品牌机电出口比例提高到30%”，载http：//www. yicai. com/news/2011/08/1006362. html，2013－06－16.

平均工资的比例高于 140%。

（5）知识产权密集型产业劳动者拥有本科及以上学历的比重。该指标是指当年全省知识产权密集型产业劳动者拥有本科及以上学历的人数与产业内所有劳动者的比例，主要反映知识产权密集型产业劳动者教育程度，衡量劳动者能力和预期生产力。据 2012 年《知识产权与美国经济：产业聚集》的统计，作为知识产权强国，美国知识产权密集型产业中有 42.4% 的年龄在 25 岁及以上的劳动者拥有本科或以上学历。依据知识产权强省的内涵和建设要求，在与美国相同的统计测算方法下，建议到 2020 年，江苏省基本达到美国 2010 年的水平，即知识产权密集型产业劳动者拥有本科及以上学历的比重大于 43%。

（6）单位知识产权密集型产业增加值能耗。该指标是指当年全省知识产权密集型产业每万元增加值消耗的标准煤情况，主要反映知识产权密集型产业节约能源情况和对能源的利用效率。据统计，2012 年，江苏单位 GDP 能耗值为 0.57 吨标准煤/万元。一般来讲，知识产权密集型产业增加值能耗应低于平均能耗的 50%，故以《江苏基本实现现代化指标体系（2013 年修订）》设定的“单位 GDP 能耗值为小于 0.5 吨标准煤/万元”目标值为基数，依据知识产权强省的内涵和建设要求，建议 2020 年目标值不超过 0.25 吨标准煤/万元。

（四）环境营造（包含 4 项具体指标）

（1）百万人口拥有知识产权执法与审判人员数。该指标是指当年省、市、县三级拥有专利、商标、版权、海关、法院等人员之和与总人口的比例，主要反映政府知识产权执法人力资源拥有情况。据不完全统计，2012 年，江苏百万人拥有知识产权执法和审判人员为 92.66 人，比 2011 年增长 13%。按照《江苏省知识产权战略纲要》《江苏省专利促进条例》《江苏省政府关于深入实施商标战略的意见》《江苏省软件产业促进条例》等的要求，针对日益递增的执法保护需求，知识产权执法和审判人员队伍需不断壮大，且增幅应保持或高于目前的 13%。以江苏知识产权保护的实际需求为出发点、依据知识产权强省的内涵和建设要求测算，建议 2020 年该目标值不少于250人。

(2) 知识产权行政复议、行政诉讼维持率。该指标是指当年知识产权行政复议、行政诉讼中维持具体行政行为的案件数占总案件数的比例，主要反映知识产权行政执法人员案件处理能力和知识产权行政执法水平。据2012年《最高人民法院关于知识产权审判工作情况的报告》显示，2008～2012年我国审结的8 749件知识产权行政案件中维持具体行政行为的计6 640件，占比75.89%。按照知识产权强省的内涵以及依法行政的要求，应当不断提高行政执法能力，建议2020年该指标目标值达90%以上。

(3) 知识产权上诉案件维持率。该指标是指当年全省知识产权民事、刑事、行政上诉维持案件占总上诉案件的比例，主要反映知识产权司法部门审判质量和效率。2009～2012年，我国知识产权司法上诉案件维持率平均值为95.44%，按照知识产权强省的内涵和建设要求，要进一步提高知识产权审判人员素质与能力，建议2020年该指标目标值达到97%。

(4) 全社会知识产权认知度。该指标主要反映全社会对知识产权基本概念、内涵的了解程度。根据抽样调查结果，2012年，江苏知识产权社会认知度为53.1%。按照知识产权强省的内涵和建设要求，预计通过各类宣传培训活动，全社会知识产权意识显著增强，知识产权被社会公众普遍认知，因此设定2020年认知度达到80%。

(五) 管理服务（包含6项具体指标）

(1) 知识产权行政管理能力指数。该指标主要反映政府对知识产权的管理能力。该指标从机构独立性、性质和人员数量三个方面进行量化，计算公式为：知识产权行政管理指数 =（机构独立性得分 ×40% + 机构规格得分 ×30% + 人员数量得分 ×30%）。据测算，2012年，江苏得分为70分。按照知识产权强省的内涵和建设要求，提高知识产权行政管理体制应得以完善，知识产权行政管理队伍的人员和素质应得以不断提高，因此，建议该指标的目标值为2020年达到90分。

(2) 知识产权专项资金投入。该指标是指当年全省全社会知识产权资金的投入，主要反映知识产权强省建设的资金投入状况。知识产权是创新研发的产权化成果，因此，到2020年，首先应当实现全社会研发经费投入的增长，按照《江苏基本实现现代化指标体系（2013修订）》，应达到“研发经费支出占GDP比重达2.8%”的目标值。其次，要提高政府投入占全社会研发投入的比重，体现政府对加强研究开发的导向性作用，建议到2020年政府投入占全社会研发投入的比重达到40%。最后，要增加知识产权专项经费的投入。据统计，2012年江苏全社会知识产权资金投入约16亿元，其中政府投入5亿元，占30%。按照知识产权强省的内涵和建设要求，知识产权专项资金投入应与GDP增速保持相似，因此，建议到2020年该指标达到30亿元以上。

（3）企业知识产权管理标准化覆盖率。该指标是指累计贯彻《企业知识产权管理规范》的企业数与规模以上工业企业数之比，主要反映企业知识产权管理整体水平。据不完全统计，截至2012年年底，全省已有3 000家企业参与贯标，占全省43 383家规模以上工业企业6.92%。大力推广企业知识产权管理规范是今后一段时间企业知识产权工作的重点之一，以每年培育800家贯标企业来测算，2020年贯标覆盖率应达到20%以上。

（4）企业知识产权工程师占企业R&D人员比例。该指标是指当年全省接受过企业知识产权工程师培训的人员数占企业研发人员的比例，主要反映知识产权人力资本投入情况和知识产权人力资本发展情况。截至2012年年底，江苏省共有知识产权工程师1万名，从事研发人员52.22万人，其比例为1.9%。而跨国公司这一比例一般在2%以上，如索尼、佳能、三菱、飞利浦分别为2%、7.1%、2.5%、6.6%。按照知识产权强省的内涵和建设要求，以每年新增培养2 500名知识产权工程师来测算，2020年该指标目标值达到2.2%。

（5）万件专利申请代理机构从业人员数。该指标是指当年全省万件专利申请拥有专利代理人从业人员数，主要反映从事专业代理行业的人才规模。2012年，该指标全国平均水平为129.07人，北京、广东、浙江分别为

1 085.8人、112.9人、41.38人，江苏仅为26.59人。江苏是专利大省，专利申请量一直保持快速增长，为保障专利申请的质量，亟须建立一支与申请量相适合、保持相应增长速度的专利代理人队伍。按照专利申请代理的一般工作量，每个专利代理人每月以完成5~6项专利申请为宜，因此万件专利申请对应的代理人数为150人。

（6）知识产权服务机构主要营业收入。该指标是指当年全省知识产权服务机构主要营业收入金额，反映知识产权服务机构发展整体实力。《江苏基本实现现代化指标体系（2013年修订）》设定2020年“服务业增加值占GDP比重应达到60%”。江苏近年来知识产权服务机构主要营业收入占服务业增加值的比重为0.05%左右。按照知识产权强省的内涵和建设要求，知识产权服务机构主要营业收入应快速增长，并保持在服务业增加值中所占比例稳步提升。按照GDP和服务业规模来测算，建议2020年江苏该指标目标值至少达到22亿元。

第三篇
知识产权强省建设的宏观思考
——江苏省建设知识产权强省的配套政策研究*

---

* 这部分研究成果的主要贡献者：钱建平、董新凯、徐升权、梅术文、吴广海、郑伦幸、锁福涛、李黎明、刘运华、韩兴等。

引　言

在江苏省委、省政府出台《关于加强建设知识产权强省的意见》（以下简称《意见》）后，全省各地面临如何将该《意见》加以落实的问题。各地知识产权工作部门和企业认为该《意见》的实施需要必要的配套政策，而目前很多地方性法规、政策很难适应该《意见》实施的需要，需要补充和完善。基于此，江苏省知识产权局组织南京理工大学课题组对建设知识产权强省的配套措施问题进行全面、系统的研究，在梳理目前江苏省各方面与知识产权工作相关联（或者应当存在关联）的法规、政策文件的基础上分析现有政策法规与《意见》要求不相适应的地方，有针对性地提出具体对策，为《意见》的实施提供坚实的理论支撑。课题组经过细致研究，形成《江苏省建设知识产权强省的配套政策研究报告》，本篇就是该研究报告的内容。

第十章　江苏省现有相关政策的梳理

第一节　梳理相关政策文件的概况

为了更加准确地分析目前江苏省与知识产权相关的政策文件存在的问题，课题组对江苏省自《知识产权战略纲要》颁布以来所制定或者颁布的与知识产权相关的政策文件进行了认真搜集，尽可能地对其内容进行研习。

课题组所搜集、梳理的政策文件主要有以下几种情况：(1) 直接关于知识产权工作的政策、法规或者其他文件；(2) 与知识产权相关联，能够促进知识产权工作的政策、法规或者其他文件，包括包含知识产权内容的政策法规或文件，也包括应当包含而事实上没有包含知识产权内容的政策法规或文件；(3) 与知识产权相关联，将知识产权作为推动相关工作手段的政策法规或文件，包括对于知识产权手段作了规定的政策法规或文件，也包括应当对知识产权手段作出规定而事实上没有作出相应规定的政策法规或文件。

第二节　相关政策文件的名录

一、体现为地方权力机关和地方政府制定的规范性文件的政策文件

1. 权力机关制定的规范性文件

课题组搜集和梳理的权力机关制定的规范性文件主要包括：《江苏省

专利促进条例》《江苏省发展高新技术条例》《江苏省中小企业促进条例》《江苏省发展民营科技企业条例》《南京市知识产权促进和保护条例》《苏州市专利促进条例》《无锡市促进中小企业转型发展条例》。

2. 政府部门制定的规范性文件

课题组搜集和梳理的政府及相关部门制定的规范性文件主要包括：《江苏省著名商标认定和保护办法》《江苏省科学技术奖励办法》《苏州市企业知名字号认定和保护办法》《南京市青年奥林匹克运动会知识产权保护规定》《徐州市企业知名字号认定和保护办法》《徐州市知名商标认定和保护办法》《苏州市知名商标认定和保护办法》。

二、政府及相关主管部门发布的政策性文件

1. 关于经济社会发展的综合性政策、规划

这类综合性政策和规划包括江苏省政府《关于实施创新驱动战略推进科技创新工程加快建设创新型省份的意见》、省政府关于印发《江苏省“十二五”培育和发展战略性新兴产业规划》的通知、省政府《关于印发江苏省传统产业升级计划的通知》、省政府《关于化解产能过剩矛盾的实施意见》、省政府《关于促进苏北地区又好又快跨越发展的若干政策意见》、省政府《关于促进沿海开发的若干政策意见》、省政府《关于进一步促进沿海地区科学发展的若干政策意见》、省政府办公厅《关于印发江苏省“十二五”海洋经济发展规划的通知》、省政府《关于印发江苏省知识产权战略纲要的通知》、省政府办公厅《关于印发实施江苏省知识产权战略纲要2014年行动计划的通知》、省政府《关于深入实施商标战略的意见》、省政府办公厅关于印发《江苏省贯彻实施质量发展纲要2014年行动计划任务分工》的通知、省政府关于印发《江苏省“十二五”人力资源和社会保障发展规划》的通知、省政府办公厅关于印发《江苏省“十二五”人才发展规划》的通知、省政府办公厅关于印发《江苏省“十二五”教育发展规划》的通知、省政府办公厅关于印发《江苏省全民科学素质行动计划纲要实施方案（2011～2015年）》的通知、省政府办公厅关于印发《江

苏省“十二五”农业和农村经济发展规划》的通知、省政府办公厅《关于转发省发展改革委江苏省2011年经济体制改革要点的通知》、省政府办公厅《关于转发省发展改革委江苏省2009年经济体制改革要点的通知》等。

2. 促进某一产业发展的政策性文件

这类政策性文件主要有江苏省政府办公厅关于印发《江苏省“十二五”工业经济发展规划》的通知、省政府关于印发《江苏省轻工业整和振兴规划纲要》的通知、省政府关于印发《江苏省有色金属产业调整和振兴规划纲要》的通知、省政府关于印发《江苏省装备制造业调整和振兴规划纲要》的通知、省政府关于印发《江苏省纺织工业调整和振兴规划纲要》的通知、省政府关于印发《江苏省钢铁产业调整和振兴规划纲要》的通知、省政府关于印发《江苏省船舶工业调整和振兴规划纲要》的通知、省政府关于印发《江苏省加快船舶产业转型升级与海洋工程装备发展三年（2013~2015年）工作方案》的通知、省政府关于印发《江苏省汽车产业调整和振兴规划纲要》的通知、省政府关于印发《江苏省电子信息产业调整和振兴规划纲要》的通知、省政府办公厅《关于转发省科技厅江苏省生物技术和新医药产业发展规划纲要（2009~2012年）的通知》、省政府《关于进一步加快中医药事业发展的意见》、省政府办公厅《关于转发省发展改革委江苏省新材料产业发展规划纲要（2009~2012年）的通知》、省政府《关于转变农业发展方式加快建设现代农业的意见》、省政府办公厅转发《省农委关于加快发展生物农业实施意见》的通知、省政府办公厅《关于推进现代农业产业园区建设的通知》、省政府《关于加强农业科技创新与推广工作的意见》、省政府《关于促进农业机械化和农机工业又好又快发展的实施意见》、省政府《关于推进现代渔业建设的意见》、省政府《关于加快推进现代种业发展的实施意见》、省政府办公厅《关于加快发展林下经济的实施意见》、省政府办公厅《关于加强林木种苗工作的实施意见》、省政府《关于加快文化产业振兴若干政策的通知》、省政府办公厅《关于印发江苏省“十二五”文化发展规划的通知》、省政府办公厅转发省文化厅等部门《关于加强文化科技创新意见的通知》、省政府办公厅《关于进一步加强文化产业园区（基地）建设的意见》、省政府办公厅转发《省新闻出版局关于加快江苏数字出版产业发展意见》的通知、省政府办公厅转发《省文化厅省财政厅关于繁荣舞台艺术意见》的通知、省政府办公厅《关于促进电影产业繁荣发展的实施意见》、省政府办公厅《关于印发江苏省“十二五”服务业发展规划的通知》、省政府《关于印发进一步加快发展现代服务业若干政策的通知》、省政府《关于加快推进流通业现代化的意见》、省政府《关于进一步加快发展旅游业的意见》、省政府《关于加快发展体育产业的实施意见》、省政府《关于印发江苏省物流业调整和振兴规划纲要的通知》、省政府办公厅印发《关于促进全省物流业健康发展若干政策措施》的通知、省政府《关于印发江苏交通运输现代化规划纲要（2014～2020年）》的通知、省政府办公厅《关于推进交通运输现代化建设的实施意见》、省政府办公厅《关于印发江苏省支持外贸稳定增长实施方案的通知》、省政府《关于进一步稳定外贸增长促进外经贸转型升级的意见》、省政府办公厅《关于促进进口的若干意见》、省政府办公厅转发《省商务厅等部门关于进一步推进全省对外文化贸易意见》的通知、省政府办公厅《关于转发省发展改革委等部门江苏省软件和服务外包产业发展规划纲要（2009～2012年）的通知》、省政府办公厅关于转发《省经济和信息化委江苏省物联网产业发展规划纲要（2009～2012年）》的通知等。

3. 能源、环境、安全方面的政策性文件

这方面的政策性文件主要有江苏省政府《关于进一步加快发展循环经济的意见》、省政府《关于印发江苏省“十二五”循环经济发展规划的通知》、省政府《关于印发江苏省“十二五”环境保护和生态建设规划的通知》、省政府《关于印发江苏省新能源汽车推广应用指导意见的通知》、省政府《关于印发江苏省“十二五”节能减排综合性工作方案的通知》、省政府《关于进一步加强节能工作的意见》、省政府办公厅《关于印发江苏省“十二五”节能规划的通知》、省政府办公厅《关于印发江苏省“十二五”能源发展规划的通知》、省政府办公厅《关于转发省经济和信息化委省环保厅江苏省节能环保产业发展规划纲要（2009～2012年）的通知》、省政府办公厅《关于转发省发展改革委江苏省新能源汽车产业发展专项规划纲要（2009～2012年）的通知》、省政府《关于印发江苏省新能源产业调整和振兴规划纲要的通知》、省政府办公厅《关于印发江苏省控制能源消费总量工作方案的通知》、省政府办公厅关于印发《江苏省2014～2015年节能减排低碳发展行动实施方案》的通知、省政府办公厅关于印发《江苏省绿色循环低碳交通运输发展规划（2013～2020年）》的通知、省政府办公厅《关于进一步加强煤矿安全生产工作的实施意见》等。

4. 促进企业发展的政策性文件

这类政策文件有江苏省政府《关于进一步加强企业技术改造的意见》、省政府《关于进一步扶持农业产业化龙头企业发展的实施意见》、省政府《关于印发江苏省创新型领军企业（智慧百企）培育工作推进方案的通知》、省政府《关于加强企业创新促进转型升级的实施意见》、省政府《关于改善中小企业经营环境的政策意见》、省政府《关于进一步促进中小企业发展的实施意见》等。

5. 财政金融投资方面的政策性文件

这类政策文件有江苏省政府关于印发《国家促进科技和金融结合江苏省试点实施方案》的通知、省政府办公厅转发《省科技厅等部门关于加快促进科技和金融结合若干意见》的通知、省政府《关于进一步加大财政教育投入的实施意见》、省政府办公厅转发《省商务厅关于加快对外投资和经济合作发展的若干意见》、省政府办公厅转发《省发展改革委关于加快创业投资发展若干意见》的通知、省政府办公厅《关于当前金融促进经济发展的若干意见》等。

6. 其他方面的政策性文件

这类政策性文件主要有江苏省政府《关于加快推进法治政府建设的意见》、省政府《关于加快推进质量强省建设的意见》、省政府《关于进一步加强基层科技工作的意见》、省政府《关于进一步加强统计工作的意见》、省政府办公厅转发省科技厅省统计局《江苏省基层科技创新评价考核办法（试行）》的通知、省政府办公厅《关于加强城市基础设施建设的实施意见》、省政府办公厅《关于加强技能人才队伍建设促进产业转型升级的意见》、省政府办公厅《关于进一步加强省科协及所属科技社团科技服务职能的意见》、省政府办公厅印发《关于加快推进秸秆综合利用若干政策措施》的通知、省政府办公厅转发省《商务厅关于加快开发区转型升级科学发展实施意见》的通知、省政府办公厅印发《贯彻落实省政府关于进一步加强新技术新产品推广应用意见主要目标任务工作分工方案》的通知、省政府办公厅《关于加强继续教育工作推进学习型社会建设的意见》、省政府办公厅《关于印发2014年江苏省打击侵犯知识产权和制售假冒伪劣商品工作要点的通知》、省政府办公厅《关于印发江苏省打击侵犯知识产权和制售假冒伪劣商品专项行动实施方案的通知》等。

三、省经信委的相关文件

相关文件有2014年实施"扶助小微企业专项行动"工作方案、2014年关于组织开展重点企业两化融合、智能制造、绿色发展问题诊断的通知、2013年省政府关于进一步加强企业技术改造的意见、2013年"江苏省传统工艺美术特色产业基地"认定和授牌工作、《江苏省2013年中小企业发展专项资金实施方案》、2013年《江苏省实施中小微企业管理素质提升"十百千万"行动计划工作方案》、2013年《江苏省技术改造示范项目认定办法》、2013年《软件企业认定管理办法、江苏省中小企业专精特新产品认定暂行办法》、江苏省首台（套）重大装备及关键部件认定管理实施细则（2012年修订）、江苏省重点技术创新导向计划项目的通知、2012年关于印发《稀土产业调整升级专项资金管理办法》的通知、关于组织开展江苏省高端装备制造业特色和示范产业基地申报工作的通知（2012年）、2012年《江苏省"十二五"工业转型升级纲要》、2012年关于推进实施江苏软件产业"育鹰计划"的通知、2011年江苏省民营经济"十二五"规划、2011年科技创业企业和企业家认定、关于印发江苏省中小企业创新工程行动计划（2011~2015年）的通知、2011年《申报省认定软件企业技术中心必须具备条件、生物技术和新医药产业发展行动计划（2010年）》、《江苏省前沿领域新材料产业规划纲要（2008～2010年）》、2008年江苏省科技型中小企业评审推荐办法（试行）等。

四、省国资委的相关文件

课题组搜集到的这方面的文件较少，主要有2012年关于国有企业改制重组中积极引入民间投资的指导意见、2011年江苏省国有企业发展改革“十二五”规划纲要。

五、省农业委员会、农业资源开发局、农机局、林业局的相关文件

这些部门颁布的相关文件有国家农业综合开发产业化经营滚动计划项目、关于推进体制机制改革创新进一步增强农业农村发展活力的意见、关于印发《江苏省畜禽遗传资源保种场保护区和基因库管理办法》的通知、关于进一步打击侵犯品种权和制售假劣种子行为的通知、关于印发全省实施农业现代化工程十项行动计划的通知、关于印发2014年全省种植业工作要点的通知、国有林场管理办法、关于做好2014年中央财政林业科技推广示范项目申报工作的通知等。

六、省科技厅的相关文件

这方面的文件有关于实施“江苏科技创新创业双千人才工程”的意见、关于完善“十一五”省科技计划体系的意见、关于在科技计划项目实施中加强创新创业人才引进与培养的暂行办法、关于加快推进江苏省生物技术和新医药产业发展的意见、江苏省重点新产品计划管理办法（试行）、企业研究开发费用税前加计扣除操作规程（试行）、江苏省高科技产业发展（841攀登计划）技术纲要（试行）、江苏省科技成果转化风险补偿专项资金管理办法、江苏省农业科技型企业管理办法（试行）、江苏省天使投资引导资金管理暂行办法、高新技术企业自主知识产权申报材料审核要点、省科技厅省国税局关于建立科技税收政策重点联系企业制度等。

七、省公安及司法系统的相关文件

这方面的文件主要有2009年江苏省企业知识产权保护状况分析、2010年知识产权司法保护状况、实施江苏省知识产权战略纲要2014年行动计划、2010年江苏企业知识产权保护状况分析、江苏省高级人民法院关于实施《国家知识产权战略纲要》的意见、江苏省高级人民法院关于为促进江苏省中小民营企业健康发展提供司法保障的意见、江苏省高级人民法院关于为江苏省加快转变经济发展方式提供司法保障的意见、江苏省高级人民法院关于在当前宏观经济形势下进一步做好知识产权审判工作促进自主创新的指导意见等。

八、省知识产权局的相关文件

这方面文件主要有江苏省知识产权局关于进一步加强全省专利行政执法工作的指导意见、江苏省知识产权“十二五”发展规划、江苏省知识产权战略纲要、江苏省专利促进条例、江苏省知识产权局关于进一步加强全省专利行政执法工作的指导意见、江苏省行政执法人员执法行为规范、江苏省企业知识产权管理标准化示范创建及奖励暂行办法、关于开展江苏省第五届十大杰出专利发明人评选活动的通知、江苏省知识产权区域试点工作计划实施方案、江苏省知识产权专业高级工程师资格条件（试行）、江苏省知识产权专业工程师资格条件（试行）、江苏省专利行政执法规程、中国（江苏）知识产权维权援助中心维权援助暂行办法、中国（江苏）知识产权维权援助中心知识产权违法行为举报奖励办法（试行）等。

九、省广电、文化及版权部门的相关文件

这些文件主要有关于进一步推进依法行政工作的若干意见（2009年）、关于实施江苏省“十二五”重点图书、音像、电子出版物出版规划的通知、关于印发《江苏省省级现代服务业（文化产业）发展专项引导资金使用管理办法》的通知、江苏省新闻出版（版权）局关于印发2010年上海

世界博览会版权保护工作方案和2010年上海世界博览会反盗版快速反应机制的通知、《2012年全省版权工作要点》、2012年全省新闻出版（版权）依法行政工作要点、2012年全省新闻出版工作要点、2013年江苏省版权工作要点、2013年全省新闻出版（版权）依法行政工作要点、2013年全省新闻出版工作要点、2014年全省新闻出版（版权）工作要点、2014年全省新闻出版（版权）依法行政工作要点、江苏省新闻出版（版权）行政执法人员执法行为规范（试行）、江苏省新闻出版（版权）局关于印发全省新闻出版系统法制宣传教育第六个五年规划（2011～2015年）的通知、《关于做好2014年印刷复制发行监管工作的通知》、江苏省"十二五"时期版权发展规划、江苏省新闻出版业"十二五"时期发展规划、关于印发《江苏省省级现代服务业（文化产业）发展专项引导资金使用管理办法》的通知、江苏省"十二五"广播影视发展规划、江苏省广播影视科技发展"十二五"规划、关于印发《江苏省省级现代服务业（文化产业）发展专项引导资金使用管理办法》的通知、关于印发江苏省文化厅2013年度依法行政工作要点的通知、江苏省文化系统2014年度依法行政、法治建设和法制宣传教育工作要点、江苏省"十二五"文化发展规划、江苏省非物质文化遗产保护条例、江苏省文化厅2009年文化繁荣计划、江苏省文化厅关于省级文化生态保护实验区建设的指导意见等。

十、省质量技术监督和环保部门的相关文件

这方面收集到的文件很少，主要有关于印发《江苏名牌管理办法》的通知、省政府办公厅关于印发江苏省"十一五"环境保护和生态建设规划的通知。

十一、省工商行政管理局的相关文件

这类文件主要有省政府关于深入实施商标战略的意见、关于发挥工商职能支持企业创新促进现代服务业发展的若干意见、关于发挥工商职能进一步服务江苏沿海开发的若干意见、关于开展全省知识产权战略实施情况

阶段性总结评价工作的通知、关于批准第五批“正版正货”示范创建街区和第二批行业“正版正货”承诺推进项目单位的通知、关于印发冠“江苏”行政区划的企业名称登记工作规定的通知、江苏省工商行政管理局12315工作规范、关于工商系统落实推进农业现代化工程工作情况的报告、关于印发《江苏省著名商标认定标准（试行)》的通知、关于贯彻落实科学发展观支持企业又好又快发展的意见、关于印发江苏省著名商标认定工作规程的通知、关于印发《江苏省注册商标专用权质押贷款管理暂行办法》的通知、内资企业登记提交材料规范、关于充分发挥职能支持泰州转型升级综合改革试点的意见等。

十二、省财政厅的相关文件

这方面的文件有关于印发《江苏省知识产权创造与运用专项资金使用管理办法》的通知、江苏省知识产权创造与运用（企业战略推进计划）专项资金使用管理办法、江苏省知识产权创造与运用（企业专利实施计划）专项资金使用管理办法、江苏省知识产权创造与运用（企业管理标准化示范创建）专项资金使用管理办法等。

第十一章　江苏省已有相关政策的分析

第一节　江苏省知识产权专项政策法规的分析

一、知识产权专项政策法规对经济社会发展的积极贡献

（一）对区域知识产权试点示范标准的提升

江苏省知识产权局在组织县（市、区）做好国家试点示范申报工作的基础上，印发了《关于2013年度开展实施知识产权战略区域试点示范工作的通知》，并制定出台了《江苏省知识产权战略实施评估指标体系》和《江苏省省辖市知识产权战略实施评估指标体系》。开展实施绩效评估工作，为各级政府和知识产权管理部门及时掌握情况、改进工作思路、推进知识产权战略深入实施起到了重要作用。截至目前，13个省辖市、74个县（市、区）、园区出台了知识产权战略或实施意见，开展省市共建的省辖市达到7个；全省12个省辖市、14个县级市、12个园区列入国家知识产权试点示范工作计划，24个县（区）被列入国家知识产权强县工程试点示范县（区），73个县（市、区）开展实施知识产权战略试点示范工作，总数居全国首位。

（二）对知识产权创造目标管理和政策的导向

2013年，江苏省知识产权局会同省财政厅对《江苏省省级专利专项资金管理办法》进行修改和完善，突出质量导向，降低发明专利申请资助标准，加大国内发明授权专利和PCT专利资助力度；实施PCT授权专利奖励

政策，更加突出了质量导向要求。2013 年，我省专利申请量、授权量、发明专利申请量、企业专利申请量以及企业专利授权量 5 项指标继续保持全国第一，全省发明专利授权量居全国第三，PCT 专利申请实现了由四进三的目标，有效发明专利量居全国第三，万人发明专利拥有量同比增长 36.8%，战略性新兴产业专利申请量同比增长 28.5%、授权量同比增长 26.9%。在第十五届中国专利奖评选活动中，我省荣获中国专利金奖 2 项，中国外观设计金奖 1 项，中国专利优秀奖 24 项，中国外观设计优秀奖 4 项，获奖项目总数达 31 项，创历史新高。

（三）对知识产权密集型产业和企业发展的促进

2013 年，江苏省知识产权局起草了《江苏省知识产权密集型企业认定办法》，初步提出了江苏省知识产权密集型产业和企业的认定标准。苏州市、南通市和镇江市在全省率先开展了专利密集型企业培育工作，已培育知识产权密集型企业 30 余家。

（四）对知识产权保护的强化

目前，江苏省成立了专利行政执法总队，南京、徐州、苏州等 5 市相继成立了专利行政执法支队，各县（市、区）按照《江苏省专利促进条例》的要求，配备了不少于 3 人的专职专利行政执法队伍，基本形成了一支较为专业、相对稳定的专利行政执法队伍。2013 年，江苏省知识产权局与安徽、福建、江西、山东 4 省知识产权局联合发布《华东地区专利侵权判定咨询工作暂行规定》，正式建立了华东地区专利侵权判定、咨询服务机制，全年共接受举报投诉 212 件，资金援助 3 家企业共计 100 万元。目前，全省共建立了 8 个国家级知识产权维权援助中心、28 个分中心，开通了全国联网的 12330 维权热线，形成了覆盖全省的知识产权援助网络体系。2013 年，江苏省知识产权局已拟定《江苏省专利行政执法办法》初稿，并与各省辖市局签订《专利行政执法目标责任书》，按照《江苏省专利执法规程》的要求，开展“天网”“雷雨”“护航”等一系列打击侵犯知识产权和制售假冒伪劣商品的联合执法行动，严厉打击侵犯专利权和假冒专利行为。

（五）对知识产权服务业发展的推进

江苏省还先后组织、开展了“百件优秀发明专利申请文件”评选活动以及“星级代理机构”评定工作，研究、制定了《专利代理服务质量管理规范》，并在7家专利代理机构开展贯标试点工作。目前，全省专利代理及分支机构分别达69家和88家，专利代理从业人员超过500人，全年共实现收入1.88亿元。知识产权服务能力的快速提升，大大促进了创新效率的提升，为江苏创新型经济发展提供了有力的支撑。

（六）对知识产权人才队伍建设的推动

目前，江苏省知识产权局联合江苏省人力资源与社会保障厅为企事业知识产权管理人才打通了职称晋升通道，颁布了《江苏省知识产权专业工程师资格条件》和《江苏省知识产权专业高级工程师资格条件》。自2009年以来，每年实施知识产权工程师的培训工作。截至2013年，全省共培养知识产权工程师14 000余名，为江苏省知识产权事业的发展提供了有力的人才支撑。

二、江苏省知识产权专项政策法规存在的问题

（一）政策法规层级的欠缺

虽然江苏省2009年出台了《江苏省知识产权战略纲要》和《江苏省专利促进条例》，但随着专利事业的迅速发展，省政府层面需要进一步完善知识产权战略实施方面的政策法规体系，出台全面促进专利、商标、版权等发展的条例办法，颁布一些知识产权激励创造、引进知识产权人才方面的优惠政策，加大对实施知识产权战略的政策资金引导力度，为战略实施提供更好的外部环境。

（二）政策法规制定计划的不足

目前，在规划层面，江苏省知识产权工作的开展主要依据的是《江苏省知识产权“十二五”发展规划》，然而，条块化、临时性、重点不突出的政策法规已经不能满足知识产权强省建设的需求。建设知识产权强省亟

须依据《知识产权强省战略规划》有步骤、有计划的制定和实施配套的政策法规。

（三）政策法规重点的模糊

目前，在江苏省从知识产权大省向知识产权强省迈进过程中，存在的突出问题在于：知识产权产出的质量与效率不高，知识产权转化率较低，知识产权服务业发展规模较小、层次较低等。而纵览目前省知识产权局出台的专利政策法规，主要还是侧重于创造产出和权利保护方面，对突出问题的回应不够。如在《江苏省知识产权创造与运用专项资金使用管理办法》中对于专利创造的资助仍占有非常重要的地位，规范性文件大部分集中在行政执法与维权援助方面。此外，在鼓励和激励知识产权服务业发展方面的规划和政策均存在空白。

（四）政策法规之间的脱节

政策法规之间的衔接脱节主要表现为两个方面：首先，国家政策与地方政策衔接的脱节。如为规范专利行政执法行为、保护专利权人和社会公众的合法权益、维护社会主义市场经济秩序，国家知识产权局于2011年出台了《专利行政执法办法》，但我省一直没有将国家知识产权局的指导精神与我省知识产权立法实践相结合、制定配套的专利行政执法办法。该办法的缺失为我省专利行政执法人员在实践中具体应用《专利行政执法办法》进行行政执法带来非常大的困难。其次，地方政策之间衔接的脱节。如《江苏省专利促进条例中》第18条规定："鼓励企业、事业单位和个人依法采取专利权入股、质押、转让、许可等方式促进专利实施。"但是在现实中，如何引导企业将专利权质押融资？整合各方面资源支撑专利质押融资的配套政策是缺失的。

第二节　江苏省人大、政府、发改委政策法规的分析

一、省人大、省政府、发改委政策法规的积极作用

从现有政策法规来看，江苏省各个国家机关总体上还是较为重视知识产权的，能够有意识地去发展知识产权、利用知识产权，这也是江苏省知识产权发展水平较高、经济社会发展速度较快的重要原因。从省人大、省政府及发改委发布的政策法规看，其积极作用主要体现在以下三个方面。

（一）在受政策法规重视的领域知识产权工作所取得的较好成绩

这种作用在多方面都有体现。比如，在涉及战略性新兴产业的地方性政策或者法规中，对于知识产权创造、运用、保护、管理和服务工作较为强调，也规定了一些措施，这也是这些产业的知识产权工作绩效普遍强于其他行业的一个重要原因。

（二）相关经济社会发展政策法规中有关知识产权的规定对知识产权发展的带动

在有关经济社会发展的政策法规中，如在科技创新政策中、在生态环境保护政策中有关知识产权的规定，会将知识产权的发展与科技创新、生态环境有机联系起来，为知识产权的发展提供一种外部力量。

（三）在知识产权受到重视的领域经济社会发展所取得的较好成绩

知识产权保护通过影响技术创新而间接影响经济增长方式，坚定不移地实施知识产权战略和提高知识产权保护水平，是实现我国经济增长方式转变的重要手段。[1] 正因如此，在江苏，凡知识产权受到高度重视、在相关政策文件中有较多规定的领域，其经济社会发展的速度也比较快。

---

[1] 彭福扬、彭民安、李丽纯：“知识产权保护、技术创新与经济增长方式转变——基于我国区域面板数据的实证研究”，载《科技进步与对策》2014 年第 24 期。

二、省人大、省政府、发改委政策法规的主要缺失

（一）地方性法规或地方政府规章的缺失

全面依法治国是党在新时期提出的治国理政的重大战略；全面依法治国需要在全面深化改革的基础上，加强制度建设。❶ 在全面推进依法治国的背景下，应当加强法治在推进知识产权强省建设中的作用，加强地方层面的立法工作：考虑到知识产权工作的系统性，应当制定全面性的知识产权法规，而不仅是局限于某方面（如专利、著名商标）的单项法规。从省级地方性法规的层面上看，我省目前只进行了专利方面的立法，不利于促进和规范其他知识产权工作。从立法形式上看，宜采取省级地方性法规或者地方政府规章的形式，以提高地方性立法的权威性和影响力。最好是由省人大制定综合性的地方性法规，再由省政府就各主要知识产权制定专项的地方政府规章或者部门政策。

（二）专项规划或者政策的缺失

5 年规划或者年度计划对推进各方面知识产权工作起着重要的作用，但我省在某些领域的知识产权专项计划和规划还比较缺乏，主要是农业知识产权方面。在知识产权工作的薄弱环节缺少专项计划的支撑，如知识产权运营计划、知识产权保护计划等。

（三）经济社会发展相关政策文件对知识产权工作重视程度的不足

国家知识产权战略是推动中国走上知识经济发展道路、统领国家未来几十年经济发展的总体战略，与国家中长期科技发展规划一起构成建设创新型国家的行动纲领。❷ 知识产权强省不仅是要知识产权本身取得很好的

---

❶ 陈洪玲："全面依法治国的战略地位及其内涵"，载《山东社会科学》2015 年第 7 期。

❷ 董涛："'国家知识产权战略'与中国经济发展"，载《科学学研究》2009 年第 5 期。

成绩，知识产权的实力比较强，而且还要使知识产权在经济社会发展中的作用充分显现出来，使知识产权对于我省经济社会发展起重要的推动作用，使我省经济社会发展水平处于领先地位。因此，知识产权工作与经济社会发展各个领域的工作应当形成互动。在制定经济社会发展各个方面的政策、规划时，不仅要考虑到知识产权所能够发挥的作用，还应当通过这些领域经济社会的发展对知识产权工作的要求带动知识产权的发展。我省目前较多促进经济社会发展的政策、法规，在总体上存在两个方面的不足：(1) 没有将知识产权工作作为发展的手段，特别是没有强调知识产权管理、运用、保护在各方面工作中的重要作用，甚至根本没有提及在相关的领域加强知识产权运用、保护和管理的问题。有些文件虽然有所涉及，但是多为蜻蜓点水，根本不能引起人们的关注和重视。(2) 没有确定知识产权方面的工作目标，使知识产权的发展缺少了必要的土壤。有些文件虽然确定了知识产权发展目标，但多为象征性的规定，没有切实的保障措施。

第三节　江苏省司法系统知识产权保护政策措施分析

一、知识产权司法保护政策措施的基本状况

2008 年 6 月 5 日正式发布《国家知识产权战略纲要》以来，江苏省高级人民法院结合本省知识产权审判工作实际，制定并实施一系列知识产权司法政策，完善知识产权司法保护机制，加大司法保护力度，为建设创新型国家和创新型省份提供坚强有力的司法保障。主要的政策文件包括：

(1)《江苏省高级人民法院关于实施〈国家知识产权战略纲要〉的意见》(2008 年)。该文件论述了实施国家知识产权战略并提供有力司法保障的重大意义，提出了实施国家知识产权战略并提供有力司法保障的指导思想、总体目标、工作重点、基本要求，明确实施国家知识产权战略并提供有力司法保障的具体措施。

(2)《江苏省高级人民法院关于在当前宏观经济形势下进一步做好知

识产权审判工作促进自主创新的指导意见》(2009年)。该文件针对全球金融危机爆发后全球经济增长明显放缓的宏观经济形势，阐述进一步做好知识产权审判工作的重大意义，坚持促进自主创新原则、重点保护原则和依法适度保护原则，确立了知识产权审判工作积极应对宏观经济形势变化的主要措施。

(3)《江苏省高级人民法院关于为我省加快转变经济发展方式提供司法保障的意见》(2010年)。该文件要求更加自觉地坚持能动司法，充分发挥审判职能作用，为江苏加快转变经济发展方式，在新的起点上又好又快推进“两个率先”提供坚强有力的司法保障。它围绕保障经济结构调整、保障产业结构调整、保障自主创新战略、保障生态文明建设、保障对外经济发展方式转变等方面提出具体的司法政策措施。在保障自主创新战略中，该文件明确提出要加强重点领域知识产权保护，促进战略性产业发展；规范技术交易市场秩序，促进科技成果的引进和转化利用；规范市场竞争秩序，努力营造公平竞争的市场环境；健全知识产权司法保护机制，强化司法保护职能；依法采取各种诉讼措施，为权利人提供充分的程序保障；加大对侵权人的制裁力度，强化知识产权司法保护的威慑力。

(4)《江苏省高级人民法院关于为促进我省中小民营企业健康发展提供司法保障的意见》(2010年)。该文件要求充分发挥审判职能作用，服务和保障江苏中小民营企业持续、稳定、健康发展。它要求妥善审理技术合同纠纷案件，促进优势传统中小民营企业加快技术改造升级；加强重点领域知识产权保护，促进中小民营企业自主创新；规范市场竞争秩序，为中小民营企业营造公平有序的市场竞争秩序；加大对侵权人的制裁力度，强化知识产权司法保护的威慑力；充分发挥司法导向作用，引导中小民营企业树立创新和知识产权保护意识。

(5)《江苏省高级人民法院关于为实施创新驱动发展战略推进科技创新工程加快建设创新型省份提供司法保障的意见》。该文件阐述了实施创新驱动战略、推进科技创新工程、提供司法保障的重大意义，在知识产权司法政策方面，提出坚持改革创新的理念，坚持准确的裁判导向，有效构建知识产权民事、刑事、行政保护以及综合立体保护机制。该文件以知识产权司法保护为核心，推动高新技术攀登计划和高新技术产业“双提升”计划实施，推进重大技术研发与突破及战略性新兴产业发展。文件提出应通过知识产权司法保护，推动民生科技促进计划的实施，促进农业和民生领域的科技创新。它要求大力推进知识产权审判体制和工作机制创新，正确履行司法的社会责任，积极促进社会管理创新，不断提升司法保护水平。

江苏省高级人民法院还相继发布或与其他机关、行业协会等共同发布了专题知识产权司法保护政策，例如《关于进一步加强知识产权司法保护信息发布制度的意见》《关于进一步明确全省知识产权案件级别管辖标准的通知》《关于互联网协会组织和特邀调解员协助调解涉互联网知识产权民事纠纷案件的意见》等。江苏各地法院结合本地实际，充分发挥司法保障与引导作用，先后出台了激励企业自主创新、促进产业转型升级的具体司法举措，形成了一批地方性调研报告和规范性文件。如南京中院围绕青奥会承办工作，出台《关于 2014 年第二届夏季青年奥运会知识产权司法保护工作的意见》、常州中院发布《关于加强企业商业秘密保护的司法建议》、南通中院兴盛《对创新南通家纺产业知识产权保护模式的探讨》调研报告等。此外，一些综合性的司法政策文件如《江苏省高级人民法院关于保增长、保民生、保稳定的司法应对措施》《江苏省高级人民法院关于为加快推进农村改革发展提供司法保障的意见》中也有关于知识产权政策的规定，或者为知识产权政策的制定提出了新的要求。

总体上看，江苏知识产权司法保护政策在实践中因应党和国家现实需求良性发展和动态调整，紧紧抓住促进创新和保障创新这一核心理念，针对不断变化的国际和国内宏观经济形势；结合江苏的实践，总结知识产权产权审判经验；根据最高人民法院的部署和指导，在服务创新型省份、建设和探索知识产权司法保护方面，获得了丰富的经验，取得了显著的成效。首先，规律总结和动态调整相结合。针对国家知识产权战略的实施、全球金融危机的爆发和创新驱动发展战略的全面推进，江苏高院及时颁布有针对性的司法政策。同时，在不同的政策文本中，又始终注意总结司法审判规律，尤其是运用司法保护手段促进自主创新、在知识产权审判中贯彻国家和江苏的经济发展导向、防止僵化思维和机械执法等方面提出了行之有效的政策措施。其次，宏观指导和审判实务相结合。江苏知识产权司法保护政策文件中强调指导思想、发展目标和基本原则等宏观政策内容，同时又结合司法保护的实际问题，对著作权、专利权、商标权、商业秘密、植物新品种等具体案件类型审判中的裁判尺度进行政策分析，对于临时禁令、专利侵权判定标准、妥善认定外贸贴牌加工中的商标侵权行为等具体法律规则的适用提出了明确的政策要求。最后，基本政策和专门政策相结合。在基本政策中，全面涉猎知识产权的各个领域，涵盖不同诉讼主体的知识产权审判需求。在专门政策中，则针对江苏实践，对于企业提出的知识产权审判规则进行政策布局。尤其是专题出台促进中小民营企业健康的知识产权审判政策，对于促进江苏产业结构调整和经济发展方式转变具有重要意义。

二、现有知识产权保护政策措施的积极作用

随着一系列知识产权指导性政策的全面颁布与实施，江苏全省法院不断总结知识产权审判工作规律，探索建立和完善与建设创新型国家、创新型省份相适应的知识产权审判体制和工作机制。现有政策的积极作用不断体现，并日渐产生辐射效应，带来广泛而深远的影响。

首先，通过制定、执行和不断改进知识产权司法政策，司法保护的作用显著增强。盗版、假冒等侵权行为得到一定程度的遏制；滥用权利受到有效的司法规制；对自主创新、经济发展、文化繁荣和社会发展的司法促进和保障功能进一步彰显；江苏法院知识产权司法保护水平继续走在全国前列；公正、高效、权威的知识产权司法保护环境进一步优化。知识产权审判“三审合一”改革试点工作顺利推进。如在上海天络行文化传播有限公司诉常州市公园乐购生活购物有限公司侵犯著作财产权纠纷一案中，原告享有灰太狼等卡通形象著作权商品化专有使用权，被告未经权利人许可，向公众出售印制有“灰太狼”卡通形象的童鞋，最终被判决停止侵权、赔

偿原告经济损失。[1] 在富士电梯控股有限公司诉被告苏州江南嘉捷电梯股份有限公司等侵犯商标专用权纠纷一案中，原、被告各自拥有涉案“FUJI富士”标识的注册商标专用权和企业名称权；原告诉之法院，认为被告构成侵权。法院经审查后认为，双方之间的纠纷属于因历史原因造成的注册商标与企业名称的权利冲突，应充分考虑涉案标识使用的历史沿革及当前现状，并结合被告使用涉案标识的主观意图；最终认定，被告苏州富士公司在企业名称中使用“FUJI”“富士”的行为未造成混淆，从而不构成对涉案商标的侵权，并同时要求被告在生产经营中应当严格依照工商机关的要求规范使用企业名称。[2] 依法保护省内外各种不同性质知识产权主体的合法利益，有助于增强权利人的投资信心，推动形成良性、公平、高效的知识产权保护环境。

江苏法院在案件审理中，有效运用各种司法保护政策，推动了知识产权审判工作，具体体现在以下方面：（1）发挥政策的指引作用，不断探索、总结疑难复杂案件审判经验。编写《侵犯专利权纠纷案件审理指南》《侵犯商业秘密案件审理指南》等类案审理意见，有效统一了审理思路，提高了审判水平。（2）将知识产权司法政策与司法解释有机结合。形成《江苏法院网络著作权纠纷案件调研报告》等一批调研成果，为相关司法解释出台作出积极贡献。（3）通过知识产权政策建立、完善审判规则。提出了知识产权案件审判的基本政策要求，加强关联案件的及时上报工作，坚持各中院庭长例会制度；根据各地经济发展水平，探索建立既相对统一又存在合理区别的知识产权案件裁判标准，有效统一执法尺度。进一步落实审判公开和裁判文书公开，建立了“知识产权司法保护蓝皮书”和“企业知识产权信息通报”发布制度，定期召开新闻发布会，发布上一年度知识产权审判蓝皮书，向社会通报知识产权司法保护状况和企业知识产权状况，为实施创新驱动战略提供司法保障所采取的措施、落实情况和实施效

---

[1] 参见《2010年江苏法院知识产权司法保护典型案例》。

[2] 江苏省高院：“2010江苏企业知识产权保护状况分析”。

果等，激励科技创新与发展。[1]（4）发挥知识产权政策宏观协同功能，加强统筹指导。深入推进知识产权“三审合一”改革试点工作，进一步健全具有知识产权特色的诉调对接机制，加强行政保护与司法保护的衔接，充分发挥行业协会在调解中的积极作用。

其次，通过制定、执行和不断改进知识产权司法政策，促进了企业知识产权法律知识水平的提高。江苏知识产权司法政策的一个显著特征，就是针对企业、行业的知识产权问题展开有针对性的布局和谋划。[2]江苏各级法院开展了“人民法院联系企业活动”，针对中小企业、创新型企业等发布专门的司法保障政策措施，定期进行“企业知识产权保护状况分析调查”，出台相应的研究报告，向有关当事方提出相应的司法建议和对策预案。例如，省法院及部分中院知识产权庭对省内“洋河”“汤沟”等白酒产业聚集地进行的专项调研显示，相当一批企业对地理标志的合理使用制度缺乏了解，在其产品上不当使用“洋河”“汤沟”标识，侵犯了相关商标权人合法权益，从而引发诉讼。省法院知识产权庭与省版权局版权处对我省东海水晶市场知识产权状况进行过专项调研，结果显示，尽管东海县被誉为“中国水晶之都”，是全国最大水晶专业市场和原料集散地，极具发展潜力，但由于整个市场缺乏知识产权意识，大量同质化、低水平的恶性竞争导致水晶工艺品质量难以进一步提升。同时，粗制滥造、低水平重复生产也浪费了大量不可再生的天然水晶资源。法院调研报告认为，提高水晶产业的知识产权水平已成为东海水晶市场能否实现持续、快速、健康发展的关键因素之一。上述调研成果受到了企业、行业和管理部门的高度重视，相关各方迅速采取行动，不仅有效防止了各种可能存在的法律风险，而且有效地改进了企业、行业和部门的知识产权管理和保护机制，提升了企业在市场中的核心竞争力。

---

[1] 有关数据和信息参见江苏高院2010～2013年的《江苏知识产权司法保护状况》和《江苏知识产权年度报告》，http：//www.jsfy.gov.cn/spxx2014/sfwk/。

[2] 相关信息和案例来源于江苏省高级人民法院发布的年度报告《江苏省企业知识产权保护状况分析》（2009，2010）。

最后，通过制定、执行和不断改进知识产权司法政策，全面服务江苏创新型省份建设和知识产权强省建设。江苏知识产权司法政策体现了显著的公共利益价值取向。从知识产权政策的根本目标上看，它就是服务于创新发展的战略选择，其基本途径是通过司法审判和提供司法建议，支持加快知识产权布局，抢占新兴产业发展制高点。实践中，江苏法院加大对医药、物联网、动漫等高技术新兴产业知识产权的司法保护，支持以连云港、泰州、苏南、南京为代表的四大医药产业聚集区的知识产权工作，为恒瑞医药、豪森药业、正大天晴等一批大型医药公司参加海外诉讼提供司法指导。同时，密切关注以无锡为中心、以苏州和南京为支撑的物联网产业集群发展，以及电信网、广播电视网、互联网“三网融合”等信息技术发展带来的新问题，开展前瞻性调研，及早作出司法应对，促进我省信息产业创新与发展。[1] 此外，在司法审判中，强化了战略意识，加强重点领域高新技术知识产权的保护力度，促进重大技术的研发，大力促进高新技术产业与新兴产业跨越发展。

江苏各地法院围绕当地经济发展战略和特色产业，确定服务大局的具体工作目标，有效延伸司法审判职能。省法院与连云港中院等法院密切配合，深入了解医药产业当前存在的知识产权问题，及时提供对策建议，积极扶持国内大型医药企业健康发展。无锡中院组成物联网知识产权保护调研课题组，走访无锡国家物联网创新示范区多家企业、科研机构和相关政府部门，对物联网产业知识产权保护情况进行全面分析，形成物联网产业知识产权保护司法建议。南通法院积极推动“南通家纺市场”由单一的版权保护模式向版权、商标权、外观设计专利权相结合的综合立体保护模式发展。“南通家纺市场”版权保护经验受到联合国世界知识产权组织的高度评价，人民日报、中央电视台、中央人民广播电台等 9 家中央媒体对此进行了专门采访和调研。扬州法院在该市设立知识产权巡回法庭，打造审批

[1] 《江苏省高级人民法院关于为实施创新驱动发展战略推进科技创新工程加快建设创新型省份提供司法保障的意见》。

服务、延伸服务、交流服务三个平台。连云港法院深入东海县水晶市场，就知识产权保护情况进行专项调研，编写了《东海水晶市场知识产权知识百问百答》宣传手册。无锡法院加强紫砂工艺知识产权保护，出台《关于加强紫砂行业知识产权保护的司法建议》。在法院协助推动下，宜兴地区拥有紫砂方面的专利已超过2 000件。❶

江苏工业经济高度发达，也是一个农业大省、育种制种大省。近年来，南京中院以及省法院集中管辖审理的植物新品种权纠纷案件达上百件，且有日益增多的趋势。涉及的案件类型有植物新品种实施许可合同纠纷、植物新品种权转让合同纠纷、侵犯植物新品种权纠纷、与植物品种名称有关的不正当竞争纠纷等。江苏法院重点加强涉及粮食安全、促进农业增效和农民增收的生物农业、种源农业、设施农业、农产品精深加工、农产品质量安全控制、检测等重大农业科技知识产权的保护，促进农业高新技术自主创新和关键技术集成创新，保障农业发展方式的加快转变。❷

三、知识产权司法保护政策措施存在的问题

当然也应该看到，江苏现有的知识产权司法保护政策仍存在一些问题。具体表现在以下方面。

（一）知识产权司法保护政策在内容上的不足

通过网络检索，没有收集到2011年后公布的知识产权司法保护政策文件。这也表明，江苏需要针对“十八大”尤其是十八届三中全会、四中全会的精神，结合江苏加快推进建设知识产权强省的战略目标，及时落实和发展新的知识产权司法保护政策。

（二）推动知识产权保护进行协调和无缝衔接的政策文件的缺失

法院、检察院和公安机关、其他行政机关在保护知识产权方面的协调

❶ 有关数据和信息参见江苏高院2010~2013年的《江苏知识产权司法保护状况》和《江苏知识产权年度报告》，http：//www.jsfy.gov.cn/spxx2014/sfwk/。

❷ “江苏省企业知识产权保护状况分析与对策建议”，载 http://www.lawyer800.com.cn/ZSCQ/20111119/127793.html，2015年3月9日访问。

性政策文件尚付之阙如。尤其是在建立“三合一”审判体制，推动行政保护与司法保护衔接方面，多部门共同制定并实施的协调性司法保护政策非常重要。

（三）知识产权刑事保护政策的缺失

《江苏省高级人民法院关于为实施创新驱动发展战略推进科技创新工程加快建设创新型省份提供司法保障的意见》虽然提出要进一步加强和完善知识产权刑事保护机制，但是在涵盖公安机关、检察机关、人民法院的知识产权刑事保护政策方面，没有统一的政策性的文件。实际上，知识产权刑事保护政策除遵循一般刑事政策要求外，也具有其特殊性。出台有关的政策文件，对于保障权利人利益，澄清一些错误认知，具有积极价值。

第四节　江苏省工商行政管理局的政策措施分析

依据江苏省知识产权工作的整体安排，江苏省工商行政管理局主要负责制定并组织实施全省商标发展规划，牵头组织实施商标战略；拟定本省有关商标的地方性法规、规章、政策，并组织实施；负责省著名商标的认定和驰名商标的推荐、管理工作；负责省产业集群品牌培育基地的确认和管理工作；负责对商标代理机构、商标评估机构进行监督管理；负责商标行政执法，查处商标侵权、假冒等违法行为。

一、相关政策措施及其主要内容

2008 年以来，江苏省工商行政管理局在职责范围内制定了诸多相关政策法规或文件，以深入落实知识产权战略，强化知识产权战略对社会经济发展的贡献作用。

（一）聚焦经济社会发展目标、促进其职能发挥的专项政策

江苏省工商行政管理局十分重视在省委省政府的领导下充分发挥相关工商职能，促进地方社会经济发展目标的实现。例如：

（1）2008 年，为了更好落实科学发展观，制定并发布了《关于贯彻落

实科学发展观支持企业又好又快发展的意见》。该意见规定，扩大非货币出资比例限制，以进一步拓宽企业融资渠道，增强企业发展动力；明确支持投资人以知识产权等非货币财产出资设立企业，非货币财产出资比例最高可达公司注册资本的70%；明确要求鼓励企业培育自主商标、帮助驰名与著名商标企业开展省外维权等任务，以进一步推进商标知识产权培育工作，支持企业上市品牌发展战略。

（2）2011年为全面贯彻落实省委、省政府《关于实施创新驱动战略推进科技创新工程加快建设创新型省份的意见》（苏发〔2011〕10号）、《关于进一步加快发展现代服务业的若干意见》（苏发〔2011〕18号）等相关文件精神，制定并颁布《关于发挥工商职能支持企业创新促进现代服务业发展的若干意见》。该意见围绕商标注册、商标宣传、商标许可等加大对新兴产业和高新技术产业创新型领军企业的扶持力度，明确打造品牌培育示范基地、制定服务业商标发展规划、制订企业商标帮扶计划、建立和完善企业商标保护长效机制、完善部门和区域商标保护协作机制以及加强对服务业知名品牌特许经营行为的监督和保护等工作任务。

（3）为了认真贯彻落实国务院《江苏沿海地区发展规划》、省委省政府《沿海开发五年推进计划》（苏发〔2011〕16号）要求和全省沿海开发工作会议精神，制定并颁布了《关于发挥工商职能进一步服务江苏沿海开发的若干意见》。该意见从支持和服务沿海开发工作角度明确要求：指导企业加强商标管理，增强商标保护意识，组织重点企业参加全省“品牌管理师”培训，引导企业积极开展商标防御性注册，不断提高商标保护能力；严厉打击侵犯沿海地区企业商标权、名称权、商业秘密、知名商品特有的名称包装装潢等违法行为；加强沿海地区商标保护力度，组织开展跨区域商标维权行动；充分发挥行政指导和行政调解在处理知识产权纠纷中的积极作用，帮助企业依法妥善处理商标权之间、企业名称权之间、商标权与企业名称权之间的纠纷和冲突。

（4）2012年，为贯彻省委、省政府《关于推进泰州转型升级综合改革试点的意见》（苏发〔2012〕21号）的精神，制定了《关于充分发挥职能支持泰州转型升级综合改革试点的意见》。该意见强调，大力支持泰州企业实施商标战略，全面增强商标国内国际注册、培育、运用、保护和管理能力，着力打造知名品牌，开展品牌经营，实现创新发展；大力支持泰州企业申报省著名商标和驰名商标，保护创新成果，提升品牌影响力；优先将泰州高知名度商标企业纳入省重点保护商标名录，充分依托与世界知识产权组织的合作以及华东六省一市、长三角地区商标保护协作网络，强化域外维权力度，保护泰州企业合法商标权益；鼓励泰州农业龙头化企业、农民专业合作社加强农产品商标注册，支持相关行业协会将区域特色农产品注册为地理标志商标，组织相关企业抱团参加各类知名农业展会，着力提升品牌影响力；支持开展“一镇一品”建设，提升农业组织化、产业化和品牌化发展水平，集中打造农业知名品牌，实现高效发展；鼓励泰州产业园区以产业集群品牌培育基地建设为抓手，依托产业优势，整合产业资源，集中实施商标战略，培育产业公共品牌，实现特色发展。

（5）2013 年，为进一步认真贯彻省委、省政府《实施农业现代化工程目标任务分解方案》和历年农业农村重点工作任务的分工通知要求，发布了《关于工商系统落实推进农业现代化工程工作情况的报告》。

该报告建议，加大对农产品商标和地理标志商标注册的扶持力度，尤其是要出台激励政策，支持我省特色农产品尽快注册为地理标志，快速提升我省地理标志商标总量；建议由各级政府牵头，各有关部门各司其职，加强协同配合，着力在提升行业协会品牌管理和经营能力，培育龙头企业，制订行业标准、加强科技创新、提高质量水平，搭建宣传展示平台、组织抱团参加知名展会等方面下功夫，全力打造公共品牌；建议新闻媒体要大力宣传农产品和地理标志品牌创建的典型经验，营造社会各界共同关注农业品牌建设的浓厚氛围；建议全面推广公司 + 农产品商标（地理标志） + 农户的经营模式，强化商标的规范使用，提升农业组织化程度，发挥品牌效应；建议引导农产品商标和地理标志的国际注册，支持实施走出去战略，运用自主品牌拓展国际市场，培育一批农业国际知名品牌。

（二）关注品牌价值创造和实现、规范著名商标工作的政策

为落实国家知识产权战略，促进商标价值的提升，江苏省工商行政管理局2008年后发布了一系列政策规章或文件，细化《江苏省著名商标认定和保护办法》，加强著名商标培育工作，进一步规范了著名商标的认定程序。如：

（1）2009年，修订并颁布《江苏省著名商标认定标准（试行）》，对江苏省著名商标申请资格标准、认定量化标准、不予认定情形等予以了详细规定，有助于规范江苏省著名商标认定和管理工作，保护商标专用权。

（2）2010年，印发《关于印发江苏省著名商标认定工作规程的通知》，进一步明确江苏省著名商标的申请、初审、受理、公示、认定、撤销和公告等工作规范，有助于江苏省著名商标认定工作公平、公开、公正的运行。

（三）重视商标权人和消费者利益、加强商标权运用和保护的政策

江苏省商标局在注重知识产权对社会经济发展贡献作用的同时，也十分注重对知识产权人以及消费者的利益保护。自2008年后，先后制定了多项促进商标权人利益、实现、维护消费者利益的政策法规或文件。

（1）2009年，印发《江苏省注册商标专用权质押贷款管理暂行办法》，规范了住所在江苏省境内的企业和其他经济组织以其合法所有的注册商标专用权质押，从银行等金融机构取得贷款，并按约定的利率和期限偿还贷款本息的融资活动，以支持具有品牌优势的企业拓宽融资渠道，规范注册商标专用权质押贷款管理，服务企业发展，服务经济发展。

（2）2013年，联合江苏省知识产权局、江苏省版权局、江苏省工商业联合会等发布《关于批准第五批“正版正货”示范创建街区和第二批行业“正版正货”承诺推进项目单位的通知》。

（3）2011年，颁布了《江苏省工商行政管理局12315工作规范》，规范了省12315指导中心以及省内各直属局12315消费者申诉举报指挥中心受理侵害消费者合法权益、制售假冒伪劣商品及其他违反工商行政法律法规行为的职责与工作规范。

（四）重视市场竞争秩序、加强企业名称权益的创造与保护的政策

作为现代市场经济的重要竞争要素，知识产权在市场经济活动中的创造、确权十分重要。江苏省工商行政管理局近年来重视企业名称权益的认定与保护，制定了规范企业名称登记的一些政策法规或文件。

（1）2014 年，通过对《冠江苏省行政区划的企业名称登记工作暂行规定》和《关于印发冠省级行政区划的外商投资企业名称登记暂行规定的通知》的修改，颁布了《冠“江苏”行政区划的企业名称登记工作规定》，进一步规范了冠“江苏”行政区划的企业名称登记工作，制定冠“江苏”行政区划企业名称的条件，在提高登记便利化的同时，也有助于维护公平竞争秩序。

（2）2014 年，印发《江苏省内资企业登记提交材料规范》和《江苏省内资企业登记申请文书规范》，规范了企业名称预先核准提交材料、企业名称变更审批报送提交材料、设立登记提交材料、公司变更登记提交材料规范、公司注销登记提交材料、公司合并或分立提交材料、非公司企业变更登记提交材料、非公司企业注销登记提交材料等规范，有助于规范企业名称的确认与保护。

二、江苏省工商系统政策措施的主要成效

2008 年以来，江苏省工商行政管理局深入贯彻落实知识产权战略，在促进知识产权工作发展、促进社会经济发展目标实现等方面发挥了诸多积极作用，取得了一些显著的成效。

（一）商标注册数量和质量的快速提升

2008 年，江苏省商标申请注册量为 3.24 万件，全省有效注册商标 23.8 万件；2013 年，江苏省商标申请注册量已超 11 万件，全省有效注册商标更达 45.91 万件。除商标注册数量高速增长外，被认定为驰名商标的数量也快速增长，在一定程度上反映出江苏省内商标质量有显著提高。2008 年，全省共有 24 件商标被国家工商总局认定为驰名商标，全省受驰

名商标保护的商标总数已达103件；2013年，全省共有82件商标被国家工商总局认定为驰名商标，全省受驰名商标保护的商标总数已达507件。

（二）农业领域商标工作的突出成绩

在江苏省工商行政管理局多项政策法规或文件的护航与导航下，“商标富农”成效显著。2013年，江苏省地理标志商标注册量大幅增长，新增宜兴大闸蟹、丰县牛蒡、金坛无节水芹、淮安蒲菜、靖江香沙芋等地理标志商标51件，总量突破100件。在省各类市场主体中，农民专业合作社拥有商标量增速最快，商标促进农业发展的作用日趋明显。

（三）著名商标工作业绩的持续提升

2008年，江苏省工商行政管理局对届满三年的江苏省著名商标和新申请认定的商标进行了认定工作，重新认定351件、新认定299件注册商标为“江苏省著名商标”。2013年，江苏省工商行政管理局对届满三年的江苏省著名商标和新申请认定的商标进行了认定工作，重新认定843件、新认定595件注册商标为“江苏省著名商标”。江苏省著名商标的认定工作日趋规范，高质量的商标日趋增多，著名商标工作正呈健康有序发展之态。

（四）商业标识权益保护工作的显著进步

2013年，江苏省工商行政管理局联合江苏省知识产权局、江苏省版权局、江苏省工商业联合会批准南京大观天地MALL等11个街区为江苏省“正版正货”示范创建街区，批准江苏省机械行业协会等2家行业协会为行业“正版正货”承诺推进项目单位。通过“正版正货”示范范围严把进货环节的知识产权审核关，严防知识产权侵权、假冒商品进入市场，发挥示范作用。2012年，全省工商系统共捣毁制假售假窝点670个，查处侵权和假冒伪劣商品案件6 524件，案值17 420万元，移送司法机关82件。充分运用商标保护区域协作网络，帮助“红豆”“盱眙龙虾”“恒顺”等30件省重点商标开展域外保护行动，2013年已结案件353起。加强与法院、公安和海关等部门的执法合作，会同省法院召开商标疑难案件研讨会，进一步统一商标侵权认定标准，完善商标行政执法与司法衔接机制。

三、工商系统知识产权政策措施的问题与需要改进的地方

2008年以来，江苏省工商行政管理局已基本建成保障知识产权战略实施的政策体系，并如上所言，在实践中取得了良好的效果。但从建设知识产权强省、进一步完善知识产权政策体系的角度来看，江苏省工商行政管理局在相关政策体系建设与完善方面还可以有以下一些探索空间。

（一）保障商标质量快速提升与促进政策的缺乏

在2012全球品牌价值500强中，29家中国企业上榜，其中广东2家，江苏1家。江苏加快建设知识产权强省，就必须要培育一批市场覆盖面广、影响力大、经济价值高的高知名度商标。为此，江苏有必要结合实践制定、落实促进和保障商标质量快速提升方面的政策。如：

鼓励和引导企业进行商标国际注册。江苏经济具有外向型特点，参与国际经济竞争需要品牌随行。江苏商标国际注册量还与发达国家以及国内的发达地区有着不小差距，故有必要促使省内企业结合经营需要进行马德里商标注册。

制定和实施省内广告战略。现代市场经济发展中，商标、广告以及创新之间有着不可分割的联系。国家广告战略正在研究之中，江苏省工商行政管理局可以率先在省内制定广告战略，依托广告业的发展促进商标质量的提升。

（二）与知识产权密集型产业发展相关的政策的欠缺

从全球来看，知识产权密集型产业的发展对于经济社会发展的贡献十分明显。江苏加快建设知识产权强省，也要求加强知识产权密集型产业发展布局、培育发展商标密集型产业。2008年以来，江苏在实施商标战略过程中，也十分强调品牌聚集区的建设工作。在已有工作基础上，江苏省工商行政管理局可以融合品牌聚集区建设和商标密集型产业建设工作，制定和落实省级产业集群品牌培育基地建设与产业集群品牌建设奖励政策、商标战略实施示范县（市、区）与示范企业奖励政策，培育一批示范单位，并有效发挥这些单位的示范作用。

（三）著名商标政策和名牌政策之间协调的不足

如上文所言，江苏省著名商标工作已经取得了较好的成效，发展势头良好，如何和江苏省质量技术监督局开展的江苏名牌建设进行有效的衔接是江苏建设知识产权强省过程中有待解决的一项任务。目前，江苏省工商行政管理局可以与江苏省质量技术监督局共同研究和制定著名商标政策和江苏名牌政策的协调与衔接机制，既避免重复评选、重复奖励，也可以进一步提高省内著名商标的含金量。

第五节　江苏省质量技术监督局的政策措施分析

依据江苏省知识产权工作的整体安排，江苏省质量技术监督局的主要任务为：跟踪研究知识产权与技术法规及标准相结合的动态及趋势；推进全省名牌战略，制定名牌产品评审和评价体系中的知识产权指标；加强行政执法，打击生产领域侵权行为。

一、相关政策措施及其主要内容

为深入落实知识产权战略，江苏省质量技术监督局着重从江苏名牌战略和江苏质量强省建设两方面深入开展工作，出台了一些有助于我省知识产权实力提升的政策法规或文件。

（一）江苏省名牌战略推进工作

2011 年，为规范江苏名牌评价工作，进一步推进实施名牌战略，江苏省质量技术监督局在职责范围内印发了江苏省名推委秘书处根据《中华人民共和国产品质量法》、省政府《关于加强名牌品牌创建工作的意见》等要求修订的《江苏名牌管理办法》。该办法明确了江苏名牌是指“经江苏省名牌战略推进委员会确认的农业名牌产品、制造业名牌产品、传统特色手工艺品、服务业名牌企业和江苏区域名牌”；规范了不同行业、领域申请江苏名牌产品应当具备的条件；细化规定了江苏名牌组织管理、评价指标、评价程序以及监督管理等内容。

（二）江苏省质量强省建设工作

2013年，为贯彻落实国务院《质量发展纲要2011～2020年》（国发〔2012〕9号）和省政府《关于加快推进质量强省建设的意见》（苏政发〔2012〕91号）精神，江苏省质量强省推进工作领导小组办公室制定了《关于加快推进质量强企建设的实施意见》《关于加快质量强业建设的指导意见》以及《关于加快质量强县（市、区）建设的指导意见》。

《关于加快推进质量强企建设的实施意见》明确：到2015年，培育江苏名牌2 500个；制定实施适合企业自身发展需要的品牌发展规划，组织实施品牌发展计划，开展知名品牌创建工作，提升市场影响力、质量竞争力；行业骨干企业要积极参与和主导国际标准、国家标准、行业标准制（修）订工作，依托技术标准积极开拓海外市场，实施品牌经营和市场多元化战略，打造国际知名品牌；优势企业要充分发挥带动提升作用，引领品牌创建，争创江苏重点名牌，示范带动区域相关企业争创全国知名品牌；优质企业要不断提升产品附加值和企业竞争力，注重质量管理实质性提升，争创江苏名牌；广大中小企业应积极参与企业联盟标准制定，实施技术改造升级和管理创新，实现产业集聚向品牌集聚转变，争创江苏区域名牌；每年推动2 000家科技型、高成长型小微企业尽快达到规模以上水平，提高产品质量，增强盈利能力，成为名牌企业的后备力量。

《关于加快质量强业建设的指导意见》要求：到2015年，轻工业要形成一批在国内外有较大影响力和较强竞争力的品牌；对拥有自主知识产权、自主品牌的产品，政府优先采购；要引导新能源、新材料等十大战略性新兴产业将具有自主知识产权的技术和专利及时转化为标准；支持著名服务企业以商标专利等知识产权为纽带，进行跨地区、跨行业兼并重组，培育一批具有核心竞争力和国际影响力的龙头服务企业和企业集团，输出品牌服务，发挥示范效应，提升区域和行业整体服务质量；大力支持服务业创建自主品牌，扶持中华老字号企业发展，积极推进营销和管理创新，加强对名称、标志、版权等无形资产的开发保护，逐步培育形成具有自主知识产权的服务名牌。

《关于加快质量强县（市、区）建设的指导意见》要求：引导企业将具有自主知识产权的技术和专利及时转化为标准；围绕现代农业、先进制造业、战略性新兴产业和现代服务业，制定品牌培育规划，创建一批拥有自主知识产权和核心竞争力的名牌和商标；围绕县域优势产业，打造一批省级优质产品生产示范区和区域名牌；建立以企业为主体、市场为导向、产学研结合的技术创新体系，着力完善知识产权激励保护机制，提高知识产权的激励创造、有效运用、依法保护、科学管理能力；加快建设一批适应区域经济发展的技术创新平台，着力培育一批创新型企业、高新技术企业和企业技术中心；加强知识产权保护，促进科学技术与产业发展紧密结合。

二、相关政策措施的成效

在江苏省质量技术监督局制定和实施上述相关政策法规或文件的影响下，江苏省名牌战略和江苏省质量强省建设取得了明显的成效，为江苏省知识产权强省建设提供了较好的基础和可持续发展的动力。

（一）江苏名牌产品评选工作的有序进行

依据《江苏名牌管理办法》，江苏省名牌战略推进委员会每年均组织专家评审江苏省名牌产品，通过名牌产品的评选不断增强企业核心竞争力，增强我省产品的竞争力。2013 年，经企业自愿申报，各地初审推荐，组织专家评审，江苏省名牌战略推进委员会审议确认了波司登羽绒服装有限公司生产的波司登牌羽绒服等 914 个江苏名牌产品，还评选出建湖节能电光源等 3 个江苏区域名牌。在国家层面，江苏省质量技术监督局积极推动我省优势产业集聚区争创全国知名品牌示范区。南京智能电网、武进横林地板获批创建，获批总数达 5 家，位居全国第一；组织常熟羽绒服装、扬中工程电气、灵山文化创意园等 5 个产业园区完成国家质检总局的文审答辩，进入了创建筹备阶段；新报了建湖石油机械、江阴高性能特钢等 12 个产业集聚区申报“全国知名品牌示范区”；组织了 69 家企业参与国家质监总局组织的品牌价值测算，放大了品牌效应。

（二）江苏省质量强省建设的稳步进行

通过质量强省建设工作，2012 年，好孩子儿童用品有限公司、南通醋酸纤维有限公司、徐工集团工程机械股份有限公司获得了江苏省质量奖；2013 年，扬子江药业集团有限公司、江阴兴澄特种钢铁有限公司、江苏自动化研究所、波司登羽绒服装有限公司、江苏东强股份有限公司（中小企业）获得了江苏省质量奖。在标准化工作方面，2013 年，下达农业地方标准制定计划 165 项，新建 22 个省级农业标准化示范区；联合省经信委新建 10 个省级循环经济标准化试点，立项制定 9 项能耗限额地方标准；在全省新建产业联盟标准化示范试点 15 个，继续实施战略性新兴产业标准化专项 60 项；推荐 11 名相关专家加入全国社会管理和公共服务标准化专家库，立项制定 25 项省级服务业地方标准，新建 27 个服务业标准化试点项目，推动苏州市 9 个公共服务领域和 4 个专业服务领域全面实施标准化，组织对天目湖生态农业服务等 8 个试点项目进行考核评估；继续跟踪指导 8 个已经设立的国际标准化组织技术委员会，指导企业提交国际标准提案 11 项。继续推进企业采用国际标准工作，累计推进 2 251个企业产品采用国际标准生产，承办全国钢、铁矿石和铁合金等 3 个全国标准化专业技术委员会年会，筹建全国钢标准化技术委员会/钢管分技术委员会/精密钢管工作组、全国工业玻璃和特种玻璃标准化技术委员会/功能性膜材料工作组。

三、相关政策措施的问题与急需改进之处

江苏省质量技术监督局在江苏名牌、质量强省建设等方面已发布并施行了一系列的政策法规或文件，在提升企业竞争力、促进产业发展方面发挥了重要作用。从建设知识产权强省、进一步完善知识产权政策体系的角度来看，江苏省质量技术监督局在相关政策体系建设与完善方面还可做如下一些努力。

（一）生产领域的行政执法活动的加强和规范问题

按照实施知识产权战略的要求，江苏省质量技术监督局承担打击生产领域侵权行为的任务。目前，该局行政执法活动虽然在一定程度上有助于

知识产权战略的实施，但由于缺乏有关行政执法活动的政策法规或文件，在实践中难免出现一些与省工商行政管理局执法活动交叉的问题，也可能在具体案件处理中难以找到有效的政策法规或文件依据，因此，有必要制定规范生产领域行政执法活动的政策。

（二）已有部分政策措施的修改或细化问题

《关于加快质量强业建设的指导意见》提出要“对拥有自主知识产权、自主品牌的产品政府优先采购”，这本是充分利用和发挥政府采购政策功能的一项政策措施，但政府采购应本着非歧视原则进行，故即使是自主品牌、自主知识产权产品在适用优先采购时也应有着一些限制。比如，明确优先采购为同等条件下的优先采购；优先采购适用于具体价值限额下的采购；优先采购避免造成地方保护主义，等等。

（三）与省内各部门之间政策法规与文件的协调问题

知识产权与技术法规及标准相结合的工作与省知识产权局工作有交叉之处，名牌战略和省工商行政管理局的工作也存在关联，故如何协调彼此职责，在知识产权战略实施中保持工作的高效，是江苏省质量技术监督局在政策法规或文件完善工作中应当充分重视的问题。

第六节　江苏省文化厅的政策措施分析

一、已有政策文件涉及知识产权方面的内容

经过前期资料收集，江苏省文化厅已经发布了《江苏省文化厅2009年文化繁荣计划》(2009年)、《江苏省文化厅关于省级文化生态保护实验区建设的指导意见》(2011年)、《江苏省省级现代服务业（文化产业）发展专项引导资金使用管理办法》(2011年)、《江苏省“十二五”文化发展规划》(2013年)、《江苏省文化厅2013年度依法行政工作要点》(2013年)、《江苏省文化系统2014年度依法行政、法治建设和法制宣传教育工作要点》(2014年）等政策文件，具体内容参见附件。回到知识产权强省层面，上

述政策文件主要涉及以下内容。

（一）文化产品创作

（1）依照省委省政府建设文化强省的战略要求，省文化厅制定了《江苏省文化厅2009年文化繁荣计划》，重点推出艺术生产繁荣工程。该工程以繁荣文艺创作、多出精品佳作、多出优秀人才为指导，力争推出一批富有艺术感染力、具有鲜明时代气息的文艺新作，推出一批具备发展潜力的文艺新人。具体包括大力推进舞台艺术精品创作、进一步推动美术创作、精心组织重大艺术活动等。

（2）《江苏省"十二五"文化发展规划（2013）》制定了繁荣艺术创作与生产的重点任务，引导广大文化工作者自觉践行社会主义核心价值体系，努力反映人民主体地位和现实生活，不断推进我省文化艺术生产繁荣发展，努力打造江苏文化品牌。

（二）文化产业发展

（1）省文化厅制定的《江苏省文化厅2009年文化繁荣计划》，重点推出文化产业繁荣工程。该工程紧扣"文化产业增长速度高于国民经济增长速度，高于服务业增长速度，成为国民经济的支柱产业"这一目标，以实施重点项目为载体，以产业园区和基地建设为抓手，突出发展重点，带动全省文化产业快速发展。具体包括推进文化产业项目服务建设、搭建文化产业服务平台、推进文化产业创新等措施。[1]

（2）为"推动文化产业繁荣发展，尽快使文化产业成为江苏的支柱产业，实现文化大省向文化强省的跨越，促进经济发展方式转变和经济社会又好又快发展"，[2] 省文化厅联合财政厅等单位制定《江苏省省级现代服务业（文化产业）发展专项引导资金使用管理办法（2011）》。该办法要求设立引导资金，支持对象是政府鼓励投资的文化产业项目，即能够引导社会资本进入文化产业领域，明显提升文化产业自主创新能力和市场竞争力，

---

[1] 《江苏省文化厅2009年文化繁荣计划》第三部分"文化产业繁荣工程"。

[2] 《江苏省省级现代服务业（文化产业）发展专项引导资金使用管理办法》第1条。

迅速壮大文化产业规模，具有显著的社会效益和经济效益，市场前景好、带动能力强、影响力大的项目；优先支持原创性强、能形成自主知识产权的项目；重大民营投资项目；已上市文化企业或有助于文化企业上市的项目。❶

（3）《江苏省“十二五”文化发展规划》（2013 年）制定了“文化事业和产业强省”的目标：大力繁荣文化艺术创作生产，全面构建公共文化服务体系，精心培育新兴文化业态，不断壮大骨干文化企业，加快建设文化产业园区。力争在“十二五”期间，文化产业增加值增速高于省 GDP 和服务业增速，文化产业增加值占省 GDP 比重超过 5%，尽快使文化产业成为我省国民经济的支柱产业。同时，制定了“加快文化产业发展”的重点任务，积极促进文化产业快速发展，使文化产业尽快成为我省支柱产业，文化产业规模、效益和竞争力位居全国前列。❷ 其主要措施包括：支持优势产业发展，重点发展创意设计业、演艺业、娱乐业、动漫业；加快文化产业基地（园区）建设；增强文化产业竞争力；健全文化市场体系；支持文化产品“走出去”。

（三）知识产权保护

（1）省文化厅制定的《江苏省文化厅 2009 年文化繁荣计划》，实施文化市场技术监管推进计划。充分发挥现代网络技术优势，积极构建网络化监管技术平台和信息服务平台。建立全省文化市场技术监管平台。在全省 3 400余家歌舞娱乐场所安装卡拉 OK 内容管理服务系统，通过网络实行实时监管。❸ 建设“互联网文化单位管理系统”“互联网文化内容管理系统”，实现对全省互联网文化单位及其互联网文化活动的网络监管。此外，开展文化市场环境净化行动。组织网络文化市场联合执法队伍。由省市两级网络专业骨干组成网络执法行动小组，形成执法合力。加强文化市场知

❶ 《江苏省省级现代服务业（文化产业）发展专项引导资金使用管理办法》第 6 条。

❷ 《江苏省“十二五”文化发展规划》第二部分“总体目标”。

❸ 《江苏省文化厅 2009 年文化繁荣计划》第四部分“文化市场繁荣工程”。

识产权保护。开展第十一届文化市场知识产权法制宣传周活动，查处并向社会公布文化市场侵犯知识产权重大案件，研究制定保护动漫、游戏衍生产品知识产权保护方案。

（2）《江苏省文化厅2013年度依法行政工作要点》（2013年）中规定，要重视文化政策法规建设。省文化厅和有立法权的市文化行政部门要围绕建设文化强省的目标，加强文化系统政策法规建设，力争推出一批高质量的制度创新成果。要做好立法前期理论论证、调查研究等准备工作，适时上报条件成熟、群众期待、文化事业发展需要的立法项目。

（四）非物质文化遗产的保护保存工作

（1）《江苏省文化厅关于省级文化生态保护实验区建设的指导意见》（2011年）中指出，为深化我省非物质文化遗产保护、保存工作，维护非物质文化遗产的自然生态环境和人文生态环境，促进非物质文化遗产的有效保护与传承，推动文化与经济社会的协调和可持续发展，省文化厅将组织开展省级文化生态保护实验区建设工作。[1] 具体措施包括科学制定文化生态保护实验区规划纲要、确定重点区域进行整体性保护、加强非物质文化遗产名录项目保护、加强非物质文化遗产代表性传承人的保护、加强非物质文化遗产基础设施建设、加强非物质文化遗产教育传承、加强非物质文化遗产保护人才队伍建设等。

（2）《江苏省"十二五"文化发展规划》（2013年）制定了"加强非物质文化遗产保护"的任务，强化非遗保护工作力度，推进非遗合理开发利用，加强非遗保护基础建设。

二、相关政策措施对经济社会发展的作用

在"十一五"时期，江苏文化发展实现新突破，取得新成果，是江苏文化又好又快发展的重要时期。主要是："一个大跨越"，即从文化大省向文化强省目标的大跨越；"两个25%"，即全省文化建设的财政投入年均增

[1] 《江苏省文化厅关于省级文化生态保护实验区建设的指导意见》引言。

长超过25%，文化产业增加值年均增长超过25%；“三个巨大成果”，即文化体制大转换，文化事业大繁荣，文化产业大发展。[1] 具体而言：

（1）艺术创作生产成果丰硕，实施省舞台艺术精品工程和艺术创作源头工程，每年新创剧本100余部。[2]

（2）文化产业跻身全国第一方阵，2013年全省文化产业实现增加值2 330亿元，占全省GDP的比重为4.3%，高于地区生产总值和第三产业增幅。全省建有140多个文化（创意）产业园区，包括4个国家级动画产业基地、10个国家级和27个省级文化产业示范基地、7个省级文化产业示范园区。积极实施重大项目带动战略，确立重点文化产业项目621个，省文化产业引导资金扶持重点项目352个。[3]

（3）文化遗产保护成绩突出。大运河（江苏段）等5个项目被列入《中国世界文化遗产预备名单》重点目录。新增全国重点文物保护单位67个和国家级历史文化名城2个、名镇12个、名村3个。[4]

三、已有政策措施存在的问题

从以上政策的分析来看，省文化厅在文化成品创作、文化产业发展、文化产品的知识产权保护与非物质文化遗产的保护、保存方面颁布了一系列政策文件，取得了不错的成绩，产生了较为良好的社会效益与经济效益。但从知识产权强省配套政策的层面出发，涉及文化产品的运用、管理与人才培养方面的政策文件基本处于空白的状态，难以从全方位推动知识产权强省目标的实现。应该在未来多制定涉及文化产品运用、管理与人才培养方面的政策或规范性文件。

---

[1][2][3][4] 《江苏省“十二五”文化产业发展规划》第一章。

第七节　江苏省广电局的政策措施分析

一、已有政策文件涉及知识产权方面的内容

经过前期资料收集，江苏省广电局已经发布了《江苏省广播影视科技发展“十二五”规划》（2011 年）、《江苏省省级现代服务业（文化产业）发展专项引导资金使用管理办法》（2011 年）、《江苏省“十二五”广播影视发展规划》（2012 年）等政策文件，具体内容参见附件。具体到知识产权强省层面，上述政策文件主要涉及以下内容。

（一）广播影视产业发展

（1）《江苏省省级现代服务业（文化产业）发展专项引导资金使用管理办法》（2011 年）提出：设立引导资金，支持创意设计、新兴媒体、影视动漫、网络游戏、电视购物等新兴文化产业发展；支持出版发行、印刷复制、广播影视、演艺娱乐、文化旅游、工艺美术、广告会展、版权贸易和服务等文化产业发展；支持国家级、省级文化创意产业孵化器（影视基地、数字电影产业园、动画产业基地、数字出版基地、版权产业基地、文化产业园区和文化产业示范基地等）建设，重点发展高科技文化创意产业园区，积极发展地方特色文化产业园区。[1]

（2）《江苏省广播影视科技发展“十二五”规划》（2011 年）确立了产业发展的目标：内容制作产业加速发展，具备跨平台的广播影视节目提供能力；高清电视、CMMB 等繁荣发展，形成用户规模，增强自身竞争力；下一代广电网率先发展，抢抓“三网融合”及物联网发展重要机遇，使广电网络成为承载物联网应用的理想平台。此外，提出了积极发展新兴媒体的重点任务：积极发展网络广播、网络电视，推动全省各级广播电台、电视台开展网络视音频节目播出。同时，为适应三网融合的要求，加快发展

[1] 《江苏省省级现代服务业（文化产业）发展专项引导资金使用管理办法》第 7 条。

IPTV、手机电视、互联网电视等新业务，建设具有内容管理、节目播控、电子节目指南、版权保护、鉴权认证、用户管理等功能的节目集成播控平台，优化完善集成播控平台与传输网络的对接机制。❶

（3）《江苏省“十二五”广播影视发展规划》（2012年）中提出了政策扶持的保障措施：努力争取文化产业发展专项资金等对关系广播影视产业整体发展、具有重大战略意义的重点项目的扶持，积极争取金融机构加大对广播影视企业的支持力度。

（二）知识产权创造

《江苏省“十二五”广播影视发展规划》（2012年）中提出，实施广播影视精品工程和品牌战略，增强创作生产能力。坚持走正道、出精品、出人才、出效益，稳定数量，提高质量，重点推出一批优秀电影、电视剧、动画片、纪录片、广播剧和文艺作品，推出一批弘扬主旋律的重大革命历史题材和重大现实题材的优秀作品；积极改进和加强广播影视经济、文艺、社教类节目制作，促进专题、专栏、综艺等节目制作，不断丰富节目形态，提高节目质量。❷ 鼓励优秀影视节目创作，培育品牌节目和栏目，着力建设名牌频率频道，提高专业化频率频道的收听、收视率，打造一批知名品牌节目以及有影响力的品牌制作机构。

（三）知识产权运用

《江苏省“十二五”广播影视发展规划》（2012年）中提出，要积极搭建文化产品交流贸易和项目合作平台，集中展示我省优秀广播影视产品和成果，大力推动江苏广播影视企业、产品和服务走出去。

（四）知识产权保护

《江苏省“十二五”广播影视发展规划》（2012年）中提出要强化法制保障。加强广播影视法制建设和监督，开展地方立法调研，争取出台

---

❶ 《江苏省广播影视科技发展“十二五”规划》第二章。

❷ 《江苏省“十二五”广播影视发展规划》第二部分“指导思想、基本原则和发展目标”。

《江苏省广播电视管理条例》。深化广播影视普法工作，做好“六五”普法宣传教育工作，营造依法办事、维护法律权威的良好氛围。加强广播影视知识产权工作，提高广播影视知识产权创造、运用、保护和管理能力，充分发挥知识产权制度对广播影视繁荣发展的促进作用。[1] 推动全省广播影视法制基础理论创新研究，为广播影视法制建设提供理论支撑。

二、已有政策措施对经济社会发展的作用

（1）产业发展势头强劲，有力地推动了经济发展方式转变和经济社会发展。始终坚持数字化、信息化、产业化的发展方向，以科技进步为先导，以改革创新为动力，积极推动传统产业转型升级，大力发展新兴业态，广电整体实力不断壮大。已初步形成广告、影视制作、有线电视网络、电视购物等多业态、多领域、多门类共同发展的产业格局。

（2）内容生产繁荣发展，广播影视在以文化人、引领社会等方面发挥出重要作用。电影、电视剧、动画创作生产繁荣发展，排名稳居全国前列。

三、已有政策或规范性文件存在的问题

从以上政策的分析来看，省广电局在广播影视产业发展、广播影视创作等方面颁布了一系列政策文件，取得了不错的成绩，产生了较为良好的社会效益与经济效益。但从知识产权强省配套政策的层面出发，涉及知识产权运用、管理与保护的政策文件基本处于空白的状态，难以从全方位推动知识产权强省目标的实现。应该在未来多制定涉及知识产权运用、管理与保护方面的政策或规范性文件。

---

[1] 《江苏省“十二五”广播影视发展规划》第五部分“保障措施”。

第八节　江苏省版权局的政策措施分析

一、已有政策文件涉及知识产权方面的内容

经过前期资料收集，省版权局已经发布了《江苏省新闻出版（版权）局关于进一步推进依法行政工作的若干意见》（2009 年）、《江苏省省级现代服务业（文化产业）发展专项引导资金使用管理办法》（2011 年）、《江苏省“十二五”重点图书、音像、电子出版物出版规划》（2011 年）、《全省新闻出版系统法制宣传教育第六个五年规划（2011～2015 年）》（2011 年）、《江苏省新闻出版业“十二五”时期发展规划》（2011 年）、《江苏省“十二五”时期版权发展规划》（2011 年）、《江苏省新闻出版（版权）行政执法人员执法行为规范（试行）》（2011 年）、《2012 年全省新闻出版工作要点》（2012 年）、《2012 年全省版权工作要点》（2012 年）、《全省新闻出版（版权）依法行政工作要点》（2012 年）、《关于调整“十二五”国家重点图书、音像、电子出版物出版规划的通知》（2012 年）、《2013 年全省新闻出版工作要点》（2013 年）、《2013 年全省版权工作要点》（2013 年）、《2013 年全省新闻出版（版权）依法行政工作要点》（2013 年）、《关于调整〈“十二五”国家重点图书、音像、电子出版物出版规划〉的通知》（2013 年）、《2014 年全省新闻出版（版权）工作要点》（2014 年）、《2014 年全省新闻出版（版权）依法行政工作要点》（2014 年）、《关于做好 2014 年印刷复制发行监管工作的通知》（2014 年）等政策文件，具体内容参见附件。具体到知识产权强省层面，上述政策文件主要涉及以下内容。

（一）知识产权创造

（1）《江苏省“十二五”重点图书、音像、电子出版物出版规划》（2011 年）提出，要切实发挥政策资金支持的引导作用。全省共有 222 种选题入选国家和省“十二五”重点出版规划，有利于图书、音像等作品的创作。

（2）《江苏省新闻出版业“十二五”时期发展规划》（2011 年）提出推动内容创新主体建设：推动新闻出版企业成为内容创新主体，大力培育新闻出版创意群体和内容提供商，支持和鼓励各类新闻出版内容服务企业的发展。加强对内容创新项目的支持，鼓励、支持新闻出版企业在数字出版、数字印刷、电子纸和新闻出版电子商务、物联网等方面进行自主研发，争取掌握一批数字出版、新媒体领域、现代印刷技术的自主知识产权和核心技术。❶

（3）《关于调整〈“十二五”国家重点图书、音像、电子出版物出版规划〉的通知》（2013 年）提出，要切实发挥政策资金支持的引导作用，完成省级重点规划项目共 128 种，其中图书 114 种，音像制品 10 种，电子出版物 4 种。截至 2012 年 10 月，完成项目 32 种（图书 25 种，音像 6 种，电子出版物 1 种），占总量的 25%。

（4）《2013 年全省新闻出版工作要点》提出要抓好精品生产。切实抓好国家和省“十二五”重点出版规划的实施，充分发挥国家出版基金和省出版专项资金、各类奖项评选的引导作用，打造更多无愧于历史、无愧于时代、无愧于人民的传世经典和精品力作，生产更多接地气、通民气、有生气的优秀出版物；大力开发原创数字出版内容新产品，拓展新的文化消费领域和新的消费增长点；认真做好全国百强品牌报刊推荐工作。❷

（5）《2014 年全省新闻出版（版权）工作要点》（2014 年）提出要加强精品创作生产，推出更多优秀出版物，精心组织重大主题出版，健全精品生产机制。

（二）知识产权运用

（1）《江苏省新闻出版业“十二五”时期发展规划》（2011 年）提出出版业“走出去”目标：加快新闻出版产品、服务、企业、资本“走出

---

❶ 《江苏省新闻出版业“十二五”时期发展规划》第四部分“‘十二五’时期全省新闻出版业发展的主要措施”。

❷ 《2013 年全省新闻出版工作要点》第 3 条。

去”步伐；江苏新闻出版产品的国际传播力和影响力显著提高，出版物出口总额、版权输出与合作出版输出数量年均分别增长20%左右，实现印刷服务出口收入比2010年翻一番。支持有能力的企业对外投资，通过多种方式在境外兴办新闻出版企业。[1]

（2）《江苏省“十二五”时期版权发展规划》（2011年）提出，在版权贸易方面，建设数字版权登记中心、版权资源中心和国际版权贸易中心，鼓励鉴定评估、授权代理、版权登记、版权融资、版权拍卖等中介服务机构的发展，完善出版和版权贸易产业链。培育江苏版权交易品牌，完善作品的融资、拍卖程序。[2] 同时，加强国际版权交流合作，推动版权贸易深入开展。

（3）《2012年全省版权工作要点》提出要建立和完善作品资助和奖励机制。充分利用版权作品、使用和版权贸易资助和奖励资金，完善作品资助和奖励办法。

（4）《2014年全省新闻出版（版权）工作要点》提出要大力培育、发展产权、版权、人才、技术、信息等要素市场，鼓励和支持新闻出版企业依法进行版权、股权、商标、品牌等交易。[3] 坚持培育发展和管理监督并重，加强行业组织和中介机构建设。

（三）知识产权管理

（1）《江苏省新闻出版业“十二五”时期发展规划》（2011年）提出版权综合服务工程。加快建设江苏省版权综合服务平台二期工程，构建一个提供版权登记、查询检索、版权鉴定、版权贸易和维权、稿酬收转等功能的版权服务体系。[4]

（2）《2012年全省新闻出版工作要点》提出加强版权服务与管理：进

---

[1] 《江苏省新闻出版业“十二五”时期发展规划》第三部分“‘十二五’时期新闻出版业发展的主要目标”。

[2] 《江苏省“十二五”时期版权发展规划》第三部分“重点任务”。

[3] 《2014年全省新闻出版（版权）工作要点》第10条。

[4] 《江苏省新闻出版业“十二五”时期发展规划》第六部分“版权兴业工程”。

一步强化版权服务体系建设，扎实做好版权登记，支持版权创造。大力推动版权示范城市、单位和园区创建工作，创建一批高质量、在省内和全国起示范引领作用的市县和园区。依法规范版权交易行为，推动版权交易有序开展。摸索、建立版权统计制度，做好版权相关产业对国民经济贡献调研工作。❶

（3）《2012 年全省版权工作要点》提出要进一步做好版权登记工作。完善省版权综合服务中心信息平台建设，进一步提升版权综合管理与服务的水平。切实做好作品登记工作，确保完成 2012 年一般作品登记量和软件作品登记量增长 15% 以上。❷

（4）《2013 年全省新闻出版工作要点》提出要完善版权服务体系，充分利用好作品登记专项资金，探索新的作品登记机制，逐步实行一般作品免费登记。

（5）《2013 年全省版权工作要点》提出，要充分利用好作品登记专项资金，逐步施行一般作品免费登记。进一步规范作品登记程序，提升我省作品登记工作水平。

（6）《2014 年全省新闻出版（版权）工作要点》提出要充分发挥省版权保护中心作用，推动作品著作权登记、合同登记、质押交易形成规模，增强版权转化能力，逐步打造集资源收集、共享、转化和保护为一体的综合性服务平台。全年完成一般作品著作权登记 4 万件以上。

（四）知识产权保护

（1）《江苏省新闻出版业“十二五”时期发展规划》（2011 年）提出切实加强著作权保护，严厉打击各种侵权盗版行为。继续实施保护未成年

---

❶ 《2012 年全省新闻出版工作要点》第五部分“强化版权服务，着力保护文化创造力”。

❷ 《2012 年全省版权工作要点》第三部分“强化版权公共服务与管理，促进版权贸易繁荣”。

人健康成长的文化环保工程，营造有利于未成年人成长的良好文化环境。[1]此外，提出建立版权保护示范基地工程。积极推广南通家纺版权保护的成功经验，加大苏州镇湖刺绣、东海水晶市场等具有江苏特色创意产品的版权保护力度，形成若干版权保护示范基地。

（2）《江苏省“十二五”时期版权发展规划》（2011 年）提出广泛开展版权保护工作：一是通过推广南通家纺产业版权保护的成功做法，根据产业特点探讨版权保护的新体制，促进江苏传统特色产业发展。二是与商标、专利行政部门合作，推动建立企业知识产权诚信体系，扩大“正版正货”影响。三是在省、市政府机关软件正版化工作全面完成的基础上，推进区县政府机关、企事业单位的软件正版化工作。四是加强与公安、工商、文化等部门的联动配合，力争查处一批社会影响大、涉案地区广的盗版侵权要案，从根本上解决目前盗版现象屡禁不止，犯罪隐蔽化、集团化的问题。同时，推动与浙江、上海两省市形成长三角地区的版权联合保护体，形成区域间版权保护的一致性和一体化。五是根本改变目前社会版权意识普遍不强的现象，不断提升全社会的版权保护意识。

（3）《2012 年全省新闻出版工作要点》提出，加大版权保护工作力度。坚持日常监管和专项治理相结合，加强版权行政执法和社会监管，继续开展打击侵权和假冒伪劣商品专项治理工作，扎实开展第八次打击网络侵权盗版专项治理“剑网行动”；完成省辖市政府机关软件正版化检查整改工作，推进县（市）政府机关和企业使用正版软件工作，探索各地软件科技园正版化工作经验。[2] 积极探索、解决新传播技术条件下的版权保护问题。

（4）《2012 年全省版权工作要点》提出要加大版权保护力度，依法惩处侵权盗版行为：完成市县机关软件正版化整改和企业软件正版化推进工作；认真做好市县政府机关软件正版化工作的督导检查，确保在规定时间

---

[1] 《江苏省新闻出版业“十二五”时期发展规划》第四部分“‘十二五’时期全省新闻出版业发展的主要措施”。

[2] 《2012 年全省新闻出版工作要点》第五部分“强化版权服务，着力保护文化创造力”。

内完成市县级政府机关软件正版化工作；会同有关部门继续推进大中型企业使用正版软件工作，做好示范单位的评选工作，落实第六批推进正版化企业名单；严厉打击侵权盗版行为；打击侵权盗版、查处大要案，建立完善打击侵权盗版长效工作机制，巩固“双打”专项行动工作成果，实现专项行动工作常态化；开展第八次“打击网络侵权盗版专项治理剑网行动”；探索新形势下侵权盗版物品的鉴定办法和鉴定机制，认真做好版权鉴定工作。❶

（5）《2013年全省新闻出版工作要点》提出开展打击假冒伪劣和侵犯知识产权专项行动、打击网络侵权“剑网”行动、文化领域版权专项执法等行动；巩固机关软件正版化整改工作成果，继续推进企业软件正版化。❷

（6）《2013年全省版权工作要点》提出，要加强版权执法工作：按照国家版权局打击侵权假冒常态化工作部署，继续以“抓源头、清市场、打网络、查破大要案”为主线全面开展各项监管工作。

（7）《2014年全省新闻出版（版权）工作要点》提出要开展打击侵权假冒专项行动、第十次“剑网行动”，严厉查处侵权盗版大案要案；进一步巩固政府机关软件正版化整改成果，推动建立软件正版化工作长效机制；以国有企业、金融机构为重点扎实推进企业软件正版化。指导南京市做好“青奥会”吉祥物等标志产品的版权服务和保护工作。❸

（五）知识产权文化宣传

（1）《江苏省新闻出版（版权）局关于进一步推进依法行政工作的若干意见》（2009年）提出，要配合“4·26世界知识产权日”和重大法律法规实施周年纪念活动，各级行政机关要充分整合普法资源，组织开展多

---

❶ 《2012年全省版权工作要点》第二部分“加大版权保护力度，依法惩处侵权盗版行为”。

❷ 《2013年全省新闻出版工作要点》第五部分“依法履行职责，提升行政管理能力”。

❸ 《2014年全省新闻出版（版权）工作要点》第六部分“加强版权保护，在知识产权强省建设中发挥重要作用”。

种形式的普法宣传教育和法律咨询服务活动，举行新闻出版（版权）法律法规知识竞赛、征文大赛、演讲比赛等活动。

（2）《全省新闻出版系统法制宣传教育第六个五年规划（2011～2015年）》（2011年）提出，要精心组织实施一年一度的“4·26”世界知识产权日和“12·4”全国法制宣传日的法律法规宣传咨询服务活动，有计划、有组织地开展“一法七条例”施行周年纪念日大型宣传教育活动；不断拓展法制宣传教育与群众文化生活相结合的深度与广度，积极探索法制教育与道德教育有机结合的新途径。全省新闻出版（版权）系统各单位，要结合普法工作的实际，安排落实相应的专项经费，保证法制宣传工作顺利开展；鼓励社会团体、企事业单位对法制宣传工作的公益性投入。[1]

（3）《江苏省“十二五”时期版权发展规划》（2011年）提出，要继续深入开展版权法律知识竞赛、街头咨询等各种形式的宣传教育活动，进行普法宣传，搞好日常宣传教育工作；结合不同行业的不同特点开展不同对象的培训，在编辑、记者、发行人员培训中将著作权法列为重要内容；结合各专项治理活动，开展专项培训，确定我省版权保护重点，举办专题讲座，促使全省公众特别是版权权利人的版权意识明显提高。

（4）《2012年全省新闻出版工作要点》提出，做好版权宣传教育培训。做好版权各项重点工作的宣传，大力开展“4·26”知识产权宣传周等活动，提升公众版权保护意识。

（5）《2012年全省版权工作要点》提出要加强版权宣传教育工作。充分利用各种媒介，创新宣传形式、丰富宣传手段，集中宣传我省版权保护工作取得的成就，在全社会形成强大的版权保护宣传声势，营造良好的舆论氛围。开展版权“进机关、进企业、进校园、进社区”活动。办好《江苏版权》等信息专刊。

（6）《2013年全省版权工作要点》提出，要充分利用世界知识产权日

[1] 《全省新闻出版系统法制宣传教育第六个五年规划（2011～2015年）》第五部分“主要措施”。

和其他有关重大节日，加大版权宣传力度，丰富宣传内容，创新宣传形式，逐步提高全社会的版权保护意识和版权认知度。

（六）版权产业发展

（1）《江苏省级现代服务业（文化产业）发展专项引导资金使用管理办法》（2011 年）提出，设立引导资金，支持出版发行、印刷复制、广播影视、演艺娱乐、文化旅游、工艺美术、广告会展、版权贸易和服务等文化产业发展。

（2）《江苏省新闻出版业“十二五”时期发展规划》（2011 年）提出产业实力强省的目标：形成传统产业和新兴产业协调快速发展的格局，新闻出版业增加值增速高于全省地区生产总值增速，高于“十一五”全省新闻出版业增加值增速，新闻出版产业的规模、效益和竞争力位居全国前列；力争到 2015 年，实现新闻出版产业总产出达 3 000亿元，增加值达 900 亿元。[1]

（3）《江苏省“十二五”时期版权发展规划》（2011 年）提出，尽快使主要从文化产品具有知识产权角度进行界定的版权产业成为我省文化产业的支柱产业。在出版品牌方面，继续深入实施精品战略，以好的产品占领市场；在重大项目方面，充分发挥省市文化产业对资金的引导作用，扶持一批市场前景好、有发展潜力、能做大做强的项目；在产业基地方面，从目前江苏新闻出版产业的发展基础来看，至少培育 4 个在全国有影响的新闻出版产业基地；沿江印刷复制基地、南京和苏锡常游戏动漫产业基地、南京出版产品物流基地和版权相关产业基地；在发展新兴业态方面，积极推动数字出版、网络出版、手机报等新兴业态的发展；加快发展软件产业，继续保持我省在影视动漫产业中的领先地位，使之形成新的产业增长点。

（4）《2012 年全省新闻出版工作要点》提出要实施数字出版跨越发展工程。以国家数字出版基地南京、苏州、无锡、扬州园区为载体，大力发

---

[1] 《江苏省新闻出版业“十二五”时期发展规划》第三部分“‘十二五’时期新闻出版业发展的主要目标”。

展电子书、网络出版、手机出版、网游动漫、数字音乐等新兴产业。鼓励和支持高新技术企业、新闻出版企业在数字出版、数字印刷、电子纸和新闻出版电子商务等方面进行自主研发，争取在关键技术领域掌握一批具有自主知识产权的核心技术；建立健全数字出版管理制度；筹建数字出版产业联合会。❶

(5)《2014年全省新闻出版（版权）工作要点》提出要加快数字出版业发展。支持江苏国家数字出版基地建设，塑造特色、强化功能，吸引更多的数字出版企业特别是国内外知名企业入驻。培育数字出版龙头企业，做大做强一批骨干企业。支持数字出版企业加强新业务新业态研发，不断创新服务内容、方式和手段，加快网络出版、手机出版、云出版等数字出版新业态发展。

（七）版权法律法规以及规章的制定与修订

(1)《江苏省新闻出版（版权）局关于进一步推进依法行政工作的若干意见》（2009年）提出要推动新闻出版（版权）立法工作。着力推进《江苏省著作权保护条例》立法进程；积极做好修订《江苏省书报刊市场管理条例》和《江苏省音像市场管理条例》的各项准备工作；积极参与《出版管理条例》《印刷业管理条例》《出版物市场管理规定》等法规、规章的修订工作；❷ 按时做好省人大、省政府各种地方性法规、规章讨论稿征求意见的反馈工作。此外，要推动新闻出版（版权）规章清理。各级新闻出版（版权）行政机关要高度重视各类规范性文件的清理工作，不适应形势发展和法治要求的要及时进行修改或宣布废止。对本行政机关制定的各类规章制度及规范性文件的施行情况，要定期进行执行情况的分析评估，并及时对上级行政机关制定施行的各类规章和规范性文件的实施情况提出评估和反馈意见。

---

❶ 《2012年全省新闻出版工作要点》第三部分“实施重点工程，着力转变发展方式”。

❷ 《江苏省新闻出版（版权）局关于进一步推进依法行政工作的若干意见》第四部分“加快推进新闻出版（版权）行政法制建设”。

(2)《江苏省“十二五”时期版权发展规划》(2011年)提出，要结合本省实际制定《江苏省著作权保护和促进办法》；结合工作的开展，不断完善版权管理规章制度、版权管理和保护制度、数据分析和统计制度、利益分配和奖励制度、宣传培训制度、资金投入和使用制度以及岗位责任制度等版权管理工作制度。

(3)《2012年全省版权工作要点》提出，继续完善《江苏省著作权保护与产业促进办法（草案》，尽早申请通过实施。抓好《江苏省著作权合同备案办法》的组织实施，加强著作权许可与转让合同备案服务和管理。

(4)《2014年全省新闻出版（版权）工作要点》提出要研究制定《江苏省版权战略实施意见》，建立完善版权工作政策引导、科学评估等制度。

(八) 知识产权人才培养

《江苏省“十二五”时期版权发展规划》(2011年)提出，建立适应新形势下版权业发展需要的人力资源制度，形成版权组织领导人才、文化创意人才、技术创造人才、经营管理人才、法律保护人才集聚的局面，各司其职，共同推进江苏省的版权创造、管理、运用和保护工作。构建起人才管理和人才交流一体化的人才服务工作平台，建立长效培训机制，对涉及版权的管理、服务及企事业单位工作人员实施分类培训，加快版权后备人才培养，建立版权人才引进机制，将版权高端人才引进纳入创新创业人才引进计划，为发展我省的版权业服务。

二、已有政策措施对经济社会发展的作用

目前已构建具有江苏特色的版权市场体制和运行机制，打造了有利于激励自主创新的版权保护体系和法制环境。全省人民版权意识明显加强，版权法治环境进一步完善，版权保护水平进一步提高，版权制度对经济发展和社会进步的促进作用充分显现，在整体上成为版权事业繁荣、版权产业发达、版权人才集聚、综合实力处于全国领先的版权强省。

(一) 服务大局能力的显著提升

版权作品创作的大繁荣积极为深入贯彻科学发展观、推进改革开放和

现代化建设提供思想保障、精神动力、智力支持、舆论氛围。例如，江苏省的作品自愿登记量增速明显，平均以每年46%的速度递增，登记总量在全国排名第二。计算机软件著作权登记数量平均以每年18%的速度增加，登记量居全国第五位。[1]

（二）版权产业对经济贡献的快速提升

江苏省新闻出版业增加值增速高于全省地区生产总值增速，高于“十一五”全省新闻出版业增加值增速，新闻出版产业的规模、效益和竞争力位居全国前列。“十一五”期间，资产总额、行业增加值等主要经济指标均位居全国第三位，利润总额居全国第二位。[2] 新兴产业快速发展，网络出版企业从无到有。

（三）版权产业“走出去”步伐的加快

“十一五”期间，江苏省图书版权海外输出大幅提升。5年共输出版权584项，年均增长15.5%。印刷领域百余家企业从事对外加工贸易，年加工贸易额60多亿人民币。[3]组织出版单位参加台湾书展、香港书展，作为主宾省参加上海书展，有效扩大了江苏出版的影响。国际版权贸易以每年10%以上的速度增长，始终名列全国第三位，引进和输出了一批高质量的图书，国际交流合作领域不断拓宽。

三、已有政策或规范性文件存在的问题

从以上政策的分析来看，江苏省版权局在知识产权创造、运用、保护、管理以及版权产业发展、知识产权法律法规修订、人才培养、知识产权文化宣传等方面颁布了一系列政策文件，取得了不错的成绩，产生了较为良好的社会效益与经济效益。从现有的政策运行情况来看，政策制定范围比较全面，除了需要在促进知识产权创造方面的政策有待加强之外，并无其他问题。

---

[1] 《江苏省“十二五”时期版权发展规划》第一章。

[2][3] 《江苏省新闻出版业“十二五”时期发展规划》第一章。

第九节　其他政府部门的相关政策分析

一、江苏省科技厅的政策措施分析

江苏省科技厅的很多政策措施与知识产权工作密切相关，但在内容上却存在很多问题。如为进一步加强科普能力建设、提升市民科学素质，营造良好的创新文化氛围，支撑知识产权强省建设，需要在全省新建一批专业科普场馆或者科技博物馆。

江苏省科学技术厅作为政府科技行政主管部门，不仅要从行政角度对全市科普工作进行管理，而且要在政策制定、规划编制和监测评估等方面进行引导，通过政府购买服务的形式，推动科普事业发展。如以项目资助的形式，支持建设江苏省科普资源开发与共享信息平台、开展《科研计划科普化方法研究》等课题研究；以购买服务的形式，委托地方科协编制科普挂图、运作管理江苏省科普网、组织知识产权与科普知识竞赛等重点活动；以项目合作的形式管理江苏省知识产权与科普图书创作出版专项资金，在社区推广科普和知识产权创新等。

采取有力措施使科普教育基地在教育中发挥更大作用，使更多的民众走进科普场馆，感受科技魅力，提升科学素养，培养创新能力和知识产权意识，应该是江苏省科学技术厅的重要工作内容。

二、江苏省环境保护厅的政策措施

依据江苏省知识产权工作的整体安排，江苏省环境保护厅的主要任务为组织协调全省环境科学研究和环境保护宣传教育工作；推动环保企业研发防治污染相关的环保技术并取得自主知识产权。

（一）已有的政策措施

2008 年以来，在省委省政府的领导下，江苏省环境保护厅积极实施知识产权战略，通过创建有机食品品牌、发展旅游品牌、督促企业清洁生产等措施推动经济发展方式的转变；加快发展和推广麦套稻、稻套麦秸秆全量还田技术；利用秸秆氨化、秸秆微贮等技术，适当发展以秸秆为原料的混合饲料生产项目，探索高新技术在秸秆饲料化上的应用。

（二）已有政策措施的问题和需要改进之处

据查找所得资料显示，目前，江苏省环境保护厅并没有制定具有直接针对性的知识产权战略实施政策。为促进知识产权强省建设，江苏省环境保护厅可以结合当前省内环境工作，适当制定和完善实施知识产权战略的相关政策法规或文件。如气候变化与知识产权的关系问题已经成为 WTO、WIPO 共同关注的话题，各国各地方也均日趋重视清洁技术的知识产权保护与运用问题。为此，江苏省环境保护厅可以研究和制定促进清洁技术研发和推广的专门政策。

三、江苏省统计部门的政策措施分析

在知识产权统计政策方面，江苏省存在的问题更为突出。从目前江苏统计工作的总体认识看，并没有形成固定的知识产权统计指标、口径、统计数据发布等方面的政策意见。[1] 一些统计政策的要求也是散见于各种基本政策之中，没有细则化的落实举措。这导致目前的全省知识产权工作统计数据往往是分布于不同政府部门和司法机关的年度统计数据之中，并不能从公开途径获取。这不仅妨碍知识产权的总体信息研判，也影响到知识产权政策效果的评价，不利于及时根据相关统计数据做出政策调整，制约了政策实施的绩效。

---

[1] 笔者检索江苏省统计局的网站，没有发现相应的统计政策。至于实践中是否有相应的政策在发挥作用，未经考证。特别作出说明。

第十二章　知识产权强省建设对于相关配套政策的需求

2014 年，中共江苏省委、江苏省政府联合发布《关于加快建设知识产权强省的意见》。该意见是江苏省委省政府围绕实施创新驱动发展战略而对江苏从知识产权大省向知识产权强省跨越的科学规划与部署。实施《关于加快建设知识产权强省的意见》，实际上就是围绕将江苏“建设成为全球有影响的产业科技创新中心”这一战略定位，更好地发挥知识产权对产业转型升级的支撑引领作用，通过大力培育发展知识产权密集型产业让产业链占据“微笑曲线”的两端。❶

第一节　江苏省知识产权强省建设的主要任务

从内容上看，《关于加快建设知识产权强省的意见》不仅明确了建设知识产权强省的重要意义、指导思想和目标，更进一步提出确定了江苏省知识产权强省建设的主要任务。❷

一、知识产权创造方面的任务

这方面的任务主要是增强知识产权创造活力，提高知识产权创造质量。

---

❶ 徐南平：《在全省知识产权局局长会议上的讲话》，苏知发〔2015〕50 号，2015 年 2 月 14 日，第 9 页。

❷ 此部分所阐述的主要任务主要依据为《关于加快建设知识产权强省的意见》的相关内容。

自2009年实施知识产权战略以来，江苏省知识产权创造能力得到了不断的提升，为江苏省知识产权事业的快速发展奠定了牢固的基础。建设知识产权强省，必须要在夯实现有知识产权事业基础的同时增强知识产权竞争力。因此，《关于加快建设知识产权强省的意见》要求江苏继续增强知识产权创造活力，调整知识产权工作导向；强化知识产权质量导向，加强创新过程知识产权管理，加强对知识产权创造的指导服务，激励职务发明等。

二、知识产权运用方面的任务

这方面的任务主要是促进知识产权成果转化，提升知识产权运用水平。知识产权成果的转化运用是发挥知识产权促进社会经济全面发展的关键，也是知识产权强省建设的核心任务之一。《关于加快建设知识产权强省的意见》围绕"知识产权转化运用水平的大力提升"做出了一系列的部署，为江苏今后知识产权事业的开展指明了方向，如协调好产学研、大中小微型企业在知识产权成果转化实施方面的合作，加强专业化、综合性知识产权交易平台建设，从知识产权风险防范等方面出发完善知识产权投融资体系，等等。

三、知识产权密集型产业方面的任务

这方面的任务主要是培育知识产权密集型企业，发展知识产权密集型产业。美国、欧盟等知识产权强国或地区的发展经验表明，知识产权密集型产业的发展不仅有助于产业竞争力的提升，还能促进社会就业、提高劳动者收入水平。知识产权密集型产业是知识产权实现其在经济社会发展过程中催化剂作用的依托，因此，建设知识产权强省，必须着力培育和发展知识产权密集型产业。《关于加快建设知识产权强省的意见》遵循企业与产业之间的科学关系，提出要以培育和认定知识产权密集型企业为起点，做好知识产权密集型产业发展的规划与布局指导工作；通过实施专利导航工程、商标引领产业发展示范工程、版权兴业工程等，壮大专利密集型产业，发展商标密集型产业，打造版权密集型产业。

四、知识产权保护方面的任务

这方面的任务主要是完善知识产权保护体系，加大知识产权保护力度。知识产权保护是知识产权工作得以有序、健康开展的重要保障。江苏建设知识产权强省势必须要完善和优化知识产权保护体系，提供高效的知识产权支撑。《关于加快建设知识产权强省的意见》从知识产权保护体制、知识产权保护方式等方面对支持知识产权强省建设的知识产权保护问题提出了要求。如就知识产权保护体制而言，江苏要提高行政执法规范化水平，建立专门管辖知识产权案件的知识产权法院，探索建立行政执法资源优化配置的知识产权行政执法局以及华东地区专利行政执法协作调动中心；就执法力度而言，建设知识产权强省，应对恶意侵权、重复侵权等情节恶劣的违法行为依法从重处罚，建立知识产权侵权违法档案，加强对重点地区、重点市场的知识产权监管，加强展会知识产权监督管理；就维权援助而言，建设知识产权强省需要健全知识产权举报投诉和维权援助工作体系，实现举报投诉和维权援助网络在全省范围内全覆盖，等等。

五、知识产权行政管理方面的任务

这方面的任务主要是探索知识产权管理体制改革，提高知识产权管理能力。在我国知识产权战略的实施过程中，知识产权行政管理体制改革问题是各级政府长期探索的一项工作。目前，江苏省的苏州等地已经在知识产权行政管理体制的探索做出了努力，实现了版权管理、专利管理的统一，但从知识产权强省建设的角度来看，这还远远不够。《关于加快建设知识产权强省的意见》要求深化知识产权行政管理体制改革，建立适应知识产权强省建设、高效统一的知识产权行政管理机构，形成一支专业化、现代化的管理队伍。苏南五市和国家级知识产权示范城市应在管理体制上率先突破，建立统一管理专利、商标和版权的知识产权管理部门。从苏南、苏中、苏北各区域协调发展的角度，《关于加快建设知识产权强省的意见》也要求各区域结合自身实践来不断提升区域战略实施水平。此外，《关于加快建设知识产权强省的意见》还要求：健全知识产权审议制度，建立重大科技项目知识产权跟踪管理制度，加强重大项目监督管理；加强国际知识产权维权合作，制定发布重点外贸国家和地区的知识产权维权指引；建立境外知识产权争端快速反应机制，帮助企业有效应对境外知识产权纠纷化，等等。

六、知识产权服务方面的任务

这方面的任务主要是重视知识产权服务业，加快发展知识产权服务业。知识产权强国的经验表明，知识产权发挥对社会经济发展的促进作用离不开知识产权服务业的快速发展。江苏自实施知识产权战略以来，一直重视知识产权服务业的发展，但由于我国知识产权服务业整体发展水平还较为低端，因而，知识产权强省建设亟须加快知识产权服务业的发展。《关于加快建设知识产权强省的意见》要求：打造优质公共服务平台以促进知识产权强省建设。具体如江苏要全面建成国家知识产权局专利局专利审查江苏中心，全面建成国家知识产权局区域专利信息（南京）中心，建成无锡（国家）外观设计信息中心，建成国家专利战略推进与服务（泰州）中心，并探索建立集信息分析、法律咨询、战略策划等多种服务功能于一体的综合性知识产权公共服务平台，逐步形成覆盖全省的省市县三级服务网络；做大做强社会化服务机构，实现专业化、品牌化、规模化发展，构建集知识产权代理、信息服务、转让交易和运营为一体的高端服务业集聚区；全面提升服务能力和质量，支持和鼓励知识产权服务新产品的开发，培育知识产权服务新型业态，培育高附加值的知识产权服务业务，等等。

七、知识产权人才方面的任务

这方面的任务主要是重视知识产权人才，加大知识产权人才培养、引进力度。知识产权各项工作的开展均离不开知识产权人才的参与。因此，江苏建设知识产权强省需要重视知识产权人才工作。《关于加快建设知识产权强省的意见》从学历教育、在职培训、人才引进等三个方面对知识产权人才工作提出了要求。就学历教育而言，支持有条件的高等院校设立知识产权学院或专业，开设知识产权课程；要求理工科专业应当将知识产权纳入必修课程体系；着力推进国家工业与信息化部、国家知识产权局与省政府合作共建南京理工大学知识产权学院，开展知识产权相关专业学历教育；探索知识产权学历教育培养新模式，通过双学位、辅修、第二学位教育模式培养知识产权复合型人才，通过法学硕博学位教育培养知识产权高级保护人才。就在职培训而言，要大规模开展知识产权工程师培养，鼓励企业选送研发、法务、市场等人员参加知识产权工程师培训；进一步加强知识产权行政管理人员、执法人员在职培训，逐步建立健全上岗培训、日常培训、轮训常态化的工作机制；加大对知识产权服务人员技能培训，有计划选派年青专利代理人、品牌管理师参加境内外长期专业进修。就人才引进而言，要实施江苏省知识产权人才引进计划；鼓励企事业单位面向海内外招聘具有国际水平、跨行业经验、跨学科知识的知识产权领军人才和团队来苏发展；支持企事业单位采取咨询、讲学、兼职、短期聘用、人才租赁等方式引进知识产权高层次人才；建立规范合理的知识产权人才引进流程；建立完善知识产权人才信息平台，加速知识产权人才集聚。

八、知识产权工作保障方面的任务

这方面的任务主要是强化建设知识产权强省的各项保障措施。《关于加快建设知识产权强省的意见》不仅从知识产权创造、知识产权运用、知识产权保护、知识产权管理、知识产权服务、知识产权人才等方面对知识产权强省建设提出了要求和任务，而且从保障各项要求和任务能够得以有效实现的角度明确，要强化建设知识产权强省的各项保障措施。如要建立知识产权强省建设领导小组，统筹制定推动知识产权强省建设的推进计划，加强知识产权强省建设工作的组织协调；要加大省级知识产权经费投入，保证知识产权专项资金年度财政预算的合理增长，确保知识产权强省建设工作能够获得所需的资金投入；要加大知识产权强省建设的宣传力度，加大知识产权普及教育力度，为知识产权强省建设营造“尊重知识、崇尚创新、诚信守法”的知识产权文化氛围；要建立和完善知识产权强省指标体系，完善知识产权强省统计评价制度，推动各项知识产权强省建设任务的有效落实。

第二节　江苏省知识产权强省建设的政策需求

一般而言，现代社会的发展离不开国家政策的参与。政策往往具有规划、引导、促进、调整、保护、扶持、限制等方面的功能，对于社会经济发展中特定问题的解决有着极为重要的作用。江苏建设知识产权强省，系属江苏社会经济发展中的大事，知识产权强省建设各项任务的完成离不开相关政策的支持。

从宏观层面来看，江苏建设知识产权强省需要相关知识产权政策实现系统性和创新性发展。就系统性而言，知识产权强省建设本身就是一项系统工程，不仅涉及知识产权事业本身的发展问题，也涉及产业发展乃至经济社会全面发展的各方面，涉及专利、版权、商标、商业秘密等各领域问题，涉及知识产权创造、运用、管理和保护等各方面的问题。知识产权强省建设各项任务的实现需要系统性的知识产权政策的支持与保障。如知识产权政策在激发知识产权创造活力的同时应当保证知识产权创造质量，而高质量的知识产权成果应当是可以实施的成果，知识产权成果的有效转化运用又离不开高效的知识产权保护环境。因此，在江苏建设知识产权强省的背景下，要实现既定的各项任务，有必要系统梳理已有相关知识产权政策，进行适当调整和完善，确保知识产权强省建设所需知识产权政策体系的健全与完善。就创新性而言，知识产权强省建设是当前我国知识产权事业发展中的一个新课题，江苏《关于加快建设知识产权强省的意见》提出了许多与以往不同的目标和任务，如发展知识产权密集型产业、创造更多高价值知识产权等。通过前文可知，江苏已有的相关知识产权政策并没有直接涉及促进知识产权密集型产业发展的内容，也不存在任何关于高价值知识产权的界定、判断等相关内容。但毫无疑问，知识产权密集型产业、高价值知识产权等实际上是知识产权强省建设任务中的核心关键词。面对这些新的任务，江苏亟须创新相关知识产权政策以促进知识产权强省各项目标与任务的实现。

面向建设知识产权强省的各项目标和任务，江苏相关知识产权政策系统性、创新性的发展应当通过四条途径共同努力来实现。首先，尽快制定新的知识产权政策。如《关于加快建设知识产权强省的意见》明确要求加强知识产权密集型产业规划指导，这就需要江苏尽快制定和发布关于知识产权企业认定、知识产权产业发展规划等方面的政策；《关于加快建设知识产权强省的意见》也明确提出要制定和出台江苏省知识产权保护与促进条例、出台省重大经济科技活动知识产权审议办法、制定重点外贸国家和地区知识产权维权指引、制定和实施江苏省知识产权人才引进计划、制定推动知识产权强省建设的推进计划等政策。其次，修改已有相关知识产权政策。《关于加快建设知识产权强省的意见》结合江苏知识产权强省建设目标已经提出了相关知识产权政策的修订方向。如为了促进高价值知识产权成果的产出，要调整原有知识产权政策中的数量导向，建立以质量为导向的知识产权考核评价体系；为了促进知识产权成果的转化实施，要在重大科技成果转化资金、中小企业创新基金等相关资金政策中突出知识产权导向，等等。再次，适时废止已不适宜的知识产权政策。如前文所述，江苏省已有相关知识产权政策在数量上并不少，但有些政策制定时间较早，政策目标与任务均已实现，其存在的价值已经大大降低。如就激励知识产权创造而言，《关于加快建设知识产权强省的意见》已经明确，应当将相关政策重点调整为提高知识产权创造成果的质量。因此，原有的一些单纯为了鼓励知识产权申请的资金支持政策可以适时废止。最后，协调各相关知识产权政策。如前文所述，在江苏已有的相关知识产权政策中，存在一些政策间的不协调与冲突，这不利于知识产权强省建设任务的完成。如江苏省关于著名商标、江苏名牌等的相关政策可以进行更进一步的协调，以更好地提升江苏的品牌竞争力，等等。

第十三章　完善江苏省配套政策的建议

第一节　提升知识产权创造水平相关政策的完善

一、政策立足重点的转变——从创造产出向创造环境

自2008年国务院颁布实施《国家知识产权战略纲要》以来，经过7年国家层面的整体推进，我国的知识产权事业取了举世瞩目的成绩。目前，我国已是公认的知识产权创造大国，国际专利、商标申请量等指标均位居全球前列，我国知识产权发展的战略目标大都已实现。在我们为我国知识产权事业所取得的成绩欢欣鼓舞的同时，也应清醒地看到，我国虽然是知识产权大国，却远非知识产权强国，知识产权的质量和价值以及对经济社会发展中所起的作用与知识产权强国之间仍存在较大差距，知识产权强国的建设之路依然任重而道远。江苏省作为我国的知识产权大省，知识产权事业的发展也是全国知识产权事业发展的缩影。虽然自知识产权战略实施以来，江苏省的知识产权数量得到了飞跃的发展，但是知识产权价值并未得到有效释放，对经济发展的支撑作用尚未显现。因此，江苏省在未来加快建设知识产权强省的进程中，应适时调整知识产权创造政策立足的方向，由强调知识产权创造产出和布局向通过对创造环境的营造、加强知识创新能力和知识产权创造能力建设的方向转变。具体来说，可从以下两个方面对知识产权政策做出调整。

（一）高度国际化教育、科研产业的大规模发展

创造的关键在人。为提高国家知识产权战略的层级，韩国极力推进教育、科研部门的国际化水平。目前，韩国已基本完成对国有教育、科研部门的私立法团改造，这激励很多地区大规模发展高度国际化的教育、科研产业。如升格为特别自治道后，济州创办了一个国际教育城，初期投资92亿多元人民币，占地400多万平方米，吸收了北伦敦教会学校、美国圣约翰学院、布兰科森霍尔亚洲分校等西方名校的加入。通过创新环境的改善，韩国的知识产权创造能力得到了较大的提升和发展。根据韩国的知识产权战略发展的经验，从江苏省的经济格局和现状来看，更适合部署具有地方特色的“知识经济特区”，在这些特区全面引进国外知识经济资源，建立科研产业集群。如独立兴建韩国济州岛式的“国际教育城”或仁川式的“全球名校大学城”，而每个小镇像济州岛那样单独兴建各自的“国际教育城”；每个教育城约100亿元总投资，仅相当于这些小镇1～2年的税收。与其让这些小镇把每年数十亿、上百亿元的税收用来发展低效率的工商业投资，不如引导它们兴建向欧美教育、科研资本完全开放的“国际教育城”或“全球名校大学城”。由于全球教育、科研、工业、贸易、金融、资讯六大产业的英文化是一个不可逆转的世界趋势，因此，我国需要在“知识经济特区”全力推进基础教育、高等教育、科学研究的英文化，让上述小镇发展成为生活用中文，工作、教育、学习、科研用英文的社会主义新城。❶

（二）知识产权交易市场的贯通和丰富

知识产权的生命在于传播和扩散，如果没有传播和扩散的平台市场，创造者创造知识产品的积极性就会受到很大的抑制。因此，加强知识产权创造能力，还应贯通和丰富知识产权交易市场，为创造者打通传播和扩散知识产权的通道。具体到江苏省而言，应整合现有技术市场、产权交易所

❶ 中国高技术产业发展促进会知识产权战略研究课题组：“韩国知识产权创造能力建设对中国知识产权创新战略的启示”，载《科技促进发展》2014年第2期。

等资源，建设江苏（国际）知识产权交易中心，打造功能完备、交易活跃、在国内外有影响力的知识产权展示交易平台。推进知识产权市场建设，创新知识产权交易模式，完善知识产权信息服务网络，形成网上交易与现场交易相结合的交易服务机制，简化交易程序，降低交易成本。建立健全多元化、多层次、多渠道的知识产权投融资体系。鼓励金融机构支持知识产权产业化，创新金融产品，改进运营模式，扩大信贷规模。完善无形资产和收益权抵质押登记公示制度，研究制定知识产权质押融资与评估管理办法，缓解科技型中小微企业等创新主体融资难矛盾，实现“知本”向“资本”的转变。发展知识产权执行保险和侵权责任保险，支持担保机构提供相关担保服务，降低企业经营活动中的知识产权风险。探索建立知识产权证券化交易机制，支持拥有自主知识产权的企业通过资本市场直接融资。

二、政策扶持对象的转变——从全面撒网向重点引导

目前江苏省知识产权创造政策的一大特点是普惠制，即不区分知识产权创造主体，而区别创造成果给予不同额度的资助或奖励。这一知识产权创造政策的最大问题在于重点不突出，使得该支持的知识产权主体没有得到相应的扶持，而不应被支持的知识产权主体获得了不应得到的公共资源，政策应有的导向和激励作用被严重削弱。因此，应从如下方向对我省的知识产权创造政策做出完善。

（一）一般资助向重点资助的转变

改变江苏省目前的专利资助办法，将专利资助的重点从全面资助型向重点资助型转变，由资助专利申请改变为资助专利的产业化应用上来。前一段时间出现的所谓“垃圾专利”问题，很大程度上就是由这种普惠式的全面资助促成的。为了获得专利资助，许多人大量申请没有技术含量、门槛较低的实用新型和外观设计专利，我们建议各地政府将资助的重点从以前资助三种专利改为以发明专利为主上来，从资助所有的发明专利改为资助那些具有重大技术突破或者是制约产业集群发展的专利上来；专利技术

如果不能够投入产业化应用就不能产生积极的社会效益，建议今后专利资助的重点要从资助专利申请转为资助专利的产业化应用，使专利技术能够在生产中真正发挥作用。[1]

（二）一般产业向新兴产业的转变

新兴产业是新兴科技与产业的深度融合，是科技创新的方向，更是知识产权产出的种地。发达国家多次产业革命的成功经验表明，知识产权已成为占据产业领先地位的重要武器，新兴产业和高新技术产业中的竞争实质就是知识产权的竞争。为此，确立和强化公共政策中的知识产权导向，将培育自主知识产权和自主品牌作为首要任务和核心目标，应该是新兴产业发展的重要保证。但是在江苏省新兴产业和高新技术产业发展中，政府在政策制定上对知识产权方面明显关注不够，政策导向不明，容易导致新兴产业和高新技术产业中专利申请和运用不足。从内容来说，目前江苏的企业技术创新政策体系中主要包括财政引导政策、税收优惠政策、金融扶持政策以及人才激励政策等方面，而其中涉及新兴产业知识产权相关的政策寥寥无几。相比之下，其他省份很多都制定了针对新兴产业知识产权创造政策。如广东省出台了系列扶持新兴产业和高新技术产业发展的知识产权政策、大力扶持和引导新兴产业实施知识产权战略的《广东省重奖中国专利奖获奖企事业单位实施办法》《广东省百家知识产权优势民营企业培育和认定工作方案》等。针对这一问题，江苏省应当从以下几个方面加以完善：(1) 设立新兴产业企业知识产权战略实施专项资金。由江苏省财政设立两个亿的专项资金，扶持省内新兴产业领域重点企业实施企业知识产权战略推进计划，全面提升新兴产业企业知识产权创造能力，增强企业核心竞争力。(2) 制定自主知识产权产品税收减免政策。制定自主知识产权产品税收减免政策，在生产、销售、流通、会展等环节对新兴产业和高新技术产业拥有自主知识产权产品的税费进行减免，激励更多的企业发明创

---

[1] 董涛："我们究竟需要什么样的专利'扶助'政策——兼论知识产权创造者的社会责任"，载《科学学研究》2009 年第 3 期。

造，培育一批具有自主知识产权的产品。（3）建立知识产权统计指标体系。为客观表征新兴产业和高新技术产业领域知识产权对经济的贡献度，建立科学统一的新兴产业知识产权统计指标体系，定期发布新兴产业知识产权投入及产出等信息，主要包括各产业创新研发投入、知识产权投入、知识产权拥有量及增幅、专利产品产值及占工业总产值比重、专利产品出口额、利税及占比等。

（三）大型企业向中小企业的转变

对知识产权技术或项目的资金投入与支持是政府的一项重要职责，与此同时，政府应该逐步将促进科技成果转化和负责科研项目的管理也纳入管理职能，通过政策上的统筹协调，建立健全学术界、产业界和私人间合作的机制，明确政府在转化过程中所承担的组织、协调和指导责任。特别是针对技术转化过程中缺乏资金和渠道的中小企业，政府有责任提供全面的知识产权资助、实施配套措施和服务支持，帮助其拓展市场融资渠道；建立知识产权项目资助风险管理机制，帮助他们降低运营风险和投入成本、在政府知识产权服务体系下更好地获得技术产出和经济效益。

三、政策绩效评估的转变——从创造数量向创造质量和价值

知识产权强省的首要特征表现为拥有大量创新水平高、经济价值高、对经济发展带动作用强的自主知识产权。例如，世界第一经济强国美国的国内专利申请量和授权量位于世界前列，2012 年专利申请量达到 576 763 件，授权量达到 276 788 件；其中发明专利申请量为 542 815 件，授权量为 253 155 件，占各类专利总量的比例均超过 90% 。美国还拥有一批在全世界具有较强影响力的品牌和版权、文化创意产品。在 2013 年发布的福布斯全球品牌 100 强排行榜上，美国品牌占据前 10 强中的 8 席，位居第一的苹果公司品牌价值高达 1 043 亿美元。而目前江苏省知识产权创造政策主要还是集中于提升知识产权创造数量和质量层面。如我省的专利创造的资助政策主要集中在重大发明专利申请、授权的重大发明专利，获得国（境）外受理的专利申请、授权的专利，苏北地区获得国家授权的实用新型专利，而

涉及知识产权创造价值提升方面的政策则基本为空白。[1] 针对这一问题，江苏省知识产权创造政策应做如下完善。

（一）以质量价值为导向的知识产权创造政策的强化

调整形成以质量价值为导向的知识产权创造绩效考核指标体系。继续深化科研体制改革，将知识产权质量价值指标纳入科技计划项目申报评定、技术创新绩效评价等指标体系，促进重大科技计划项目的优质知识产权产出。

（二）对高价值知识产权奖励资助力度的加大

进一步调整知识产权创造专项资金的使用方向，重点对发明专利授权、国际（PCT）专利、驰名商标、马德里国际商标、软件产品、文化创意产品等给予支持和奖励。省政府设立专利奖，各市县建立本级政府知识产权奖励制度，对获国家奖及省内知识产权奖的项目、单位、个人给予重奖。

（三）推行创新过程知识产权管理规范

以创新型领军企业、科技型拟上市企业、高新技术企业、高等院校、科研院所等创新主体为重点，建立知识产权工程师与研发工程师协同创新机制。对创新活动进行全过程知识产权管理，做到研发初期有知识产权信息指引，研发过程有知识产权跟踪调整，创新成果有知识产权权利保护，提高主要创新主体的知识产权创造效率和能力。

四、政策实施目标的转变——从被动创造向自主创造

“十二五”期间，虽然江苏省的企业知识产权创造数量有了大的飞跃，但是我们仍应清醒地认识到，庞大知识产权创造数量的背后主要还是政府资助政策的有力牵引。换言之，目前江苏省大部分企业的知识产权创造仍是一种被动创造，这也是制约江苏成为知识产权强省的一大瓶颈。江苏省企业缺少类似于华为、中兴等知识产权自主创新龙头企业的原因主要在于

[1] 邹云：“知识产权创造与运用资金政策研究——以江苏省为例”，载《江苏科技信息》2014 年第 17 期。

两方面：首先，纵观世界范围内的知识产权龙头企业，绝大多数都集中在诸如通信、生物、医药等知识产权密集型产业之中，而目前江苏省的产业现实是传统产业仍占主要部分，知识产权密集型产业发展较弱，缺少知识产权龙头企业成长和发展的产业环境；其次，江苏省的大多企业仍处在产业链的低端，主要还是局限在产品的制造，参与国际市场竞争极为有限，尚不足以对跨国企业构成威胁。因此，江苏省的知识产权创造政策应从企业国际化和转型升级两方面着手，推动江苏企业由被动创造向自主创造转变。

（一）企业走出国门参与国际竞争的助推

知识产权政策应当为企业走出国门参与国际竞争保驾护航，为企业提供重点产业的知识产权预警服务。以纳米材料、石墨烯、大数据、未来网络、三维打印、北斗通信、小核酸和抗体药物等十大高技术领域为重点，跟踪国际最新前沿动态，定期发布相关技术领域知识产权发展态势报告；对知识产权侵权隐患以及可能发生知识产权争端提出预警、及时控制和组织应对，指导重点产业提升知识产权国际竞争力。建立新型合成药、集成电路、新型显示、数控机床、生物农药等产业核心知识产权监控机制，制定知识产权合理利用清单，指导相关企业在消化、引进、再创新过程中规避风险，维护产业经济安全。加强对外贸易中的知识产权预警工作，定期向产品出口企业发布主要进口国知识产权工作动态，提示知识产权侵权风险，制定知识产权纠纷解决预案。

（二）知识产权密集型产业的加速培育

知识产权对经济社会发展的支撑引领作用是知识产权强国的另一个显著特征。知识产权密集型商品在出口中处于主要地位并具有较强竞争力。知识产权密集型产业表现出比其他产业更快的增长态势，对整体经济增长具有明显的引领作用。

（1）做好知识产权密集型产业发展总体规划。研究并公布知识产权密集型产业报告，定期评价知识产权密集型产业对经济社会发展的影响；根据产业知识产权的主导种类和集聚方式不同，对不同行业的专利密集型、商标密集型和版权密集型产业进行分类规划和指导。省财政加强引导扶持，联合相关政府管理部门设立年 2 亿元省知识产权密集型产业培育资金，重点支持知识产权密集型产品推广、知识产权密集型企业培育、知识产权密集型产业公共服务平台建设和产业基地建设。

（2）运用专利信息导航产业发展。以战略性新兴产业、高新技术领域为重点，充分利用专利信息，实施专利导航，逐步建立专利分析与产业运行决策深入融合、专利运用对产业运行效益高度支撑的运行模式，培育形成一批附加值高、成长性好的专利密集型产业。在新型光伏电池及系统、高性能战略材料、新型节能装备等高新技术领域研究发布专利发展报告，引导产业技术创新方向，科学安排专利布局，构筑产业竞争新优势。建立由企业牵头或参与研制重大技术标准的长效机制，实施战略性新兴产业技术标准专项，尽快形成支撑产业发展的技术和标准体系。推动组建产业知识产权联盟，促进联盟成员合作开展专利布局，形成产业“专利池”，提高产业抵御境外知识产权风险的能力，增强产业整体国际竞争力。依托高新园区、特色产业化基地建设 50 个专利导航产业发展试验区，组建产业专利联盟，形成产业专利集群优势，引领产业快速发展。

（3）推动优质品牌带动产业升级。以传统产业、外向型企业、地方特色产业为重点，深入实施品牌战略，培育形成一批带动性强、市场绩效优的商标密集型产业。实施优质品牌塑造计划，支持企业建立以商标为纽带，整合企业的技术、管理、文化、营销和创新优势的商业运营模式，提升商标知名度和美誉度，增加商标价值，发展自主品牌。支持外向型企业通过商标国际注册、跨国兼并、品牌收购、品牌推广等方式，提升品牌国际影响力，加速向价值链高端攀升。加强优势产业品牌建设，支持农产品商标、地理标志和集体商标注册，鼓励地方特色产业通过行业协会申请注册集体商标，集中打造地方特色产业的公共品牌，发展地方优势产业。重点培育 150 个高价值品牌集聚、产业综合实力较强的产业集群品牌培育基地，其中示范基地 50 个。

（4）促进优秀人才到知识产权密集型产业就业。完善知识产权密集型产业的人才流动和评价体系，将开发知识产权密集型产业新的就业岗位纳入促进就业的相关规划，把发展知识产权密集型产业吸纳大学生就业列为就业目标责任，大力开发与知识产权密集型产业发展相关的职业岗位和职业标准，为培养和引进知识产权密集型产业人才提供依据。

第二节　显著增强企业知识产权战略运用能力政策的完善

一、知识产权管理标准化规范的修订

这方面主要是修订企业知识产权管理标准化示范创建及奖励暂行办法，提升企业知识产权管理水平。

中共江苏省委、江苏省人民政府关于加快建设知识产权强省的意见明确指出："以高新技术企业、重大科技经济项目承担企业、上市企业、外向型企业为重点，大力推行企业知识产权管理规范国家标准（简称'贯标'）……将'贯标'认证情况作为科技计划项目立项、上市后备企业遴选、'双软'认定、著名商标认定和驰名商标推荐的重要依据，支持银行将'贯标'认证情况纳入企业信贷信用等级评定。"

2011 年，为推动江苏省地方标准《企业知识产权管理规范》（以下简称《规范》）的贯彻执行，江苏省知识产权局制定"企业知识产权管理标准化示范创建及奖励暂行办法"（简称暂行办法）。但该暂行办法主要针对地方标准，扶持措施主要集中在专利申请资助与资金奖励层面，与其他专项计划缺乏联动。

国家知识产权局早在 2006 年就发布了全国专利技术展示交易平台计划，对认定纳入平台计划的中心，根据情况，从专利信息、政策、全国平台品牌建设等方面给予一定扶持。同时，该计划指出，中心所在地政府和知识产权局、相关部门应当给予相应的政策、资金、场地、设施等扶持或配套支持。

因此，建议尽快修订《江苏省企业知识产权管理标准化示范创建及奖

励暂行办法》，鼓励企业推行企业知识产权管理规范国家标准，有效支持高新技术企业、重大科技经济项目承担企业、上市企业、外向型企业开展“贯标”工作，并在奖励与处罚部分中，明确将“贯标”认证情况作为科技计划项目立项、上市后备企业遴选、“双软”认定、著名商标认定和驰名商标推荐的重要依据，支持银行将“贯标”认证情况纳入企业信贷信用等级评定。

二、知识产权服务业培育发展指导意见的制定

中共江苏省委、江苏省人民政府关于加快建设知识产权强省的意见明确指出：“支持知识产权服务机构面向中小企业开展集中管理、委托管理服务，加快提升中小企业知识产权管理水平……支持知识产权服务机构为企业提供知识产权战略策划、信息分析、纠纷应对等服务，提高企业知识产权战略实施能力。”

2011 年，北京市率先发布《北京市人民政府关于促进首都知识产权服务业发展的意见》。在此基础上，2015 年北京市出台的《关于加快首都科技服务业发展的实施意见》明确提出：“促进知识产权服务业发展。完善支持知识产权服务业发展的配套政策，加强知识产权服务与产业、科技、金融等政策的衔接。完善知识产权公共信息、专题数据库、保护、商用化等服务平台，加强知识产权信息传播利用，强化知识产权保护和投融资服务，培育新型知识产权服务业态。实施知识产权服务品牌机构培育计划，引导服务机构与各类创新主体对接，支持服务机构提高知识产权分析评议、运营实施、评估交易、保护维权、投融资等服务水平。积极推动中关村国家知识产权服务业集聚发展试验区建设。”

2012 年，国家知识产权局、国家发展改革委等九部门联合印发《关于加快培育和发展知识产权服务业的指导意见》，鼓励“有条件的地区设立知识产权服务业发展专项资金，培育知识产权服务品牌机构，并探索研究将知识产权服务的新兴业态纳入国家统计的方式方法。建立健全知识产权服务业发展监测和信息发布机制”。

事实上，2011 年，江苏省知识产权局也发布“江苏省知识产权服务业发展促进计划实施方案”，但主要集中在品牌机构培育，对政策及资金支持缺乏统筹考虑。

因此，建议参照北京市和国家知识产权局相关政策文件，制定江苏省“关于加快培育和发展知识产权服务业的指导意见”，明确“设立知识产权服务业发展专项资金；探索建立知识产权服务业统计调查制度和信息发布机制；完善支持知识产权服务业发展的配套政策，加强知识产权服务与产业、科技、金融等政策的衔接；支持服务机构提高知识产权分析评议、运营实施、评估交易、保护维权、投融资等服务水平”。

三、知识产权密集型企业培育政策的出台

在这方面，主要是出台知识产权密集型企业培育计划、项目管理办法，形成创新型企业集群。

中共江苏省委、江苏省人民政府关于加快建设知识产权强省的意见明确指出：“实施知识产权密集型企业培育计划，瞄准世界先进水平，遴选一批具有较强创新实力、较大品牌优势、良好发展潜质的骨干企业，加快培养具有国际眼光、战略思维的创新型企业家，同等条件下优先支持建设高水平的研发机构、实施科技经济计划项目，提供高端知识产权服务，努力集聚高层次知识产权人才和团队，创造引领产业发展的知识产权成果，造就 5 000家拥有核心知识产权和自主品牌、具有国际竞争力的知识产权密集型企业。”

然而，江苏省目前对知识产权密集型企业认定缺乏统一的管理办法。2012 年，苏州市发布《苏州市知识产权密集型企业培育计划项目管理办法（试行）》。办法强调，专利密集型企业的主导产品至少拥有 6 件以上自主研发的有效发明专利。同时，设立了独立的知识产权工作机构，配备两名以上知识产权工作人员。2013 年，南通市发布《南通市知识产权示范企业和密集型企业认定管理办法（试行）》。办法指明，知识产权密集型企业必须拥有有效发明专利 10 件以上，且年申请发明专利 4 件以上。

在这种情形下，建议制定江苏省知识产权密集型企业培育计划、项目管理办法，在办法中统一知识产权密集型企业的认定标准、参照苏州市和南通市的实践经验，明确对知识产权密集型企业的资金和项目扶持政策。

第三节　加快培育知识产权密集型产业政策的完善

2010年4月，美国民间智库NDP Consulting咨询公司发布《创新与知识产权对美国生产力、竞争力、就业、工资和出口的影响》研究报告。该报告将美国的公司分为知识产权密集型产业和非知识产权密集型产业两类，指出在2000~2007年，美国知识产权密集型产业对于美国经济发展贡献出了巨大的力量，甚至可以说美国经济的发展已在整体上依赖于知识产权密集型产业的发展。2013年9月，欧洲专利局和欧盟内部市场协调局联合发布《知识产权密集型产业对欧盟经济及就业的贡献》。该报告用数据证明了知识产权密集型产业对欧盟经济强有力的支撑，与美国的报告一起证明了知识产权密集型产业发展对实现知识产权强国、经济强国的重要作用。[1]

2015年，在深入实施创新驱动发展战略的大背景下，江苏省委省政府颁布了《关于加快建设知识产权强省的意见》，明确江苏创新驱动发展战略为“将江苏建设成为全球有影响力的科技创新中心”，并围绕这一定位确立“培育发展知识产权密集型产业”为江苏省从知识产权大省迈向知识产权强省的主攻方向。

不过，作为一个理论概念，知识产权密集型产业是近几年才提出的。无论是国际还是国内的相关学术研究，对该概念的内涵、外延及相关理论都还没有形成一致的认识；作为一个实践中的产业类别，知识产权密集型产业在实践中呈现出的产业特点、具体发展模式以及对法律政策体制的需求等都有待探索。因而，江苏要大力发展知识产权密集型产业以促进知识

[1] 欧洲专利局、欧盟内部市场协调局：《知识产权密集型产业对欧盟经济及就业的贡献》，知识产权出版社2014年版，第1~2页。

产权强省建设，亟须在加强对知识产权密集型产业发展研究的基础上，借鉴国外经验，结合国内省内实际，立足知识产权强省建设目标，制定和完善相关政策，形成知识产权密集型产业发展的政策合力。具体来讲，江苏大力发展知识产权密集型产业亟须做好以下几个方面的工作。

一、《江苏省知识产权密集型产业发展规划》的制定

加快培育知识产权密集型产业，已是江苏《关于加快建设知识产权强省的意见》明确要求的重点任务之一，尽快制定《江苏省知识产权密集型产业发展规划》，从全局角度部署江苏省知识产权密集型产业的发展是完成该任务的必然要求。

《江苏省知识产权密集型产业发展规划》的制定是一项关系到全省经济发展、产业发展和竞争力提升的重要工作。从制定主体来看，应在江苏省委、省政府的统一领导下，由江苏省发改委、江苏省科技厅、江苏省知识产权局、江苏省工商行政管理局、江苏省新闻出版广电局等部门联合参与制定；从规划周期来看，应与江苏省经济社会发展规划相协调，宜以五年为一周期；从具体内容来看，应明确专利密集型产业、商标密集型产业、版权密集型产业的发展目标，明确知识产权密集型产业与战略性新兴产业的协调，明确知识产权密集型产业与高新区、产业园等平台互动发展的方式，明确知识产权密集型产业对实现中国制造2025目标的促进与落实途径，等等。

二、《江苏省知识产权密集型企业认定办法》的制定

从产业发展规律来看，产业的发展能够带动企业的发展，而企业的发展又是产业发展的基础和推动力；从市场竞争规律来看，产业竞争力的提升离不开企业（尤其是龙头企业）竞争力的提升。因此，知识产权密集型产业的发展离不开知识产权密集型企业的发展，知识产权密集型产业的培育应当从知识产权密集型企业的培育起步。江苏要培育知识产权密集型产业，应当以企业为重点，促进企业创造和运营高价值知识产权。鉴于知识

产权密集型企业尚无明确的认定标准，故江苏省在实施《关于加快建设知识产权强省的意见》的过程中应当尽快制定《江苏省知识产权密集型企业认定办法》，为江苏培育知识产权密集型产业提供明确的目标和着力点。

《江苏省知识产权密集型企业认定办法》的主要任务是为江苏认定知识产权密集型企业提供明确的标准。首先，理论上来讲，知识产权密集型企业与其他企业的区别主要在于其与知识产权关系更为密切，是高价值知识产权的产出者或拥有者、高价值知识产权的成功运营者，故认定办法应当围绕高价值知识产权的产出、运营等要素设置具体的考核指标。其次，知识产权密集型产业的重要作用表现在知识产权对社会经济发展作用的有效发挥，因此知识产权密集型企业的认定也应当充分考虑到企业知识产权工作对产业发展、社会经济发展的贡献力。最后，知识产权密集型企业还应当是知识产权工作发展潜力良好的企业，这就要求其应当具备较好的知识产权工作环境与文化。

三、《江苏省知识产权密集型产业发展资助与奖励办法》的制定

由于江苏省知识产权密集型产业的发展尚处在起步阶段，而企业、产业的知识产权工作无不需要大量的经济投入，故政府应对知识产权密集型产业的发展予以适当的资金支持。依据江苏《关于加快建设知识产权强省的意见》的内容，政府将设立知识产权密集型产业培育专项资金。为了保障资金投入能够取得较好的效果，应尽快制定《江苏省知识产权密集型产业发展资助与奖励办法》。

《江苏省知识产权密集型产业发展资助与奖励办法》应当以江苏省知识产权密集型产业规划为指导，结合知识产权密集型产业发展的实际需要来制定。从具体内容来看，至少可包含以下一些重点内容：首先，依据《关于加快建设知识产权强省的意见》的要求，应当以规划周期为单位，设立数额明确的培育专项资金；其次，明确资金使用的重点应当为支持知识产权密集型产业公共服务平台和发展试验区的建设；再次，对于具有示范性的知识产权密集型企业、未来市场发展潜力较大的知识产权密集型企

业、关系省内经济结构调整和产业升级的知识产权密集型企业予以有条件的资助和奖励；最后，建立知识产权密集型企业发展资助与奖励获取的竞争性制度，等等。

四、《江苏省知识产权密集型产业示范区（基地、单位）评定管理办法》的制定

江苏《关于加快建设知识产权强省的意见》明确了到2020年建设专利集群管理示范区、打造产业集群品牌示范基地、建设版权示范园区等方面的具体目标，希望通过示范区建设带动全省知识产权密集型产业的全面发展。为落实这些目标，江苏应尽快制定《江苏省知识产权密集型产业示范区（基地、单位）评定管理办法》。

《江苏省知识产权密集型产业示范区（基地、单位）评定管理办法》应当明确知识产权密集型产业示范区的作用，细化专利集群管理示范区、打造产业集群品牌示范基地、建设版权示范园区的评定规则，明确知识产权密集型产业示范区管理规范。其中，专利集群管理示范区应当具备专利集群管理顺畅、专利集群运用效果明显等特点；产业品牌示范基地应当具备品牌聚合度较高、品牌优势显著等特点；版权示范园区应当具备资源特色突出、版权运营高端化等特点。

五、《江苏省知识产权密集型产业统计标准与规范》的制定

美国、欧盟的经验表明，合理且可实践的统计指标与方式是认识和客观评价知识产权密集型产业的重要基础，而目前国内对于知识产权密集型产业的统计工作还亟须完善。为评估江苏省知识产权密集型产业的发展状况及其对社会经济发展的作用，应尽快制定《江苏省知识产权密集型产业统计标准与规范》。

《江苏省知识产权密集型产业统计标准与规范》应当为知识产权密集型产业发展规划的落实提供支撑，既要建立健全的知识产权密集型产业发展统计制度，以实现对知识产权密集型产业发展的及时监测分析，也要明

确知识产权密集型产业发展绩效的考核标准与方法，以引导知识产权密集型产业的发展壮大。从具体内容来看，首先，应当确立以江苏省知识产权局、江苏省统计局等部门为主体的统计责任主体；其次，应当设计客观、可采集的产业评价指标体系；再次，规范产业发展指标要素的采集方法；最后，明确产业统计结果的运用领域与方法，等等。

第四节　大力发展知识产权市场政策的完善

一、江苏知识产权交易平台计划的制定与实施

中共江苏省委、江苏省人民政府关于加快建设知识产权强省的意见明确指出："整合现有技术市场、产权交易所等资源，建设江苏（国际）知识产权交易中心，打造功能完备、交易活跃、在国内外有影响力的知识产权展示交易平台。"

2014 年，广东省工商联在政协第十二届三次会议上提交了"关于建立广州市知识产权交易所的建议"的提案。提案建议，结合政府政策性引导基金，尽快启动广州知识产权交易所筹建，并将知识产权交易所的规划纳入广州国际金融城的整体规划中，制定针对知识产权综合服务机构的定向扶持政策，同时报备国家相关主管部门，争取国家政策上支持。

国家知识产权局早在 2006 年就发布了全国专利技术展示交易平台计划，对认定纳入平台计划的中心，根据情况，从专利信息、政策、全国平台品牌建设等方面，给予一定扶持。同时，该计划指出，中心所在地政府和知识产权局、相关部门应当给予相应的政策、资金、场地、设施等扶持或配套支持。

因此，建议尽快实施江苏省知识产权交易平台计划，参照广州知识产权交易所建设的政协提案，在交易场地、启动资金、建设规划、税收优惠、人才配套、专利信息资源等方面明确具体的扶持措施。

二、知识产权创造与运用专项资金管理办法的修订

中共江苏省委、江苏省人民政府关于加快建设知识产权强省的意见明确指出："建立知识产权运营投资资金，促进社会资本支持高价值知识产权资本化、产业化……建立健全多元化、多层次、多渠道的知识产权投融资体系……发展知识产权执行保险和侵权责任保险，支持担保机构提供相关担保服务，降低企业经营活动中的知识产权风险。"

2011 年，江苏省财政厅和江苏省知识产权局将原省级专利资助、企业战略推进计划、企业专利实施计划、企业管理标准化示范创建等四个专项资金整合为"江苏省知识产权创造与运用专项资金"，并拟定了《江苏省知识产权创造与运用专项资金使用管理办法》。但该办法对专利运营、专利交易以及专利投融资没有做明确规定。

2014 年，为了加快建设知识产权强省，广东省财政厅和广东省知识产权局联合制定了《广东省知识产权工作专项资金管理办法》，明确扶持知识产权运用、知识产权保护、知识产权管理和知识产权服务。其中，知识产权运用主要包括知识产权交易、投融资、运营及高端运用，专利产业化及专利预警等工作。

因此，建议参照广东省知识产权工作专项资金管理办法，修订《江苏省知识产权创造与运用专项资金使用管理办法》，明确支持知识产权交易、投融资、运营、专利保险以及专利产业化工作。

三、知识产权质押融资制度的完善

中共江苏省委、江苏省人民政府关于加快建设知识产权强省的意见明确指出："完善无形资产和收益权抵质押登记公示制度，研究制定知识产权质押融资与评估管理办法，缓解科技型中小微企业等创新主体融资难矛盾。"

2014 年国务院发布的《关于推进文化创意和设计服务与相关产业融合发展的若干意见》强调："鼓励金融机构创新金融产品和服务，增加适合

文化创意和设计服务企业的融资品种，拓展贷款抵（质）押物的范围，完善无形资产和收益权抵（质）押权登记公示制度，探索开展无形资产质押和收益权抵（质）押贷款等业务。”

目前，关于无形资产的评估方法还没有达成共识，因此，建议制定《江苏省知识产权质押融资与管理办法》。在办法中明确专利、商标、文化产品、创意设计等无形资产的评估程序和方法，明确前述无形资产质押登记公示的程序和注意事项，鼓励金融机构加大对中小微科技型企业的质押融资力度。

四、加强产学研协同创新若干意见的制定

中共江苏省委、江苏省人民政府关于加快建设知识产权强省的意见明确指出：“推动高校院所建立技术转移中心，开展知识产权运营服务……支持企业组建知识产权联盟，共同运用知识产权成果，形成合理的产业链和成果转化的群体优势。”

开展产学研协同创新，是江苏建设创新型省份的重要任务，也是加快科技成果转化、促进科技与经济紧密结合的有效途径。2012 年，中共江苏省委、江苏省人民政府发布了关于《加快企业为主体市场为导向产学研相结合技术创新体系建设的意见》，指出：“对企业重大自主创新项目开辟审批、核准、备案绿色通道……支持高校院所设立技术转移中心，完善技术转移服务激励机制，加大向苏中苏北地区技术转移和成果转化力度。”

2012 年，江苏省修订了《首台（套）重大装备及关键部件认定管理实施细则》，对取得《首台（套）重大装备及关键部件认定证书》并经省经济和信息化委审核同意的奖励项目，由省经济和信息化委会同省财政厅按专项资金使用办法拨付奖励资金。同年，江苏省发布“重点技术创新导向计划”。列入该计划的项目，省有关专项资金将优先予以支持，优先办理省级新产品新技术鉴定、参加省优秀新产品奖评选，优先推荐给财政、税务及金融部门，帮助企业享受有关财政及税收优惠政策，争取金融支持。

因此，建议制定江苏省加强产学研协同创新的若干意见，明确对高校

技术转移中心的评价机制和激励引导机制，对企业知识产权联盟开展的重大新产品新技术项目优先推荐纳入“重点技术创新导向计划”，取得重大突破优先申报江苏省“首台（套）重大装备及关键部件”。

第五节　加大知识产权保护力度相关政策的完善

世界发达国家的经验也表明，随着经济发展水平的提高，实施更高标准的知识产权保护有利于经济转型升级。江苏创新驱动发展战略的重要目标是建设苏南国家自主创新示范区和全球有影响力的产业技术创新中心。在实施“自贸区”和“一带一路”的战略引领下，江苏的知识产权保护应当具有更加开放的国际视野。因应新的发展形势，在建设知识产权强省的过程中，应当大力提升知识产权保护水平，率先建立与国际接轨的知识产权保护机制，率先推出满足创新驱动发展战略需求的知识产权保护政策体系。[1] 具体包括以下建议。

一、知识产权保护政策体系化、法治化和制度化水平的提升

抓紧制定《江苏省知识产权促进与保护条例》《江苏省商业秘密保护条例》《江苏省著作权保护与产业促进办法》《江苏省展会知识产权保护办法》。尽快出台财政资金支持项目的知识产权权利归属和利益分配政策，引导企事业单位落实职务发明奖励报酬制度，合理界定职务发明成果，并建立发明人（设计人）、对成果转化作出贡献人员的利益分配机制，充分调动和发挥各类人才在科技创新、转化运用上的积极性、主动性和创造性。加快建立知识产权评估、交易制度，建立江苏（国际）知识产权交易中心，畅通知识产权价值实现途径。加快建立或完善知识产权股权制度、知识产权证券化制度、知识产权质押融资制度、知识产权风险补偿和保险制

[1] “2014 年江苏省知识产权发展与保护状况”，载 http：//www. sipo. gov. cn/mtjj/2015/201504/t20150415_ 1101728. html，2015 年 1 月 6 日访问。

度，大力发展知识产权金融市场、资本市场和保险市场，为中小企业知识产权转化运用提供有效渠道。

二、完善江苏知识产权保护体制政策的顶层设计

在苏南省辖市和县（市、区）率先推行知识产权行政管理机构“三合一”改革试点，整合现有专利、商标、版权管理机构力量，组建统一管理专利、商标、版权、集成电路布图设计、商业秘密等知识产权事务的知识产权局。积累一定经验后，在省级层面设立统一的知识产权行政管理机构。加快推进由知识产权审判庭集中审理知识产权民事、行政和刑事案件的试点工作，建立“三审合一”审判协调机制，提高司法效率。积极争取最高人民法院支持，在江苏设立知识产权法院，管辖全省有关专利、植物新品种、集成电路布图设计、技术秘密等专业技术性较强的第一审知识产权案件，以及基层人民法院第一审著作权、商标等知识产权案件的上诉案件等，提高知识产权司法保护专业化水平。积极探索引入“技术调查官制度”，充分利用国家知识产权局专利局江苏审查协作中心的资源，选聘资深专利审查员参加技术调查，协助审判机关提高知识产权案件审判质量。积极争取国家知识产权局、国家工商总局的支持，在苏南自主创新示范区设立专利复审委员会江苏审理中心、商标局江苏审批中心，为知识产权权利人维权、确权提供便利。

三、促进知识产权护航工程的行政保护政策的推进

推动知识产权保护专项行动常态化，保持打击侵权假冒违法行为的高压态势，坚决做到有法必依、违法必究，实行更积极的知识产权行政保护政策，出台《江苏省政府推进知识产权行政执法总队建设的意见》。根据该政策，成立知识产权综合行政执法总队，统筹协调管理全省的知识产权事务和知识产权行政综合执法工作。总队主要负责涉外、跨省以及在全国有重大影响的知识产权案件，指导市县知识产权综合行政执法支队和分队的工作。执法支队负责本辖区普通知识产权案件的处理，执法分队负责一

线市场巡查和简单案件的处理。加强知识产权行政执法队伍专业化建设，全省知识产权执法人员统一配备执法服、执法车、取证勘验器材等执法装备；开展岗前系统培训和定期轮训，建立一支人员专业、高效、联动的知识产权行政执法队伍；在各级知识产权行政执法机构建立公安派出办公室，增强对重大知识产权案件的查处力度。出台《江苏重点领域知识产权保护办法》，针对战略性新兴产业、电子商务平台、网络新闻媒介等领域，深入开展知识产权执法行动。重点做好电子信息、食品药品、医疗器械等涉及民生领域的案件查办。提高专业市场知识产权保护水平，堵住侵权产品的流通渠道。积极打造知识产权保护示范区，注重运用信息技术保护知识产权。出台《江苏专利行政执法证据指南》，统一专利行政执法的证据和形式标准、证据收集的流程，有效支持行政执法证据与司法证据的衔接。

四、知识产权司法保护政策的不断完善

随着一系列知识产权指导性政策的颁布与实施，江苏全省法院不断总结知识产权审判工作规律，探索建立和完善与建设创新型国家、创新型省份进程相适应的知识产权审判体制和工作机制，出台《江苏省高级人民法院知识产权专家咨询工作规则》。在诉讼过程中，为查明案件事实，法院依据职权，委托具有专门知识人，对专门性问题进行解释、说明，提供意见，以帮助审判人员正确理解、把握相关专门性问题。内容包括专家咨询委员的选任、权利、义务与回避，专家咨询工作程序等。出台《江苏省高级人民法院知识产权刑事案件审理意见》，对侵犯知识产权的 7 种犯罪的构成要件、判断标准等进行细化规定，结合网络环境和现实需求，理清网络知识产权犯罪的基本特征，区别侵犯知识产权犯罪和违反竞争法律的犯罪、非法经营罪，确定共犯、累犯和犯罪样态的判定依据和主要表现形式。

五、促进行政保护与司法保护衔接政策的出台

制定《江苏省知识产权行政与司法保护衔接条例》，合理界定行政机关与司法机关在工作衔接中的职责权限、管辖范围，以便各司其职、各负

其责、依法办案，避免执法过程中的缺位、错位和越位。明确和健全知识产权执法衔接机制，包括联席会议和联络员机制、案件通报及备案机制、信息共享机制、提前介入机制、联合办案机制、责任追究机制等。统一知识产权执法证据规则和转化条件，特别是重点规范证据类型、证据收集和固定的原则、证据收集程式、证据证明力转化规则等。完善和创新知识产权移送程序。统一商标、著作权、专利权和商业秘密案件移送、审查、回复、复议等流程，创设初查、回移、辩诉交易、调解、警示、“黑名单”等新程序。[1]

六、强化知识产权维权援助政策的完善

出台《江苏全面构建高效的知识产权维权援助机制的决定》，加强知识产权维权援助体系建设，推进各省辖市及经济发达的县（市、区）建立知识产权维权援助机构，形成覆盖全省的知识产权维权援助网络，接受知识产权投诉举报，提供知识产权法律法规、纠纷处理和诉讼咨询服务。对小微企业知识产权维权提供人才和资金援助。建立海外知识产权维权工作机制，结合江苏对外投资和贸易特点，制定发布主要投资贸易国知识产权维权指引，向企业介绍国外知识产权保护制度。设立海外知识产权维权专项资金，引导企业积极应对海外知识产权风险，为江苏省企业海外维权提供必要的支援。

七、建立多元化社会纠纷解决体系相关政策的完善

出台《江苏知识产权纠纷多元化解决指南》，设立专门的知识产权仲裁院，鼓励当事人选择仲裁途径解决知识产权纠纷，提高知识产权纠纷处理效率。加快建设一支精通法律业务、掌握知识产权知识并具备较高政策水平的仲裁员队伍，降低知识产权纠纷化解成本。加强知识产权纠纷处理

[1] 梅术文：“知识产权的执法衔接规则”，载《国家检察官学院学报》2008 年第 2 期。

“诉调对接”机制建设，在各知识产权维权援助中心设立知识产权纠纷人民调解委员会，开展知识产权纠纷调解工作。鼓励行业协会、商会等社会组织建立知识产权管理部门，开展知识产权自律和维权工作，及时化解行业知识产权纠纷。积极争取司法行政主管部门的支持，在江苏设立知识产权鉴定机构，为知识产权司法和行政执法提供技术支撑。

八、促进企业自我保护的政策措施的完善

出台《江苏推进知识产权社会治理能力建设的指导意见》，在全省商业街区和专业市场广泛开展以保护知识产权为宗旨的“正版正货”承诺活动，引导其加强知识产权自我管理和自我约束，监督进驻企业建立涵盖合同签订、采购、销售等环节的知识产权验证制度，向社会公开承诺保护知识产权，营销“正版正货”，并接受社会监督。大力推进知识产权社会信用体系建设，建立知识产权侵权违法企业“黑名单”制度，定期向社会曝光知识产权严重违法企业。出台《江苏省知识产权局系统社会信用体系建设实施方案》，建立知识产权保护社会信用评价监督机制，建立知识产权保护社会信用评价标准，对企业侵权假冒行为进行监测与评价；建立知识产权诚信档案，构建多层次的知识产权保护社会信用评价监督机制。及时公开专利行政处罚案件信息，并纳入社会征信体系。大力推进知识产权监管志愿者队伍建设，动员全社会力量加强知识产权市场监督。

第六节　进一步提升知识产权管理水平相关政策的完善

强省意见明确提出，要构建“权责一致、分工合理、执行顺畅、监督有力的知识产权行政管理体制”，进一步提升知识产权管理水平。[1] 围绕该任务目标，强省意见提出推进知识产权行政管理体制改革、推动区域知识产权协调发展、加强科技经济文化活动知识产权管理、深化知识产权合作

---

[1] 《中共江苏省委江苏省人民政府关于加快建设知识产权强省的意见》第二章。

交流等具体举措。上述措施对进一步提升江苏知识产权管理水平、深入推进知识产权强省战略具有重要意义。但如何落实上述措施是强省意见目标能否实现的关键所在，这就需要建立与之相适应的配套措施。结合我省知识产权管理政策的现状，课题组认为要从以下四个方面建立配套措施。

一、“三定方案”的制定与实施

在现有的知识产权行政管理体制下，专利、商标、版权、植物新品种的保护分散在多个不同部门，知识产权行政管理重复建设、条块分割、力量分散，缺乏有效沟通，难以形成合力。目前江苏省知识产权管理职能由知识产权、工商、新闻出版、农委、经信委等众多部门分管。各职能部门，全省除工商系统建立了垂直管理的省市县三级商标行政管理体系外，专利、版权等知识产权管理系统尚没形成有效的管理体系。例如，在知识产权局系统中，全省 13 个省辖市除苏州市成立统管专利和版权、一级局建制的知识产权局以外，其余各市都是在科技局增挂知识产权局牌子或设科技局下属二级局，知识产权作为衡量创新政策和创新投入的有效机制受体制束缚，难以发挥应有作用，导致科技管理效率与发达国家相比差距明显。目前，全世界实行知识产权制度的 196 个国家和地区中，美国、日本、德国、韩国、印度等 106 个国家和地区实行二合一体制，即将专利和商标的行政管理机关统一设置，称之为工业产权局或专利商标局；[1] 英国、加拿大、新加坡、中国台湾、中国香港等 74 个国家和地区实行三合一体制，即将专利、商标和版权的行政管理机关统一设置；中国、阿拉伯联合酋长国、沙特阿拉伯、巴基斯坦、利比亚、希腊、埃塞俄比亚、埃及、文莱 9 个国家实行专利、商标、版权分散管理体制。[2] 北京、上海、天津、广东等省市已成立一级局建制的知识产权局。在版权系统中，经过新一轮机构改革，

---

[1] 单晓光、王珍愚：“各国知识产权行政管理机构的设置及启示”，载《同济大学学报（社会科学版）》2007 年第 3 期。

[2] 中国政协新闻网：“第 3017 号关于改革与健全知识产权行政管理体制的提案”，载 http://cppcc.people.com.cn/GB/34961/238520/240646/17374383.html，2015 年 4 月 2 日访问。

省版权局设置在新闻出版局，13 个省辖市版权局管理职能划入文广新局，机构设置也不统一。此外，从协调机制看，除省政府、13 个省辖市设立知识产权联席会议协调机制外，102 个县（市、区）大部分没有相应的协调机制。省市县（市、区）三级联席会议（办公会议）重要成员单位也没有相应的知识产权职能机构和专职管理人员，组织机构相对松散，对成员单位没有强制约束力，严重制约江苏知识产权战略的全面实施。

因此，结合强省意见的要求，在推动知识产权强省建设过程中，要“建立职责清晰、管理统一、运行高效的知识产权行政管理机构，形成一支专业化、现代化的知识产权行政管理队伍”。[1] 具体而言，结合江苏省情，可以先在苏南省辖市和县（市、区）率先推行知识产权行政管理机构“三合一”改革试点，整合现有专利、商标、版权管理机构力量，组建统一管理专利、商标、版权等知识产权事务的知识产权局，积累“三合一”知识产权行政管理机构的经验；接着，由省知识产权局主导制定《江苏省知识产权局主要职责、内设机构和人员编制规定》（以下简称“三定方案”），经省委、省政府通过，在全省知识产权系统建立专利、商标、版权“三合一”的知识产权行政管理体制。具体而言，新设立的省知识产权局为省政府工作部门，正厅级建制，下设办公室、专利管理处、商标管理处、版权管理处和知识产权执法处等职能部门。其工作职责主要包括：贯彻落实国家有关知识产权（包括专利、版权和商标）的法律法规、政策、措施；起草省知识产权的地方性法规、规章，组织拟订和实施省知识产权的政策措施、发展规划及工作计划；负责组织协调省知识产权有关工作，建立省知识产权创造、运用、保护和管理的工作体系；贯彻落实国家知识产权涉外方针，组织开展专利、版权和商标的国际合作与交流等工作；研究确立全省知识产权发展的重大事项，会同有关部门加强经济、科技、文化等重大活动的知识产权工作，审核省级财政资金支持的重大科研项目、经济活动和文化创作中的知识产权状况；指导监督省重点产业和企事业单位知识产

[1] 《中共江苏省委江苏省人民政府关于加快建设知识产权强省的意见》第八章。

权工作；组织开展知识产权法律、法规、政策的宣传普及工作等。[1] 因此，实行“三合一”的知识产权行政管理体制是深入实施知识产权强省战略的必然要求和体制保障。

二、《江苏知识产权强省建设区域示范推进办法》的制定

根据强省意见的要求，要针对不同地区的发展特点，加强分类指导，不断增强知识产权发展的均衡性。具体而言，苏南地区要以掌握国际经济竞争主动权为目标，进一步提升运用知识产权制度的能力，在全省知识产权创造、运用、保护和管理方面发挥引领作用；苏中地区要努力赶超全国先进水平，加快提高利用知识产权制度促进产业升级能力，在优势领域自主知识产权创造和运用上取得突破；苏北地区要从实际出发，重点提升承接知识产权转移和引进消化吸收再创新能力，促进经济跨越发展；强化知识产权区域试点示范，打造一批知识产权综合实力处于全国领先水平的城市和园区。[2]

要实现苏南、苏中、苏北及高新区、经济技术开发区、大学科技园等区域知识产权的协调发展目标，必须从省级层面统筹规划，制定《江苏知识产权强省建设区域示范推进办法》（以下简称《推进办法》）。虽然目前江苏省已有《江苏省实施知识产权战略区域试点示范工作方案》和《江苏知识产权强省建设区域示范工作实施方案》两个工作方案，但2011年由江苏省知识产权局和省财政厅联合发布的《江苏省实施知识产权战略区域试点示范工作方案》主要内容为推进国家和省知识产权战略全面贯彻实施，促进知识产权制度与发展创新型经济结合，未涉及强省意见的具体要求，针对性不强；2015年由省知识产权局和省财政厅联合发布的《江苏知识产权强省建设区域示范工作实施方案》在内容上虽然结合区域知识产权工

[1] 《苏州市人民政府办公室关于印发苏州市知识产权局（苏州市版权局）主要职责内设机构和人员编制规定的通知》，http：//www. szip. gov. cn/jgzn. htm，2015年4月2日访问。

[2] 《中共江苏省委江苏省人民政府关于加快建设知识产权强省的意见》第八章。

作，组织全省县（市、区）、园区开展知识产权强省建设区域示范工作，但仅为工作方案，效力层级较低，难以全面贯彻落实。这就需要在省级层面制定更具指导性、更具效力性的《推进办法》。

具体而言，《推进办法》要以“典型示范、以点带面，分类指导、分步实施，加强引导、突出主体”为原则，以培育知识产权强省建设示范县（市、区）、知识产权强省建设示范园区为目标，以建立知识产权统计指标体系、定期发布知识产权发展指数、加强区域知识产权工作考核评价为主要手段，以培育知识产权密集型产业、建设知识产权公共服务平台为重要任务。在政策制定和实施过程中，要以县（市、区）、高新技术园区、经济开发区为主体，支持省辖市和各类园区争创国家知识产权示范城市和示范园区，引导和支持有条件的县（市、区）参与国家知识产权强县培育工程，培育国家级知识产权示范市、知识产权示范园区和省级知识产权示范县（市、区）。同时，注重全面加强示范区知识产权管理、服务体系建设，将其建设成为自主知识产权产出密集区、转化集聚区、管理与保护示范区，促进区域知识产权管理能力不断提升。此外，为确保《推进办法》的贯彻落实，需要以下保障措施：(1) 在效力层级上，通过省政府层面发布，提高《推进办法》的政策效力；(2) 在组织领导上，成立专门的工作领导小组，负责制定工作计划，统筹协调解决相关问题，确保示范工作取得显著成效；(3) 在工作集成上，加强产业、区域、科技、贸易、人才等政策与知识产权政策的衔接，将区域创新能力、品牌建设、知识产权运用和保护等内容纳入当地政府工作目标考核体系之中，全面系统地组织实施区域示范推进工作；(4) 在工作经费上，通过省财政设立专项引导资金，用于区域示范工作的开展，支持区域示范单位重点项目的实施，同时要求各区域示范单位应加大知识产权经费投入，设立区域示范工作专项经费，确保区域示范工作顺利开展。总之，通过《推进办法》的制定和落实，强化知识产权区域试点示范，打造一批知识产权综合实力处于全国领先水平的城市和园区，将我省建成知识产权要素活跃、知识产权密集型企业集聚、知识产权密集型产业加快发展的示范区域。

三、《江苏省重大科技经济文化活动知识产权评议办法》的制定

根据强省意见的要求，要加强科技经济文化活动知识产权管理，包括对政府资金资助的重大科技经济文化项目、创新创业人才引进项目、涉及国家利益的企业并购和技术出口活动以及重大展会等，开展知识产权审查评估；对驰（著）名商标、中华老字号、国有企业商标等权属变更行为，进行合法合规性审查；引导重大科技经济文化项目承担单位建立知识产权专员制度，加强科技成果转化、新兴产业培育、重大技术改造等项目的全过程知识产权管理。❶

要实现上述目标，防范知识产权风险，提高公共财政科技投入使用效率和产出效益，需要建立健全知识产权评议机制。结合江苏省知识产权工作现状，其根本途径在于制定和实施《江苏省重大科技经济文化活动知识产权评议办法》（以下简称《评议办法》）。在制定《评议办法》的过程中需要明确以下具体问题：（1）明确知识产权评议的概念。一般而言，知识产权评议是指“基于知识产权情报的分析挖掘和调查研究，对重大经济科技活动所涉及的知识产权状况进行审议、分析、评估与综合研究，形成专业性咨询意见和建议。其作用是规避风险、提高管理效率，保障重大经济科技活动顺利运行，为政府的政策制定、产业规划、管理决策、项目引进提供参考依据，避免因知识产权问题导致重大经济损失”。❷（2）明确重大经济科技活动知识产权评议的对象。评议对象包括但不限于：政府资助的重大经济建设及产业发展项目、重大自主创新项目、重大技术改造项目；重大技术引进、出口项目和重大合资合作项目，重大进出口贸易活动；创新创业人才引进项目；涉及国家利益的企业并购项目；驰（著）名商标、中华老字号、国有企业商标等权属变更事项等。（3）明确重大经济科技活动知识产权评议的内容。评议内容包括项目所涉及的知识产权状况及影响

❶ 《中共江苏省委江苏省人民政府关于加快建设知识产权强省的意见》第八章。

❷ 《深圳市重大经济科技活动知识产权评议办法》第二条。

分析；项目所涉及的知识产权主体拥有权利的真实性、合法性以及权属纠纷情况分析；项目涉及知识产权主体对其知识产权处分的合法、合理性分析；项目的知识产权风险和壁垒评估；引进人才团队的科技成果真实性、科技创新性分析；有关合约是否存在违反法律法规或国际规则的、显失公平的知识产权条款；项目承担单位内部知识产权制度建设情况，创造、运用、保护和管理相关知识产权的能力评估等。(4) 明确重大经济科技活动知识产权评议的组织管理。省知识产权局为省知识产权评议工作的主管部门，负责指导、协调和管理全省知识产权评议工作，建立跨部门知识产权评议工作机制，加强与省重大经济科技活动主管部门的沟通与协作；省知识产权局应当加强知识产权评议服务机构管理，推动知识产权评议服务机构的评议服务能力建设，开展信息共享、交流合作、宣传培训、知识产权评议专家库建设等工作。此外，省知识产权局应当在专项资金中安排专项经费，用于知识产权评议的管理工作和省政府明确指示的重大经济科技活动的知识产权评议工作。

四、深化知识产权对外交流合作的多元政策的出台

根据强省意见的要求，要“推进省际知识产权交流合作，重点推动长三角地区在知识产权执法、人才培养、信息利用等方面开展合作，扩大苏港台知识产权合作领域；进一步加强与美国、欧盟、韩国等发达国家和地区以及世界知识产权组织的合作，促进全球创新资源与江苏创新需求有效对接；鼓励支持企业、高校院所、行业协会等开展知识产权对外交流合作”。[1]

上述目标的实现，需要制定多元化交流路线，构建多层次交流平台。具体而言：(1) 在国际合作层面，制定年度合作协议，加强与美国、日本、欧盟、韩国等发达国家和地区以及世界知识产权组织的合作，通过不断扩大知识产权国际合作交流来完善知识产权人才境外培养体系；继续开

[1] 《中共江苏省委江苏省人民政府关于加快建设知识产权强省的意见》第八章。

展与美国、韩国、欧盟等国家和地区的知识产权研讨、宣传和成果推介活动；推动国际合作项目实体化，加快建设中欧知识产权转移中心、中美泰州医药专利服务中心等合作载体，促进知识产权成果跨境实施和转移。（2）在区域协作层面，加深与上海、浙江等地区在知识产权信息利用、人才培养等具体领域的合作，推动长三角地区知识产权合作交流；完善华东地区知识产权行政执法协作调度机制，提高华东地区执法协作效能，推动执法标准统一；充分利用长三角和华东地区知识产权协作平台，借鉴经验，助推我省知识产权事业发展。（3）在企业交流层面，支持企业运用知识产权拓展国际市场，加大海外知识产权维权援助机制建设，制定主要投资贸易国知识产权维权指引，设立海外知识产权维权专项资金，帮助企业在当地及时获得知识产权保护。建立对外贸易知识产权风险预警机制，引导知识产权服务机构提高海外知识产权事务处理能力，为企业“走出去”提供专业服务。

此外，在深化知识产权对外合作交流的过程中，最需要最紧迫的配套措施是经费支持。这需要建立知识产权财政投入增长与知识产权事业同步协调发展的新机制。具体而言，一方面，省市区三级财政部门要积极统筹资金，优化结构，加强对知识产权交流合作的支持，为知识产权交流合作提供可靠的资金保障；另一方面，要鼓励各类社会资金投入知识产权合作交流领域，从事知识产权合作交流活动，逐步形成以政府投入为引导、企业投入为主体、社会资本广泛参与的多元化经费投入体系。

第七节　积极发展知识产权服务业相关政策的完善

一、知识产权服务行业发展规划的强化和政策体系的完善

在充分调研的基础上，研究制定江苏省知识产权服务行业发展中长期规划，明确江苏省知识产权服务业的目标和任务。完善发展知识产权服务业的各项配套政策，加强知识产权服务与产业、科技、金融、区域等政策

衔接。制定推进江苏知识产权服务业发展的政策措施，出台江苏省知识产权质押融资支持政策，强化科技创新中的知识产权导向，健全科技计划和科技重大专项知识产权管理制度，在重大科技经济活动中明确对于知识产权配套服务的要求。完善知识产权服务业统计和监测制度、知识产权服务业统计调查制度，明确统计范围和统计对象，设计统计指标，规范统计内容，统一统计口径；完善涉及知识产权代理、法律、信息、商用化、咨询和培训等服务内容的知识产权服务业统计体系，建立健全江苏知识产权服务业发展的监测和信息发布机制。

二、知识产权公共服务平台建设相关政策的完善

支持国家知识产权局专利局专利审查协作江苏中心、国家知识产权局区域专利信息服务（南京）中心、国家专利战略推进与服务（泰州）中心、无锡（国家）外观设计信息中心等国家级公共服务平台建设发展。依托国家知识产权局区域专利信息服务（南京）中心，建设集专利、商标、版权、集成电路布图设计、植物新品种等信息于一体的江苏省知识产权公共服务平台，[1] 提供知识产权数据、知识产权运营、知识产权管理、知识产权培训、知识产权分析和评议等方面的知识产权信息和服务。

立足江苏省重点发展产业，逐步建立全面覆盖战略性新兴产业的专利信息服务体系，为产业发展提供更有效的专利信息服务，推进专利信息在战略性新兴产业联盟和相关企业的产业布局、研发创新、技术引进、贸易风险防范等方面的应用。依托各级知识产权公共服务平台，为企业创新和产业发展提供最新、最快、最全面的知识产权保护信息，拓展公共服务功能，提供重点产业、重点区域和重点领域的知识产权保护专业化服务。利用现有的专利信息资源对专利的技术价值和潜在风险进行鉴别分析，促进知识产权转化。搭建商标服务平台，推动商标资产的合理流动与优化配置，

---

[1] 中共江苏省委、江苏省人民政府：《关于加快建设知识产权强省的意见》（苏发〔2015〕6号）。

进一步推动商标服务的市场化进程。搭建版权服务平台，实现版权产业化、市场化运作。鼓励、支持各地建设特色化公共服务平台，努力形成省、市、县（市、区）三级公共服务网络。以综合性知识产权服务平台为基础，探索行业性知识产权公共服务平台的建设。

三、知识产权服务行业标准体系的构建

逐步构建以知识产权代理服务标准、知识产权代理质量评价指标和知识产权代理机构管理规范为支撑的知识产权服务行业标准体系。建立知识产权服务标准的管理机制，开展服务标准的贯彻实施、普及教育、培训指导等工作。[1] 出台江苏省专利代理服务地方标准，对专利代理服务中涉及的告知、授权、保密原则，文档管理，专利申请撰写和提交，专利行政复议、无效和诉讼代理服务等提出行业指导标准。

四、知识产权服务业促进政策的完善

完善审批备案制度，支持知识产权代理、咨询、评估、法律等服务机构加快发展，支持知识产权服务机构采取联合经营、上市融资等方式发展壮大，培育一批营业收入超亿元的知识产权服务企业。采取政府补贴、政府采购等方式吸引省外高水平知识产权服务机构到江苏省设立分支机构或与江苏省知识产权服务机构联合经营，支持省内实力强、信誉好的知识产权服务机构开展跨地区经营，支持国际知名服务机构在江苏设立分支机构，形成公平竞争、开放健康的知识产权服务市场。完善服务机构布局，加强基层服务机构建设，推动知识产权服务向基层延伸。着力打造知识产权服务业集聚区，推进苏州、镇江等地的国家知识产权服务业集聚发展试验区建设，培育5个左右集特色鲜明、服务能力强大、辐射范围广集知识产权代理、信息服务、交易运营等服务为一体的国家级知识产权高端服务业集聚区。

---

[1] 北京市人民政府：《首都知识产权服务业发展规划（2014～2020年）》。

五、知识产权服务能力提升工程的实施

对知识产权服务从业人员根据不同层级、不同领域和不同阶段的需要，组织多种形式的交流培训活动，开展职业培训，切实提高知识产权服务从业人员业务素养，培育知识产权管理、咨询、运营、评估、保险和信息分析等知识产权服务高端实务人才。[1] 鼓励知识产权服务机构多形式多渠道引进高端人才，引进高学历人才和海外留学人才，引进能够胜任知识产权战略研究、诉讼服务和涉外服务的高层次人才。组织好专利代理人继续教育工作，建立专利代理人执业教育体系，推进专利代理实务技能培训工作，开发网络教育平台。引导知识产权服务机构增强品牌意识，着力创建、开发和运营品牌，形成一批国内外有影响力的服务品牌。采取措施支持知识产权服务机构拓展境外知识产权服务业务，提升知识产权服务国际化的水平和能力。与更多境外知识产权服务机构及相关行业组织建立友好协作关系，扩大知识产权服务业在知识产权国际事务中的影响力。支持资质好、信誉高、运作规范的机构积极开拓国际业务，到海外设立分支机构。

六、知识产权服务模式创新相关政策的出台

搭建多种形式的对接平台，支持、引导知识产权服务机构更新服务理念，积极开发服务新品种，创新服务模式，拓展服务范围，在不断提高知识产权申请等基础业务服务质量的同时，着眼于知识产权保护和运用服务。开展知识产权战略规划、知识产权大数据分析加工、知识产权增值运营、知识产权融资、知识产权保险等特色化高端服务，重点开拓知识产权分析评议、托管、专利预警分析、许可和转让、境外维权等知识产权服务形式，为创新主体提供全方位的知识产权服务。积极发展综合知识产权体系化服务，支持服务机构开展包括知识产权代理、法律援助、信息服务、管理咨询、商用化、培训等业务类型的综合服务，根据市场主体的立体需求，为

[1] 北京市人民政府：《首都知识产权服务业发展规划（2014～2020年）》。

不同行业、不同区域和不同企业提供知识产权一站式服务。加强知识产权投融资服务，充分发挥政府引导和组织协调作用，强化知识产权金融扶持政策与区域、产业政策相结合，鼓励和支持各类金融机构和中介机构参与知识产权金融服务工作，通过市场化运作，构建知识产权金融服务工作机制和服务体系。[1] 构建资源共享的知识产权服务共同体，面向企业提供知识产权评估、知识产权转让交易、知识产权项目融资等服务。

七、加强知识产权服务行业自治自律建设的相关政策的完善

加强政府、行业协会等对知识产权服务市场的引导、监督和管理，建立行政监管和与行业自律有机结合的知识产权服务业监督管理机制。完善各类知识产权行业协会组织体系，加强行业协会的自治自律管理、业务指导、行业维权、执业培训等工作，强化行业协会的各项职能，逐步建设专业委员会，加强对会员的专业化支持和服务，积极树立良好的行业形象，扩大行业社会影响力。支持知识产权服务行业协会、知识产权保护协会、商标协会、律师协会等社会组织发挥行业自律作用，[2] 制定实施类别化的知识产权服务行业自律章程，规范知识产权服务机构经营行为。指导行业协会开展知识产权服务机构考评工作，开展知识产权服务质量满意度评价试点。加强知识产权服务机构信用体系建设，建立由知识产权服务机构信誉档案、信用评价和失信惩戒制度组成的诚信管理制度，构建知识产权服务行业的诚信信息管理平台。

---

[1] 国家知识产权局：《关于进一步推动知识产权金融服务工作的意见》（国知发管函字〔2015〕38号）。

[2] 中共江苏省委、江苏省人民政府：《关于加快建设知识产权强省的意见》（苏发〔2015〕6号）。

第八节　构筑知识产权人才高地相关政策的完善

一、知识产权人才培养载体相关政策措施的完善

（一）建设南京理工大学知识产权学院专门规划的制定

工业和信息化部、国家知识产权局、江苏省人民政府签署协议，共同建设南京理工大学知识产权学院，❶ 这是我国知识产权人才培养工作的一个创举，应当得到实质性的推动。三方共建协议虽然明确了共同推进南京理工大学知识产权学院发展的决心和目标，但内容较为简单，没有较强的可操作性，实施的效果不易检验。因此，相关部门有必要以共建协议为基础制定《共建南京理工大学知识产权学院五年规划（2016～2020）》，明确三方在政策、计划、资金、场地设施、项目、师资、学术交流、数据库、外部发展环境等方面对南京理工大学知识产权学院所给予的具体支持及相应的保障措施。根据该《发展规划》，共建各方应当分别制定其专门的年度计划，或者在其年度工作计划中将支持学院发展的有关内容加以明确。如江苏省的知识产权局、教育厅、财政厅、工商局、版权局、科技厅在其所制定的年度计划中应当将与知识产权人才培养或者科学研究相关的内容做出专门规定。

（二）支持高校知识产权人才培养平台建设的专项政策的出台

高校是知识产权人才培养的主要力量，但在培养平台建设方面还存在较多问题，如生源结构单一、培养与需求脱节、实务型复合型师资匮缺、教学方式单调和实践能力培养不够等。❷ 江苏知识产权事业的持续发展需

---

❶ 2013 年 9 月 6 日三方在国家知识产权局签订共建协议，载：http://scitech.people.com.cn/n/2013/0910/c1007－22871211.html，2015 年 6 月 2 日访问。

❷ 刘介明、王雪琪：“我国高校知识产权人才培养面临的问题及其解决策略”，载《教育与职业》2015 年第 11 期。

要数量较多、类型多样的高校知识产权人才培养平台，这些知识产权人才培养平台的构建与发展在一段较长的时间内还需要政府的推动，特别是出台专门的政策，一方面引起各个方面对于知识产权人才培养平台的重视，另一方面可以有针对性地解决知识产权人才培养平台在发展过程中的一些实际问题。目前宜出台一个综合性的指导文件，对于知识产权人才培养平台建设进行总体规划和重点推进；主要是由江苏省知识产权局起草《关于推进江苏地区高校知识产权人才培养平台建设的意见》，经过江苏省人民政府知识产权联席会议通过。《意见》中应当明确对于已有的省级以上知识产权人才平台（南京理工大学知识产权学院、两个国家知识产权培训江苏基地、江苏省知识产权研究中心、江苏省知识产权发展研究中心）的具体支持措施，主要是对于这些平台在研究项目和经费、人才引进政策、专业学科的设置、实践条件的创造、毕业生的就业指导、对外学术交流等方面给予实质性的支持，特别是要求相关部门在其职能范围内必须提供相应的支持。同时鼓励有条件的高校新建一批知识产权学院，支持有关高校设立知识产权专业，推进知识产权学历教育。加快建设南京工业大学、江苏大学等高校的国家级知识产权培训基地，引导支持培训基地科学设置课程，集成优质教学资源，大力开展系统化、规范化的知识产权培训教育。支持高校院所建设知识产权研究机构，集聚高层次知识产权研究人才，打造知识产权发展智库。

二、加快知识产权人才培养工作相关政策的出台

（一）《江苏省知识产权人才工程实施规划》的出台

当前，从国家到地方实施了各种各样的知识产权人才工程，但由于缺乏必要的统筹安排和协调，这些人才工程显得较为杂乱，有些人才工程缺乏实质性的内容，在提高知识产权人才队伍素质方面没有发挥应有的作用。国家知识产权局已经意识到这样的问题，开始努力优化知识产权人才体系

建设。❶ 为了在江苏改变这种局面，有必要由江苏省知识产权局牵头制定《江苏省知识产权人才工程实施规划》，由省政府知识产权联席会议通过后下发各相关部门和地方执行。该规划应当统一全省的知识产权人才工程的类型、名称和建设内容，使它们与省组织部门、人事主管部门、教育主管部门等部门的人才工程相衔接，与国家重要的知识产权人才工程相衔接，同时要将各项知识产权人才工程做实，对于各类知识产权人才的选拔、培养和使用进行切实、周到的安排。目前主要通过整体规划完善知识产权领军人才工程、“百千万”知识产权人才工程和专项知识产权人才工程（如知识产权信息人才工程、知识产权教育人才工程、企业知识产权管理人才工程等）的建设内容和保障措施。在各个知识产权人才工程中，要规范人才的选拔机制，加强人才培养环节，设计科学的培养方案，通过多种有效方式切实提高工程人选的能力；落实保障措施，尤其是在经费资助、环境创造、交流机会等方面为各种人才培养措施的落实提供充分的保障。

（二）《江苏省高校知识产权人才培养工作实施意见》的制定

面对社会对知识产权人才多样化的需求，必须充分发挥高校在知识产权人才培养方面的主力军作用，因为高校在人才培养方面具有规模效应，且高校的学科专业类型很多，适于培养各式各样的知识产权人才。但是，包括江苏的高校在内，在知识产权教育方面还存在很多问题。❷ 究其原因，是多方面的，但教育行政主管部门没有对高校知识产权人才培育给予足够的重视并采取相应的措施无疑是一个重要原因。从江苏的情况看，要改变这种状况，有必要由江苏省教育厅制定《江苏省高校知识产权人才培养工作实施意见》，对我省高校知识产权人才培养工作做出系统而具体的部署，特别是就下列措施做出规定：第一，给予高校的学科专业设置以较大的自主权，扩大知识产权本科专业、研究生专业试点的范围和规模。第二，在

❶ 王宇：“国家知识产权局出台意见加强知识产权人才体系建设”，载《中国知识产权报》2013 年 9 月 27 日第 1 版。

❷ 朱玛：“国家知识产权战略与高校知识产权教育”，载《教育评论》2010 年第 3 期。

制定各类学历教育的招生计划时优先考虑培养知识产权人才的需要，给予必要的招生指标。第三，在从海内外引进人才或选拔特聘教授时，优先考虑引进高水平知识产权师资的需要，甚至确定一些专项指标。第四，在制定和实施教师出国进修计划时，优先考虑知识产权师资能力提升的需求。第五，在遴选重点专业或品牌特色专业、重点学科时，优先考虑培养各种形式的知识产权人才的专业或学科点，并保证这些专业或学科点占有一定比例，通过这些专业或学科的建设来引领高校的知识产权人才培养工作。第六，在课题立项或创新团队建设方面给予高校知识产权教学研究和理论研究以较大的支持，这方面的课题项目或创新团队宜占一定的比例。第七，在遴选和建设高校哲学社会科学重点研究基地或其他研究基地时，重点考虑推动高校知识产权理论研究工作的需要。第八，在进行精品课程、优秀课程、精品教材或规划教材建设时，优秀考虑知识产权课程或教材。第九，在进行评优活动时，如优秀学位论文、优秀教学成果、优秀研究成果、先进单位或先进个人的评选，应当重点关注在知识产权人才培养方面产生的成果和做出较大成绩的单位或个人。第十，引导或直接组织一些知识产权人才培养研讨会。

（三）《江苏省知识产权继续教育工作实施意见》的制定

知识产权继续教育是持续提升知识产权工作人员素质、保证知识产权工作人员适应现实需求的重要途径，因此，国家和地方知识产权主管部门及企业举办了大量知识产权培训班。但是，目前承担知识产权继续教育职能的主体多种多样，继续教育项目形形色色，[1] 在知识产权继续教育过程中也存在很多问题。面对这种局面，作为江苏省知识产权继续教育工作主要推动者、组织者和资助者的江苏省知识产权局，应当制定《江苏省知识产权继续教育工作实施意见》，就知识产权培训的组织领导、政府资助的知识产权培训任务承担者的选择、知识产权培训项目的开发、知识产权培训机构的资质或者条件、知识产权培训的师资、知识产权培训方案的设计、知识产权培训教材

[1] 王怀祖："我国知识产权继续教育探析"，载《现代商贸工业》2013 年第 18 期。

或者相关资料、知识产权培训的课堂教学、知识产权培训人员的考核、知识产权远程教学的开展、知识产权培训经费的保障、财政性培训经费的使用管理等事项进行一些宏观的设计和具体的规定；通过这些规定，使知识产权培训工作常态化、规范化、科学化和一定程度的市场化。考虑到知识产权工程师培训、企业知识产权总监培训、知识产权中介服务人员培训的较大影响，该《意见》还应当就这些培训工作的具体实施做出明确规定。

（四）高端知识产权人才工作专项计划的制定

随着国家知识产权战略的深入推进和知识产权事业的发展，高端知识产权人才越来越成为一种重大需求，很多高校也将其知识产权人才培养定位在高端人才的培养上。[1] 但总体上看，在江苏省这样一个知识产权事业相对发展较快的地区，知识产权高端人才还远远不能满足高层次、复杂知识产权工作的需要，急需加强这方面的工作。考虑到高端知识产权人才工作更为复杂，有必要制定专项的计划。目前宜由江苏省知识产权局拟定全省高端知识产权人才工作计划，经由省政府知识产权联席会议通过，借此在整体上全面推进高端知识产权人才工作。专门的机构在高端知识产权人才培养方面具有相应的优势，[2] 因此在专项计划中可以考虑建立专门培养高端知识产权人才的机构；专项计划应当注重培养对象的国际视野、实践能力、研究能力的培养，应当有计划地选派一批优秀知识产权专业人员到世界知名大学、研究机构、跨国公司进行交流、访问和培训，将学历教育与短期培训有机结合起来。除了有意识地培养高端知识产权人才外，还应当计划好高端知识产权人才的引进工作，与相关部门配合出台将知识产权人才引进列入省高层次创新创业人才引进计划的具体办法；既要利用我省现有的各种高层人才工程从国外引进一些急需的知识产权人才（特别是高层知识产权运营人才、涉外知识产权诉讼人才、知识产权战略管理人才

[1] 袁真富："高校知识产权人才培养：现状、问题与趋势"，载《中国发明与专利》2013 年第 10 期。

[2] 张海志："建立高端知识产权人才培养机构培养高端知识产权人才"，载《中国知识产权报》2009 年 3 月 6 日第 3 版。

等），也要通过各种优惠待遇吸引国内其他地方的高端知识产权人才到江苏工作，采取切实措施为这些引进人才提供较好的工作环境。

三、促进知识产权人才合理配置相关政策的完善

（一）知识产权人才公共信息平台的快速建设

完善的知识产权人才信息平台是实现知识产权人才需求对接和知识产权人才合理流动的重要基础。江苏省知识产权局应当编制专项预算，采取切实有效的措施，在较短的时间内构建系统全面、功能完善的知识产权人才公共信息平台。该平台应当包含一个资源丰富的知识产权人才信息库，汇集全省知识产权人才信息，并不断更新。在该平台上应当汇聚并及时发布全省各单位、各领域的知识产权人才需求信息，对于人才供给信息需要进行类型化处理以便用人单位查阅；及时发布全省知识产权人才供给信息，特别是为主要的知识产权人才培养单位（相关高校）开辟毕业生信息专栏。

（二）知识产权人才中介服务工作的大力开展

目前，包括江苏在内的全国知识产权人才中介服务工作还没有得到有效的开展，知识产权人才供需双方主要还是靠直接沟通实现对接，这严重影响了知识产权人才的流动速度及流动方向。因此，江苏省知识产权局应当与工商局等相关主管部门进行协调，联合推动知识产权人才中介服务机构的设立和运营。在前期阶段，应当以政府资助为主组建一些政府型知识产权人力资源中介组织。其特点是依附于政府部门，行政性强，[1] 可以借助政府部门的公信力和权威性推动知识产权人才中介服务的进展。这类知识产权人才资源中介服务组织主要的业务为提供知识产权人才需求信息、促进需求双方的沟通交流、为知识产权人才的流动办理相关的手续。经过一段时间之后，江苏省知识产权局应当与财政、工商等政府部门协作，通

[1] 赵瑞美、张小兵：“我国政府型人力资源中介组织的发展初探”，载《青岛科技大学学报（社会科学版）》2005 年第 2 期。

过资金扶持、政策优惠等手段引导社会力量开展知识产权人才中介服务。

（三）知识产权人才激励机制的完善

知识产权人才是否得到合理配置，其主要衡量标准在于每一个知识产权人才的作用是否能够得到有效发挥，而知识产权人才作用的发挥程度与其积极性能否被调动起来密切相关。因此，要做到人尽其才，在江苏省必须形成一套能够调动知识产权人才积极性的激励机制。知识产权人才激励方式多种多样，[1] 江苏省在当前主要应当利用好以下激励措施：（1）完善现有的知识产权工程师职称制度，使从事知识产权工作的人员都能有相应的知识产权职称序列；在职称评定条件和程序方面进行科学设计，保证工作出色的知识产权人才在职称评定方面能够获得满意的结果。（2）通过颁发指导性文件等方式帮助企业等用人单位更好的对知识产权人才的工作进行定性和评价；设计合理的薪酬制度，保障知识产权人才获得与他们的特殊劳动相应的报酬。（3）政府部门与用人单位密切配合，为知识产权人才创造较好的工作条件和发展环境，如社会认同的氛围、提升能力的培训交流机会、职务晋升的通道、愉快合作的团队等。

第九节 优化知识产权强省建设环境相关政策的完善

知识产权强省建设是一项系统工程，环境条件是知识产权强省建设工作的基础和保障。只有具备良好的环境条件，知识产权强省建设才能有条不紊的稳步发展；只有具备良好的环境条件，知识产权强省建设的效果才能保持和扩散。作为知识产权大省，江苏在深入实施国家知识产权战略的过程中已经形成了有利于知识产权事业发展的环境条件，但从知识产权大省向知识产权强省迈进的过程中，知识产权创造、运用、保护和管理等各方面的工作都将面临新的要求和任务，而这也势必将对江苏知识产权事业发展的环境条件提出新要求。因此，江苏省委、省政府印发的《关于加快

[1] 刘柳：“知识产权人才的激励方式”，载《人力资源管理》2009年第10期。

建设知识产权强省的意见》明确要求：不断优化知识产权强省建设的环境条件，并从加强统筹协调、加大政策和资金支持力度、强化监督评估、繁荣知识产权文化等方面提出了具体的要求。

深入落实《关于加快建设知识产权强省的意见》，江苏应在客观认识和评价知识产权事业发展的环境条件基础上，针对知识产权强省建设各项任务的具体要求，通过完善已有相关政策、制定必要的相关政策，进一步优化江苏建设知识产权强省的环境条件。立足江苏现状，结合《关于加快建设知识产权强省的意见》的具体内容，江苏应做好以下几方面工作。

一、《江苏省人民政府知识产权联席会议工作制度》的完善

江苏省人民政府知识产权联席会议是全省知识产权工作的组织协调机构，也应是江苏省建设知识产权强省的组织协调机构，应全面有效地参与到知识产权强省建设之中。[1] 针对江苏省建设知识产权强省的目标与任务，应尽快修订和完善《江苏省人民政府知识产权联席会议工作制度》。

第一，进一步细化联席会议的工作职责，明确将有效参与和协调知识产权强省建设工作纳入其主要职责之中。第二，进一步明确江苏省人民政府知识产权联席会议在建设知识产权强省中的角色定位。建设知识产权强省是全省各部门共同的任务，江苏省人民政府知识产权联席会议不仅应强化其在部门沟通协调方面的职能，更应担当起其在知识产权相关工作联动机制建设与落实方面的作用。第三，在原有的理会制度、会议制度、工作报告制度和日常办公制度之外，增设专家咨询制度，并在专家咨询制度中明确要求建立知识产权强省建设专家咨询委员会，设立知识产权强省建设重大问题专家咨询制度。第四，针对知识产权强省建设的新要求、新任务，调整和完善成员单位工作职责。第五，完善成员单位考核与奖惩制度，强化成员单位的责任意识，将参与联席会议工作情况纳入单位考评指标。

---

[1] 江苏省人民政府知识产权联席会议的组织架构、工作制度和单位职责可查看“江苏省人民政府知识产权联席会议网站”上的介绍，载 http://lxhy.jsip.gov.cn/zzjg/zz/，2015年10月26日最后访问。

二、各类知识产权强省建设相关专项资金政策的调整或制定

目前，江苏已经建立起较为系统的支持创新型省份建设、促进建设经济发展的财政资金支撑政策，如《江苏省知识产权创造与运用（专利资助）专项资金使用管理办法》《江苏省知识产权创造与运用（企业战略推进计划）专项资金使用管理办法》《江苏省科技成果转化专项资金管理办法》《江苏省科技成果转化风险补偿专项资金管理办法》《江苏省省级战略性新兴产业发展专项资金管理暂行办法》《江苏省省级工业和信息产业转型升级专项资金管理办法》《江苏省省级节能减排（建筑节能和建筑产业现代化）专项引导资金管理办法》《江苏省省级中小企业服务专项资金管理办法》《江苏省省级农业支持与保护资金管理暂行办法》《江苏省省级现代服务业（文化产业）发展专项引导资金使用管理办法》，等等。

面对江苏省实施创新驱动发展战略、建设知识产权强省的新形势，部分已有的财政专项资金政策对知识产权创造、运用、保护和管理的关注度还可适时予以进一步加强。如《江苏省知识产权创造与运用（专利资助）专项资金使用管理办法》可在专利资助之外，将品牌、版权等也纳入到资助的范围，并强调对具有示范效应的高价值知识产权的重点资助和奖励；《江苏省科技成果转化专项资金管理办法》可结合知识产权密集型产业的培育工作，将关系到知识产权密集型产业发展中的核心科技成果纳入重点或优先支持的范畴；《江苏省省级农业支持与保护资金管理暂行办法》中资金使用范围的表述还较为笼统和模糊，针对知识产权强省建设，可进一步细化资金使用范围，明确列举一些农业生态与可持续发展技术，将其研发与运用纳入资金使用范围之中。

此外，为实现《关于加快建设知识产权强省的意见》提出的各项目标，江苏还可根据需要适时新设一些专项资金并制定相应的专项资金政策。如，针对知识产权密集型产业的发展，可以新设专项资金，并制定详细的引导和支持知识产权密集型产业发展的专项资金政策；针对知识产权运营机制的建设任务，可以新设知识产权运营投资专项资金，制定扶持和奖励

以企业为主体的知识产权运营机构、探索知识产权运营新机制的资金使用政策，等等。

三、知识产权强省建设工作监督与评估政策的完善

有效的监督与评估制度是江苏省建设知识产权强省的有力保障，且江苏省建设知识产权强省工作涉及全省诸多政府部门，建立有效的监督与评估制度有助于明确分工、明确责任，从而保障知识产权强省建设的各项工作落到实处。

首先，应尽快制定和发布《江苏省建设知识产权强省工作任务与责任分配方案》。在完善江苏省知识产权联席会议的前提下，应当拆解知识产权强省建设的目标任务，将其分配到具体部门，将各部门对知识产权强省建设任务的完成情况纳入年度考核指标体系。

其次，适时制定《江苏省知识产权强省建设工作绩效评估办法》。知识产权强省建设具有较高的复杂性，其成效的评价具有较高的难度。该办法应当探索引入第三方评估机制，确定第三方评估机构的选择办法，设计出知识产权强省建设绩效评价的指标要素体系及测量方法，建立第三方定期统计和测评报告制度。

最后，应适时修订“两个率先”指标体系。《关于加快建设知识产权强省的意见》提出要将知识产权主要指标纳入“两个率先”指标体系。因此，在明确知识产权强省建设工作绩效评价指标的前提下，选择和确定标志性指标，将其纳入全面建设小康社会主要指标和基本实现现代化指标体系。

四、《江苏省知识产权文化建设计划》的制定和实施

《关于加快建设知识产权强省的意见》强调知识产权文化在知识产权强省建设中具有重要的引领作用，要在深入实践全民科学素养行动计划中，全面提高公民科学素养和知识产权认知度。因此，为了更好地促进建设知识产权强省工作取得实效，江苏省应当从完善知识产权文化的制度环境出

发，营造知识产权文化的观念环境，培育知识产权文化的教育环境，发展知识产权文化的信息宣传环境。[1] 如制定和实施《江苏省知识产权文化建设计划》。

从内容上来讲，《江苏省知识产权文化建设计划》可以明确“三创三先”新时期江苏精神中知识产权文化内涵；明确知识产权文化的培育是实践全民科学素养行动计划的必然要求；建立持续性的知识产权社会化宣传机制，确立知识产权重要实践、重大成果、典型任务、示范企业等的评选标准和宣传规范；设立知识产权文化宣传优质活动年度评选制度；确立中小学知识产权宣传目标与任务；确立知识产权文化宣传读本的编撰与出版计划；建立知识产权文化宣传师资库，确立知识产权文化公开宣讲年度计划，等等。

---

[1] 韩兴：“论我国知识产权文化建设的多元文化互动”，载《南京理工大学学报（社会科学版）》2014 年第 1 期，第 52 ~ 53 页。

第四篇
知识产权强省建设的深入分析
——构建适应创新驱动发展的知识产权保护机制研究*

* 本部分研究成果的主要贡献者：钱建平、吴广海、锁福涛、朱宇、黄志臻、董新凯、郑伦幸等。

引　　言

十八届三中全会以来，知识产权保护成为国家知识产权战略实施的重心，也应当是知识产权强省建设的核心内容，受到江苏省委、省政府的高度重视，需要进行专门研究。为推动江苏省深入实施创新驱动发展战略，切实增强自主创新能力，充分发挥知识产权制度激励创新、保护创新的基本制度功能，根据江苏省政府统一部署，在徐南平副省长的亲自指导下，江苏省知识产权局会同南京理工大学组成调研组，在前述已有知识产权强省建设问题研究成果的基础上，围绕如何“构建适应创新驱动发展的知识产权保护新机制”这一核心问题展开深入研究。课题组到全省各地实地调研，赴上海、北京、广东、辽宁等地考察学习，广泛听取有关部门、企业、知识产权中介机构、高校、科研院所等组织的意见，并搜集分析了大量国内外保护知识产权的资料，形成相应的调研成果，本篇就是该调研报告的内容。

第十四章　江苏知识产权保护取得的成绩与存在的问题

2009年以来，江苏省市县政府相继建立知识产权联席会议制度，统筹协调知识产权保护工作。专利、商标、版权、植物新品种等管理部门各司其职，开展知识产权行政保护，法院、检察院、公安机关按照要求强化知识产权案件审判、侦查等职能，江苏省基本上形成行政保护与司法保护并行运作，维权援助机构、中介服务机构、行业社团等社会组织广泛参与，知识产权权利人加强自我救济的知识产权保护体系，知识产权保护取得一定成效。与此同时，在知识产权保护方面还存在一定的薄弱环节，有一些亟待解决的问题。

第一节　知识产权保护取得的成绩

近年来，尤其《江苏省知识产权战略纲要（2009年）》颁布实施以来，江苏省知识产权工作得到全面发展，知识产权综合发展指数年均增长率全国第一，知识产权综合实力现已跃居全国第二位，[1] 知识产权保护工作成效显著。

一、知识产权法制建设的加强

建立完备的知识产权法律法规体系是开展知识产权保护工作的前提。

[1] “江苏知识产权综合发展指数年均增长率全国第一”，载人民网 http://scitech.people.com.cn/n/2014/0127/c1057-24236325.html，2015年5月20日访问。

近年来，江苏省关于知识产权保护的法律法规及规范性文件在不断制定和实施，有效地推进了知识产权保护的法治化进程。按照颁布机关的不同，可以对现有的知识产权保护法律法规及规范性文件进行如下梳理：（1）由省、市人大等立法权力机关颁布实施的知识产权法规，代表性的如《江苏省专利促进条例》《南京市知识产权促进和保护条例》《苏州市专利促进条例》等。（2）由省、市政府及其部门等行政机关制定的知识产权规范性文件，代表性的如《江苏省著名商标认定和保护办法》《苏州市企业知名字号认定和保护办法》《南京市青年奥林匹克运动会知识产权保护规定》《徐州市企业知名字号认定和保护办法》《徐州市知名商标认定和保护办法》《苏州市知名商标认定和保护办法》《江苏省专利行政执法规程》等。（3）由省高院等司法部门出台的意知识产权司法审判意见，代表性的如江苏省高院《关于在当前宏观经济形势下进一步做好知识产权审判工作促进自主创新的指导意见》。

除上述已经颁布的知识产权法律法规及规范性文件之外，《江苏省著作权保护与产业促进办法》《江苏省知识产权促进条例》等也已经列入江苏省政府立法计划，《江苏省专利行政执法办法》《江苏省展会知识产权保护办法》等草案已报送省法制办，力争列入2015年度江苏省政府规章制定计划，❶ 这将进一步完善江苏省的知识产权法制体系建设。

二、知识产权产出的快速增长

实施严格的知识产权保护是知识产权产出快速增长的保障。据统计，江苏省累计新增专利授权100多万件、注册商标60多万件（其中马德里体系国际注册商标累计1 662件）、著作权17多万件，累计植物新品种授权达374件，注册地理标志总量达172件。2014年，全年专利申请量和授权量分别为421 907件、200 032件，企业专利申请量和授权量分别为260 501件、

---

❶ “江苏省知识产权局2014年年报”，载 http：//www.jsip.gov.cn/wcm/webpage/zwgk/more.jsp？info_ id=26821，2015年5月20日访问。

131 966件，发明专利申请量为146 660件，五项指标均继续保持全国第一；发明专利授权量为19 671件，PCT专利申请量为1 610件，万人发明专利拥有量为10.24件，新申请商标注册12.28万件，新增注册商标79 943件，其中马德里体系国际注册商标242件。著名商标、驰名商标总数分别达到3 873件、577件，一般作品登记53 010件，计算机软件著作权登记19 216件。拥有专利和注册商标的企业分别达2.5万、11.8万家，是2008年的3.7倍、2.9倍。[1] 目前，江苏正在由知识产权大省向知识产权强省跨越，知识产权产出的快速增长是实现这一跨越的现实基础，这需要实施严格的知识产权保护制度。

三、知识产权行政保护的显著成效

知识产权行政保护具有高效性、便捷性等优点，是知识产权保护中的一支重要力量。江苏省在知识产权行政保护机构建设、侵权案件查处力度、区域知识产权行政保护协调机制等方面取得了显著成绩。具体而言，在知识产权行政保护机构建设方面，2014年，江苏省编办批复江苏省知识产权局成立江苏省专利行政执法总队，南京、苏州、常州等7个省辖市相继成立知识产权执法大队（支队），设立专利行政执法巡回审理庭10个，专利行政执法力量得到加强。在知识产权侵权案件查处力度方面，江苏开展了打击侵犯知识产权和制售假冒伪劣商品的“双打”“护航”“网剑”等一系列专项行动，累计查处各类假冒侵权案件3万余件，其中省知识产权局系统共查处各类专利违法案件7 822起，包括专利侵权纠纷1 300起，假冒专利案件6 522起，案件总量居全国前列。江苏省工商系统查处商标各类商标违法案件19 770起，案值超过10亿元；全省版权系统查处著作权违法案件951起，收缴盗版作品1 688.38万件；南京海关查处涉嫌侵权案件786起，

[1] 江苏省人民政府知识产权联席会议办公室：“2014年江苏省知识产权发展与保护状况”，载 http://www.jsip.gov.cn/wcm/upload/infoopen/upload_8016206.pdf，2015年5月20日访问。

查获涉嫌侵权物品528.3万件，涉案金额为6 649万元。[1] 在区域知识产权行政保护协调机制方面，区域执法协作领域进一步拓展，与安徽、福建、江西、山东联合印发《华东地区专利行政执法协作调度工作管理办法》和《华东地区专利侵权判定咨询工作暂行规定》，建立执法协作调度和侵权判定咨询服务机制。

四、知识产权司法保护力度的不断加大

基于知识产权司法保护的终局性、权威性、公正性等特征，要发挥知识产权司法保护在知识产权保护中的主导地位。近年来，江苏省知识产权司法保护的力度在不断加大。全省12个中级法院取得专利案件一审管辖权，39个基层法院取得部分知识产权案件一审管辖权，累计审理各类知识产权案件4.1万件，约占全国的10%。2014年全省法院审理知识产权民事案件7 733件，审结6 308件。知识产权审判质量和效率不断提高，知识产权民事案件上诉率由2008年的15%左右下降到2014年的8.43%。知识产权案件审判的组织机制改革试点工作深入推进，江苏省12个中级法院开展"三审合一"审判改革。检察机关共受理涉及提请批准逮捕的知识产权犯罪案件1 123件，涉案人员2 566人，其中在811个案件中批准逮捕1 577人；公安机关累计破获涉嫌知识产权犯罪案件10 179件，涉案金额达104.5亿元。[2]

五、知识产权社会保护体系的进一步完善

知识产权社会保护体系是知识产权保护工作中的重要组成部分。江苏省知识产权社会保护体系在维权援助机构建设、维权援助力度等方面进一步完善。全省建立8个国家级知识产权维权援助中心，38个维权援助分中心或工作站，建立健全华东地区专利侵权判定档案库，知识产权专家数据

---

[1][2] 江苏省人民政府知识产权联席会议办公室："2014年江苏省知识产权发展与保护状况"，载 http://www.jsip.gov.cn/wcm/upload/infoopen/upload_8016206.pdf，2015年5月20日访问。

库专家增至109名。江苏省知识产权局会同江苏省高院印发《人民法院委托或邀请知识产权维权援助中心调解知识产权民事纠纷案件的意见》，依托知识产权维权援助中心成立专门的知识产权纠纷调解委员会，开展“诉调对接”试点工作。开通“12330”维权援助和举报投诉热线，年均向社会提供知识产权法律咨询近5 000次，接收举报投诉400余个，提供维权援助160余次，向各级知识产权行政执法部门移送知识产权违法案件30余起。维权援助工作机制不断健全，建立举报投诉案件受理、移送、办理、反馈等工作制度，探索开展电子商务、新媒体等与互联网相关的知识产权保护援助工作，启动涉外知识产权维权援助工作，共为16家企业提供资金援助600余万元。提供知识产权保护服务的律师事务所、知识产权中介服务机构数量不断增加，服务形式更加多样化。全社会知识产权保护认知度由2008年的52%提升到70.8%。

此外，江苏省知识产权保护社会氛围日益浓厚，全省3 000余家企业、54个商贸街区加入“正版正货”承诺计划，知识产权社会认知度由2008年的52%上升到2014年70.8%。知识产权保护国际合作不断探索与加强，江苏省政府与美国、韩国等知识产权强国建立了知识产权保护合作关系，江苏省知识产权局与英国、日本、法国、世界知识产权组织等国家和组织加强了知识产权保护合作。

第二节　知识产权保护存在的问题

江苏在加大知识产权保护，营造公平公正竞争环境方面取得了明显成效，较好地促进了江苏社会经济的发展。但与此同时，通过本次调研，课题组也发现江苏省知识产权保护还存在许多薄弱环节，还有较大的提升空间。主要问题梳理如下。

一、企业知识产权保护意识的薄弱

在调研过程中发现，江苏省大部分企业缺乏知识产权管理机构和专职人员，知识产权保护总体上还停留在申请、注册、维护等较低层次的知识产权事务上，大部分较复杂的知识产权事务往往交由中介机构处置，企业没有意识和能力把控知识产权申请质量，对知识产权进行战略布局。企业知识产权管理水平较弱，缺乏相应的知识产权保护能力，江苏省 7 700家高新技术企业中，70% 以上还没有设立独立的知识产权管理机构，没有配备足够的专门人员和资金。在遭遇知识产权纠纷尤其是与外企发生争端时，绝大多数企业由于缺乏知识产权底气，选择放弃维权或消极应诉。据统计，在与外企的知识产权诉讼中，省内企业的败诉率明显较高。在 32 起涉及江苏省企业的“337”调查中，仅有盐城捷康、南通医药、华奇化工等 7 家企业积极应诉，并达成和解协议。

此外，由于企业认为知识产权保护成本较高，难以在知识产权保护方面进行较大投入，导致其保护意识比较淡薄。[1] 例如，课题组在泰州市和江阴市调研时发现，部分企业认为，基于知识产权的专业性较强，侵权举证难度大，维权较为困难，需要政府专项资金予以扶持，从而提高知识产权保护。

二、知识产权行政保护职能的分散

知识产权行政保护具有自身的特色：（1）行政执法权力的普遍性，行政机关既拥有对于知识产权侵权行为的行政处罚权，又具有对于知识产权权属纠纷的行政裁决权和行政调解权，行政执法权力被赋予准司法的法律地位；（2）行政执法方式的广泛性，既包括海关依法禁止侵犯知识产权的货物进出口的边境措施，也包括工商局、版权局等行政机关对侵犯知识产权轻微犯罪进行行政处罚的“轻罪制度”，行政执法方式多样；（3）行政执法主体的独立性，行政执法机关在知识产权确权认定、打击侵权、裁决纠纷等方面可以独立行使行政权力，这种权力甚至存在与知识产权司法权

[1] 刘远：“行政执法与刑事司法衔接机制研究”，载《法学论坛》2009 年第 1 期。

力并行运行的情形，具有很强的独立性。[1] 在现有的知识产权行政管理体制下，专利、商标、版权、植物新品种的保护分散在多个不同部门，知识产权行政管理和执法重复建设、条块分割、力量分散，缺乏有效沟通，难以形成合力。课题组在调研中发现，比较统一的模式是专利行政保护工作由知识产权局负责，但对于商标和版权等知识产权的行政保护工作有不同的负责部门。例如，关于商标权的行政保护，有些地方属于工商行政管理局负责，有些地方属于市场监督管理局负责；关于版权的行政保护，有些地方属于文化广电新闻出版局负责，有些地方属于知识产权局负责。由于执法职能分散，企业遇到不同的知识产权问题，需要多头寻求行政救济，大大增加了企业的保护成本。

此外，知识产权行政执法需要较高的专业知识和技能，现有的知识产权行政执法职能分散在不同的机构中，人员轮岗频繁，队伍稳定性差，难以培养出专业化的执法队伍，造成诸多行政执法部门形同虚设，难以履行职责。目前，江苏省有 7 个省辖市尚未成立独立的执法机构，80% 县市专职执法人员不足 3 人。执法人员专业化水平不高，平均执法时间不超过 3 年，其中大部分还承担其他工作职能，不是专职执法人员。80% 执法人员年均培训时间不足 7 天，缺乏处理日益复杂知识产权案件所需的理论知识和实务技能。例如，课题组在中国（泰州）知识产权维权援助中心调研时发现，基于以下因素，导致在实践中知识产权行政执法存在诸多问题：执法成本太高、取证困难、程序复杂，难以体现行政执法高效、便捷的优点；执法人员不足，且受 2 年轮岗要求，造成执法队伍不稳定；执法装备不足，没有专门的执法服装和执法车辆。此外，课题组在江阴市知识产权局、文广新局、市场监督管理局等多个知识产权行政机关调研时发现，普遍存在的问题是行政执法力量薄弱、人员太少，执法手段单一，难以与其他部门之间形成保护合力。

---

[1] 吴汉东、锁福涛：“中国知识产权司法保护的理念与政策”，载《当代法学》2013 年第 6 期。

三、知识产权司法保护机制的欠缺

在知识产权审判机制方面，知识产权审判机构设置采用分立模式，知识产权审判权依案件的不同性质进行划分。知识产权民事案件由民三庭（知识产权庭）审理、知识产权刑事案件由刑庭审理、知识产权行政案件由行政庭审理。知识产权审判分立模式无法满足知识产权审判专业性需求，对同一案件的不同认识，常导致不统一或矛盾的判决，甚至出现知识产权民事审判不侵权而刑事审判判刑的严重冲突造成的状况。同时，知识产权审判分立模式也极大影响了知识产权审判的效率。此外，知识产权司法保护还不同程度地存在“门槛高、时间长、举证难、成本大、赔偿低、判决执行难”等问题，“侵权成本低、维权成本高”的现象还较普遍，很多权利人“赢了官司、丢了市场、赔了钱”。这严重挫伤了市场主体开展技术创新和利用知识产权制度维护自身合法权益的积极性。在司法审判方面，既精通知识产权法律、又具有专业技术背景的审判人才较为缺乏，知识产权审判缺乏统一的标准，知识产权审判质量和司法执法能力还有待进一步提高，这严重制约了知识产权审判质量和效率的提高。

此外，在知识产权司法保护与行政保护的衔接方面，知识产权行政执法部门在查处犯罪以及移送司法机关处理的实际操作过程中依然存在信息沟通不畅、刑事司法介入障碍等诸多问题，呈现“四多四少”现象，即对破坏市场经济秩序的犯罪案件，实际发生多、查处少，行政处理多、移送司法机关追究刑事责任少，查处一般犯罪分子多、追究幕后主犯少，判缓刑多、判实刑少。例如，在知识产权刑事犯罪司法移送方面，缺乏衔接。由于行政机关未与司法机关建立起良好的沟通机制，而且一些行政机关对于移送知识产权刑事案件的标准存在不同认识，“导致该移送的没移送，未达到犯罪标准的却移送，同时一些行政执法人员对刑事证据方面的法律规定不熟悉，未能及时采取合法有效方式固定收集证据"❶，进而影响知识产权刑事犯罪案件的打击力度。❷ 这些问题的存在严重影响着江苏省在强化知识产权保护力度、合理配置知识产权资源等目标实现的效果。

四、知识产权保护需要的社会服务支撑的不足

江苏省知识产权维权援助机构普遍缺乏经费和人才，服务内容仅局限于知识产权咨询、投诉举报信息归集、案件受理转送、资金资助等，缺乏高端服务能力，难以为企业提供海外风险防范、应急处置等高端服务。例如在专利服务领域，目前江苏省考取专利代理人资格 1 740人，执业专利代理人 500 人，分别仅占全国的 6. 43% 和 4. 75% ，同时拥有专利代理人资格和律师资格的"双证律师"数量偏少。高层次、实践型、复合型知识产权保护人才不多，具有合理专业背景、较高的理论研究水平和丰富实践经验的知识产权师资偏少。此外，专业开展知识产权仲裁、调解、鉴定、评估的机构建设滞后，不利于知识产权纠纷的高效解决。缺乏在国内外有影响力和知名度的知识产权中介服务品牌机构，难以满足企业对高端知识产权保护服务的需求。

---

❶ 章宁旦："未形成源头打击致制假售假犯罪多发——行政执法与司法机关存对接问题亟待解决"，载《法制日报》2013 年 4 月 5 日。

❷ 吴汉东、锁福涛："中国知识产权司法保护的理念与政策"，载《当代法学》2013 年第 6 期。

第十五章　创新驱动发展对江苏知识产权保护机制的新要求

第一节　江苏知识产权保护所面临的创新驱动发展的形势

一、国际形势和省外形势

党的“十八大”报告提出“实施创新驱动发展战略”重大部署，创新驱动发展已经成为国家战略。这一战略的确立有其宏大而深刻的时代背景，这就是，知识经济的方兴未艾和新一轮科技革命的孕育兴起所引发的产业革命为我国的发展创造了新的战略机遇。[1] 面对全球新一轮科技革命与产业变革的重大机遇和挑战，面对经济发展新常态下的趋势变化和特点，面对实现“两个一百年”奋斗目标的历史任务和要求，我国必须加快实施创新驱动发展战略。[2] 创新驱动发展战略的实施，要求深化体制和机制改革，作为以保护创新为己任的知识产权保护制度要及时地变革和创新，服务于创新驱动发展的需要。当前以知识产权保护助推创新驱动发展战略的实施有着良好的历史机遇环境和现实基础：创新驱动发展战略得到空前强调；加大保护力度是当前新一轮知识产权法律修改的方向、导向和趋势，如新

---

[1] 马一德：“创新驱动发展与知识产权战略实施”，载《中国法学》2013 年第 4 期。

[2] 国务院：“中共中央国务院关于深化体制机制改革加快实施创新驱动发展战略的若干意见”，载 http：//www. gov. cn/gongbao/content/2015/content_ 2843767. htm，2015 年 5 月 30 日访问。

修订的商标法及正在修订中的专利法、著作权法已经或者拟提高法定赔偿额、确立惩罚性损害赔偿、减轻举证责任等，表明继续加大保护力度的立法态度，并提供良好的法律基础；加强保护已是各有关方面强烈的反应、要求和期待，越来越成为社会共识。[1]

二、江苏省的形势

2015 年 2 月，江苏省委、省政府召开“深入实施创新驱动发展战略暨建设苏南国家自主创新示范区”工作会议，全面部署江苏创新驱动发展战略的实施方案。创新驱动发展的关键在于实现从生产要素驱动、投资驱动向创新驱动转变，树立科学、技术、信息等智力资源在经济社会发展中的核心地位。[2] 因此，要革新现有的知识产权保护体制机制，实行严格的知识产权保护制度来激发创新活力、提升自主创新能力。当前，江苏经济社会发展正处于转型升级的关键时期，贯彻实施创新驱动战略、建设在全球有影响力的产业技术中心，在实施“一带一路”战略引领下更深层次融入全球化，都对提升江苏知识产权保护水平提出迫切要求。因此，全省要以高度的责任感和紧迫感创新江苏知识产权保护机制，大力提高江苏知识产权保护水平。

当前江苏经济社会发展正处于关键时期，在新的起点上实现创新发展、科学发展、率先发展，必须要把知识产权制度作为创新驱动发展的基本制度予以高度重视，全面加强知识产权工作，加快实现知识产权大省向知识产权强省的跨越。在实施创新驱动发展战略的过程中，要以高度的责任感、紧迫感和使命感创新知识产权保护新机制。具体而言，提升知识产权保护力度是营造创新驱动发展竞争环境的迫切需要，优化知识产权保护重点是聚焦创新驱动发展新兴产业的当务之急，整合知识产权保护资源是注重创

---

[1] 孔祥俊：“当前我国知识产权司法保护几个问题的探讨”，载《知识产权》2015 年第 1 期。

[2] 魏全忠：“‘创新驱动’发展战略的几点思考”，载人民网－理论频道，http://theory.people.com.cn/n/2014/1120/c40537-26061968.html，2015 年 6 月 11 日访问。

新驱动发展协同创新的内在需求，强化知识产权国际保护是定位创新驱动发展全球竞争的重要举措，革新知识产权保护体制是激发创新驱动发展创新活力的根本途径。

第二节　创新驱动发展背景下江苏知识产权保护工作面临的新要求

一、更高标准知识产权保护的适时跟进

党的“十八大”明确提出坚持走中国特色自主创新道路、实施创新驱动发展战略。创新驱动的本质是指依靠自主创新，充分发挥科技对经济社会的支撑和引领作用，大幅提高科技进步对经济的贡献率，实现经济社会全面协调可持续发展和综合国力不断提升。❶ 实施创新驱动发展战略，对我国形成国际竞争新优势、增强发展的长期动力具有战略意义，对我国提高经济增长的质量和效益、加快转变经济发展方式具有现实意义。

构建适应创新驱动发展的知识产权保护机制，这需要从理论上探究二者之间的关系。“创新”是由美籍奥地利经济学家熊彼特在其《经济发展理论》一书中最早提出的，指的是在生产体系中，把所能支配的原材料和力量组合起来，以此生产不同的东西或以不同的方法生产相同的东西，是对旧组合进行调整而产生的“新组合”。❷ 这一概念经过学者多年的总结和发展，现在一般是指人们在生产力、生产关系和上层建筑全部领域中进行的创造性活动，既包括知识创新（含科技创新和文化创新），也包括制度创新（含法律创新、政策创新、体制与机制创新等）。❸ “创新驱动”概念

---

❶ 魏全忠：“创新驱动发展战略的几点思考”，载人民网，http://theory.people.com.cn/n/2014/1120/c40537-26061968.html，2015 年 5 月 29 日访问。

❷ ［美］熊彼特：《经济发展理论》，孙伟艳等译，北京出版社 2008 年版，第 38 页。

❸ 吴汉东：“知识产权法的制度创新本质与知识创新目标”，载《法学研究》2014 年第 3 期。

最早由美国经济学家迈克尔·波特提出，他把经济发展分为四个阶段：要素驱动阶段、投资驱动阶段、创新驱动阶段以及财富驱动阶段。❶ 在国家创新体系中，知识产权制度为创新驱动发展提供了必要的制度保障和法律保障，知识产权战略的本质要求及其对科技创新、文化创新的保障作用有效支撑着创新驱动发展。知识产权作为当今世界国家发展的重要战略资源，其利用与管理已经成为衡量一个国家技术实力的核心因素。创新驱动发展是贯彻落实科学发展观的必然要求，而知识产权作为增强国家实力的主要武器，为实现创新驱动发展提供了相应的法律规制。❷ 实施创新驱动发展，就是要推动以科技创新为核心的全面创新，坚持需求导向和产业化方向，坚持企业在创新中的主体地位，发挥市场在资源配置中的决定性作用和社会主义制度优势，增强科技进步对经济增长的贡献度，形成新的增长动力源泉，推动经济持续健康发展。❸ 创新驱动发展的本质要求在于切实增强自主创新能力，实现从生产要素驱动、投资驱动向创新驱动转变，这亟须更加严格的知识产权保护机制。

实施创新驱动发展战略，是江苏省转变经济发展方式、进行经济结构升级、实现可持续发展的必由之路。习近平总书记指出，实施创新驱动发展战略决定着中华民族的前途命运，要把创新驱动发展作为面向未来的一项重大战略实施好。从上文的论述中可以发现，创新驱动与知识产权之间存在必然的逻辑关联，创新成果需要知识产权制度的激励和保护。最近，中共中央、国务院在《关于深化体制机制改革加快实施创新驱动发展战略的若干意见》中明确提出了实行严格知识产权保护制度的四个方面举措，以增强市场主体创新动力。世界发达国家的经验也表明，随着经济发展水平的提高，实施更高标准的知识产权保护，有利于经济转型升级。

---

❶ 洪银兴："关于创新驱动和创新型经济的几个重要概念"，载《新华日报》2011 年 8 月 26 日。

❷ 马一德："创新驱动发展与知识产权制度变革"，载《现代法学》2014 年第 3 期。

❸ 习近平："加快实施创新驱动发展战略"，载 http：//www. chinanews. com/cj/2014/08 – 19/6505636. shtml，2015 年 6 月 21 日访问。

知识产权作为自主创新的衡量指标和市场竞争的重要手段，提升知识产权的保护力度对于营造创新驱动发展的竞争环境至关重要。江苏省适时提高知识产权保护标准，有利于激励自主创新，能够吸引外商进行高技术含量的投资，从而加速经济转型升级的进程。更高标准的知识产权保护，包含健全的知识产权法律法规、统一高效的知识产权管理、强有力的知识产权司法和执法，社会组织在知识产权保护中提供有效支撑，企业自身的知识产权保护能量得到充分发挥；能够严厉打击侵犯知识产权的违法行为，切实解决“侵权易、维权难”的现实问题，从而有效激发全社会创新活力和创造潜能。此外，国内外的发展经验也说明，知识产权保护力度与创新成果价值成正相关关系，更高标准和更有力的知识产权保护有利于提升创新成果的经济价值，促进创新成果的价值实现，从而达到促进经济转型发展的目的。

二、知识产权保护能力和水平的大幅提升

2014 年 10 月，苏南建设国家自主创新示范区正式获国务院批复，是我国首个以城市群为基本单元的国家自主创新示范区，由 8 个国家高新区和苏州工业园区组成，横跨南京、无锡、常州、苏州、镇江 5 个国家创新型试点城市，这是江苏省获得的又一国家战略机遇，对于破解苏南发展瓶颈、促进江苏经济转型升级具有重大而深远的意义。❶ 习近平总书记 2014 年年底在江苏视察指导工作期间，殷切希望江苏用好建设苏南国家自主创新示范区等优势和机遇，以只争朝夕的紧迫感，切实把创新抓出成效。党中央、国务院的任务与期许，既为苏南未来发展明确了新坐标，也为江苏跨越发展注入了新动力。❷

江苏创新驱动发展的战略目标是建设苏南国家自主创新示范区和“全球有影响力的产业科技创新中心”，这样的定位，出发点和落脚点是提升

---

❶❷ 《新华日报》编者按：“苏南国家自主创新示范区建设开局良好”，2015 年 7 月 5 日。

产业核心竞争力；基础是具有三方面优势，即江苏是全国第一产业大省，是开放大省，是科技大省，“全球有影响力”体现开放，“产业”体现产业大省，“科技创新中心”体现科技大省。[1] 要实现上述目标：（1）要从内在层面提高自主创新能力，创造自主知识产权，培育高价值知识产权和高附加值的战略性新兴产业，必须拥有一大批具有国际领先水平的高价值知识产权，形成具有国际竞争力的知识产权密集型产业；（2）要从外在层面营造激励创新的外部环境，集聚一批具备全球视野与战略思维的创新创业领军人才，涌现一批拥有国际知名品牌和较强市场竞争力的创新型企业。

而从目前的发展现状来看，与上述要求相差甚远。在知识产权的数量和质量方面，江苏知识产权的质量特别是专利质量还不够高，PCT 专利申请总量较低，知识产权结构仍需优化；在产业发展的规模和层次方面，江苏产业结构仍然处于产业结构链条的中低端，其直接原因是产业创新能力薄弱和技术自主性不强。全省工业规模 14 万亿元，稳居全国第一，但增加值率低于全国平均水平；纺织、冶金、轻工、建材等传统产业，集中全省一半左右的规模以上工业企业，但产出的工业总产值和利润不到四成，创造的新产品产值只有 1/4 左右，而占比近 40% 的高新技术产业，“高端产业、低端环节”的现象比较突出。

上述问题的根本原因是江苏产业科技创新能力较弱、效率较低。有世界影响力、能推进产业升级的知识产权成果还很少，尤其缺乏核心的高价值知识产权。因此，江苏省要充分发挥知识产权对产业转型升级的支撑引领作用，积极推动产业从中低端向高端迈进，特别是为建设苏南自主创新示范区和全球有影响力的产业技术创新中心提供制度支持。一方面，要从内在层面不断提高自主创新能力，创造更多的自主知识产权，培育高价值知识产权和知识产权密集型产业，尤其是要通过加强知识产权保护和提高运用知识产权制度的能力来激励创新，形成一大批有世界影响、能支撑产

---

[1] 徐南平：“在全省知识产权局局长会议上的讲话”，载江苏省知识产权局网，http://www.jsip.gov.cn/priview/zscq/zwgk/tzgg/201503/20150320_ 8015828.pdf，2015 年 7 月 6 日访问。

业升级和知识产权密集型产业发展的自主知识产权。另一方面，要通过加大知识产权保护力度，营造更好的创新发展环境，以便引进和集聚一批跨国企业研发中心和创新创业人才，共同打造“全球有影响力的产业科技创新中心”。

三、与国际接轨的知识产权保护机制的构建

江苏创新驱动发展战略的实施正逢国家实施自贸区和“一带一路”战略，应当抓住这一难得的战略机遇，迅速融入全球化进程。自贸区是指贸易和投资等方面比世贸组织有关规定更加优惠的贸易安排；在主权国家或地区的关境以外，划出特定的区域，准许外国商品豁免关税自由进出，实质上是采取自由港政策的关税隔离区。狭义仅指提供区内加工出口所需原料等货物的进口豁免关税的地区，类似出口加工区；广义还包括自由港和转口贸易区。[1] 从全球范围来看，随着互联网对市场和人们生活的浸淫，信息和数据日渐成为经济发展的主角。因此，自贸区内的产业重点也必须适时转移到高附加值、低能耗的知识产权聚集产品上。无论是金融产品创新，还是其他创新，都需要知识产权创造激励和经营管理。[2]

“一带一路”是“丝绸之路经济带”和“21 世纪海上丝绸之路”的简称，是世界上跨度最长的经济大走廊，也是世界上最具发展潜力的经济合作带。“一带一路 ”发端于中国，贯通中亚、东南亚、南亚、西亚乃至欧洲部分区域，东牵亚太经济圈，西系欧洲经济圈，覆盖约 44 亿人口，经济总量约 21 万亿美元，分别占全球的 63% 和 29% 。[3] 在推进“一带一路”建设的过程中，涉及基础设施建设、能源、通信、贸易、知识产权、投资、

---

[1] 中国经济网：“自由贸易区”，载 http://intl. ce. cn/zhuanti/data/ftaa/ftaadata/201002/03/t20100203_ 1472121. shtml，2015 年 7 月 6 日访问。

[2] 杜颖：“中国（上海）自由贸易试验区知识产权保护的构想”，载《法学》2014 年第 1 期。

[3] 龚雯、田俊荣、王珂：“新丝路：通向共同繁荣”，载《人民日报》2014 年 6 月 30 日第 1 版。

税收等一系列领域的改革和国际合作，对外关乎亚欧大陆几乎全部国家，对内囊括从沿海到内陆18个省份，范围之广、影响力之大，远胜古代丝绸之路。[1] 2015年3月，由国家发展和改革委员会与外交部、商务部等3部门联合发布的《推动共建丝绸之路经济带和21世纪海上丝绸之路的愿景与行动》提出，推动“一带一路”建设，要加大科技创新力度，掌握自主知识产权，形成参与和引领国际产业合作与竞争新优势，努力推动企业、产业以创新成为“一带一路”建设的排头兵和主力军。其中，推动“一带一路”战略实施，高水平引进创新资源和技术产品，推动高铁、核能等高端装备“走出去”，都需要更加注重知识产权保护。

知识产权已成为当今世界贸易中的竞争优势和秘密武器，应当积极推动江苏企业率先依靠知识产权“走出去”，着力提高江苏自主知识产权产品的海外市场占有率，主动参与知识产权国际竞争，更深层次融入全球化发展大局。借助自贸区和“一带一路”战略等机遇，实施创新驱动发展要着力提高自主知识产权产品的海外市场占有率，推动企业依靠知识产权“走出去”。然而在这一过程中，企业极易遭遇知识产权侵权风险，陷入知识产权海外维权困境。目前江苏省企业知识产权海外维权现状不容乐观，影响企业“走出去”的积极性，甚至遭受重大损失，导致创新驱动发展全球竞争战略的推进遭受极大阻力。（1）在知识产权海外维权意识方面，企业忽视知识产权保护的国际法律和规则，不尊重别国的知识产权，同时缺乏保护自己的知识产权意识，只注重产品质量，忽视自身技术和自主品牌的保护，处于有“产权”无“知权”的境地；（2）在知识产权海外维权力量方面，缺乏专门的知识产权海外维权援助机构和人才，基于知识产权本身的专业性和涉外案件的复杂性，在取证、鉴定和诉讼程序等方面存在很大困难，导致企业在遭受国际知识产权风险时求助无门。

因此，高水平的知识产权保护制度是企业借助知识产权走向国际市场

[1] 孔庆江：“为一带一路建设提供有力司法保障”，载《人民法院报》2015年5月6日第5版。

的基本保障，在实施自贸区和“一带一路”的战略引领下，江苏的知识产权保护应当具有更加开放的国际视野，应当通过大力提升知识产权保护水平，率先建立与国际接轨的知识产权保护机制，借此赢得产业优势。具体而言，一方面，应当通过高水平的知识产权保护，激发江苏企业的创新活力，提升企业的核心竞争力。实施创新驱动发展，最根本的是要增强自主创新能力，最紧迫的是要破除体制机制障碍，最大限度解放和激发科技作为第一生产力所蕴藏的巨大潜能。[1] 激发创新活力就是要运用知识产权保护制度激发科技人员创新的内在动力，确立企业家的创新精神特别是要帮助企业加快海外知识产权申请和布局，尽快获得海外知识产权竞争优势，从而助推外向型经济发展。另一方面，应当通过高效率的知识产权国际保护，提升江苏企业有效应对知识产权国际争端的能力。知识产权国际维权援助机制的不畅通导致知识产权国际保护的效率大打折扣。需要建立高效率的知识产权国际保护来积极适应、主动参与“一带一路”等战略。正如所言，在面对“一带一路”这样时空跨度巨大的国家战略决策时，应当以科学的态度和方法进行思考，努力通过各种渠道与沿线国家增进相互了解、相互尊重，做好准备，尤其是加强在知识产权方面风险的防范与应对措施，只有这样，中国企业在参与“一带一路”建设中才能走稳走好。[2]

随着“一带一路”和江苏创新驱动发展战略的深入实施，必然会有更多的江苏企业“走出去”，也就会有更多的江苏企业遭遇海外知识产权侵权风险，或者陷入海外知识产权维权困境。但面对这些新挑战的同时，也是江苏创新驱动发展战略实施的新机遇。把握该机遇的关键在于要实行更严格的知识产权保护机制，从而合理应对上述风险。因此，江苏需要通过开展海外知识产权分析预警、建立海外知识产权维权援助机构、设立海外知识产权维权专项资金等有力举措，有效保障江苏企业的海外利益，助推创新驱动发展的外向型经济腾飞。

---

[1] 习近平：“最根本的是增强自主创新能力”，载《新华日报》2014 年 6 月 10 日。

[2] 国家知识产权局：“‘一带一路’建设需要知识产权先行”，载 http://www.sipo.gov.cn/mtjj/2015/201503/t20150311_ 1086144.html，2015 年 7 月 6 日访问。

第十六章　国内外知识产权保护的经验与启示

近年来，以美国、德国、日本和韩国为代表的发达国家以高水平的知识产权保护制度服务于本国经济社会发展，将知识产权保护制度作为促进经济发展、推动科技进步、繁荣文化和教育的政策工具，通过不断完善的知识产权保护制度维系技术优势、保护贸易利益和提高国际竞争力。我国的北京、上海、广州和台湾等地区也通过构建新型的知识产权保护机制、实行更严格的知识产权保护来推动区域产业升级和经济发展。这些对江苏构建适应创新驱动发展的知识产权保护新机制提供了有益的参考。

第一节　发达国家知识产权保护的经验

各主要发达国家十分重视知识产权保护对创新、产业发展的支撑和保障作用，通过建立有效的知识产权保护体制机制，并采取一系列有力措施强化对知识产权的保护。

一、相关政策、法律法规的颁布和引导

美国政府分别于 2010 年、2013 年，公布了两份《知识产权执法联合战略计划》（*Joint Strategic Plan on Intellectual Property Enforcement*），从国家层面对美国的知识产权政策进行战略部署，确定未来几年的知识产权执法工作的路线，致力于打造多层次、一体化的知识产权执法体系。美国《2010 年知识产权执法联合战略计划》（以下简称《2010 战略计划》）提出

了6个方面共33项执法行动要点，这些执法行动要点涵盖几乎所有的知识产权执法领域。美国2010年战略计划提出的执法措施主要包括：阻断假冒药品流通、查找联邦合同中侵权软件、促进联邦与地方执法机构合作、减少互联网盗版、加强与贸易伙伴的知识产权执法合作、鼓励外国执法部门追究侵权盗版网站、增加打击知识产权违法犯罪的执法活动数量等。[1] 2013年6月20日，美国白宫通过知识产权执法协调办公室发布《2013年知识产权执法联合战略计划》（以下简称《2013战略计划》）。《2013战略计划》总结了美国政府2010年以来知识产权执法的成效，并制定了未来3年知识产权执法工作的路线图。美国2013年联合战略计划涉及联邦政府以身作则、透明度和公共宣传教育、确保效率与协作、在海外执行美国的权利、保护美国的供应链、数据驱动型政府6个方面，提出26条具体的执法措施。美国2013年战略计划提出的执法措施主要包括保护美国政府供应链体系，打击假冒产品、联邦政府使用正版软件、提升知识产权政策制定和国际谈判的透明度、加大国内保护知识产权的执法力度、提高派驻海外人员打击知识产权侵权的效率、协调全球知识产权执法力量的建设和培训、增强国外的执法合作、通过国际组织强化知识产权执法、通过贸易政策促进美国知识产权执法、打击基于国外和受外国控制的侵犯美国知识产权的网站、推动互联网名称与数字地址分配机构（ICANN）的知识产权保护、扶持在海外市场的美国中小企业、重点关注通过快递服务和国际邮政进入市场的侵权产品等。[2]《2013战略计划》在《2010战略计划》的基础上，发挥美国政府在知识产权保护方面的引领作用，寻求更为全面的、高效的、专业的知识产权执法措施，以提升美国企业在国际市场的竞争力。2011年9月16日，美国总统奥巴马签署了对美国专利法进行重大变革的《美国发明法案》（America Invents Act）。此次修改为自1952年以来美国对《专利法》进行最重大的修改，旨在通过提高专利审批效率、更好地保护发明者

[1] U. S., 2010 Joint Strategic Plan on Intellectual Property Enforcement (June 2010).

[2] U. S., 2013 Joint Strategic Plan on Intellectual Property Enforcement (June 2013).

权益，以促进美国创新型企业的发展，刺激就业市场的复苏。该法案对美国专利法做出4项根本性改变：将“先发明制”改成“发明人先申请制”、增加4种对专利有效性提出质疑的新程序、扩展某些侵权抗辩，并取消或弱化某些抗辩、取消一些可授予专利权的主题。❶

日本政府在提出“知识产权立国”的战略大纲基础上，根据国内外经济形势的新变化，特别是针对新兴经济体的形成与数字信息全球化市场的快速发展，于2013年6月推出《知识产权政策愿景》，❷提出“内容产业立国”新目标。作为日本知识产权战略的总体安排，《知识产权政策愿景》指明未来10年日本知识产权战略及相关政策的发展方向，主要包括为产业竞争力构建全球知识产权体系、加强支援中小科技型企业的知识产权管理、调整知识产权制度应对数字型网络化时代的挑战、增强以内容产业为主的软实力。并提出针对出口型中小企业建立知识产权援助体系、健全灵活高效的权利保障体系等措施。❸

世界金融危机爆发以来，韩国政府出台《知识产权强国实现战略》，颁布《知识产权基本法》，把促进知识产权运用和加强知识产权保护作为工作重点，不断加大服务力度和能力建设，积极参与知识产权国际规则的调整，促进韩国从制造业强国发展为知识产权强国。❹ 2009年3月，韩国特许厅联合相关部门研究制定《知识产权的战略与愿景》，在此基础上，2009年7月，直属总统的韩国国家竞争力强化委员会召开会议审议通过该委员会与政府13个部门联合制定的《知识产权强国实现战略》。《知识产权强国实现战略》提出三大战略目标，即改善技术贸易收支、扩大著作权产业规模和提升知识产权国际主导力，并提出促进知识产权创造、知识产

---

❶ 张绳祖：“美国专利法的修改及对我国的影响”，载《法律适用》2012年第11期。

❷ 俞风雷：“日本知识产权十年展望解析”，载《私法》2015年第1期。

❸ 国家知识产权保护协调司：“《日本知识产权政策愿景》简要分析”，载《国家知识产权战略实施研究基地信息速递》2013年第26期。

❹ 付明星：“韩国知识产权政策最新动向（之一）”，载《知识产权报》2010年10月3日版。

权金融、促进知识产权产业化、完善知识产权司法制度、建立公正的知识产权交易秩序、引领国际专利制度发展潮流、推进《知识产权基本法》制定进程、加强知识产权保护、建立知识产权纠纷援助机制、加强知识产权文化建设和建立信息化知识产权基础设施11项具体战略举措。此外，还计划成立最高级别的行政组织机构，即直属总统或国务总理的知识产权委员会，以决定与知识产权相关的重大事项。❶ 2011年4月29日，韩国国会全体会议通过《知识产权基本法》。该法规定了成立国家知识产权委员会、制定国家知识产权基本计划等推进知识产权工作、整备知识产权环境的多项措施，是韩国国家知识产权战略的基础和支柱。《知识产权基本法》包括7个方面的内容，提出重点从知识产权创造、运用和保护3个方面建设知识产权强国。韩国还不断努力按国际保护标准及TRIPs要求修改相关法律，以强化知识产权的法律保护。韩国在知识产权法修改中加强了知识产权保护：（1）修改后的法律将罚款最高额从5000万韩元增加到1亿韩元，最长刑期从5年增加到7年；（2）修改后的法律规定：在侵权赔偿的损失额计算中，权利人的损失额为侵权人的销售额乘以权利人的原价所得的应得利益总额，使计算损失额时可以比较容易掌握证据；等等。❷

新加坡政府于2013年4月正式认可知识产权指导委员会提交的《知识产权中心总体规划——发展新加坡成为亚洲的世界知识产权中心》（*IP Hub Master Plan-Developing Singapore as a Global IP Hub in Asia*），并予以发布，作为未来10年新加坡知识产权发展的战略指导规划。《知识产权中心总体规划》以将新加坡发展成为"亚洲的全球知识产权中心"为宏伟愿景，提出三大战略目标，即新加坡应建设成为知识产权交易与管理中心、高质量知识产权申请中心、知识产权争议解决中心。《知识产权中心总体规划》同时指出实现上述战略目标的两个支撑，即发展覆盖全球的具有熟练技能

---

❶ 付明星："韩国知识产权政策及管理新动向研究"，载《知识产权》2010年第2期。

❷ 包海波："韩国的知识产权发展战略及其启示"，载《杭州师范学院学报》2013年第9期。

的人力资源和营造先进的利于知识产权活动的环境。❶

二、建立多部门密切协作的知识产权保护体系的形成

美国知识产权法律和政策一直关注通过整合政府部门间的执法资源，强化知识产权执法，提高执法效率，为知识产权权利人提供强有力的救济。1999年，美国成立全国知识产权执法协调委员会，成员包括副贸易代表、负责刑事局的助理司法部长、海关委员、商务部副部长及专利商标局局长、负责国际贸易的商务部副部长、负责经济及农业事务的副国务卿，司法部和专利商标局担任委员会的共同主席。委员会的职责是在联邦和外国机构之间协调国内国际知识产权执法，并就各部门协调活动的情况，向总统及参众两院的拨款委员会及司法委员会提交年度报告。2005年，美国国会又通过立法，扩大了委员会的职责范围，包括确定国际知识产权保护和知识产权执法的政策、目标及战略，制订在海外保护知识产权的战略，协调并监督政府部门实施这些政策、目标及战略。2005年7月，美国政府设立国际知识产权执法协调员，其职责是协调联邦政府的资源，在美国国内外加强知识产权保护，同时担任全国知识产权执法协调委员会主席。2008年10月，美国总统布什签署《优化知识产权资源与组织法案》。为了更好地协调知识产权联合执法，该法案做了如下三方面的优化：（1）设立知识产权执法代表；（2）实施联合战略计划；（3）设立知识产权执法顾问委员会。2009年12月，根据《优化知识产权资源与组织法案》设置的美国首任知识产权执法协调员维多利亚·艾斯比奈尔走马上任。2010年2月，美国司法部宣布成立知识产权特别工作组，与知识产权执法协调员艾斯比奈尔展开密切合作，以专门打击国内和国际的知识产权犯罪活动为目标。在知识产权执法协调员这一特定机构的协调下，美国的知识产权执法行动更加全面和有力。2010年6月22日，美国知识产权执法协调员正式发布美国历史

---

❶ IP Office of Singapore, IP As New Growth Area-Govt Accepts IP Hub Master Plan Recommendations; Rolls Out Initiatives to Develop Singapore as a Global IP Hub in Asia. 1 APRIL 2013. http：//www. ipos. gov. sg/，2015年8月20日访问。

上第一部《知识产权执法联合战略计划》。该计划规定，由美国知识产权执法协调办公室联合农业部、商务部、健康和人类服务部（食品药品管理局）、国土安全部、司法部、国务院、美国总统行政办公室（美国贸易代表）和国会图书馆（版权局）等联邦机构和部门，享有调查知识产权假冒盗版等侵权案件的执法权力，加强彼此间的协调与合作，共享信息，减少资源的重复和执法部门间的冲突。[1] 2013 年 6 月美国公布第二部《知识产权执法联合战略计划》。自 2010 年以来，美国日益注重国家层面知识产权保护的战略部署，致力于打造多层次、一体化的知识产权行政执法体系，并力求知识产权行政执法的协调和高效。[2] 为了有效整合政府资源，打破知识产权执法机构各自为政的局面，在美国知识产权执法协调办公室的统筹下，依托“知识产权执法协调员”实现了多个联邦执法机构之间，联邦、州和地方执法机构之间的协调与合作。知识产权权利协调中心加大与州和地方机构的合作，共同寻求解决假冒和侵权产品扩散的办法。

韩国政府非常重视多部门知识产权联合执法行动。韩国知识产权局是打击侵权行为、保护知识产权的主要管理部门。在联合执法中，为协助其他政府部门的反仿冒执法行动，韩国知识产权局向检察厅、警察局、海关行政管理局和地方政府等提供有关国内外侵害商标注册及商标所有权等相关资料，必要时还派专人到相关机关协助执法。在韩国，除知识产权局外，其他政府部门也有权利和义务参与知识产权保护。韩国检察机关和警方有共同调查假冒商品及其制造者和销售者、以维护社会和正常贸易秩序的职责，并可以进行以刑事处罚为目的的执行查处活动。1993 年，韩国最高检察院成立侵犯知识产权联合调查中心，并与各区检察院成立区域联合调查队，建立了检察机关保护知识产权的专门机构，以集中打击违法者。[3] 为加大

---

[1] 武善学：“美日韩知识产权部门联合执法概况及其借鉴”，载《知识产权》2012 年第 1 期。

[2] 朱雪忠、万里鹏：“信息公开视角下的专利行政处罚权研究”，载《江西社会科学》2014 年第 9 期。

[3] 赵建军：《自主创新与知识产权保护》，知识产权出版社 2011 年版，第 143 页。

知识产权保护力度，2004 年韩国国务调整室牵头成立“知识产权保护政策协议会”，委员长由国务调整室室长担任，委员分政府委员和民间委员，政府委员由法务部、外交部、文化观光部、产业资源部、信息通信部、预算处、海关、警察厅、知识产权局、食药厅以及国政宣传处处长担任；民间委员各领域专家各设 10 名。2009 年 7 月，韩国通过《知识产权强国实现战略》，把知识产权保护作为工作重点，采取一系列的措施加强知识产权行政保护。[1]

为推进国家知识产权战略的实施，日本十分重视知识产权部门联合执法保护体系的建设，着力加大行政保护的力度。在中央层面，日本依据 2002 年颁布的《知识产权基本法》设立了知识产权战略本部，作为实施日本国家知识产权战略的最高行政机构。为有效发挥战略本部的协调职能，本部由内阁总理担任部长，官房长官以及科学技术、文化科学和经济产业部门的大臣担任副部长，其他部门的大臣以及来自社会私营部门的 10 名人士担任成员。本部内常设知识产权战略推进事务局。此外，战略本部还设置 7 个专门调查委员会，对热点问题进行调查，出具报告。在地方层面，为了能够在每个区域普及知识产权意识和创设利用知识产权的环境，在每个经济产业局设置了作为官民中介的“区域知识产权战略本部”，制定了《区域知识产权战略推进计划》，并按该计划对中小企业实施知识产权战略提供综合性支持。[2] 日本为有效打击假冒商品及盗版行为，早在 1986 年起由警视厅负责对相关案件的调查工作。2008 年，警视厅设立“知识产权保护办公室”，专门从事打假工作。在执法实践中，所有日本警察，不分警种、级别和区域，都拥有打击假冒商品的执法权。[3] 日本政府采取多种措

[1] 武善学：“美日韩知识产权部门联合执法概况及其借鉴”，载《知识产权》2012 年第 1 期。

[2] 雷艳珍：“日本知识产权行政管理的改革及对我国的启示”，载《特区经济》2009 年第 7 期。

[3] 张炜：“对日本政府打击假冒商品的执法工作考察的启示”，载《工商行政管理》2009 年第 22 期。

施，加强知识产权行政执法部门的协调与协作，政府建立了针对知识产权侵权行为的一体化政策机制，2004 年 7 月，日本成立由 8 个部委参加的“仿制、盗版对策相关部门联席会议”，在明确各自分工和侧重的基础上，着力加强部门间的协作，及时沟通信息，调整政策，使对策措施更为有效。同年 8 月，日本经济产业省开设“政府仿制、盗版对策综合窗口”，专门接受举报，发表年度报告，并建立知识产权侵权信息网络数据库，实现知识产权保护领域的信息交流和信息共享。同时，海关强化边境查处，防止侵权产品流入日本，并对从事仿制、盗版产品进口的企业予以曝光。❶

三、专门知识产权法院或者专利法院的建设

德国 1961 年成立德国联邦专利法院，是国际上第一个专门处理知识产权诉讼的法院，其设立基础及运作便成为各国设立专门法院的重要参考对象。联邦专利法院设院长一人、庭长和其他法官多人，且均须符合法官法规定的任用资格。法官分类比较特殊，包括法律法官和具有技术专长的技术法官。技术法官是德国法院系统中独有的设置，他们的法律地位与法律法官一样，有着与之相同的权利和义务。被任用为技术法官的人必须是在德国或者欧盟境内的大学或相关科研机构毕业并通过了技术或自然科学相关方面的国家级或学院级考试，且至少在自然科学或技术领域有 5 年以上的工作经历。此外，技术法官还必须具备法定的法官资格，他们必须经历法律法官必须经历的法律专业学习及专业考核。由于对技术领域和法律领域都有较高的要求，技术法官一般从德国专利商标局的资深技术审查员中选任。联邦专利法院内设上诉庭（Beschwerdesenate）与无效庭（Nichtigkeitssenate）两类。联邦专利法院受理的案件范围主要包括：（1）当事人针对德国专利与商标局决定提起的有关专利、商标、外观设计、实用新型和集成电路布图设计的上诉；（2）当事人针对联邦植物品种局的决定提起

❶ 武善学：“美日韩知识产权部门联合执法概况及其借鉴”，载《知识产权》2012 年第 1 期。

的有关植物新品种的上诉；(3）当事人针对德国专利及德国境内的欧洲专利权的无效宣告；(4）当事人针对专利或实用新型的强制许可之授予或撤销提起的诉讼，以及要求调整法院通过判决确定的强制许可使用费的案件。❶

韩国的专利司法保护机关分为专利审判院和专利法院。韩国专利审判院隶属韩国专利厅，是为解决产业财产权（专利、实用新案、外观设计专利、商标等）的发生、变更、消灭及效力范围相关纠纷而设置的专门审判机构。而一般法院审理的专利侵权诉讼性质是与产业财产权相关的禁止侵权、损害赔偿等。根据韩国《专利法》规定，对专利审判院裁决不服者，可继续诉至专利法院和大法院，在专利审判方面，专利审判院实质上担当了一审法院的角色。专利审判院由审判行政室、审判研究组和13个审判部组成，共有审判长13名，审判官35名，其他职员88名，合计136名。韩国专利法院成立于1998年3月1日，专门审理经专利审判院一审判决不服的与产业财产权相关纠纷，属高等法院级别法院。专利法院设立技术审查官，负责在案件审理过程中，就技术问题辅助法官提供咨询，技术审查官由韩国“特许厅”（国家知识产权局）根据案件涉及的技术领域派选。❷

2005年，依据“知识产权立国”政策，日本参照美国联邦巡回上诉法院，设立知识产权高等法院，作为二审阶段知识产权侵权案件的集中审理机关。知识产权高等法院在隶属关系上为东京高等法院特别支部。在案件管辖的范围上，日本一般的民事案件由地方法院（诉讼额小的由简易法院）进行一审，高等法院进行二审，最高法院三审的三审制度。其中，专利权、实用新型权、集成电路布图设计权、与软件作品有关的著作权等技术类知识产权诉讼，那些原本应该由地方法院审理的案件，现在一审由东京地方法院（东日本的事件）或者大阪地方法院（西日本的事件）专属管

❶ 郭寿康、李剑：“我国知识产权审判组织专门化问题研究——以德国联邦专利法院为视角”，载《法学家》2008年第3期。

❷ 驻韩国使馆经商处：《解读韩国知识产权保护体系》，载《国际商报》2006年1月9日第A5版。

辖，其二审由知识产权高等法院（共4个部+大合议部）管辖。东京地方法院、大阪地方法院各自设置了处理知识产权案件的专门部，知识产权高等法院有四个庭，并设立了大合议部这一更加特殊的部专门针对其专属管辖的案件。普通案件是由3个法官裁判，而大合议由5个法官构成。东京地方法院、大阪地方法院各专门部以及知识产权高等法院均配置了法院调查员（目前，东京地方法院7名，大阪地方法院3名，知识产权高等法院11名）。法院调查员是受法官之命，在专利、实用新型等相关案件审理中对必要技术事项进行调查的全职工作人员，主要由特许厅派遣的职员（有经验的审判官）构成。此外，知识产权高等法院还设置了专门委员。专门委员是根据法院的决定参与到诉讼程序中的非全职工作人员，主要参与争议点及证据的整理、证据调查、和解等程序。其主要选任擅长技术问题的大学教授、专利代理人等约200人，经法院指定后参与到具体案件中对技术问题进行口头说明。❶

1982年美国国会通过联邦法院改进法案，基于该法案，1982年10月1日，由原来的美国海关与专利上诉法院与美国索赔法院的上诉部门合并，成立美国联邦巡回上诉法院（the United States Court of Appeals for the Federal Circuit）。美国联邦巡回上诉法院属于美国联邦法院系统，是13个巡回上诉法院之一，住所设于哥伦比亚特区华盛顿。❷ 美国联邦巡回上诉法院除了对于由美国联邦地区法院所作出的专利案件判决的上诉案件具有管辖权外，还对美国专利商标局专利上诉及冲突委员会作出决定的上诉案件具有管辖权。联邦巡回上诉法院间或还会受理对于美国哥伦比亚地区法院作出拒绝授予专利权的民事案件的上诉，以及对于哥伦比亚地区法院对冲突程序民事案件的上诉。❸ 尽管所有的专利上诉案件最终都将收归于联邦巡

---

❶ ［日］田村善之著，何星星、巢玉龙译："日本知识产权高等法院研究"，载《科技与法律》2015年第3期。

❷ 何铭："知识产权案件审判模式改革研究"，载《知识产权》2012年第10期。

❸ 吴广海：《专利法：原理、法规与案例》，知识产权出版社2014年版，第20～21页。

回上诉法院，而位于其管辖权内的其他类型案件，也可由此法院受理。实践中，专利案件占联邦巡回上诉法院总受理案件比重的一半左右，其余一半以上的案件包括来源于国际贸易委员会的有关诉讼、退伍老兵案件、合同案件，以及商标案件等在内的诸多类型。联邦巡回上诉法院现共有18位法官，每个法官自设一个审判庭，审判庭由法官本人与几名法律职员组成。法律职员通常来自当地的律师事务所，并拥有数年的相关法律从业经验，且大多拥有理工科教育背景，负责对案件进行详尽的分析整理。法律职员的任期多为1~2年，任期结束后会继续从事律师执业。[1]

四、知识产权海外维权力度的加强

美国专利商标局国际部下设执法维权处，在世界范围内维护美国知识产权持有人的合法权益。美国国际贸易委员会根据《美国关税法》对进口产品是否侵犯知识产权开展“337调查”；在部分国家继续实施知识产权专员项目，提高派驻海外人员打击知识产权侵权的效率，加强全球知识产权执法力量。近年来，为实现强有力的知识产权海外保护，美国政府极力推进《反假冒贸易协议》（ACTA）的实施和《泛太平洋战略经济伙伴关系协定》（TPP）中关于知识产权内容的谈判，提高知识产权保护的标准和水平；2013年发布的《知识产权执法联合战略计划》专门规定了“增强海外执法合作”“通过国际组织强化知识产权执法”“通过贸易政策工具促进美国知识产权执法”“打击基于国外和受外国控制的侵犯美国知识产权的网站”以及“扶持在海外市场的美国中小企业”等内容。

为保护本国企业的海外利益，韩国构建了多层次、多方位的海外知识产权保护体系：（1）深入分析海外知识产权纠纷信息，建立国际专利纠纷应对体系，包括案件剖析、应对策略（无效或授权许可）、授权协商、诉讼准备等环节；（2）对韩国企业海外主要市场加大知识产权保护力度，由

[1] 孔译珞：“专利专门性法院的先驱者——美国联邦巡回上诉法院的发展”，载《知识产权》2014年第4期。

政府、社团、驻外机构、企业等共同成立官民结合的海外知识产权保护组织，提供“一站式”支援服务（IP-DESK），向出口企业及参加海外展会的企业提供专利纠纷风险事前调查服务，包括调查知识产权侵权情况、提供咨询服务、开展援助等，将纠纷发生率降到最低；（3）开展知识产权诉讼保险，开发适合企业规模、权属、投资地区等试点企业出口状况的保险品种，向中小企业支援部分保险费。❶

日本2002年开始实施“知识产权立国”战略，由于知识产权具有容易被侵害性，知识产权立国实现的关键在于知识产权保护，而在经济全球化的时代知识产权的保护必然也是国际化、全球化的，鉴于此，日本政府十分重视知识产权海外维权和国际保护。在历年的《知识产权战略推进计划》中反复强调“完善全球范围内的侵犯知识产权的应对措施”“降低海外知识产权的侵害”以及“增强知识产权诉讼结果的全球效力”等知识产权海外保护内容。日本知识产权国际保护采取的措施主要有：（1）积极签订多边、双边知识产权保护条约；（2）在世贸组织、国际知识产权组织等国际组织的框架内积极促进知识产权的国际保护；（3）引导日本知识产权协会、日本发明和创新协会和亚太工业产权中心等民间机构参与国际知识产权保护的网络。❷ 2003年日本设立“知识产权保护中心”，负责有关咨询与维权事宜，其职能主要包括对日本企业提供知识产权权益问题方面的咨询服务、加强对涉嫌侵犯日本企业知识产权的外国企业进行调查并收集各类侵权证据、协助日本企业保护自身权益等。❸

五、政府对知识产权中介服务作用的高度重视

发达国家普遍重视专利代理机构的作用，通过灵活的管理模式，促进

---

❶ 付明星：“韩国知识产权政策及管理新动向研究”，载《知识产权》2010年第2期。

❷ 闫星：“日本知识产权国际保护战略——兼论对东亚区域经济合作的影响”，载《亚太经济》2005年第3期。

❸ 李志军：“日本的知识产权知识产权战略与管理”，载《科学与管理》2003年第2期。

专利代理行业的发展，为科技创新提供高质量的知识产权保护服务。美国对专利代理行业的管理主要依靠政府，美国专利商标局下设注册和纪律委员会，对注册专利代理人和专利律师进行管理，特别是加强对专利律师的执业认可和从业行为的管理，制定并严格执行专利律师的职业道德规范，借此保证专利代理服务的质量和效率。如果出现有可能违反执业规范的行为，就要接受纪律委员会主席主持的调查，调查属实，则由美国专利商标局专员执行相应处罚。❶

英国对专利代理行业的管理以行业自律为主，政府负责专利立法及宏观政策的制定，并通过特许专利律师协会实施管理，特许专利律师协会既承担着行政监管的角色，又发挥着行业自律的功能；英国利用资格获取、职业规范、培训教育、机构审核、违规惩戒等多种手段保证专利律师的执业能力和服务质量。德国对专利代理行业实行双管齐下的管理，将德国专利商标局的行政监管和律师协会的自律作用有机结合起来，共同推动专利代理行业的健康发展，为企业提供高质量服务业务。德国所有的专利律师必须加入专利律师协会。专利局特派专员负责专利律师组织的监督管理。不允许不具备专利律师执业资格的人成为专利事务所的投资人。德国专利律师除了个人开业之外，还允许合伙执业和设立有限公司的形式。在一定条件下也可以设立分支机构。作为有限公司，必须在区裁判所登记，并且应向专利代理人协会咨询，还应取得专利局长官的认可。❷

发达国家充分认识到，知识产权交易市场在实现知识产权核心价值和财富收益方面具有重要的中介作用，是保护知识产权人经济利益、激励创新的重要工具。韩国政府在知识产权交易市场培养与发展方面发挥了重要的引导作用，政府在知识产权交易市场架构、市场运营机制方面采取了强有力的支持政策。政府十分重视发展在线与线下知识产权市场，通过网络专利数据库建立供方与需方的联系，支持举办展会、开设专利转让咨询室

---

❶❷ 郑友德、张坚、李薇薇：“美国、欧盟、亚洲各国专利代理制度现状及发展研究”，载《知识产权》2007 年第 2 期。

和知识产权图书馆等，促进知识产权销售。近年来，政府逐渐推动知识产权转让系统以需求方为重心，建立专利拍卖系统。❶ 政府还打造了知识产权技术检测与评估系统（SMART），为个人和中小企业提供评估费用资助，帮助其完成知识产权并购、销售和转让工作。❷

美国政府十分重视知识产权交易市场的建设，其知识产权交易市场创新程度居于世界领先地位，在知识产权融资、拍卖、交易等方面形成了高度市场化的商业模式。美国近年来已经在全球率先推出知识产权单位许可权交易模式（ULR），并突破了传统意义上的知识产权整项交易模式，能够让知识产权交易市场更加透明、价格更加公允并富有效率。新加坡为了适应经济向创新主导模式的转变，通过政府与企业的合作发展知识产权交易市场，政府主要发挥适当的鼓励与培育作用，通过拨款计划、创新税收优惠等措施鼓励中介机构发展，在条件成熟后，交由中介市场推动发展。❸

六、企业自身对知识产权战略管理的高度重视

国外知识产权优势企业普遍结合企业经营发展的整体战略，制定了明确的知识产权战略和保护策略，并根据企业所在的行业特点，确定其知识产权战略的重点及知识产权管理和保护方针，如高通、IBM、苹果、三菱等跨国公司通常采取知识产权诉讼、交叉许可、构建专利联营等策略实施知识产权保护战略，并成立专门的知识产权管理部门，承担企业知识产权日常管理和保护、专利情报管理、创新发明挖掘、专利申请、专利实施许可合同订立、知识产权综合管理、知识产权纠纷处理、发明奖励、知识产权教育培训、知识产权评价管理、对外沟通交流、涉密文件管理以及知识产权风险管理等职责。如德国拜尔公司的最高管理层中一个重要的专门委员会就是由专利律师和各科研部门的专家组成的专利委员会，负责企业知识产权管理和保护工作。日本企业普遍重视知识产权工作，他们一般都坚

---

❶❷❸ 杨建峰、张磊：“知识产权交易市场发展的国际经验及对我国的启示”，载《科技进步与对策》2013 年第 19 期。

持“知识产权是企业的发展支柱”的理念，具有较强的知识产权保护意识，特别是驰名的大公司，企业内部均设有完整的知识产权管理机构和知识产权管理部门，知识产权管理部门直属企业最高领导。知识产权管理部门人员数不一，但都是专职人员，负责本企业专利、商标的申请、授权后的管理，以及专利技术应用、转让等。❶ 国外知识产权优势企业普遍建立系统严密的企业知识产权管理制度，注重知识产权风险防范，重视在重点领域获取基础专利，重视海外专利布局，积极参与国际标准的制定，重视商业秘密的保护，注重知识产权纠纷解决策略，采取协商谈判、产品合作、诉讼等多种方式解决知识产权纠纷。

第二节 国内先进省市和地区知识产权保护经验

一、集中的知识产权行政管理和执法模式

2014 年 9 月，上海自由贸易试验区管委会知识产权局正式成立。自贸区知识产权局是一个独立建制的知识产权局，实行“三合一”模式，统一行使专利、商标、版权行政管理和执法权，有效地解决了知识产权领域“条块分割、多头执法、执法力量分配不均”等问题，初步建立起权威、高效的知识产权行政执法体系。自贸区知识产权局成立后，自贸区除海关知识产权边境保护外，专利、商标、版权的管理和执法工作统一由知识产权局负责，其职责将在两方面进行扩充：（1）在承担原有专利、版权的行政管理和执法职能基础上，增加商标行政管理和执法职能；（2）将原先有限的审批事权拓展为更广泛的行政管理职能，包括提供相应的公共服务。❷

❶ 李志军：“日本的知识产权知识产权战略与管理”，载《科学与管理》2003 年第 2 期。

❷ 吴振东：“上海自贸区：专利、商标、版权‘三合一’成立知识产权局”，载新华网 2014 年 9 月 26 日，http://news.xinhuanet.com/fortune/2014-09/26/c_ 1112647818.htm，2015 年 8 月 20 日访问。

2014年11月，上海浦东新区知识产权局成立。浦东新区知识产权局也属于“三合一”模式，集专利、商标、版权行政管理和综合执法职能于一身，实现专利、商标和版权的集中管理和综合执法。在机构设置上，浦东新区知识产权局从浦东新区科委分离出来，单独成立，成为区政府工作部门，是全国首家单独设立的采取“三合一”模式的知识产权局。上海浦东新区知识产权局实现“诉求处置一体化”，构建“监管和执法统一、保护和促进统一、交易和运用统一”的知识产权工作体系，做到“一个部门管理、一个窗口服务、一支队伍办案”，以更快更好地维护企业和公众的合法权益。[1]

我国台湾地区在“经济部”下设智慧财产局（知识产权局），将专利、商标、著作权、集成电路布图设计及商业秘密保护等业务集中运作。在查禁仿冒方面，在“经济部”建立了跨部门的保护知识产权协调机制，每3个月商议知识产权政策及重大措施。高等法院检察署每个月召集举行保护知识产权执行会报，落实执行工作。“内政部”警政署保安警察第二总队于2003年1月成立“保护智慧财产警察大队”（保护知识产权警察大队），共配置警察220名，专责警力执行查缉仿冒工作。在知识产权警察的努力及高奖金的激励下，台湾反仿冒的状况已经大有改善。2014年1月“保护智慧财产警察大队”因完成原定目标而改制成“刑事警察大队”。

二、专门的知识产权法院的建立

2014年11～12月，北京、广州、上海知识产权法院相继成立。知识产权法院管辖范围主要包括三市行政辖区内有关专利、植物新品种、集成电路布图设计、技术秘密等专业技术性较强的第一审知识产权民事和行政案件，辖区基层人民法院第一审著作权、商标等知识产权民事和行政判决、裁定的上诉案件等。知识产权法院作为专事知识产权审判的法院，实行知

[1] 杨金志、王琳琳：“上海浦东率先成立‘三合一’知识产权局”，载新华网2014年11月16日，http://news.xinhuanet.com/local/2014-11/16/c_1113268312.htm，2015年8月24日访问。

识产权民事、行政审判“二合一”模式，有利于提高审判效率、提升司法保护水平。[1]

为了加快知识产权案件的审理速度，提高法官审理案件的专业水准，满足国际竞争的需要，2008 年 7 月我国台湾地区智慧财产法院（知识产权法院）成立运行。台湾地区智慧财产法院开创了台湾司法体系改革的先例，在台湾地区法院区分为普通法院和行政法院，民事诉讼和刑事诉讼由普通法院系统管辖，实行三审终审制，行政诉讼则由行政法院系统管辖，实行两审终审制。而智慧财产法院的建立则突破了这种司法二元体系的划分，其可以统一管辖涉及智慧财产权（知识产权）的民事诉讼、刑事诉讼及行政诉讼案件。智慧财产法院管辖案件具体包括：（1）依专利法、商标法、著作权法、光盘管理条例、营业秘密法、集成电路布局保护法、植物品种及种苗法或公平交易法所保护之智慧财产权益所生之第一审及第二审民事诉讼事件。如果当事人对智慧财产法院的二审判决不服则由“最高法院”进行终审。（2）因行为人违反刑法、商标法、专利法、著作权法、公平交易法中不得侵犯智慧财产权的规定，对地方法院的第一审刑事判决不服的，则由智慧财产法院进行二审，但少年刑事案件除外。如果当事人对智慧财产法院的二审判决不服同样由“最高法院”进行终审。（3）因专利法、商标法、著作权法、光盘管理条例、集成电路布局保护法、植物品种及种苗法或公平交易法涉及智慧财产权所生之第一审行政诉讼事件及强制执行事件。在审理模式上，智慧财产法院审判案件，民事第一审诉讼程序及行政诉讼简易程序实行法官独任审理，而民事、刑事第二审上诉、抗告程序及行政诉讼通常程序，需以法官三人实行合议制审理。设置技术审查官是台湾智慧财产法院的一大创新，目的是为了弥补法官在理工领域专业知识不足的问题。根据台湾地区《智慧财产法院组织法》规定，曾担任专利审查官或商标审查官、有智慧财产权类专门著作的大学教师及公私立专

---

[1] 最高人民法院《关于北京、上海、广州知识产权法院案件管辖的规定》（2014 年 10 月 27 日最高人民法院审判委员会第 1628 次会议通过）法释〔2014〕12 号。

业研究机构研究人员，以上人员如符合一定条件的可由“司法院”遴聘或借调出任。在法律性质上，技术审查官的地位并非法官，而是一种类似于诉讼辅助人员的角色。技术审查官的职责是就事实上及法律上的事项，基于专业知识对当事人说明或发问、对证人或鉴定人为直接发问、就本案向法官陈述意见、于证据保全时协助调查证据等。目前台湾智慧财产法院共有8位法官和9位技术审查官。技术审查官均系从台湾地区“智慧财产局”借调的资深专利审查员。[1]

第三节 国内外相关经验对江苏知识产权保护工作的启示

一、知识产权保护的国际趋势——政府颁行引领性政策、法律法规

近些年，美国、日本、韩国等发达国家纷纷通过颁行相关知识产权保护政策、法律法规来引领本国或本地区的知识产权保护，为创新激励提供根本保障。江苏知识产权保护应借鉴发达国家的经验，注重顶层设计，不失时机地出台相关地方法规、政策，破除阻碍创新的机制和体制，保护创新成果，最大限度地激励创新，以适应江苏创新驱动的发展。

二、知识产权保护的基本模式——建立相对集中的知识产权行政管理与执法体制

目前，“集中管理”为国际上常见的知识产权行政管理模式。187个世界知识产权组织成员，绝大多数都实行专利、商标“二合一”管理，或者专利、商标、版权“三合一”管理。我国是少数实行专利、商标、版权“分散管理”模式的国家。“分散管理”模式削弱了国家知识产权整体的保

[1] 史新章：“我国台湾地区智慧财产法院简介”，载《中华商标》2010年第1期。

护水平，也不利于行政保护与司法保护的对接。[1] 因此，进行知识产权行政管理模式的改革，建立相对集中的知识产权行政管理与执法体制是江苏建设知识产权强省、实现创新驱动发展战略的必然要求。相对集中的知识产权行政管理与执法体制有利于提高行政保护效率、提升行政保护力度。江苏除苏州市知识产权局实行专利、版权“二合一”行政管理和行政执法模式外，其余都是采用分散保护模式。对知识产权实行“强保护”是先进国家保护知识产权的基调，是激励创新、实现创新驱动发展的根本保障。江苏知识产权行政保护应该借鉴先进国家的经验，与国际接轨，建立相对集中的知识产权行政管理与执法模式，以适应创新驱动发展的需要。

三、知识产权保护的有效措施——整合协调多方知识产权保护力量

为提高知识产权保护的效率和力度，发达国家和我国一些经济发达地区十分重视知识产权保护各职能部门的协调和合作，努力打造多层次、一体化的知识产权执法体系。通过整合协调，使知识产权保护力量得到集聚，达到强化知识产权保护的效果，这是发达国家和我国一些经济发达地区回应现实对知识产权加强保护需求的有效举措。江苏应借鉴发达国家和国内相关地方的先进经验，整合协调多方知识产权保护资源，实行综合执法，提高知识产权保护效率和保护力度，以适应创新驱动发展的需要。

四、知识产权保护的重要机制——设立专门的知识产权法院（专利法院）

国际上，为适应强化知识产权司法保护的需要，发达国家多设立专门

---

[1] 杨金志、王琳琳：“上海浦东率先成立‘三合一’知识产权局”，载新华网 2014 年 11 月 16 日，http://news.xinhuanet.com/local/2014-11/16/c_1113268312.htm，2015 年 8 月 24 日访问。

的专利法院，采用民事、刑事和行政案件“三合一”审判模式。❶ 专利法院特别强调对技术较强的专利等案件的审判，并设立专兼职的技术法官或技术审查官辅助法官审理案件。江苏目前缺乏专门的知识产权法院，不利于江苏知识产权的司法保护，也与江苏经济大省、科技大省地位不相符合。借鉴发达国家司法保护经验，江苏省应积极争取设立知识产权法院，统一管辖全省范围的专利、商业秘密等技术类案件，以适应创新驱动发展对司法保护的需要。

五、保护企业海外利益的重要途径——注重海外知识产权维权

发达国家为维护本国企业尤其是中小企业的利益，纷纷采取有力的海外维权措施，为本国企业海外维权提供全方位的服务。“一带一路”及江苏创新驱动发展战略的实施必然促使更多的江苏企业“走出去”，加大海外维权力度、保护江苏企业在海外利益是适应创新驱动发展的知识产权保护机制不可回避的重要环节。

六、促进经济发展的关键——通过强化知识产权保护推进产业转型升级

在当前全球产业分工中，发达国家依靠知识产权保护处在产业价值链的高端，发展中国家依靠劳动力成本优势处于产业价值链的低端。强化知识产权保护是发展知识产权密集型产业、推进产业转型升级的根本保障，❷ 而知识产权密集型产业极大地助推了美国、欧盟等发达国家和地区的经济发展。江苏省目前面临产业转型升级的重大挑战，为实现江苏创新驱动发展“三合一建立全球有影响力的产业科技创新中心”的战略目标，必须借

---

❶ 韦贵红、阎达：“域外知识产权法院的设置与运行”，载《知识产权》2014 年第 4 期。

❷ 郭洪海：“知识产权保护助推‘中国制造’升级”，载新华每日财经分析 2014 年 11 月 6 日，中央政府门户网站 http://www.gov.cn/zhengce/2014-11/06/content_2775845.htm，2015 年 8 月 19 日访问。

鉴国外先进的经验，通过强化知识产权保护打造一批全球有影响力的知识产权密集型产业，促进江苏产业的转型升级，以适应创新驱动发展的要求。

七、高水平知识产权保护的重要支撑——高质量的知识产权中介服务

发达国家政府充分认识到知识产权中介服务对于知识产权保护质量的重要意义，根据自身情况，灵活采取合理的管理模式，保证执业人员的素质，提高中介服务的质量，为知识产权保护提供有力的支撑。发达国家普遍认识到知识产权交易市场在促进创新成果转化、保障知识产权人经济利益方面的重要媒介作用，有针对性地采取多种措施推动知识产权交易市场的发展。江苏应当积极推进主体多元化的知识产权交易市场建设，借此为知识产权人实现创新成果的转化及相应的经济利益提供重要支撑，进而达到激励创新的目的。

八、增强企业自身知识产权保护能力的有效途径——企业知识产权管理规范化

发达国家企业通过大力制定企业知识产权战略，构建完善的企业知识产权管理制度，实施规范化的知识产权管理和切实有效的知识产权保护策略，构筑企业知识产权竞争优势。借鉴国外企业的经验和做法，江苏省企业需要进一步提高知识产权规范化管理水平，通过构建包括知识产权的管理职能、评价体系、保护策略、员工培训和奖励分配等方面内容的制度和规范，对企业知识产权进行全面的保护。强化企业知识产权管理，提高企业知识产权保护能力，是发挥企业在创新驱动发展中的主体作用的基础工作。

第十七章　进一步加强知识产权保护工作的若干建议

为适应江苏创新驱动发展对知识产权保护工作的新要求，我们应当在吸收国内外成功经验的基础上，结合江苏的实际情况，有针对性地设计科学的知识产权保护对策。现就进一步加强江苏省的知识产权保护工作提出如下建议。

第一节　企业知识产权保护意识和能力的大幅提升

注重发挥企业在知识产权保护中的主体作用，引导企业加强知识产权管理的规范化。鼓励企业贯彻国家的《企业知识产权管理规范》，建立健全知识产权管理体系、管理机构，将规范化的知识产权管理融入企业研发、生产、销售、对外合作、人员管理等经营管理全过程。将企业执行知识产权管理规范的认证情况作为企业科技项目立项以及高新技术企业、知识产权示范企业、知识产权密集型企业认定的重要参考条件。❶ 建立健全知识产权资产管理制度，引导企业按照会计准则，科学合理地划分知识产权开发过程中应予以费用化和资本化的部分，准确反映知识产权资产的入账价值，科学核算企业自创、外购和投资获得的知识产权资产，规范企业在并购、股权流转、对外投资等活动中对知识产权资产的处置。推进软件资产

❶ 参见国家知识产权局、教育部、科技部、工业和信息化部、国资委、工商总局、版权局、中科院关于印发《关于深入实施国家知识产权战略 加强和改进知识产权管理的若干意见》的通知（国知发协字〔2014〕41 号）。

管理，建立企业软件正版化长效机制。❶

支持企业设立知识产权总监和知识产权工程师，大力实施企业知识产权战略，提高企业知识产权创造、运用、保护和管理能力。

第二节　知识产权政策、法规的及时完善

抓紧制定《江苏省知识产权促进与保护条例》《江苏省商业秘密保护条例》《江苏省著作权保护与产业促进办法》《江苏省展会知识产权保护办法》。尽快出台财政资金支持项目的知识产权权利归属和利益分配制度。引导企事业单位落实职务发明奖励报酬制度，合理界定职务发明成果，并建立发明人（设计人）、对成果转化作出贡献人员的利益分配机制，充分调动和发挥各类人才在科技创新、转化运用上的积极性、主动性和创造性。加快建立知识产权评估、交易制度，建立江苏（国际）知识产权交易中心，畅通知识产权价值实现途径。建立或完善知识产权股权制度、证券化制度、质押融资制度、风险补偿、保险制度，大力发展知识产权金融市场、资本市场和保险市场，为中小企业知识产权转化运用提供有效渠道。

第三节　统一高效的知识产权行政管理和执法机构的加速建立

积极推进知识产权行政管理和执法机构体制改革，分两步实施：首先，在苏南省辖市和县（市、区）率先推行知识产权行政管理机构“三合一”改革试点，整合现有专利、商标、版权管理机构力量，组建统一管理专利、商标、版权、集成电路布图设计、商业秘密等知识产权事务的知识产权局。相应地在苏南省辖市和县（市、区）建立“三合一”知识产权综合行政执

---

❶ 参见国家知识产权局、教育部、科技部、工业和信息化部、国资委、工商总局、版权局、中科院关于印发《关于深入实施国家知识产权战略 加强和改进知识产权管理的若干意见》的通知（国知发协字〔2014〕41 号）。

法支队和分队。在苏南试点的基础上推动苏中、苏北省辖市和有条件的县开展知识产权行政管理体制改革，建立知识产权行政综合执法支队和分队。其次，推动成立省级“三合一”的知识产权局和知识产权综合行政执法总队，统筹协调管理全省的知识产权事务和知识产权行政综合执法工作。总队主要负责涉外、跨省以及在全国有重大影响的知识产权案件，指导市县知识产权综合行政执法支队和分队的工作。执法支队负责本辖区内普通知识产权案件的处理，执法分队负责一线市场巡查和简单案件的处理。加强知识产权行政执法队伍专业化建设，全省知识产权执法人员统一配备执法服、执法车、取证勘验器材等执法装备；开展岗前系统培训和定期轮训，建立一支人员专业、高效、联动的知识产权行政执法队伍；在各级知识产权行政执法机构建立公安派出办公室，促进知识产权行政保护和司法保护的衔接，加大对知识产权重大案件的查处力度。推动知识产权保护专项行动常态化，保持打击侵权假冒违法行为的高压态势，坚决做到有法必依、违法必究，实行更积极进取的知识产权行政保护政策。

第四节　高效知识产权维权援助机制的全面构建

加强知识产权维权援助体系建设，推进各省辖市及经济发达的县（市、区）建立知识产权维权援助机构，形成覆盖全省的知识产权维权援助网络，接受知识产权投诉举报，提供知识产权法律法规、纠纷处理和诉讼咨询服务。对小微企业知识产权维权提供人才和资金援助。建立海外知识产权维权工作机制，结合江苏对外投资和贸易特点，制定发布主要投资贸易国知识产权维权指引，向企业介绍国外知识产权保护制度，设立海外知识产权维权专项资金，引导企业积极应对海外知识产权风险，为江苏企业海外维权提供必要的支援。

第五节　知识产权保护支撑条件建设的不断强化

积极争取国家知识产权局、国家工商总局的支持，在苏南自主创新示范区设立专利复审委员会江苏审理中心、商标局江苏审批中心，为知识产权权利人维权、确权提供便利。组织实施知识产权服务能力提升工程，制定并推行《知识产权服务质量规范》标准，引导知识产权中介服务机构提升服务能力。引导知识产权服务机构增强品牌意识，开发知识产权托管、企业知识产权战略策划等服务新产品，打造一批国内外有影响力的品牌服务机构，为加强知识产权保护提供服务支撑。加快推进江苏省知识产权信息公共服务平台建设，建立开放的、覆盖全省的信息服务网络，[1]为企业运用知识产权信息开展技术研发、知识产权预警、知识产权维权提供服务。

第六节　多元化知识产权纠纷解决机制的积极构建

设立专门的知识产权仲裁院，鼓励当事人选择仲裁途径解决知识产权纠纷，提高知识产权纠纷处理效率。加快建设一支精通法律业务、掌握知识产权知识并具备较高政策水平的仲裁员队伍，降低知识产权纠纷化解成本。加强知识产权纠纷处理诉调对接机制建设，在各知识产权维权援助中心设立知识产权纠纷人民调解委员会，开展知识产权纠纷调解工作。鼓励行业协会、商会等社会组织建立知识产权管理部门，开展知识产权自律和维权工作，及时化解行业知识产权纠纷。积极争取司法行政主管部门的支持，在江苏设立知识产权鉴定机构，为知识产权司法和行政执法提供技术支撑。

---

[1] 朱宇：“从全面达小康、建设新江苏的战略高度大力推动全省知识产权事业全面发展”，载《江苏科技信息》2007 年第 6 期。

第七节　知识产权市场监管长效机制的加快建立

在全省商业集中街区和专业市场广泛开展以保护知识产权为宗旨的“正版正货”承诺活动，引导其加强知识产权自我管理和自我约束，监督进驻企业建立涵盖合同签订、采购、销售等环节的知识产权验证制度，向社会公开承诺保护知识产权，营销正版正货，并接受社会监督。大力推进知识产权社会信用体系建设，建立知识产权侵权违法企业“黑名单”制度，定期向社会曝光知识产权严重违法企业。大力推进知识产权监管志愿者队伍建设，动员全社会力量加强知识产权市场监督。

第八节　知识产权司法保护水平的大力提升

大力推进知识产权审判体制和工作机制改革工作。加快推进知识产权民事案件、行政案件、刑事案件“三审合一”的试点工作，建立“三审合一”审判协调机制，提高司法效率。积极争取最高人民法院支持，在江苏设立知识产权法院，管辖全省有关专利、植物新品种、集成电路布图设计、技术秘密等专业技术性较强的第一审知识产权案件，以及基层人民法院第一审著作权、商标等知识产权案件的上诉案件等，提高知识产权司法保护专业化水平。积极探索引入“技术调查官制度”，充分利用国家知识产权局专利局江苏审查协作中心的资源，选聘资深专利审查员参加技术调查，协助审判机关提高知识产权案件审判质量。

后　记

本书是在南京理工大学知识产权学院常务副院长钱建平研究员的统筹、策划和精心组织下完成的，主要成果源于其主持和参与的江苏省知识产权局委托研究的几个课题。这些课题与江苏省建设知识产权强省的行动步伐紧密结合。为反映江苏省知识产权强省建设各阶段的实际情况，本书保留了每个研究报告各部分的标题，有些标题从学术上看可能还不是很恰当。南京理工大学知识产权学院董新凯教授、梅术文副教授、吴广海副教授、徐升权博士、郑伦幸博士、锁福涛博士、李黎明博士、刘运华博士及公共事务学院韩兴老师和尚苏影老师对本书的相关成果分别做出了一定的贡献。

本书得以成稿，我们要真诚感谢伟大的时代。正是身处知识产权强国和知识产权强省建设的浪潮之中，才让我们有了思考知识产权与国家经济文化发展、区域创新成长的机会。我们要感谢委托方的信任，感谢我们的智库和团队成员的不懈努力和聪明才智。我们要感谢一直关心南京理工大学知识产权学院的各位领导、专家和同事，正是众志成城的决心，方才造就无愧于时代的事业。本书得以顺利出版，还要感谢热情同仁的帮助：江苏省知识产权局前局长朱宇同志、支苏平局长和黄志臻副巡视员进行的专业指导，牛勇处长、王刚处长、丁岚副处长和刘宏伟主任给予的大力支持；南京理工大学廖文和副校长始终给予的高度的关注；南京理工大学知识产权学院王涛副书记、曹佳音主任、聂鑫老师、冯锋老师、朱力影老师、周志聪老师提供的周到的外围保障。特别要感谢的是知识产权出版社刘睿主任领衔的团队，他们为本书的及时面世付出了非常艰辛的劳动。

本书是在相关研究报告的基础上汇编而成，体系化方面难免存在不足。

同时，由于不同的研究报告在不同的时间完成，创作者可能是不同的研究人员，导致某些内容在基本观点和判断上存在矛盾，若干论据的使用上存在重复。我们在汇编成书时感到，若想保证前后呼应无异于重写，难度之大超于设想。同时，这种汇编模式其实也真实地展现了不同学者对相关问题的思考，彰显在相关论题上不断深化、不断前进的思考路径。因此，最终没有对各种观点进行整合。这种选择虽然有其不得已的考虑和有所谋的安排，但是毕竟给读者的阅读带来不便，相关错误和不足更是需要时贤不吝批评指正。

南京理工大学课题组

2015 年 10 月 10 日